1958年～1976年
(昭和33年～昭和51年)

# 憲法問題研究会メモワール

## (上)

〔例会第2回～第40回〕

池田 政章
編著

信山社

〈憲法問題研究会の主要メンバー写真〉

（後列）
1 安江良介
2 池田政章
3 中野好夫
4 久野 収
5 ―
6 辻 清明
7 佐藤 功
8 ―
9 家永三郎
10 竹内 好
11 都留重人
12 茅 誠司
13 清宮四郎

（前列）
1 我妻 栄
2 大内兵衛
3 南原 繁
4 矢内原忠雄
5 谷川徹三
6 有沢広巳
7 宮沢俊義

# 本書の成り立ち――「まえがき」に代えて

１　とりあえず、一般読者のために、「憲法問題研究会」とは何かについて簡単に説明する。

一九五六年に岸内閣が「日本国憲法に検討を加え、関係諸問題を調査審議する……」（憲法調査会法二条）ことを目的として、憲法調査会を設置し、翌年から活動を始めることにした。即ち、朝鮮戦争を契機として改憲運動が高まり、憲法九条の改正が、重要な政治問題と化したためであり、調査会といいながら、会の狙いは憲法（特に九条）改正であった。従って調査会委員の選任についても、改憲の狙いが窺われるという始末であった。

しかし、こうした政情の流れに批判をもつ研究者は「憲法問題に対する広汎な民意と正しい良識とを……代表していない」（憲法問題研究会についての勧誘状）として、大内兵衛、茅誠司、清宮四郎、恒藤恭、宮沢俊義、矢内原忠雄、湯川秀樹、我妻栄が発起人となり、四六名の学者に憲法研究会を設立したいとの前記勧誘状を五八年五月二八日付で送った。

書状を受け取った研究者の大多数はそれを承諾し、さらにその後の増員もあり（関東三〇名・関西二五名）、同年六月八日の創立総会には、学士会館に関西の三名を含めて三〇余名が出席した。その際、会の代表（大内兵衛）、研究会の開催は毎月一回第二土曜にすること、関西支部の設置（代表、恒藤恭・末川博）、『憲法問題研究会』の名の下で、学問研究を主とし、政治活動はしないことが決められた（ただし個人による活動は可とする）。

こうした趣旨を打ち出したのは、一九四九年設立の「平和問題談話会」（安倍能成・大内兵衛・仁科芳雄など）が日米安保条約改正に対し全面講和・中立不可侵を訴えるという政治運動をしたことで活動が不活発化した（五九年解散）という経験が反省の材料になったと考えられよう。

こうして研究中心という事情のもとで、研究会と名のり、次のメンバーによって始まることになった。

〔関東〕大内兵衛、我妻栄、茅誠司、入江啓四郎、鵜飼信成、戒能通孝、菊池勇夫、清宮四郎、佐藤功、高木八尺、辻清明、中村哲、南原繁、野村平爾、真野毅、丸山真男、峯村光郎、有沢広巳、家永三郎、大河内一男、城戸又一、久野収、清水幾太郎、竹内好、谷川徹三、都留重人、中野好夫、宮沢俊義、務台理作、宗像誠也、矢内原忠雄
〔関西〕恒藤恭、末川博、浅井清信、猪木正道、大西芳雄、岡本清一、黒田了一、佐伯千仭、田畑茂二郎、田畑忍、俵静夫、前芝確三、森義宣、貝塚茂樹、桑原武夫、島恭彦、名和統一、松井清、松田道雄、湯川秀樹、吉村正一郎、磯村哲、加藤新平、井上清、河野健二

勧誘状発送が公になると、新聞はそれを大きくとりあげて、〝憲法調査会に対抗する反政府団体の旗揚げ〟と宣伝したため創立総会はジャーナリズムの耳目を引き、その後の会活動は世間の大きな注目を集めるようになった。

**2** 創立総会後、宮沢俊義会員の依頼をうけ、関東部会の書記役として出席することになったのが編著者である（以後筆者とする）。その関係で、第二回例会（改称）以後、会解散までの一七年弱に渉る例会での「報告」と報告者が会員に配った資料、会合における討議のほか、それらを筆者が要約した「要旨」（全会員―欠席会員を考慮して―に配布のため）が筆者の手元に残ることになった。当時、最後の例会で「研究会・講演会の一覧表」をつくることが決まっており、筆者の手元にある総資料について、会の世話をした岩波書店に出版の相談をしたところ、「必要なし」との返事であった。研究会の活動については、随時出版された四冊の岩波新書（『憲法を生かすもの』、『憲法と私たち』、『憲法読本上・下』）があり、憲法記念日の講演会についても雑誌『世界』の当年七月号にすべて収載されていたので、それで十分という積りであったのだろう。

かくして、例会の全資料が未刊のまま筆者の手元に残ることになった。

**3** 勧誘状に明らかなように、本研究会は政府の憲法改正の意向について、どのように理解すればいいのかを国民に示すことを目的として、憲法専門家を含む各種研究界の名士を集めたということを知ってほしい。

代表は大内兵衛・我妻栄の両人であるが、我妻栄に関するエピソードがあるので、ここで紹介する。

憲法調査会を組織した岸信介首相は、その会長に、当初は我妻を迎えるつもりだったのである。二人は東大法学部出身の英才で、どちらが銀時計をもらうか（首席者に与えられる）を争った仲だったという。

軽井沢の別荘に赴く車中で顔を合わせたこの二人。岸は我妻に調査会会長になってくれと交渉したが拒否されたという話（筆者

が我妻さんから聞いたという記憶をもとに？）であった。

結果、調査会長は高柳賢三（筆者の憶測だが我妻さんの推薦か？）となったが、彼は調査会の最終報告をまとめるにさいし、改正賛成の委員が多かったにもかかわらず、改正反対の委員の意見も併記することを強調し、改正が必要との結論を書くことを拒んだ。

しかし、こうなると調査会の最終報告書が公表されたあとは、研究会の存在意義が問われることになった。それが研究会の後半活動に影響を与えたにせよ、研究会の存在意義は、会員の知名度によって十分に生きることになり、研究会は一九七六年まで続いた。そのメモワールは当然のこととして出版の時期的意味を失することになったという次第である。

**4**　本書掲載の各例会報告は、①会員の「報告」（資料付きもある）、②「討議」、③筆者のまとめた「要旨」（会員への配布用）の順序になっているが、資料を除きそのすべての責任は筆者にある（委員からの注文は終始皆無であった）。

ただし、筆者の「要旨」は、日本評論社が「法律時報」（資料版）を昭和三五年一〇月号から出版したので（一五号までで廃刊）、そちらに掲載した経緯がある。第二四回総会までの梗概を一号に、以下二四回から三七回までを掲載したところで廃刊となった。本書には、それらも合わせて収録した。

また、第一号には当初の研究会活動並びに年一回（憲法記念日）の講演会（但しテーマと演者のみ。昭和三五年には臨時会が二回ある）についての一口メモを掲載している。それらは、読者の便宜を考慮し、臨時会開催日の個所に置くことにした。

因みに、研究会委員の佐藤功は調査会委員も兼ねていたので、調査会の活動に関する仔細は、研究会に報告されていた。それゆえ、調査会の最終報告がでたあとは研究会の存在理由もなくなったのではないかとの疑念をもつものがあって、次第に出席会員が減ってきたのだろう。それでも研究会員のなかには、憲法の啓蒙活動は調査会の存否に関わらず必要との意見をもつ会員も数多く、さらに若手会員による補充の件も議せられた。しかし、結局、このまま我々だけで続けていこうということになった。

それにしても両代表の年齢も高くなり、会の雰囲気に熱意がみられなくなった。辻会員は我妻代表と私的に相談し、外部講師として小林直樹ほか数名に声をかけるなど、会に活気を呼び戻そうと努力したが、時の流れは厳しかった。そして、我妻代表の逝去が決定打となった。

研究会の世話役であった安江良介・緑川亨（岩波書店）も亡くなり、研究会に関する活動資料のすべては、筆者の机の抽出しに眠っていた。

**5**　ところが、今から十数年前である。信山社の渡辺左近氏にこの話をしたところ、それは歴史的重要資料であるから、後世に残すために印刷しておきたいとの申入れをうけた。筆者も出版を決意した次第である。

さて、この十数年間は、筆者にとっても重要な時期であり、『法文化論序説』の構想と執筆に明け暮れていたのである。法文化論は、この「憲法問題研究会」に関連した問題であり、一言いいわけめいた理由を書き残しておく。

前述したように研究会メンバーには社会科学ばかりでなく人文科学関係の研究者もおり、こういう人たちがどのように憲法を理解し、そして報告者としてどう論ずるのかについて興味津津であった。今から思えば、日本国憲法は日本文化の一種であり、思想史的素材として観察するという視点のあること、つまり、法を文化として扱うという視角のあることを示唆されたのである。筆者はその後、法文化研究の意義と方法について没頭することになった。久野収会員は、「憲法というヨーロッパ文化の産物がどのように日本文化に根付くのだろうか?」と言っておられた。名言であった。

別著『法文化論序説（上・下）』が、本書の姉妹編の意味を込めて出版されたことにも研究会との因縁を感ずるものがある。また私情に渉るが、久野収さんが練馬・石神井の自宅を処分して伊豆に居を定めたさい、小生宅に夫婦揃って挨拶にみえたときの感謝の気持を想いおこせば今も胸が熱くなる。

最後に、一一一回開催された例会の全体について、おおよその流れを読者の便宜に供するために記しておく。

**6**　研究会の前半の前半では、政府調査会の論議に対応した批判と関連する憲法論の紹介を、その後半では調査会の最終報告書の紹介と批評が論ぜられている。

ここで研究会は一息つくが、あらためて国民に対する憲法思想の普及を目的として「後半」の前半部分では、各学界からみた憲法問題に対するアプローチが語られる。それが、後半外部者による最高裁判例の紹介がふえ、多数の研究会員の興味を引くことが難しくもなっていった。

若手研究者の会継続（例えば全国憲法研究会への）意思も半信半疑となり、会員の出席者も半減し討議も不活発となる。それでも朝鮮戦争やヴェトナム戦争などを論ずることで息をつないだが、九〇回例会あたりが、切れ目だったと思う。

筆者自身の感想は、憲法問題研究会の名にふさわしく、広く話題をとりあげて長期に渉り成果をあげたことを考えると、このような研究会は文字通り空前絶後との史的評価をうけるものと感じている。

最後に〝いいわけ〟を一つ。本書は筆者の筆記から生れたものであり、とくに「報告」に引用された人名などの固有名詞に誤りがないかを案じている（会員は読んでいない）。もし、そうしたことがあればお赦しいただきたいと願うばかりである。

二〇一九年六月

# 目次

〔上　巻〕

目　次

目　次

# 第二回例会（昭和三三年七月一二日）

佐藤　功

## 〔報告Ⅰ〕

―憲法調査会における審議の経過―

（序）昭和三一・六・一一　調査会法成立
昭和三二・八・一三　第一回総会
調査の過程についての文献
長谷川正安氏「憲法調査会の動向」（法律時報所収）

（説明の順序）
１、発足当初の論議
２、発足後の論議

### １　発足当初の論議について

(1)　多数決問題―議事規則の定立に当って―
内閣への報告に際して意見の決定につき問題となる。
これは、調査会の性格とも関連してくる。
中川案〝決はとるべきではない〃
結局、社会党の入会に対する考慮から多数決によらないこととする→参加要請決議で

(2)　社会党に対する参加要請
第一回、第二回総会で参加要請―社会党拒否する。

(3)　憲法改正当時の憲法改正委員会、小委員会における議事録の公表問題。
衆議院規則との関係で問題となるが、議員と同資格で学識経験者にも閲覧を許す。

(4)　以上に対する雑観として、特に社会党の入会との関係で問題となる調査会の党派性について。
蠟山氏等慎重派のリードにより、始めの予想よりも非党派的のように見うけられるとの報道が多い。そしてそれが、又、高柳会長の考えでもあったが、全体の空気からは非党派的といえないのではないかとの疑念が残る。

### ２　発足後の論議について

区分
①　制定の経過の調査
②　施行後一〇年の実態の調査
③　改正すべき論点の調査

第四―一〇回総会まで当時の関係者の意見を聞くという形で制定過程の調査をする―参考人として、
佐藤達夫、入江俊郎、楢橋渡、坂西志保、岸信介、芦田均、安倍能成、植原悦二郎、吉田茂（書簡・回答）、森戸辰男、宮沢俊義、（片山哲、鈴木義男拒否）。

(1)　制定の経過の調査について

・当時の政府関係者のみがよばれ、民間憲法の事情・動きについて問題とされなかった（例外、森戸―改正議案の発表）。

注目すべき発言―社会党案では戦争抛棄の項はなく、非武装は社会党の主張の本質ではない。その点では押しつけられたといわれるかもしれない。

・発表された意見は今までの二番煎じにすぎない。

・改正を主張する自民党議員は、将来に対する伏線として改正の是非についての意見を聞こうとした。

・憲法九条の主張者（幣原?）についての論議

青木得三、長谷部忠、大池真

(2)　施行の実態の調査について

まず裁判所関係の部門から始め、判例を通じてその動きを探る。（我妻、小野、真野、沢田、島田）。

傾向―意見を問いただすというよりは、論議を聞くという調子であるが、やはり、その伏線として改正すべき点を参考人から引き出そうとする様子が窺われる。

例えば、裁判官国民審査、最高裁機構改革について

＝続いて、内閣、国会、地方自治、社会的側面と続行の予定

**３　その他**

○　憲法の改正の経過に関する小委員会における論議

・問題が拡がる一方、神川彦松の動き活発

・極東委員会との関係など国際関係に関する諸問題に重点がおかれ、ここでも、民間の動きは疎略にされる。

＝次回、近衛公の憲法改正案について

**〔討　議〕**

まず、矢内原会員質問、二点について問い質す。

①社会党の参加しない理由は（?）、特にその主張する調査会の違憲論との関係について、②高柳会長、訪米の理由。

佐藤　①憲法第九六条で「改正は国会が発議し」となっており、内閣に発議権がないとの理由で問題になったが、内閣にも発議権があるというのが学説上の多数説である。従って社会党の違憲論は当らない。②当時の改正関係者にインタヴューしなければ分らない点があるからとの理由で委員の海外での調査が問題となり、議員が憲法調査で海外に行くのは不謹慎とのことで、議員外の人としては高柳、坂西、佐葮（達）を人選。しかし、私としては、これ以上の新しい事実が出てくるとは思われない。

辻　二九年の自由党改正案で「発議権を内閣にも認めることとし……」といっているのは、内閣に発議権が認められないと考えているからではないのか。

佐藤　そうではなく、内閣に発議権はないという反対論があるか

ら、それを明確にしておく趣旨だと思う。

矢内原　政府の当時の説明によると、憲法調査会は調査のための機関であって、改正発議の機関ではないとの建前ではないのか。社会党は政府の下心が見えているといっているが。

佐藤　政府としては調査の機関の積りであると思う。

中村　社会党は、九六条の解釈として、内閣に調査会を設けることじたい、反対であると思われる。

宮沢　社会党の違憲論は、根拠はないと思う。

我妻　具体的に憲法をどう改めるかについて、価値判断の上に立って答を出し、改正の大綱を示すことをするのではないのか。

佐藤　社会党に対する二度目の参加要請のときに、多数決によらず、双方の意見を公正に報告するといっているが、改正の要否が最後の報告の内容になると思う。

我妻　法制審議会に対する諮問には、大綱を示されたいといってくるが、調査会がそうなっていない理由はどうなのか。

佐藤　岸首相の挨拶を見ると、憲法調査会は諮問機関ではなく、そこで憲法を検討しろといっている。

中村　山崎巖氏の自由党憲法改正委員会委員長時代の発言によると、それは、調査することだけだと言っている。

戒能　内閣の公聴会で山崎さんが私に自衛隊は九条違反と思うかと尋ねた際に、山崎さんは、違憲と思う人がいるから調査が必要なのだといっていた。尚、内閣に提案権ありとする政府の考え方は内閣法五条の「その他の議案」の中に入るという説明なのだが。

鵜飼　九六条の趣旨からは内閣にはないと考えるべきで、本来国会におくべきであると考えたのだと思う。

中村　立法論としては、時の政府が憲法改正案を出すのはおかしくないと思うが。ただ、国会内の委員会として設けるとすると学識経験者を入れることができないのではないか。

宮沢　議会に調査会を設けることには反対である。問題は発案権が内閣にあるかないかということであり、その点、法律の発案権を認めている建前からいうと、そう重大な問題ではないと思う。従って違憲論には不賛成である。

我妻　国会に設けたとしても、その場合、学識経験者を入れることに問題はないのではないか。

大内　内閣におくのと、国会におくのと多少の違いはあると思うが、本当に改正するのなら国会におけばよいのではないか。

戒能　国会におくのならまだしもと思うが。

ここで丸山会員より、調査会設置に関する年表的背景の説明（法律時報別刷による）あり。討議終了。

第２回例会（昭和33年７月12日）

## 〔報告Ⅱ〕
### —憲法改正案の検討—

鵜飼信成

（材料）広瀬試案（三二・四・八発表）
憲法研究会大西教授の新日本国憲法草案（三一・五）を材料として分析する。

（方法）
1、憲法の文字
2、憲法改正の政治的基礎
3、憲法改正の社会的基礎
4、憲法改正の法的問題

### 1 憲法の文字（semantics）

①実態とは異なった文字の使用
②考え方を暗示する文字

①について—

アメリカ憲法でも用いていない（危険との考えから）ところの民主政治、民主主義の字が用いられているが、実態は民主とは凡そ反対。例えば、

〈天皇の地位について〉広瀬、大西とも「象徴」を削除。「代表」の文字を用い、「国民を代表し」というが、その基礎の説明が全然ない。結果は天皇の権限を強化し、国民との関係が薄くなっている。

又、「助言と承認」の「承認」の言葉を削除し、副署を加える。

「認証」も削除。

注目すべきは、広瀬試案で国務委員（長）の文字を用いたことであるが、これは天皇に対して大臣の地位を低くしようとの考え方からであると思う。

しかし、この文字は常々公法研究会（東大）で意見のでたことがある。

②について—

「国民の福祉及び責務」（広瀬試案）

これは従来の権利偏重を変えるためと思う。

### 2 憲法改正案の政治的基礎

(1) 追放解除が転機となる—旧政治家の復帰

一九五一・六　第一次解除（石橋湛山、三木武夫等）

追放解除によって

歴史的過去の政治意識が残存—とくに天皇制についての

空間的外界への結びつき—朝鮮戦争を契機、独立、ＭＳＡ、

昭二一・一・一一、SWNCC No. 228

(2) 全体として平和主義を文字の上で強調しながら、自衛軍の設置をうたう。

自衛軍の問題点　①　性格—広瀬案では、国民の軍隊とし
侵略に対する防衛。

② 文官優位の原則（civilian supremacy）

③ 権利義務―軍人には権利を制限する。
国民に防衛の義務を課する。

## ３ 憲法改正案の社会的基礎

(1) 家族制度

大西案―家族的意識、農家の家産制

広瀬案―家の発展

(2) 八九条―慈善博愛への国の補助の制限を削除する。
国の文化へ関与する面が広くなる。

## ４ 憲法改正案の法的問題

(1) 憲法改正の限界―無制限と考えている。
大西・広瀬案では国民主権を謳っているが疑問である。

(2) 改正手続の改正―大西・広瀬案では改正手続を変えている（国民投票をなくする）。

(3) 改正の限定について―大西案では占領中は改正できない。

以上、草案の前提と現行憲法失効論・無効論との関係が問題となる。

神川氏は失効論を主張する。現行法は無効だから、もう一つの憲法をつくり、帝国憲法の復元を企図しようとする。

## 〔討　議〕

家永　無効論では現行秩序をどう解するのか？

鵜飼　暫定的に認めて現状をなるべくいじらない主義をとっているが、そこが又論理的弱点と思う。

大内　今の憲法がないというと、何があるというのか？

我妻　株券無効の場合の跡仕末の理論を想定すればいいのではないか。恐らく失効宣言をするのだろう。

矢内原　改正の要否について国民感情との関係を問題にする場合に、その場合の国民というのはどう考えればいいのだろう？即ち、代議政体においては、代議員が国民の代表であるといわれるが、それが国民の代表でないということになると、国民の地位をどう考えればよいのか？

又、国民的必要という時の国民というのは、輿論調査に現れたところのものか、それとも、学識経験者、或はエリートをのみ指していっているのか？

鵜飼　試案では、天皇は国民の代表となっており、又国会は選挙民の代表ではなく、全国民の代表であるといっているが。

又国民の権利保障という時の国民とは日本国籍を有するものとは別であるし、天皇は含まれないと考えている。その点、憲法上の憲法という言葉と、通常の用語としての国民とは異なるわけである。

第二点に関して、法律上の用語として、エリートの言葉の入る余地はない。

中村　全国民の意思という場合、全体の意思がどういう風に成立するのかについては明瞭でないが、一般に国民の意思という時は、それはやはりフィクションであろう（憲法上の用語として）。国民の意思というものを具体的なものとして見るか、理念として考えるかに関係してくるものと思うが。例えば、議員は国民の代表であるという場合、トリーペルに従えば、それは単に部分の代表である。又は Partei の代表であるということを結局は意味することになるといっている。又、主権を行使する国民という面では、理念上、法的要請と把握され、公法学の上では問題は生じない。この場合は建前としてそうなるという意味で代表の観念は出ていると思うが。

矢内原　人民投票の時に、それが一層、明白に現れるわけであろう。

中村　改正手続の改正に関しては、国民主権の原則をとる以上、それは人民投票と関連があり、そのため、国民主権を残しておいて、国会の意思だけで改正するという如き改正手続の改正はできないと思うが。

矢内原　天皇を国の元首とするということを国民投票でできるか？

鵜飼　改正手続の通説ではできないと思う。国民主権を原則として、作った憲法であるから、その元をくつがえすことはできない。

矢内原　人民主権は維持しておいて、天皇を代表とするということはできるのか？

中村　国民主権を君主主権との対立関係で捉えるとすると、それはできないと思う。ただ、代表と主権とは異なるが、それでも、天皇の元首は成立しないと考える。

丸山　一九五八年の政治学年報では「国民代表の神話と現実」の特集をしたが、代理の観念は法律的にも成立するが、代表の観念にはどうしても政治的イデオロギーが加わると述べている。

Ｅ・バークは〝選挙民からの独立〟を代表のメルクマールと考えたし、宮沢先生も代理関係の否定の上に代表概念の成立があると述べている（国民代表の概念：美濃部還暦第二巻）。

以上、御参考までに申し上げたが、天皇が国民を代表するというときは、virtual representation の意味で、天皇が全国民の身分を代表するの意味であると思う。国民代表の理念には、ドイツの保守的イデオロギーが加わっている。それは nation state と結合して、議会主権をジャスティファイしようとの意図があったからである。

矢内原　国会が代表関係なくして、その主権をジャスティファイされるとなると、国会が権力をもちすぎるように思うが？

丸山　バークは、議会の専制に対して国民は抵抗権をもつといっている。そして nation state の成立と人民主権が前提となって、個々の選挙民からの独立が主張されている。

宮沢　普通、〃国民感情〃というときには、一つのまとまったものはないのではないか？　又、そこに具体的内容があるとも思われないが。

矢内原　例えば、天皇に対する憧憬の念は国民感情であるといえば、それは何を意味するのか？

　国民感情というとき、漠然たる国民の少し先に目標をつけて考えられないのか？

都留　semantics の点で、現行憲法が翻訳憲法といわれるが、文字の上で表現上おかしな点はないのか？　そして、それが解釈の上で問題となることはないのだろうか？　例えば、二五条で〃健康…〃ということをいっているが、それは権利の問題なのであろうか？

大内　二五条は社会保障の基本規定と解されている。

丸山　これは、私の考えだが、広瀬・大西試案に共通する特色として基本的人権の規定をみると、自由権に関しては、これを制限しようとする傾向が看取される。それは、現行憲法は一八世紀的であるとの趣旨から、社会権の拡充への想定があるが、これは、ワイマール体制からナチへの移行と対比して重要な問題だと思われるが。

鵜飼　現状では自由権の保証は必要だと考える。アメリカでは、経済統制の面より自由権の制限が行われているが。

辻　二七年の自由党案では緊急条項の規定があるが、試案ではどうなっているか？

鵜飼　広瀬案では、一〇五条、一〇六条に財政緊急状態の規定が入っている。現行法では参議院の緊急集会だけが非常の場合の規定であるが、緊急状態の規定の必要性の考慮は、以前よりあった。

大内　例えば、憲法の停止に関して？

鵜飼　憲法の停止はないというが、改正案の場合はありうると思う。

大内　緊急処分で授権法的処分はできるのか？

中村　緊急集会といっているが、それは、政府が独裁的にするの意ではなく、むしろ、議会主義を守るという考え方からである。

宮沢　それは、結局、空白にならないようにとの気持からだと思う。

鵜飼　この場合に、筋を通すとすれば議院内に常置委員会をおいてやらすべきだと思うが。改正案では非常の場合の処理規定があろう。

第２回例会（昭和33年７月12日）

矢内原　試案のバックグラウンドはどうなのですか？

鵜飼　辻会員の意見では岸さんとの協力で作られたという。広瀬の憲法研究会には、自主憲法期成同盟の会員が入っている。

中村　広瀬試案では、参議院の特殊性を主張しようとする傾向があるために、衆議院ではこれを支持しようとしないし、広瀬を憲法調査会のメンバーに入れないのだと聞いているが。

辻　先の鵜飼会員の〝私の意見では〟といわれる点は、私が毎日新聞の公表に基いてお話ししたものであることを、念の為、お断りしておきます。

尚、広瀬氏のことについては、広瀬氏が参議院から政党をしめ出せといわれたので、自民党の感情を刺戟したとも聞いている。

真野　広瀬氏は緑風会から脱退したので、調査会には入らないのだと思う。広瀬案は神川氏が事務局長としてやったのではないかと思う。神川氏は政治家であって法律家ではない。

宮沢　参議院法制局が法技術的な面を行っていると思う。参議院の特性は大いに出ている。

鵜飼　例えば、最高裁裁判官は参議院がこれを指名するとなっているし、ただ、参議院議員は大臣にはなれないとする。

中村　自民党、改進党自身が夫々草案を作っているが、重要なのは、改正要綱（自由党案?-）であると思う。

〈今回、報告予定の中村会員〝護憲連合〟の話は次回にということで閉会〉。

**〔要　旨〕**

―憲法調査会における審議の経過―

佐藤　功

〔報　告〕

Ⅰ　発足当初の論議について

1　多数決問題

議事規則の定立に際し、内閣に報告するときの意見の決定につき問題となる。調査会の性格とも関連する。多数決にしないこととする。

2　社会党に対する参加要請―社会党拒否

3　憲法改正当時の憲法改正委員会小委員会の議事録公開問題

衆議院規則との関係で問題となり、議員と同資格で学識経験者にも閲覧を許す。

4　調査会の党派性の問題

全体の空気から非党派的とはいえない。

Ⅱ　発足後の論議について

1　制定の経過の調査（4―10回総会まで）
(1)　当時の政府関係者のみがよばれ民間憲法の事情、動きについて問題とされなかった（例外、森戸）
(2)　発表された意見は今までの二番煎じにすぎない。
(3)　改正を主張する自民党議員は将来に対する伏線として改正の是非についての意見をきこうと望む。
(4)　憲法九条の発案者に関する論議―幣原？
2　施行の実態の調査
まず、裁判所関係の部門から始め、判例を通じてその動きをさぐる。改正すべき点を参考人から引き出そうとする様子が窺われる。
3　その他
憲法改正の経過に関する小委員会における論議――極東委員会との関係など国際関係に関する諸問題に重点がおかれ民間の動きは疎略にされる。

〔討論における論点〕
1　憲法調査会の性格とその違憲性
調査会は調査の機関なのか、改正発議に関与する機関なのか、もし改正発議に関与する機関だとすれば、改正発議が国会に与えられている憲法の建前（96条）から違憲性が問題となるのではないか――内閣にも発議権ありとするのが多数説である。違憲論は当らない。尚、調査会はあくまで調査の機関であると政府は主張している。
2　調査会を国会に設けることの是非―両論あり

―憲法改正案の検討―

鵜飼信成

〔報　告〕
I　憲法の文字（semantics）からの考察
1　実態とは異なった文字の使用
(1)　民主主義、民主政治の文字を使用するが、実態は凡そ反対。例えば、天皇の地位―国民の代表とし「助言と承認」について「承認」を削除し「認証」を削除する。
(2)　大臣を国務委員とする。天皇に対して大臣の地位を低くしようとの考慮から。
2　考え方を暗示する文字
「国民の福祉及び責務」
II　憲法改正案の政治的基礎
1　追放解除を転機として、旧政治家復帰。ここには天皇制の政治意識が残存する。

２　平和主義を強調しながら自衛軍の設置を主張。
Ⅲ　憲法改正案の社会的基礎
１　家族制度の意識
２　89条との関連で、国の文化に関与する面を広くする。
Ⅳ　憲法改正案の法的問題
１　憲法改正の限界について無制限と考える。
２　改正手続の改正について——国民投票をなくする。
３　尚、現行憲法無効論の主張あり——帝国憲法復元の企図

〔討論における論点〕
１　現行憲法無効論の理論的基礎は薄弱である。
２　国民代表の観念と国民の意思。
(1)　代表の観念の政治的イデオロギー性—国民代表の理念にはドイツの保守的イデオロギーが加わつている。
(2)　国民の意思というときに、理念として見る場合と、具体的なものとして見る場合があり、憲法上の用語としてのそれと、通常の用語としてのそれが、夫々対応するが、一般に国民の意思というときはフィクションであり、具体的に一つのまとまった内容はないように思われる。

３　改正権の限界及び改正手続の改正について
(1)　天皇を国の元首又は代表にすることはできない。
(2)　国民主権の原則では国会の意思だけで改正はできない。
４　試案の特色について
(1)　社会権拡充の想定—しかし自由権の保障こそ必要である。
(2)　緊急条項—試案では憲法停止が行われるのではないか。現行法の緊急集会はむしろ議会主義を守るためのものである。
(3)　試案の背景—広瀬氏の政治的立場が反映

# 第三回例会（昭和三三年九月一三日）

## 〔報告Ⅰ〕

―憲法擁護運動の経過―

中村　哲

（序）

1、憲法擁護運動は、所謂、護憲連合が中心となっているわけであるが、その外にも、改正反対運動の動きがあるので、これらを含めてお話する。

2、運動の経過については、私は、その初期で関係していたから、その当時のことを中心として説明したい。

### Ⅰ　初期の改正反対の動き

1、一九五一年

(1)　社会党の動き

社会党が打ち出した初期のスローガンは、九条改正反対・平和憲法擁護の形をとった平和運動であった。

即ち、昭二六年一〇月（当時は統一時代）の講和時代では、一九五一年の運動方針の中に〝九条は主権在民規定と共に改正の限界外にある〟という本質論をのべている（これは、当時の海野氏の憲法改正の法的限界論と関連がある）。

(2)　総評の動き（当時、民同）

・七月の四回評議会で平和運動の展開に関する件が諮られ、憲法に関連して、当時の警察予備隊問題とからんで、武装化反対運動は平和を守る勢力を結集することであるとのスローガンを打ち出す（平和運動と護憲の結合）。

・一方、七月に平和推進国民会議で、高野氏が次のような発言をしている。「平和運動は労組が主体となってやるべきではない（労組は労働運動をすべきもの）」。

(3)　政府の動き

この頃より、政府は改正をいい出す。特に芦田氏が「改正は必要だが、婦人が反対だから暫く時期を待つ」との発言をし、日本婦人平和懇談会が抗議をしている。

2、一九五二年

(1)　社会党・共産党の動き

・社会党は二分時代、一〇月の総選挙のスローガンによれば、

右派―平和憲法守れとの言葉はない。
左派―平和憲法守れとのスローガンがでている、〝再軍備反対のための平和憲法の擁護〟

・共産党は社会党との共闘を拒否。理由――社会党は平和憲法

擁護をうたいながら反ソ的態度をとるのはおかしい。なぜなら、平和憲法ができたのは、ソ同盟の力によるものであるから（以上、社会党共闘拒否声明より）。

尚、メーデーのスローガンに戦争反対を唱える。

⑵　護憲運動の萌芽（平和憲法擁護研究会について）

・客観状勢――当時は吉田内閣時代、「回想一〇年」によれば、党内で改正を主唱する者（鳩山氏）はいるが、吉田氏は改憲を主張しないという。そして、憲法記念祝典を政府が行っていたのが、この年より中止（その理由は一九五一年のメーデー事件の後、五月三日の祝典で右社系がおしかけて混乱させたとのことで）。

尚、警察予備隊が保安隊に発展し、破防法の制定がある。

・会設立の動機――昭二七年四月、有田八郎「私のみる再軍備」を朝日新聞より刊行。右社のうち、社民系（日労系は西尾氏が再軍備派）が有田氏を呼んで話をきこうとのことで集りをもち、これをきっかけとして平和憲法擁護研究会のグループができ上る。

・会の運営――有田、風見、片山、海野、関口、宮﨑、阿倍（能）を会員として、毎週月曜、議長官舎で数ケ月続ける。

広く同志を集めることとし、関口氏が声明文を作る。最初の声明文より総選挙対策は削られ、新しい声明の草案では、平和条項だけに限られた。

声明文の内容
- １、再軍備反対
- ２、軍人に対する不信
- ３、自由なければ平和なし、平和なければ自由なし

以上、衆議院の解散を控え、再軍備に対する対策を考慮しなければとの考えから、一切の戦争を否定する趣旨となる。これは、当時、間接侵略が問題となり、これを真正面から否定していなかった。

声明文の性格に有田理論がでている（有田氏・追放前は自由党の最高顧問であったが、再軍備にのみ反対であった。この研究会をやっている間に社会党に近づく）。

・会の性格――社会党に近い、広い各層から選ぶということで、最初から社会党的色彩を有するものではなかった。

では、この研究会が、どういう形で総評と結びつき、国民運動となったか、が次の問題。

## Ⅱ　国民運動への発展

１、護憲連合の成立

一九五三・一一に総評が、社会党文化人を呼んで平和に対する呼びかけを行う（事務局長高野氏提唱）。

研究会に総評を入れたらいいだろうとのことで、一九五四・一

に憲法擁護国民連合結成。労組（総評・全織・その他中立組合）、婦人団体、宗教団体、ペンクラブ・文芸家協会（石川達三氏賛成、平林たい子氏反対）等加入。

２、政党との関係

・連合の当初、その立場は共産党と一線を画すとはいっていなかったが、右派社会党が一線を画してくれとのことで社会党的に発展する（当初の〝政党をとわず〟との立場と〝共産党と一線を画す〟との立場が矛盾したものであったが）。

・社会党統一に対して、連合がその役割を果すようになる（三輪氏が連合を通して世話をする）。尚、又、総評と右派とが手を握るようになる。

３、護憲連合の展開

・当時、総評は高野氏より太田、岩井ラインに移る。高野氏は政治的色彩を強く打ち出したが、太田・岩井両氏は経済的要求のみに限定。従って

平和運動は護憲連合にやってもらう―連合を中心として行う。
政治運動は、社会党にやってもらう。

・かくて、昭二九年一〇月に、原子力委員会が成立し、安井郁氏から原水爆禁止運動の委嘱をうける―第一回の署名運動はしたが、二兎を追うことになり、組織的に混乱することになるとのことで、これは、原水協に委せられるようになる。

・又、岸信介氏を会長とする憲法調査会（自由党）に対抗して、有田氏を中心とした、理論研究会が成立する。

・昭二九年四月に改進党が、二九年一一月に自由党が改正要綱を発表し、憲法の全面的改正問題が論じられるようになり、護憲連合でも憲法改正の全面的反対を主張しなければならなくなった。ただ、憲法改正反対というだけでは意味がないので、人権保障の点が強調されるにいたった。

原水爆禁止は国民の中に拡がりを持ちうるが、護憲連合の動きが、平和問題から人権問題に展開すると、ある種の社会観をもっている人でないとついてゆけなくなる。従って、その点、社会党的な見方をする人がこれを支持するようになる。

### 〔討　議〕

我妻　擁護運動をしている団体には、現在どんなものがあるのか？

中村　憲法擁護国民連合について話をすれば、国民連合は、団体加入の立場をとり、個人参加は認めない。従って、団体加入以外のものは、平和憲法擁護の会に入り、その会員として連合に加入した。そして、擁護の会には社会党より左の者は入れないとの方針をとったので、そこから連合の政治的性格も定まって

くる。ここでの団体の数は一二〇～一三〇で、極左的なものの唯一の例外は全学連である。これは、ほかに学生団体が入っていないからとのことで加入させたものである。

連合の組織は、財政局と事務局があり、総評、左右両派（社会党）から資金を得ている。事務局長は、和田系の人と聞いている。

尚、海野、片山、風見、有田さんが加入しているが、連合を代表するものがいない。

我妻　定期的に何かやっているのか？

中村　幹事会を開き、当面の問題について論じているときいているが、現在は、核兵器禁止法案を作ろうとして動いているし、ほかに人権擁護の対策を考えている。

大内　総選挙で何かしたのか？

中村　文化人は、社会党の名がでると直接協力してくれないので、国民連合の名で各地で講演会をお願いした。国民連合の名だと協力してくれるので、社会党・総評が自分の名でできないことを国民連合が引きうけてやるようになった。

辻　原水協は平和運動的、連合は政治運動的と両者のもつ性格について述べられたが、両者の関係について述べた文献が何かあるか？

中村　余り、聞いていない。

又、憲法擁護運動についても、その性格を検討したものは少ない。

丸山　憲法擁護運動に関し、平和運動から全面的改正に対する反対運動に入るに従って、超党派的色彩から、思想的に社会党的になるとうかがったが、実態調査において、国民に対するアンケートでは、憲法改正の賛否についてのアンケートと、政党支持のアンケートの答が、大幅に違っているのは、憲法改正には反対だが、政党は自民党を支持するという考え方があると思うが、これをどう解釈されるのか？

中村　まさに、その点に問題があると思う。輿論調査で自己なりに科学的なつもりであろうが、やはり、憲法擁護と社会党ということが直ちに結びつかないのではないかと理解している。

丸山　私のいいたいのは、擁護運動が今後、国民運動として発展するのは困難だといわれたが、条件からいって、必ずしもそうとばかりはいえないのではないかと思ったからである。

中村　改正しようという立場については、比較的に客観的、学問的に見えるが、擁護する立場については、感情的だとうけとられ易く、信条的に見えがちである。ところが、ここで護るということは、思想体系的なもので護るという感じ方がでてくるということをいったのだ。例えば、宗教団体は平和運動の時代に入っていたが、政党的色彩をもってくると、今は原水協の方に入ってしまうということでも分かる。

大内　原水爆禁止運動は、平和的、超党派的だというが、実際問題として、この運動が抽象的だといわれることに疑問をもつ。問題のリアリティがないというだけで、どちらかに決めるしかないということでは、擁護運動と問題の性質は同じだと思う。

## 〔報告Ⅱ〕

### ―国民の憲法意識の変遷―

城　戸　又　一

〔序〕三二年一月の内閣審議室編「憲法改正に関する世論調査」の記録を中心に話を進める。その一部は朝日新聞に掲載された（三二年九月二八日）。なお、新聞研究所編『戦後世論調査の研究』には凡ての表が網羅されている。

〔報告〕

1、内閣による世論調査の傾向

(1)　素材

内閣審議室による世論調査は、かなり頻繁に行われている。即ち、

二九・一〇　国民の政治的態度についての世論調査
三〇・六　国際問題に関する世論調査
三〇・八　戦後一〇年の回顧と展望
三一・一　防衛問題に関する世論調査
三一・七　社会的関心についての世論調査
三一・一〇　憲法に関する世論調査

その後三二年にも二回ほど行う。

以上の調査では、いずれも憲法に関する質問項目があるので、そこから憲法に対する考え方の傾向が読みとれる。

しかし、新聞社によるそれとは、だいぶ、食い違いがある。内閣の方の質問には、誘導的なものが多いからであろう。

(2)　傾向

・二九年一〇月から三一年一〇月までの傾向として、その大筋は、憲法改正に賛成か、反対かの点について大きな変化はない。その点、内閣の記録は、三一年一〇月の場合について　賛成二九%　反対二六%　不明四五%となっており、少しずつ賛成がふえているといっている。

・しかしながら、三一年七月では参議院選挙の時であり、社会党の宣伝がきいて反対が圧倒的に増加したが、三一年一〇月では、また賛成がふえているという調子である。三二年八月の調査では　賛成二八%　反対一九%　不明四三%である。

・三二年一月の調査は、サンプル数二万、回収一万六千以上、回収率八三・二%という大規模なものであった（それ以前のものは大体、サンプル数三〇〇〇である）。

2、世論調査の機関による差異

三二年秋には、「内閣」「朝日」「読売」で、大体、同じ時期に世論調査を行ったが、そこでの数字を比較してみると、非常な食い違いが見られる。

・憲法改正について
　「内閣」（三二年八月）賛成二八％　反対一九％　不明四三％
　「朝日」（三二年七月）賛成二七％　反対三一％　不明四二％
　（二年前の朝日では　賛成三〇％　反対二五％）

ここで、不明者が何れも似ているのは、関心度が少いことの証明になる。因みに

・再軍備について
　「内閣」賛成三一％　反対四二％
　「朝日」賛成三二％　反対五二％

朝日の調査では、二〇代（男女合計）では反対が賛成の四倍。女性は、反対が賛成の二倍半。男性全体では反対が賛成よりやや多い。

再軍備の問題については、反対の多いのが一貫している。

・朝日の調査で、憲法を一通りよんだというものが一四％、「一部よんだ」ものが二四％となっている。

二年前の調査では「一部よんだ」ものが一九％であるのに較べると、全体の傾向として憲法についての知識がわずかながら、ふえているといえるが、一般に非常に知識が少ないということになろう。

3、各種別に見た世論調査の傾向

(1)　男女の性別による傾向

二九年から三一年までの傾向を辿ると、

・男の場合
　二九・一〇　賛成三三％　反対三三％
　三〇・六　賛成三七％　反対三六％
　三〇・八　賛成が反対より五％多い
　三一・一　賛成が反対より一三％多い
　三一・七　賛成が反対より一五％少ない
　三一・一〇　賛成が反対より一〇％多い

・これに対して、女性は一貫して改正に反対の態度をとっている。しかし、不明が多く、五〇％以上を示している。

(2)　年令別による傾向では

二〇代　一貫して反対しており、その数は圧倒的に多い。
三〇代　少し不規則だが、大体反対が多い。
四〇代　賛成が、どの時も多い（但し、三一年七月は例外）。
五〇代
六〇代　三一年七月を含めて賛成が反対をうわまわっている。

4、三一年一〇月の場合に現れたその他の傾向
　賛成　二九％
　反対　二六％

この時の調査の結果は
一概にいえない　九％
不明　三六％

(1)　憲法に関するinformation（知識）の程度による傾向

高いもの　賛成三二％　反対四七％　一概にいえない一二％　不明九％
やや高いもの　賛成三六％　反対三〇％　一概にいえない一二％　不明二二％
低いもの　賛成三三％　反対一九％　一概にいえない一二％　不明三八％
全くないもの　賛成一九％　反対一二％　一概にいえない七％　不明六二％

(2)　思想的傾向による分類

保守的傾向の人　賛成四〇％　反対一六％
革新的傾向の人　賛成一九％　反対四八％

(3)　年齢層による傾向

・三一歳、三二歳が賛成と反対の数字の逆になる境界線に当る。
三一歳　賛成二四％　反対三三％
三二歳　賛成二七％　反対二五％
・三六歳、三七歳で国民全体の憲法意識の傾向と同一の数字が出てくる。
・しかして、反対の頂点は　二一、二二歳
賛成の頂点は　五〇代
六〇代になると不明がふえて、賛成がへる。
・尚、男女、夫々の年齢の賛否の差は、賛成については、年齢の上昇と共に大きくなる。

(4)　各職業別による分類

農工業などの自営者　賛成が圧倒的に多い
被傭者　反対が圧倒的に多い
管理職　賛成五三％　反対二九％

(5)　生活の程度による分類

公職の経験者　賛成六〇％　反対一七％　一概にいえない一三％　不明一三％
一般役職の経験者　賛成四三％　反対二二％　一概にいえない一〇％　不明一九％
ないもの　賛成二六％　反対二六％　一概にいえない一九％　不明三九％

(6)　購読新聞による分類

・朝日　賛成二九％　反対三七％
毎日、読売、産経、日経は、賛成が反対より多い。
・日経は賛成四四％　反対二五％
・これらのことより、次のようなことがいえる。即ち、憲法の information の高い人は反対の意見が多いが、学歴との関連で、学歴の高い人は不明が少なくなり、反対が多いが、年齢の高い人で学歴の高い人は賛成が多い。若年の大学卒は反対が多い。

年齢別に見た場合、

二〇歳代の大学卒の反対と
五〇歳代の大学卒の賛成は ｝賛成、反対の最高率を占める。

5、マス・メディアの傾向（昭和二七年以降、五月三日の全国新聞に現れた憲法論）

・二七・五・三　各新聞の憲法論は

改正について
- 改正せよ　三
- 改正の必要なし　二八（内容が結論的にそうなっているものを含む、例えば、慎重にせよという趣旨のものも）

九条に関する社説の意見
- 再検討強調　二二
- 改正は慎重に　一一
- その他　一九

・二九年では改正に傾く論調

賛成二五（但し、このうち、八は共同通信の原稿を使ったもの）
反対　八（毎日が強く主張している）
中立　七

・三〇年では、二月の総選挙で社会党が三分の一を確保し、五月三日の憲法論議は低調である。

- 改正の必要性をとくもの　毎日　読売　産経
- 改正に反対　朝日

全体の傾向として、改正論に懐疑的である。

・三一年
- 改正に賛成　五
- 反対　六
- 慎重　二三

朝日の社説では新憲法が国民の血となっているとのべる。

・三二年には広瀬試案が出、憲法調査会ができた。

各条別の議論がでてくるようになる。

特に地方新聞に改憲まかりならぬというものが、かなりあった。

・三三年　改正に関する意見として、憲法をよく読みなさいというものが多い。

反対は朝日が一貫して主張し、政争の具とするなの意見も出て、解説的記事が多い。

**〔討　議〕**

矢内原　中村氏に、再軍備に賛成だが、原水爆には反対だという意見には、何かもっともな理由があるのか？　又、護憲は共産党をしめ出し、原水協はそうではないというが？

中村　原水爆禁止運動に関しては、よく知らない。久野氏にお願いしたい。

久野　原水爆禁止運動は、最初は高いイデーで出発したが、その後、死の灰の問題を契機として身近な問題になり、国民全体の問題として飛躍してくる。一方、護憲連合は政治家から労組に結びつくということにより、上の方からの運動という形をとり、そこに政党色がでるようになる。かように両者の運動は夫々の立場が混沌状態にあった。ところが、今年になって核兵器の問題がでてくると、それに対して、どのような態度をとるのか、即ち、反政府運動として行うのか。混沌とした状態のまま進めるのか、が決っていない。理論家がそれをリードするに至っていないのである。核兵器、基地の問題になると、一部の自民党の人が参加するという状態であるので、ここで原水爆禁止運動は新しい展開を示さないと、むつかしいと思う。

又、原水協は共産党と一線を画するということはないが、護憲連合は共産党のなだれこみを警戒する動きがある。原水協には国際的団体が存在するが、護憲運動にはその性質上、そういうものは存在しない。

中村　平和運動・原水爆禁止運動は左翼的になりがちなのだが、平和運動の場合については、護憲連合はその対策を考えていたが、原水禁運動には雑多な人が入っているので、対策が考えられていない。

久野　世界平和協議会では原水爆禁止運動だけにしろという。原水協は今までは共産党が陰で働いていて、外の人を立てていたが、その目的があいまいになってきて初めて共産党が表面に出てきた。

中村　護憲運動が共産党と一線を画するという場合に、それは、運動の仕方がそうなのか、事の性質上そうなのか考えてみると、私は、事の性質上、共産党には憲法擁護の考え方はないといえると思う。

我妻　城戸さんに、朝日と内閣の調査の差異について、pressure groupsとの関係があるのか?

城戸　自家営業の場合は、政府の調査では一貫して賛成が多いが、朝日では反対がふえている。

我妻　面接調査などの違いもあるのだろう。

大内　調査の信頼性はどうですか?

有沢　どちらもいいかげんなものだと思うが。サンプルの方法とかきく人によっても違うでしょう。

大内　又、問題によって、非科学的なものもあるし、そうでないものもある。

有沢　アメリカでも、調査の結果は調査機構によっても異なる。

大内　正確性、信憑性はないと思う。多少の傾向がわかるという程度のものではないのか？

有沢　方法が無差別に抽出するのだから、そういうことでしょう。

宗像　矢内原さんが、前回に国民とは何かという形で問題を出されたが、それとの関連で、information の高い人が elite といえるか？

久野　原水爆禁止運動では、国民のうちのめざめた活動家が国民の考え方をかえるということは少なかった。しかし、まず、自分の考え方をかえてから国民の考え方をかえようということが真剣な意見として出たのだが。護憲運動の場合はこういう意識はあったかどうか。

都留　現在は護憲連合は社会党の別荘みたいになってしまって、このままでは、運動の推進はできない。護憲連合に対する圧力団体が必要であると思う。

中村　総選挙で社会党が三分の一の議席を確保すると、護憲としてはやることがなくなってしまう。それで理論的研究をじっくりやろうじゃないかということになる。

都留　共産党が自発的に辞退したということはないのか。又、共産党が入ると国民がついてきてくれないという考え方はなかったか？

中村　共産党は憲法を守る資格がないという考え方はたしかにあったと思う。

## 〔要　旨〕

—憲法擁護運動の経過—

中村　哲

〔報　告〕

Ｉ．初期の憲法改正反対の動き

１．１９５１年

(1)社会党の動き—平和憲法擁護の形をとった平和運動であった。

(2)総評の動き—平和運動（武装化反対運動）の展開から警察予備隊を問題とする。

(3)政府の動き—改正をいい出す。特に芦田氏。

２．１９５２年

(1)社会党・共産党の動き

社会党左派が再軍備反対のための平和憲法擁護を主張、共産党は戦争反対を唱えるが、社会党との共闘拒否。

(2)護憲運動の萌芽（平和憲法擁護研究会について）

社民系を中心として四月、平和憲法擁護研究会成立。平和条項に限られた声明文を出す。最切から社会党的色彩を有するものではなかった。

Ⅱ．国民運動への発展
1．護憲連合の成立
１９５４年1月に研究会に労組（総評その他）、文化団体を加えて連合成立。政党との関係で共産党と一線を画す。
2．連合の展開
⑴総評の方針が経済的要求のみに限定され、平和運動は護憲連合を中心に、政治運動は社会党に委す。

⑵原子力委員会が成立し、原水爆禁止運動の委嘱をうける。後に原水協に委せる（国民運動に発展）。

⑶有田氏を中心とした理論研究会成立。

⑷政府側の憲法改正案に対し、改憲反対、特に人権保障を強調する。かくて平和運動から人権問題への転換につれ、その運動の対象も国民的階層が限定されてくる。

〔討議における論点〕
1．護憲連合の政治的性格とその活動
⑴社会党より左のものは除く（運動の方法というより事の性質上）。かくして社会党の別働隊的様相を呈し、このままでは運動の推進が十分でない。
反省必要。―例えば理論的研究
⑵総選挙における行動
2．護憲運動の党派性とその対象
護憲運動が社会党的であるのに政党支持アンケートと改正賛否のアンケートに食い違いがある。護憲運動は今後条件により国民運動として発展しうる。
3．原水爆禁止運動の性格とその対象
⑴死の灰の問題を通して原水爆禁止運動は国民的となる。

⑵原水協には国際的団体が存在する。


―国民の憲法意識の変遷―

城戸又一

〔報　告〕
Ⅰ．内閣（審議室）による世論調査の傾向
1．29年10月から31年10月（6回）までの傾向は、憲法改正の賛否のパーセンテージに大きな変化なし。
2．但し、31年7月は参議院選挙、反対が圧倒的に増加。31年10月に賛成がやや増え、32年8月は賛成28％反対19％となる。
Ⅱ．世論調査の機関による差異一例、「内閣」と「朝日」の比較
1．憲法改正　「内閣」賛28％　反19％
「朝日」賛27％　反31％
2．再軍備　「内閣」賛31％　反42％

「朝日」 賛32％ 反52％
ここでは反対の多いのが一貫している。
3. 朝日の調査によれば全体の傾向として憲法についての知識がわずかながら増えているが、一般には非常に知識が少ない。

Ⅲ. 各種別に見た世論調査の傾向（憲法改正に対する内閣のそれ）
1. 男女別による傾向
男子は31年７月の調査の場合を除き、賛成が反対より多いが、女子は一貫して反対。しかし不明が50％以上を占める。
2. 年齢別による傾向
20代30代は反対多く、40代は31年７月を除き賛成が多い。50代60代は31年７月を含めて賛成が多い。

Ⅳ. 31年10月の調査に現れたその他の傾向
1. (1)憲法に関する information の程度 (2)思想的預向 (3)年齢層 (4)各職業別 (5)生活の程度による分類に現れた傾向として、憲法の information の高い人は反対の意見が多いが、学歴との関係で学歴の高い人は不明が少なくなり反対が多いが、年齢の高い入で学歴の高い人は賛成が多い。若干の大学卒は反対が多い。
2. 年齢別に見た場合、20代の大学卒の反対と50代の大学卒の賛成はそれぞれの最高率を占める。
3. 尚、購読新聞による分類では朝日購読の場合のみ反対が多く、毎日、読売、産経、日経は賛成が多い。

Ⅴ. マス・メディアの傾向（昭和27年以降、５月３日の全国新聞に現れた憲法論）
1. 27年では改正の必要なしとの説も多く、29年は賛成が多い。
2. 30年は憲法論議低調（社会党１／３確保）、改正に懐疑的、31年は慎重論が多い。
3. 32年より憲法調査会ができ、各条別の議論が出、33年には憲法をよく読みなさいとの主張が多い。
4. 反対は朝日が一貫して主張する。

〔討議における論点〕
1. 調査機関による差異について
(1) pressure groups との関係
(2)調査方法の差異が原因ではないか。
2. 調査の結果については、多少の傾向がわかるという程度で信憑性については問題がある。

# 第四回例会（昭和三三年一〇月一一日）

## 〔報　告〕

—日本国憲法の論理学—

久　野　　収

（序）

新憲法の論理学的側面につき

1 syntax（構文論）
2 semantics（意味論）｝

3 pragmatics（活用論）

を明らかにし、且つ、改憲派の憲法学説の1、syntax　2、semantics　3、pragmatics との対決をはかることが目的であるが、今日は、以上の問題の序説ともいうべきものについて報告する。

（説明）

**I　構文論**

1　新憲法の構造

(1)　新憲法の構造上、人権（特に一〇条～二九条）の部分が bill of rights に該当し、これが憲法の眼目である。

(2)　天皇、国会、内閣、司法、財政、地方自治は system of government を規定し、これは人権保障の手段と考えられる。

従って論理的には三章は統治構造に優先することとなる。これが構文論の基本原則である。戦争抛棄の位置は?

2　人権規定について

(1)　一〇条～二九条

・人権保障は国家の目的、責務である。

この点、一三条の如き抽象的規定はその意味論が問題となる。

・J. Brubacher "Frontier of Education" によれば、academic freedom の実質的保障についてのべているが、彼のいう意味規定が各条項において必要だと考える。例えば、二二条については権力にどんなに逆らっても自己の職業の不利をいけないという実質的保障が。

その他、二八条の構文論と意味論も大切と思う。

(2)　三一条～四〇条

・この条項は、国民が特に政府に許可した政治権力の使い方を規定するもので necessary evil と考える。

・この条項の考え方により、Rechtsstaat か rule of law の分岐点になると思う。その意味でその構文論・意味論を重視しなければならない。

3　結　論

・一〇条～二九条が憲法の眼目であり、国家の目的。統治構造の規定はその手段であり、統治構造の使い方を規定するのが三一条〜四〇条と考える。

・ただ、一五条は凡ゆる公務員の任免権を国民がもっているという規定であり、国民主権が表現されていると考える。しかし、そうすることは繁にたえないので、国会、自治体の長、教育委員会にその任免を委ねたと見るべきであり、教育委員会委員を官選にすることには問題があると思う。

Ⅱ　**意味論**

1　意味論の目的——構文論より考察した如く、憲法の中における bill of rights と憲法の関係を明確にすること。

2　憲法と法律の関係

・具体的内容が法律にかかれなければ憲法は無意味だという議論があるが、もしそうだとすると憲法は道徳的規定というだけの意味しかもたなくなる。

・例えば、九九条にいう憲法擁護の規定は単に道徳的義務について規定したものにすぎないのか。もし、これを実質的に解釈して、憲法を守らないときは、一五条の規定を、統治機構に対する抵抗権の規定と解釈できないものだろうか。私見は、一五条に、抵抗権、political power をただす権利を含むと考えたいのであるが。

3　その他の人権規定の意味論の例

(1)　三四条——〃正当な理由〃の文字は、判事の理由開示があればよいというだけではおかしいと思う。その理由が、正当であるかを裁判法廷で審議されるという条件をも含んで考えなければならないと思うが。

この点、イギリスの Habeas Corpus は詳細な規定をおいている。但し、ソ連憲法一七二条にいう検事の許可、中華人民共和国憲法八九条の人民検察院の承認は、縛る方が、その許可を与えるということで意味がないと思われる。

(2)　三五条〜三七条——これらの規定違反に対する迅速な救済手続について刑訴法に規定があるのか。

又、三七条の公開裁判の規定も、出廷権があるという意識をもたせることが必要で、弁護士だけでは被告の不利となり、従って書類審査のみの裁判を少くしてほしいと思う。

見込捜査の場合も、証拠不充分の場合を厳密に考えてほしい。

治安の問題については、科学的捜査にもっと金を入れてほしい。

(3)　権利の実質的保障の不徹底は bill of rights 観の浸透していない証拠と考える。これらの点を明らかにすれば、改憲派の構文論・意味論と対比させることにより、新憲法の優秀性が証明されるのではないかと思う。

**〔討　議〕**

矢内原　(1)人権保障が目的で、統治構造は手段だといわれたが、それは、感じとしていわれたのか、或は、論理的にそう考えられたのか？　(2)又、目的と手段を逆に考えることはできるのか？

久野　イギリスの権利章典を参考にすれば、そういうことが論理的にいえるのであって独断ではない。(2)の考えは似非民主主義ということになる。

宮沢　どちらの考えをとるかは政治観の差の問題であって、人民の利益は国に奉仕するためにあるとの世界観もあると思う。ただ、アメリカなどの公式的な考え方によれば、人権が先にあり、後から統治機構がでてきたということになるのだろう。

我妻　人権が目的であるというのは自然法的考え方であって、それをどう保障するのかというときに統治構造の問題がでてくるという考え方は美濃部さんの考え方である。上杉さんの考え方によれば、統治組織が中心で二次的な人権がでてくるという。そこでは統治構造をどうするかが、憲法を作った主たる目的だと考えられている。

矢内原　国民主権の規定を捉えて法律論をやれば、人権が目的であるということになるのではないか。

宮沢・我妻　今の憲法はそうなっていると思う。

宮沢　憲法の古典的な形はそうであり、三権分立論がそこからでてくる。

鵜飼　章の排列において、現行法で天皇が一章に規定されているのは、現行法が旧憲法の改正であったから章を変えなかったのであり、本来なら人権規定が先に規定されるものと思われる。現行法の前文にその趣旨がのっており、二章・三章が目的であると考える。明治憲法時代、中島先生が人権を先に論じたので発禁になったことがある。

我妻　ワイマール憲法では篇をわけて人権が後になっている。

鵜飼　仏は人権宣言のみ。

清宮　ワイマール憲法が人権規定を後にしたのは、単に制定の際の事情によるもので（清宮・ドイツ憲法の発展と特質八一～八二頁参照）、順序は関係がない。

大内　独断かも知れないが、私見を述べると、社会の法を生産関係と見る立場からいうと、憲法の本質は、主権の性質を規定することであるが、ブルジョワ憲法においては、その外に主権の制限としての市民の権利、即ち、人権と財産権の規定をその基礎としている。この考え方からすると、当然久野説の如き立場がでてくると思う。

我妻　社会主義憲法は国家組織の規定だけになるのか？

大内　財産権の規定がなくなるだけで、そういうことにはならない。ブルジョワ憲法においては、その人権規定の構成からみて、矛盾が存在する。それは、自由権の規定と私有財産の保護の規定である。その矛盾が統治構造の中に現れてくるのだが、それを矛盾なく解釈しようとしているのが憲法学者の傾向である。しかし、その矛盾は社会的情勢による解釈によって、法律により実際は決まるのである。それを、久野氏は自由についての法の規定の少ないことを嘆かれていたが、それは、法律の矛盾として、私有財産を認めるのか自由を認めるのかにさかのぼって考えられなければならないのではないか。

宮沢　その矛盾を法律家は認めないわけではない。例えば平等についていえば、世襲制はそれに反するが、財産権の相続は世襲を認めることになる。これもブルジョワ憲法の特色であるが。

大内　憲法学者は方法論として、憲法条文からシステムを作りあげ、結論を引き出そうとするが、それは逆であると思われる。

久野　フランツ・ノイマンが、ワイマール憲法を反省し、それは、その内部の矛盾のためにつぶれたことを指摘して、それからの脱出をはかろうとしている論文を著している。機会があれば、いずれ御報告したい。ここでは、ドイツの Rechtsstaat とイギリスの rule of law の概念は異なるといっている。

大内　Rechtsstaat の観念は人権が基であるということと矛盾すると思う。

我妻　二五条と二七条は矛盾するというのが、貴方の説と思うが、その「かちあい」は民法学者もやっている。

大内　二五条で保障するという時に、その保障は全然ない。租税法、法律、人権、これら三つを並べてみると矛盾だらけである。

我妻　その矛盾の中に進んでいるのであるが。

大内　どっちに進んでいるかが問題なんだ。

我妻　憲法の条文の中には、直接働くものとそうでないものと二つある。自由権の規定はそのまま働くが、積極的要求権の方は法律がないと実現の方法に欠けているからそのままには働かないと思われるが。実現の方法が欠けており、しかも、それを法律が埋めないときに、それをどう解釈していくかは問題である。

宮沢　「自衛隊はいかん」というように事実を非難しても、それは議論にならない。

久野　しかし、憲法は道徳律と考えるのもまずいと思うが。

我妻　最高裁でも、二五条に照して違憲であるとはいわぬだろう。

真野　最高裁では、そのように判断する権限はあるのだが、それが方針だけを定めたものであるということで、規定の内容により、憲法で定めたものは凡て効力をもつとは考えていない。ところが、例えば刑訴法の中に憲法と同じ文句の規定があるときに、どっちの適用があるのかについては決まりがついていない。この場合、どちらの適用があるとしても保護はされるわけだが。

宮沢　法律家の非難される点は、法律の解釈はある状態をつくろうという実践的な意味で政治的であること。そして、それをすぐ出す人とそうでない人とがあるが、そこにどれだけ客観性を出すかが問題なのであり、それが法的安定ではないかと思う。
上杉氏が、正しい解釈は一つだけであり、それを跡づけることが法律家の仕事であるというが、そうなるとある一種の闘いの様相をおびてくることになろう。
真野　世界観からいうとこうなんだが、法律の解釈から考えるとそうならないという場合もあり、そこのところが難しい。〔ここで、久野氏は自己の体験から拘留の実態を披瀝する。拘留理由の薄弱、調書捺印の強制、没収などについて〕
宮沢　今の学生はそういう実態を知らない。
家永　チャタレイ事件の時に、『チャタレイ夫人の恋人』が一冊も返されないときいているが。
真野　それは単なる事実関係であって、昔の慣習に従ったまでであろう。
中村　提案だが、長期的な計画をたてることが必要ではないか。
次回は美濃部・上杉論争について報告。

## 第4回例会（昭和33年10月11日）

―日本国憲法の論理学―

久野　収

〔要　旨〕

〔報　告〕

I．構文論（syntax）

1．新憲法の構造上の基本原則

人権規定（特に10条〜29条）はbill of rightsに該当し憲法の眼目であり、天皇、国会、内閣、司法、財政、地方自治は統治構造を規定し、人権保障の手段と考える。そして統治構造の使い方を規定するのが31〜40条である。

2．人権規定について

(1) 10条〜29条―人権規定は国家の目的・責務であるから抽象的な規定はその意味論が問題となる。その実質的保障が必要であり、そのために意味論を重視せねばならぬ。

(2) 31条〜40条―国民が特に政府に許可した政治権力の使い方を規定するものでnecessary evilである。この規定の考え方によりRechtsstaatとrule of lawが岐れるから、この意味を重視せねばならい。

(3) 15条は凡ゆる公務員の任免権は国民がもつという意味の規定で国民主権の表現である。

II．意味論

1．憲法は道徳的規定にすぎないのか。

具体的内容が法律にかかれなければ憲法は無意味だとする議論はおかしい。99条の憲法擁護義務は、もしこれに反するときは、15条を根拠として統治組織に対して抵抗権を有すると解釈できないか。

2．その他の人権規定の意味論

(1)34条～37条の規定について、その実質的保障を考えるのが意味論の役割である。

(2)人権の実質的保障の不徹底な解釈はbill of rights観の欠如である。

3．今後更に活用論（pragmatics）を考えたい。

〔討議における論点〕

1．憲法における人権規定と統治構造の規定との関係

(1)どちらを手段と考え、目的と考えるかは、政治観の然らしめる問題である（例えば美濃部氏は人権規定を目的と考え、上杉氏は手段と考える）が、現行憲法では人権規定を目的と考えるべき論理的根拠が存在する。

(2)社会の法は生産関係の規律であると考える立場からすると、憲法は主権の性質を規定したものであるが、ブルジョワ憲法では更に主権の制限としての規定でもある。そして、そこでは人権と財産権の規定が基礎になるのであるが、自由権と私有財産の保護とは矛盾する。

例えば平等概念から世襲制に反対しても、財産権の相続は認められるという風に。又、社会主義憲法では、財産権の規定がなくなるだけで国家組織の規定のみになるということはない。

Rechtsstaatとrule of lawの差異

Rechtsstaatの観念は人権が基であるということと矛盾する。

3．憲法規定の実質的意味

(1)具体的な法律がないと実施の方法が欠けているということで、積極的役割を果さない規定が存在する。

15条　25条

(2)又法律の中に憲法と同じ字句のものがあるとき、どっちの適用があるのかははっきりしない。

4．法律の解釈とその政治性

法律の解釈が政治的実践と結びつくことも結びつかないこともあるが、客観性をそこにどれだけ出すかが問題であり、それが法的安定である。

5．検事や裁判官は、行動よりも心情によって法の執行をすることが多い。拘留実態（久野氏の体験）

なお、中野好夫氏より計画を長期的にたてることの必要が提案された。

# 第五回例会（昭和三三年一一月八日）

## 〔報　告〕

### ―上杉・美濃部両博士の憲法論争について―

宮　沢　俊　義

〈序〉

所謂天皇機関説事件といわれるものに二つある。

①　明治から大正にかけて、雑誌の上で評論的に機関説に関し論争が行われた。

②　昭和一〇年には、単なる論争ではなく政治問題として争われ、二・二六事件につながってくるもの。

今日の報告は①のそれであり、テキストとして、当時の学生（具島二郎氏）が編纂した『上杉博士対美濃部博士　最近憲法論』（太陽堂発行）がある。

１　論争の内容

学界・言論界における論争であるが、考え方の二つのタイプを代表している。

⑴　天皇機関説の背景―美濃部博士の国家法人説について―

財産法上の観念たる法人の概念を国家に適用したのが国家法人説であり、一九世紀ドイツで発達した。その理由は、当時のドイツ憲法思想界において「絶対君主制がなりたたず、議会が多かれ少なかれ立法に参与する」という社会的基盤において、君主の権力がこれ以上侵されることを防ごうとする狙いと法人説がマッチして、その狙いに役立たしめられたものである。即ち「国家という法人が権力をもっているのであって、君主がもっているのではない」という考え方。

この考え方が、日本に紹介されて、一木博士以来、説かれたものであった。美濃部〔達吉〕博士は帰国後、東大において行政法講座を担任したが、中等教員のために「憲法講話」を著し、その中で国家法人説を説いた。即ち、一人の天下は間違いであり、天下は天下の天下であり、天皇は国の機関にすぎないと。従って、天皇機関説は国家法人説と同じものである。

⑵　論争の成立

これに対し、上杉〔慎吉〕博士は、機関というのは使用人を意味することになり、それは国体の侮辱であり、民主共和の説であると反論した。

即ち、美濃部博士が天皇の性格に関し、これを論理的に説明したのに対し、天皇の神権性・不可侵性から、天皇制については論理的に説明すべきではないとしたのが、上杉氏の主張であった。

(3)　論争の特徴

かような論争に見られる特徴は

①議論が感情的であることは別としても、上杉氏が国体を頭において議論しているものであり、天皇の法律上の説明とはなり得ないということ、

②従って学問的に問題があったかどうかは疑問であり、

③上杉氏自身の論駁も美文調であって学問的には大した内容のあるものではなかった。

2　論争に対する諸学者の態度

(1)　市村光恵氏

論争に対し論評を加え、上杉氏の態度は学者としてとるべき態度ではないとし、美濃部氏の法人説に関しては、Patrimonialer Staat の観念で国体を解するものであると説いた。

(2)　穂積八束氏

言論・評論界で上杉氏に賛成する者が少なかったことについて歎かれ、美濃部氏に対して論評される。即ち、国家法人説は認められたが、天皇機関説には大反対された。

加藤弘之氏にあてた穂積八束氏の手紙によれば、そのなかでこの問題にふれており、世人が賛成するのは苦々しき限りであって、しかも、世上、天皇神権を唱えるのは自分と上杉氏のみであるという。

以上のようなことから、八束氏も真剣にこの問題を考えていたといえる。

(3)　穂積重遠氏

法学協会雑誌のなかで、両博士の論争を、太刀山・駒ヶ嶽の相撲に比すが、これは論評とはいえないものである。

3　結　び

両者の論争は結局は、天皇に対する考え方の違いに帰するものであり将来、政治闘争に利用される根拠を有する。法学界での批判は、美濃部説に客観性を認めた。

〔討　議〕

家永　明治一〇年前後に言論界で同じ論争が起ったことがある。明治七年の文明開化ものにウイーアの国家契約説がでてくるが、美濃部氏の考え方はこれを御存知でいわれたのか、それともドイツの新しい考え方の導入なのであるか？

宮沢　明治初期のそれは、人民主権的考え方のものであり、法人説はむしろ、人民主権を排斥する考え方で、法人説を民主共和の説であるというのは当っていない。美濃部説はドイツ的法律論の影響をうけているのであるから、人民主権的考え方は少ないと思う。従って両者は関連がないと思われる。

我妻　機関というと、警官と同じだという意味になるのか？

宮沢　上杉氏が、上は天皇から下は警官まで機関であるというのはおかしいといっている。美濃部氏も機関といってしまうのはショッキングであるということは知っていたから、一般論として君主は機関であるとしても、発禁になった書物においては天皇は機関であると書いていない。又、美濃部氏が教育勅語を批判してもよいといったことに対し、上杉氏はそれはけしからんといっているが、それは、上杉氏の立場は、勅語の内容のいかんをとわず、天皇の言葉である以上従わねばならんというに対し、美濃部氏はそのような態度に対する批判を示すものであり、かような立場の相異が機関説論争を生んだものであって、何れにしても、両者の考え方の相異がここに示されている。

南原　戦後の憲法改正案に対する美濃部氏の考え方はどうであったか。又、その考え方は戦前戦後を通じて一貫していたか？

宮沢　美濃部氏の考えは、占領下での憲法改正はよくない、将来、改正することは別であるがといわれた。しかし、憲法ができてからは、全体として結構なものだと考えておられた。

南原　象徴説に対して美濃部氏はどう考えられたか。

宮沢　象徴くらいが丁度よろしいと考えておったと思われる。

大内　私は当時、経済学科の学生で穂積八束氏最後の生徒であるが、学生時の経験を話すと、当時、憲法論に非常に興味をもっていた。その理由は、八束氏の憲法は高天ケ原憲法で、それが、又、権威あるものと当時はされていたが、そこに美濃部氏の民主的考えが出て、世人に強く訴えるものがあった。即ち、明治四三年一月に幸徳事件が起り、日本が暗くなると予想されたときに、美濃部氏の機関説に明るいものを感じとったのである。学生の間でも、法人説が fiction なりや否やとして問題となり、高柳氏も英法における法人の概念を発表するといった様子で、八束氏が学生に与えた言葉のなかでも、このような状勢について、淋しい感じをもつということをいっている。

宮沢　上杉氏が自分の後継者をせかされた時に、山之内一郎氏が候補に入ったり（摂政論を書いた）、岸氏もそうだときいているが、穂積さんが感じたような淋しさは、上杉氏も感じておられたと思う。美濃部氏の憲法講義は、上杉の洋行により、そのピンチヒッターとして大正九年に行われたものである。

矢内原　加藤弘之氏と八束氏との関係はどうなのか？

宮沢　加藤氏は昔は民権的立場をとられていたが、後にドイツ君主制的立場をとられ、当時は枢密院におられたと思う。教えるという関係では両者の間に何も関係はないと思う。

丸山　加藤弘之氏は唯物論で国体論を根拠づけようとした。スペンサーの影響がある。ところで、国体・政体の区別は『憲法撮要』と同じに考えていいのか？

宮沢　美濃部氏は始めから国体・政体の区別をしていない。

穂積・上杉は｛国体、本質的―不変／政体、二次的―変る｝とし、この点を上杉氏は一層徹底、国家の倫理的価値を盛んにいう。

丸山　国体を法律的概念から除くのか？

宮沢　国体を日本の天皇制と考えるのならアメリカに国体はない。

穂積氏は、国体・政体はどこの国にもあるといっているが。

治安維持法の国体が美濃部氏の法律家的観念に当たるのだろう。

我妻　国の政治組織という内部での程度の差と考えれば、上が国体で下が政体ということになる。

大内　穂積氏は国体・政体をわけ、｛国体―不変／政体―変化｝といっている。

穂積憲法の法人説は、年代によって解釈が異なる。最後の『憲法提要』では、自然人の意思・法人の意思の区別をやめ（法人説と誤解されると思い）、日本では国家の意思＝天皇の意思とみなすのが国体であるという。

上杉氏の進化は、国家は最高の道徳なりとして講義を始めたという点にある。

我妻　家は法人だと、八束氏は民法についていわれる。民法論だから国家とはいわないが、法人論が好き。

上杉氏は学問的に信じていたのか、政策的にいっていたのか？

宮沢　上杉氏は回転のいい人だが本質的にそうだと思う。根本的にrationalでない。美濃部が実証的なのに対し、上杉は哲学的ということ。

穂積八束論文集の序文で、上杉を吉野氏は「学問詩」と評している。

戒能　上杉氏の憲法講義では本の話ばかりで憲法の話をしない。

矢内原　ヤハギ先生（？）が社会主義者をやっつけようといったとき、私は社会主義者ですよと上杉氏はいっている。

宮沢　憲政の敵ムッソリーニとも上杉氏はいっており、そこに上杉氏の性格が表れていると思う。

我妻　福祉国家的な考え方はなかったのか？

自分の憲法論で社会主義以上のことができるといっているが。

大内　彼のいう社会主義とはバクーニン、クロポトキンのことだ。

丸山　穂積論文集に国家社会主義を論じているが、国家権力の拡大のために政党内閣を攻撃し富者をおさえると説いている。

菊池　大学で初の婦人参政論の講義をしたといわれている。

矢内原　留学中の勉強では社会主義的なものに目を向けていた。

清宮　ギールケの『ドイツ私法』、ランケの『世界史』を読め、憲法の本を読む必要なしといわれた。

社会学はプラトンに始まって上杉に終わるともいっていた。

宮沢　上杉氏はG・イェリネックの家にいた。イェリネック夫人の話に上杉氏のことがでてくる。
矢内原　ドイツ語でケンカしたとか。
鵜飼　大正の論争は美濃部先生の地位を危くするものだったのか？
大内　学問的論争の外観をもっていた。
筧先生の憲法講義で美濃部上杉批判やるだろうといわれたが、論争は茶番ですといわれた。
宮沢　そうだ。国家法人説という法律の問題だから学問的論争だ。
吉野氏（？）の南北朝事件は政治的だが。
大内　京都は井上密、織田万、市村光恵で政治的にやった。
家永　上杉の婦人参政問題は万朝報にのっている。
大内　河田嗣郎の婦人問題は発禁になった。
中野　婦人問題は八束の方が先だろう。
我妻　八束には可愛がられて政策的に変ったのではないか。
矢内原　山県との関係から宮中とも関係があるようになった。
宮沢　上杉氏は文語体で美文調で書くので非論理的な傾向がでてしまう。
菊池『憲法制定の由来』はいつごろか。
大内　明治四四年。
中野　上杉氏の後継者は？
我妻　いない。
宮沢　高畠素之がそうではないのか？
大内　高畠の資本論に上杉氏の序をのせている。
七博士事件の時、上杉は「循吏論」を書いている。
ところで、美濃部氏の帝国憲法改正に対する考え方はどうだったのか。
宮沢　占領下での改正には批判的だが、制定後はこれでよいといっている。天皇の象徴性についても賛意を表している。
〈宗像氏が国民教育研究所捜索について、戒能氏が破防法その他治安立法について問題にしたら〉（丸山から）。

## 〔要　旨〕

―上杉・美濃部両博士の憲法論争について―

宮沢俊義

〔報　告〕

I　序

世上、天皇機関説事件といわれるものに二つある。

(1)　明治から大正にかけ、機関説に関し評論的に論争が行われた（今日の報告）

(2)　昭和10年には、単なる論争ではなく、政治問題として

## 第５回例会（昭和33年11月８日）

争われ、更に２・26事件に結びつく。

Ⅱ　論争の内容

1　天皇機関説の背景

「絶対君主制はなりたゝず、議会が多かれ少なかれ立法に参与する」という19世紀ドイツ憲法思想界において、君主の権力がこれ以上侵されることを防ごうとする目的に、法人の概念を国家に適用した国家法人説が役立たしめられた。帰国後の美濃部博士は『憲法講話』において、この国家法人説を説き、天下は天下の天下であり、天皇は国の機関にすぎないと主張する。

2　論争の成立

上杉博士は機関といえば使用人を意味することになり、それは国体の侮辱であり、民主共和の論であると反論する。

即ち、美濃部博士が天皇の性格を論理的に説明しようとしたのに対し、上杉博士は天皇制は論理的に説明すべきものではないと主張する。

3　論争の特徴

(1)　議論が感情的であることは別として、上杉博士の主張は国体を頭においてのそれであり、天皇の法律上の説明とはなり得ない。

(2)　上杉博士の論攷が美文調であり学問的に大した内容はない。

(3)　従って、この論争は学問的に問題があったか否かは疑わしい。

Ⅲ　論争に対する諸学者の態度

1　市村光恵氏

上杉氏の態度は学者としてとるべきものではなく、美濃部氏の法人説に関しては Patrimonialer Staat の観念で国体を解するものであると説明した。

2　穂積八束氏

国家法人説は認められるが、天皇機関説には反対。加藤弘之氏にあてた書簡中、世人が機関説に賛成するのは苦々しき限りであり、天妻神権説を唱えるのは自分と上杉氏のみである、と嘆く。

3　穂積重遠氏

両博士の論争を、法協の中で太刀山・駒ケ嶽の相撲に比す。

Ⅳ　結　び

両者の論争は天皇に対する考え方の相異に帰し、物の考え方の二つのタイプを代表するといえる。将来、政治闘争に利用される根拠を提供し、法学界では美濃部説に客観性を認めた。

〔討議における論点〕

Ⅰ　機関説の性格

(1)　明治初年の言論界における天皇に関する論争は民主共和の説からのそれであり、機関説事件における法人説はドイツ的立憲君主論の下に成立し、人民主権を排斥する考え方であるから両者は関係がない。

(2)　〃機関〃という言葉について―天皇から巡査まで機関であるというのはおかしいと上杉氏主張。美濃部氏もこの言葉のショッキングであることは知っており、一般的に君主は機関であるといわれるにしても、書物では機関の言葉は使っていない。

(3)　上杉・美濃部両氏の考え方―例えば教育勅語に関して、上杉氏はその内容の如何をとわず天皇の言葉であるから従わねばならないというに対し、美濃部氏は実証的立場よりそのような考え方を批判する。

(4)　当時は穂積八束氏の高天ケ原憲法が権威あるものと考えられ、更に幸徳事件に示される如く、日本の前途に暗雲を予想した時、美濃部氏の考え方に明るいものを感じとって法人説がもてはやされたのである。この世上の傾向に穂積・上杉両氏は淋しさを感じたという。

Ⅱ　上杉氏と穂積八束氏

(1)　加藤弘之氏と八束氏の関係―学説上の関係はない。

(2)　国体について―八束氏は国体・政体を区別し、両者は何れの国にも存するが、日本では国体は本質的であり不変、政体は二次的で可変と考えた。上杉氏は八束説を徹底させて、国家の倫理的価値を強調し、日本の天皇制こそ唯一の国体であると考える。

(3)　八束氏と法人説

八束氏は法人論を好み、家は法人なり（民法）といゝ、更に『憲法提要』において、年代により異なるが、初め「自然人の意思」「法人の意思」の用語を用いるが、誤解を恐れて、後には、国家の意思即天皇の意思をみたすものが国体であるという。

(4)　上杉氏の人間像とその学説

上杉氏が「国家は最高の道徳なり」というとき、真実、そう考えていた。美濃部の実証的態度に対し、上杉氏は哲学的であり、吉野氏は彼の文章を学問詩と評した。

しかし、それ以前の彼は、婦人参政論の講義をし富者抑制策を唱え、社会主義的見地より国家権力の拡大を論じ、ギールケの Privatrecht、ランケの世界史を推賞し、社会学はプラトンに始まって上杉に終ると称する。そして、自己の憲法論で社会主義（彼が理解した社会主義はバクーニン、クロポトキンのそれ）以上のことができると考えた。高畠氏の資本論に序文を書く。

それが八束に可愛がられ、山県との関係から皇室とも連絡があるようになって変っていったと思われる。

Ⅲ 美濃部氏の帝国憲法改正に対する考え—占領下における憲法改正には批判的であったが、制定後は賛意を表する。〝象徴〟についてそれで適当と考えていた。

# 第六回例会（昭和三三年一二月一三日）

## 〔報　告〕

—安保条約改訂問題—

入江啓四郎

〔問題点〕

1　防衛条約・基地設定協約の二重性格

通常はこの両者は別のものであり、かような例は少ない。基地設定協約の特徴は、自国の防衛上、基地を設定するものであって、被設定国の防衛のためではないのであるが、ここでの例はそれである（フィリピン・アメリカ間の設定協約はアメリカ防衛のため）。

Natoもワルシャワ条約も基地設定に関し何の規定ももたない。

基地設定協約といっても、基地を含む広範な区域と被設定国の防衛を担うものの多くは相互防衛条約によるのが通例である。本件のような例のものは他にないわけではないが、稀な例にあたる。米韓・米台は何れも相互防衛条約である。

西ベルリンの例は基地設定協約でなく占領の形態のものである。今度の政府側の構想では、相互性をもたせることから、西太平洋まで相互防衛地域を拡大するもののような報道もあったが、憲法上の差しさわりから、引っ込めて基地貸与方式のものを考えている。しかし、現在の安保条約はすでにかような性格をもっているものであるから、どのような改善だというのであろうか。

2　事前協議条項

極東の安全のために米軍が一方的に行動するというものでなく、事前に協議する方向に改善しようということである。

しかし、日本が拒否権をもつという意味での協議でなく、日本がどのような防衛上の役割を果すのかを決めるという意味での事前協議である。

(1)　武力攻撃が発生した場合には、条約の規定にしたがって武力行為をとるのであるから事前協議は不可能。

(2)　侵略の脅威がある場合は、事前協議も可能。

例えば、米韓間、オーストラリア・ニュージーランド・アメリカ間では、脅威があると何れかが認める時は協議することができる。

(3)　間接侵略の場合も事前協議は可能。

武力攻撃以外の行為による侵略はSeatoの規定がある。

基地貸与方式のものに改め、極東の安全を確保する｝として、
しかし、軍隊出動の場合は事前協議する

侵略のあった場合、間接侵略の場合は、事前協議はできるが、その他の場合には困難があるのではないかと思う。

(4) 適用地域に沖縄・小笠原を含めるか、憲法上の制約はないか、装備の条件をどうするかの問題あり。

## 〔討　議〕

戒能　入江説では、現行条約は制約的に進むか否か。

入江　事前協議がどこまで範囲が広がるか、見込みは少ないと思う。

条約に期限をつける（一〇年有効、一年の予告で廃止できるとする）ことの問題では、アメリカではもっと長期を考えており、一〇年では少ない。

一〇年で廃止できるとなればまだよいのかも知れないが、小笠原・沖縄を切り離して長期限貸与することになる。

従って、改訂ということはよい機会と考えなければならない小笠原問題をくみ入れ、そして条約改正という方向にもっていくというのが私見である。

佐藤　現行条約では、沖縄・小笠原の米軍施設が攻撃された場合、日本の軍を派遣せよといえるのか。

入江　日本にその義務はない。対象は本土に限られているから、従って、米軍を防衛する意味からいえば義務はない。

しかし、沖縄・小笠原を防衛する権利があるかどうかの問題として考えれば、サンフランシスコ条約当時は自衛権なしということで、それはなしということであった。現在、沖縄・小笠原が日本の領土の一部であるとすれば、自衛権行使の方法によってはありうると思う。

自衛権はその地域で防衛せずとも、地域外で防衛できるから、侵略国の基地を攻撃することもできる。日本は沖縄・小笠原について侵略国に対する正当防衛権をも抛棄したとはいえないから、防衛権ありと考えるべきであろう。

菊池　改訂問題はどちらが本当に希望したものか。この問題を進めた側の趣旨は何なのか。

入江　共同発表によれば、安保条約は暫定措置として米軍をおくと書いてある。長期化の意志はなかったので、両国民の願望にそうように日米安全保障共同委員会を設けたが、協議はなかった。藤山・ダレス会談で、話がでたのではないかと思われる。

条約で不便を感じたのは日本である。しかし、何をどう改訂するかの具体的考え方は確固たるものはない。やめたらどうかの話まででている。確定した方針があるとは思われない。

菊池　一九五六年頃、沖縄の事情でアメリカが考慮すべき問題があったのか。新聞が当時沖縄問題を大々的に報道したが、何故そういうことになったのか。

入江　それは軍事基地の土地接収の問題ではないのか。

中村　沖縄で日本の自衛権はないが、途中で迎撃できるとの意見はないか。自衛の権力作用は日本にないが、自衛の資格はあるとの考えであるか。潜在主権か。

入江　いや、顕在主権だ。沖縄にはアメリカの同意がなければ入るわけにはいかないから、防衛権も主権作用の一つと考えれば、沖縄の自衛権はないことになる。しかし防衛行動は日本地域の安全を守るためだから、国際法上、基地を叩くことは差支えない。

中村　しかし、日本が侵略のおそれがないとき、沖縄の問題のみのときに、それが可能であるというのは潜在主権ではないか。

入江　沖縄では顕在的主権があると考えている。

　何故なら、領土の変更など領土権は日本が保有しているから、主権作用の行使とか、沖縄住民の地位（国籍、アメリカの国籍はない）などを考えれば、顕在と考える。

　沖縄以外の地域で防衛できる。

中村　ダレスのいった潜在主権の言葉を顕在主権と理解されるのか。

入江　アメリカに司法・立法・行政を譲ったとはいえ、領土権、住民の地位まで譲ったものではないから。

中村　私見とは異なる。領土権というのは潜在主権の意味であると思うが。

入江　残存主権の意味ではないのか。アメリカに権利を委ねたといっても、凡てを抛棄したわけではないから。

　講和条約三条の解釈は凡ての権利を譲渡するということまでいっているのではない。

中村　今の説だと、沖縄の侵略に日本をまきこむおそれがあるのではないか。

入江　それは事実の問題として考えた場合であって、権利の理論の問題では実際とは異なる。

宮沢　租借地と同じものなのか。

入江　遼東半島の例では領土権は清国にある。

宮沢　あるといってもないといっても観念的であると思うが。潜在といってもいいのではないか。

入江　アメリカが領土の処分はできないということは、潜在顕在に関係なく、領土権は全然ないということである。

宮沢　結局、制約された支配権をアメリカがもっているということではないのか。言葉の問題ではないか。

入江　残留主権を潜在主権といってはいけないと思う。日本が de jure sovereignty、アメリカが de facto sovereignty をもっているということだ。

宮沢　アメリカが制限することはないか。日本にどれだけ権利があるか、何か沖縄に対し出来るか。

中村　国籍は両方やっていない。中途半端だ。

入江　現実には日本旧国籍法が施行され、現行国籍法は施行していない。戸籍事務所は福岡にある。現地ではできない。

中村　administrative authority が日本だと、統治権があるということではないのか。

入江　サイプラス島は、英に administration はあるが occupation である。

　領土権によって返還請求できるが、imperium と dominium は区別して考えている。

菊池　安保条約は現状のままである場合とどう変更するかの問題で、主権をどう解するかによって日本に自衛権があることになるのか。主権のとらえ方で効果的に考え方の違いがあるか。

入江　一〇年間固定してしまって改善の余地のないものにしてしまうよりは、今のままにしておいた方がよいと思う。不満はそのままに残しておいてもだ。しかしアメリカでは応ずるはずはないが。

南原　入江説に賛成だが、条約を白紙にして、沖縄をアメリカから返してもらったら。

入江　日本が沖縄の統治権を回復するというのならよかったのだが、日本の自衛権ありといっても、米の防衛権は減らない。施政権を返す（アメリカの管理下ということはなくなるがそこまでは徹底していない）ということになれば日本の領土と変らなくなる。防衛の相互性ということから。

南原　施政権の全部ということはできなくとも、教育権とか何とかを返してもらうというような点の交渉はどうか。日本が主権をもっているんだから。

我妻　日本の権利を強く主張し日本の方に返ってくるとして、防衛の義務も一緒に返ってくると思われるが。

入江　それは不可分と思う。その場合、台湾が敵から攻撃をうければ日本がまきこまれ、沖縄が攻撃されることになる。―この点、日米安保は日本本土だけに限られている。

我妻　その危険を冒さないで実質的なものだけ返してもらえるか。

入江　沖縄から全部撤退ということは不可能。軍隊は置く、しかし施政権は返してもらう、基地に伴うある種の特権のみ残しておくということにすれば。

我妻　軍備防衛のみをアメリカに、あとは日本にということになればいい。

中村　施政権の一部を返せでは防衛権も入ってくる。そこで戦争が起きないだろうから、いずれ日本に返ってくるという政治的判断があった。

鵜飼　ラジオで思想宣伝をすれば間接侵略か。

入江　外部の手で日本の国内に内乱をおこさせれば間接侵略になる。

国内事情によるものとは異なり、不可侵に対する脅威の意味であるから。

国際連合憲章五条で武力攻撃の中に間接侵略を含むとされ、外部の教唆による侵害も入る。

鵜飼　アメリカの説では外部からの教唆がなくとも成立する。

入江　脅威が現在しなければならないが、将来の脅威という言葉をダレスが使っている。

清宮　アメリカが沖縄をもっているのは軍事のためであって、そのため施政権を全部もっている。自衛隊が入っていっても施政権は返せないという。アメリカの防衛権は欠かせないとして、施政権を全部押えてないと具合の悪いものか。

入江　アメリカは施政権を行使しないで軍事上の権利をもっているというのが大部分。西ベルリンの如き特別の事情の場合のみ。

我妻　近頃の軍事上というときの範囲は非常に広範で、公用収用して飛行場をつくるという如く金融上までも含んでいる。

入江　防衛上、施政権までというのは欲が深い。うっかり改訂すると、自衛隊が行くだけということになり改悪になりかねない。

大内　どういう条件を満たせば基地を返せといえるのか。

入江　防衛を引きうければいいのだろう、極東の緊張が続いているあいだは返せないというだろうが、この状態の認定権をアメリカだけがもっているというのは不都合と思う。

だから緊張の緩和――そして沖縄を返してもらうということ――の努力は日本としてなすべきだと思われる。それと併せて、平時では軍隊駐屯の必要はないのではないかと考えるから、明日に戦争があるという考えを前提とするのではなく、撤退すれば緊張が緩和されるという考え方をすれば、基地設定は防衛の不可欠の要件ではなくなる。即ち、本土の基地の如く施政権を返した方が合理的であると思われる。かような合理的主張も合せて考えてゆくべきだと思われる。

中村　沖縄に日本の自衛隊が入る場合には、何か制約があるのではないか。

入江　基本的にはアメリカの極東政策であろう。講和条約当時その考え方はあったが、日本の戦争抛棄から現在はどうか。

沖縄・小笠原は極東の要であるが、ＩＣＢＭ時代になれば要から外れて、日本に返す可能性はある。

ソビエトをとりまく基地態勢がアメリカの戦略であるので、これを崩す可能性はない。簡単に沖縄が外されることは少ないと思われる。

提案・来春一年間の計画をたてる。

・現行制度の動き、世界各国憲法と日本国憲法の共通原則および日本への具体化について外部から講師をよぶことも考えてよい。

# 〔要　旨〕

―安保条約改定問題―

入江啓四郎

〔報　告〕

Ⅰ　条約の性格変更の問題

１　安保条約の性格

現行安保条約は防衛条約・基地設定協約の二重の性格を有する。通常、この両者は別のものであるため、日本のような例は稀である。なぜなら、基地設定協約は設定国自らの防衛のために基地を設定するものであり、被設定国の防衛をなすものではないから、設定国、被設定国両者の防衛を目的とするものの多くは相互防衛条約の形式による。

２　改訂に関する政府の意図

政府の最初の構想は、相互防衛性をもたせようとしたが、西太平洋まで相互防衛地域に拡大されてしまうので、この案はやめ、現在は基地貸与方式のものを考えている。しかし現行条約がすでにかような性格をもつものである以上、この改訂は改善とはいえない。

Ⅱ　事前協議条項

１　現行条約では、米国が一方的に在日米軍を使用できるのに対し、改訂案では事前協議条項を挿入する。これは日本が拒否権をもつという意味での協議ではなく、日本がどのような防衛上の役割を果すかの決定についての協議を意味する。

２　しかし、侵略の脅威ある場合或いは間接侵略の場合は、事前協議が可能であるが、武力攻撃が発生してからの協議は不可能ではないか。

Ⅲ　その他、適用区域に沖縄、小笠原を含めるか、憲法上の制約はどうか、装備の条件をどうするかの諸問題がある。

〔討議における論点〕

１　条約改訂問題発生の理由

安保条約には暫定措置として米軍の駐留を認める趣旨の規定があり、当時は条約長期化の意思はなかったが、それに日本も不便を感じていたので、藤山、ダレス会談で話がでたのではないか。

２　条約改訂の見通し―事前協議の範囲がどこまで広がるかにもよるが、日本に都合のよいように運ぶ見込みは少ない。アメリカは条約の長期化（一〇年でも少ないと考える）を考えているが、条約改訂は沖縄、小笠原問題を考えるよい機会でもある。

3　沖縄、小笠原問題をめぐって

(1)　沖縄の主権について

沖縄に対し日本の有する領土権は顕在主権か潜在主権か―結局は言葉の問題で、制約された支配権をアメリカがもっていることであり、潜在といってもいゝのではないか。（日本は de jure sovereignty を有し、アメリカは de facto sovereignty を有する。

(2)　沖縄の防衛と日本の立場

沖縄・小笠原の米軍設備が攻撃されたとき、日本に領土権ありとすれば、自衛権行使の方法によっては日本にも防衛権は存する。しかし条約改訂の際、下手にいじって一〇年間改善の余地のないものにしたり、自衛隊に出動の義務のみ課されるようになるよりは現状の方が可。

(3)　沖縄におけるアメリカの立場

アメリカの沖縄保有は軍事のためであるが、又そのために施政権の全部をもっている。それは現在軍事上の必要の観念が広範に考えられているからである。

(4)　条約改訂と沖縄返還問題

米軍の沖縄からの全撤退、施政権の一部もしくは全部返還などの議論がある。結局、日本が権利を強く主張すると防衛の義務も一緒になるおそれがあるため、基地に伴うある種の特権のみ残し、防衛はアメリカに任せ、施政権は返してもらうのが最善であるということになる。しかし、日本が沖縄の防衛を引きうければ基地を返せと主張できるが、極東の緊張が続いている間（その認定権をアメリカがもっているのは不都合）は返還しないだろう。

(5)　従って、日本としては緊張の緩和をはかる努力をなすべきで、そのためには、軍隊駐屯を廃止することが反って緊張を緩和する道であり、施政権を返してもらうのがより合理的である。基地設定は防衛の不可欠の要件ではなく、反って現今のＩＣＢＭ時代では、沖縄・小笠原は極東防衛の要ではあっても、アメリカ防衛の要からは外れていると思われるから。

4　今後の会の運営についての提案

来春より一年の計画をたてること。現行制度の動き、或いは世界各国憲法と日本国憲法の共通原則及び日本への具体化などのテーマを考えてはどうか。そのために外部から講師をよぶことはどうか等の意見が述べられた。

第７回例会（昭和34年１月17日）

# 第七回例会（昭和三四年一月一七日）

―最高裁判所が取り扱った憲法問題の概要―

真野　毅

## 〔資　料〕

第一　主要裁判例

第十四条（法の下の平等）関係

〈尊属殺、尊属傷害致死〉

1　昭二五、一〇、一一、大法廷判決（刑集四巻一〇号二〇三七頁、要旨集二〇頁）

尊属傷害致死に関する刑法二〇五条二項の規定は憲法一四条に違反しない（補足意見および三人の少数意見がある）。

2　昭和三二、二、二〇、大法廷判決（刑集一一巻二号八二四頁）

刑法二〇〇条にいわゆる配偶者の直系尊属とは、現に生存する配偶者の直系尊属を指すものと解するを相当とする（補足意見および四人の少数意見がある）。

第一九条（思想及び良心の自由）関係

〈謝罪広告〉

3　昭三一、七、四、大法廷判決（民集一〇巻七号七八五頁、要旨集二八頁）

新聞紙に謝罪広告を掲載することを命ずる判決は、憲法一九条に反しない（補足意見および二名の少数意見がある）。

第二十一条（集会・結社・表現の自由、通信の秘密）関係

〈新聞記者の取材源に関する証言拒否権〉

4　昭二七、八、六、大法廷判決（刑集六巻八号九七四頁、要旨集三三頁）

憲法二一条は、新聞記者に対し、その取材源に関する証言を拒絶し得る特別の権利までも保障したものではない（全員一致）。

〈政令三二五号事件〉

アカハタ等の発行停止に関する指令関係

5　昭二八、七、二二、大法廷判決（刑集七巻七号一五六二頁、要旨集三三頁）

いわゆる「アカハタ及びその後継紙、同類紙の発行停止に関する指令」についての昭和二五年政令三二五号違反被告事件は、講和条約発効後においては刑の廃止があったものとして免訴すべきである（補足意見および四人の少数意見がある）。

◇参　考

イ　昭二八、一二、一六、大法廷判決（刑集七巻一二号二五二〇頁、要旨集三四頁）

（少数意見および補足意見がある。）

ロ　昭二八、一二、一六、大法廷判決（刑集七巻一二号二四五七頁、要旨集三四頁）

（少数意見および補足意見がある。）

ハ　昭三〇、四、二七、大法庭判決（刑集九巻五号九四七頁、要旨集三七頁）

（少数意見および補足意見がある。）

（注）ロ、ハ、の判決は「言論及ビ新聞ノ自由」、「新聞規則」の覚書関係。

〈条例の合憲性〉

６　昭二九、一一、二四、大法廷判決（刑集八巻一一号一八六六頁、要旨集三六頁）

昭和二四年新潟県条例第四号は、憲法一二条、二一条、二八条、九八条等に違反するものではない（補足意見および一人の少数意見がある）。

〈チャタレー事件〉

７　昭三二、三、一三、大法廷判決（刑集一一巻三号九九七頁、要旨集三八頁）

憲法二一条二項によって事前の検閲が禁止されたことによって猥褻文書の頒布、販売を禁止し得なくなったものではない（全員一致）。

第二十八条（勤労者の団結権）関係

〈憲法と勤労者の争議権〉

８　昭二五、一一、一五、大法廷判決（刑集四巻一一号二二五七頁、要旨集四七頁）

憲法は、勤労者の団結権、団体交渉権その他の団体行動権を保障するが、勤労者の争議権の無制限な行使を許容し、それが国民の平等権、自由権、財産権等の基本的人権に絶対的に優位することを是認するものではない。従って、労働者が労働争議において使用者側の自由意思を剥奪し又は極度に抑圧し或はその財産に対する支配を阻止し、私有財産制度の基幹を揺がすような行為をすることは許されない（全員一致）。

〈メーデー皇居外苑使用不許可事件〉

９　昭二八、一二、二三、大法廷判決（民集七巻一三号一五六一頁、要旨集六七頁）

原判決は、本訴請求を権利保護の利益なきものとして棄却の裁判をしたものであって、裁判を拒否したものではなく、憲法三二条に違反したものとはいえない。

〈不許可処分の適否に関する付記意見〉

―本件不許可処分は管理権の適正な運用を誤ったものとは認められないし、また管理権に名を藉りて実質上表現の自由又は団体行動権を制限することを目的としたものとも認められず、憲法二一条及び二八条に違反しない（一人の少数意見がある）。

第二十九条（財産権）関係

〈農地買収〉

10 昭二八、一二、二三、大法廷判決（民集七巻一三号一五二三頁、要旨集五五頁）

自作農創設特別措置法（自創法）六条三項本文の農地買収対価は、憲法二九条三項にいわゆる「正当な補償」にあたる（補足意見及び四人の少数意見がある）

第三十一条（法定の手続の保障）関係

〈刑訴四〇〇条但書の法意〉

11 昭三一、九、二六、大法廷判決（刑集一〇巻九号一三九一頁、要旨集六三頁）

第一審判決が、起訴にかかる公訴事実を認めるに足る証明がないとして、被告人に対し無罪を言い渡した場合に、控訴裁判所が右判決は事実を誤認したものとしてこれを破棄し、みずから何ら事実の取調をすることなく、訴訟記録および第一審裁判所で取調べた証拠のみによって、直ちに被告事件について、犯罪事実の存在を確定し、有罪の判決をすることは、刑訴四〇〇条但書の許さないところである（四人の少数意見がある）。

◇参　考

〈懲役刑の執行猶予を言い渡した第一審判決を控訴審が書面審理のみにより破棄しみずから実刑の言渡をする場合〉

・昭三一、七、一八、大法廷判決（刑集一〇巻七号一一七三頁）

第一審判決が懲役刑の執行猶予を言い渡した場合に、控訴裁判所が何ら事実の取調をしないで、第一審判決を量刑不当として破棄し、みずから訴訟記録および第一審で取調べた証拠のみによって、懲役刑（実刑）の言渡をしても刑訴四〇〇条但書に違反しない（少数意見がある）。

第三十二条（裁判を受ける権利）

〈調停に代わる裁判の合憲性〉

12 昭三一、一〇、三一、大法廷決定（民集一〇巻一〇号一三五五頁、要旨集六八頁）

家屋明渡請求訴訟事件につき、戦時民事特別法一九条二項、金銭債務臨時調停法七条一項によってなされた調停に代わる裁判は、憲法一一条、一三条、二二条、二五条、三二条に違反しない（七名の少数意見がある）。

第三十六条（拷問及び残虐刑の禁止）関係

〈死　刑〉

13　昭二三、三、一二、大法廷判決（刑集二巻三号一九一頁、要旨集七三頁）

死刑を定めた刑法の規定は違憲ではない（全員一致）。

第三十八条（自己に不利益な供述、自白の証拠能力）関係

〈不当に長く抑留若しくは拘禁された後の自白〉にあたる事例

14　昭二三、七、一九、大法廷判決（刑集二巻八号九四四頁、要旨集一〇一頁）

左記のごとき窃盗事件について、被告人を一〇九日間拘禁し、その後に被告人がはじめて犯行を自白し、かつ、被告人が逃亡するおそれのないものであったときは、右自白は、憲法三八条二項にいわゆる「不当に長く抑留若しくは拘禁された後の自白」にあたる（全員一致）。

第七十九条（最高裁判所の裁判官、国民審査）関係

〈最高裁判所裁判官国民審査法の合憲性〉

15　昭二七、二、二〇、大法廷判決（民集六巻二号一二二頁、要旨集一三六頁）

最高裁判所裁判官国民審査の制度は、国民が裁判官を罷免すべきか否かを決定する趣旨であって、裁判官の任命を完成させるか否かを審査するものではない。

最高裁判所裁判官国民審査法は、憲法七九条、一九条、二一条に違反しない（全員一致）。

第八十一条（法令審査権と最高裁判所）関係

〈抽象的法令審査権〉

16　昭二七、一〇、八、大法廷判決（民集六巻九号七八三頁、要旨集一三九頁）

最高裁判所は、具体的事件を離れて抽象的に法律命令が憲法に適合するかしないかを決定する権限を有しない（全員一致）。

〈最高裁判所の性格〉

17　昭二八、四、一五、大法廷判決（民集七巻四号三〇五頁、要旨集一三九頁）

憲法八一条は、最高裁判所が違憲審査を固有の権限とする始審

にして終審である憲法裁判所たる性格をも併有すべきことを規定したものではない（補足意見がある）。

第九十八条（最高法規、条約及び国際法規の遵守）関係

〈昭二〇年勅令第五四二号と憲法との関係〉

18　昭二八、四、八、大法廷判決（刑集七巻四号七七五頁、要旨集一四五頁）

昭和二〇年勅令第五四二号は日本国憲法にかかわりなく憲法外において法的効力を有する（補足意見がある）。

第７回例会（昭和34年１月17日）

〈行政事件訴訟特例法第一〇条第二項但書に定める異議〉

19　昭二八、一、一六、大法廷決定（民集七巻一号一二頁）

行政事件訴訟特例法第一〇条第二項但書の内閣総理大臣の異議は、同項本文による裁判所の執行停止決定前に述べられることを要し、その後に述べられた異議は、不適法である（補足意見および二人の少数意見がある）。

〈住所の意義〉

20　昭二九、一〇、二〇、大法廷判決（民集八巻一〇号一九〇七頁）

およそ法令において人の住所につき法律上の効果を規定している場合、反対の解釈をなすべき特段の事由のない限り、その住所とは各人の生活の本拠を指すものと解するを相当とする。修学のため、寄宿舎で生活している学生の生活の本拠は、下記のような事情のある場合は、選挙人名簿調整期日まで三カ月間寄宿舎にあったものと解すべきである（全員一致）。

第二　司法行政上の憲法問題

一　参議院司法委員会による裁判事件調査問題（憲法第六二条〈議院の国政調査権〉関係）〈いわゆる浦和充子事件〉

㈠　昭和二三年五月六日、参議院司法委員会（のちに法務委員会と改称）は、「裁判官の刑事事件不当処理等に関する調査」を行うことを決議した。最高裁判所においては、同委員会の伊藤修委員長に対し、国会が国政調査権にもとづきこのような調査を行うことは、憲法上多大な疑義があるからただちに協力できない旨申し入れたところ、同委員長も、右調査は司法権の独立との関係上その取扱はきわめて慎重にすることを了承した。しかし、委員会は、尾津事件等を調査しその活動も次第に活発になり、その調査が新聞紙上に大きく取り上げられる等、司法の尊厳を害すること著しいものがあるように見うけられた。

㈡　同年一〇月一七日にいたり、同委員会は、調査の名称を「検察および裁判の運営に関する調査」と改め、「裁判官、

検察官の封建的観念および現下日本の国際的国内的立場に対する時代的識見の有無ならびにこれら司法の民主的運営と能率的処理をはばむ残滓の存否を調査して、不当なものがあるときには、その立法的対策を講じまたは最高機関である国会の立場で司法部に対してこれを指摘勧告する等適切な措置をとること」をきめたうえ、同年一一月、いわゆる浦和充子事件（被告人浦和充子が母子心中を決意し、幼児三名を絞殺したうえ、みずからも自殺をはかったが死ぬことができなかった、という事件で、浦和地方裁判所は、昭和二三年七月二日、右被告人に対し懲役三年執行猶予三年の判決を言い渡し、一審で確定していた。）を調査の対象とする旨を発表した。最高裁判所は、同年一二月九日、松平参議院議長あてに、「裁判運営の実情を調査するに当っては、事柄の性質上、とくに慎重を期せられ、その限界と方法を誤ることのないように警告を発したが、右事件についての委員会の調査報告書は、同事件について裁判官のした事実認定は失当であること、懲役三年執行猶予三年とした量刑も軽きに失するものであることを決議していた。

㈢　そこで、最高裁判所は、裁判官会議の決議にもとづき、昭和二四年五月二〇日参議院に対して次のような趣旨の意見を送付し、同院の善処を求める旨の申入れをした。

「憲法第六十二条に定める議院の国政に関する調査権は、国会または各議院が憲法上与えられている立法権、予算審議権等の適法な権限を行使するにあたり、その必要な資料を集取するための補充的権限にほかならない。

昨年五月六日貴参議院法務委員会は、裁判官の刑事事件不当処理等に関する調査を行うことを決議し、ついで同年十月十七日これを検察及び裁判の運営等に関する調査と改め、（中略）従来裁判所に係属中および確定の刑事事件につき調査を行い、裁判の当否を論じ、最近においては判決の事実認定及び刑の量定の当不当を云為するにいたった。

しかしながら司法権は、憲法上、裁判所に専属するものであり、他の国家機関がその行使につき、容喙干渉するが如きは憲法上絶対に許さるべきではない。この意味において、同委員会が個々の具体的裁判について事実認定若しくは量刑等の当否を審査批判し又は司法部に対し指摘勧告する等の目的を以て前述の如き行動に及んだことは、司法権の独立を侵害し、まさに憲法上国会に許された国政に関する調査権の範囲を逸脱する措置と謂わなければならない。

裁判官に対する民主的監視の方法は、自ら他に存するのであって、すなわち、憲法の定める最高裁判所裁判官に対する国民審査及び裁判官に対する国民審査及び裁判官に対する弾劾の各制度の如きがそれである。（後略）」

㈣　最高裁判所の右申入に対して、参議院は、なんら公式な意見を表明しなかったが、その後この種の調査は、行われなくなり、事実上の慣行が樹立された。

二　裁判官訴追委員会による裁判事件調査問題（憲法第六四条〔弾劾裁判所〕、第七六条〔裁判官の独立〕、第七八条〔裁判官の身分保障〕関係）〈いわゆる吹田事件〉

㈠　昭和二八年八月四日、裁判官訴追委員会（委員長、牧野寛索氏）は、同日付新聞紙上に掲載された大阪地方裁判所刑事事件公判廷における裁判長佐々木哲蔵判事の訴訟指揮行為（いわゆる吹田事件の公判廷において、被告人等がスターリンの死、朝鮮休戦成立等に関連して拍手、黙禱等をするのを裁判長が制止しなかったということ）について、調査、回答すべき旨申し入れた。最高裁判所事務当局においては、右事件は公判係属中であり、そのような訴訟の段階で調査が行われることは、その後の事件処理に対し影響を及ぼすおそれがあり、ひいては裁判権の独立をも疑わせる結果となることも考えられるものとして、委員会の静観を希望した。

㈡　しかし、同委員会は、同年八月、右の問題の調査のため、委員押谷富三等三氏を大阪に派遣し、右委員は、大阪高等裁判所において、その調査を行い、ついで、同年一一月牧野委員長ほか四委員を大阪に派遣し、右委員長等は、大阪高等裁判所および大阪高等検祭庁において、調査を行った。もっとも、佐々木裁判長等事件担当裁判官は、さしつかえのため、調査の席に出席しなかった。

㈢　同委員会は、その後もひきつづき調査を続行し、昭和二九年七月七日、八日および九日の三日間、同委員会事務局に、安倍大阪高等裁判所長官等関係者の出席を求め、事情を聴取した。

㈣　ここにおいて、最高裁判所は、裁判官会議の決議にもとづき、同年七月一九日、裁判官訴追委員会に対し、次のような趣旨の申入をした。

「裁判官の弾劾制度が新憲法により認められた新しい制度であり、国民の間にはいまだ制度の真の意義と目的とが理解せられず、一般的には、訴追委員会があたかも裁判所又は裁判官の上に在る監督機関であるかのごとく誤解せられ、具体的事件の場合に上訴又はその他訴訟法上の手段をもって争うべき事柄ないしは訴訟の結果に対する不満等まで も、訴追の対象として貴委員会を煩わしている事例のあることは、まことに遺憾に存じます。

言うまでもなく、裁判官は良心に従い独立してその職権を行い、憲法及び法律にのみ拘束せられるのであり、裁判官が裁判をなすに当ってはいかなる外力にも影響せらるべきでないことはもち論であるとともに、外部の者もまた具体的裁判について、裁判官に対し影響を与え又は世人にその印象を与えるおそれがあるようなことは、最大限度にこれを慎しむことが憲法ないし法律の精神に適うものと思われる。殊に、現に裁判所に係属している訴訟事件につき訴訟指揮に関する当否について貴委員会が訴追事項として調査をなさるるがごときは司法権の独立を侵害するおそれあるものと考えられる。

　なお、国民一般が裁判官弾劾制度について十分な理解を有していないため、貴委員会の一挙手一投足は直ちに一般国民をして司法権の独立について疑惑を抱かしめる結果となり易い現状においては、特に以上の諸点について貴委員会の十分な御留意を煩らわしたいのであります。」

(五)　裁判官訴追委員会は、同年一一月一二日、大阪地方裁判所佐々木哲蔵裁判官に対し、罷免の訴追を猶予する旨の決定をした。

## 第7回例会（昭和34年1月17日）

### 〔報　告〕

○最高裁上告適法の問題

上告理由をみると、憲法問題にひっかけたものが全体の六〇%をしめる。

事実誤認、量刑不当の問題すらも違憲の名をかり、単なる法令違背にすぎない問題でも憲法問題に仕立てている。

もう少し憲法問題でないものは、その上告理由をもう少し明確にしなければならない。何故なら、実質は単なる法令違背でないとしてはねているものが多いから。特に小法廷の事件に顕著。

例えば、強姦罪について平等に反するなどと主張する。

○〔資料〕の説明

1、尊属殺、少数意見支持

2、法律の解釈に重点をおいて意見を述べておいた。

3、（ママ）

4、証言拒否権の可否については、アメリカの各州ではまちまちになっているように記憶する。

5、今では大した問題ではないが、昔の「勅命に反する罪」に該当すべきもの

3グループに分れる。

①数の多い真野グループ

②指令そのものの内容が憲法に照して処罰すべきではない。

③行為時に処罰すべきものだから、発効後でも可能

　政令一二七号――英語で官報にのせたが公布のためにのせるのではないという。公布はないと考えねばならない。

公布の時期が問題。また日本全国で事件数からいうと、五、六〇〇件前後あったと思う。

6、

7、二審で事実調べをしないで有罪にした。

猥褻――公然ということがその内容とされたかどうか。刑法では「公然、猥褻をいうとき」というのだから、猥褻のなかに公然を含めて考えてはいけない。

8、

9、

10、農地買収でも、土地収用でも、国家政策よりの取上げは、当事者をいじめて支出を出来るだけ少なくしようとする傾向が日本にある。これは改めなければならないと考える。

例、鳥取市火災―土地の保障料は登記面にする。実測坪数と異なってくる、憲法二九条違反にひっかける。

11、三鷹事件を契機として事実調べに関する裁判所の態度が変ってくる。

口頭弁論以上の事実調べをしなければいけない。

12、調停ができない場合に、強制調停が行われる。かような例は戦時立法にふえてきた。

民訴に関する法制審議会で民事調停法に関与したが、強制調停は違憲であるとの意見を私はもっている。そして民事調停法から強制調停は除かれた。従って現行法にはない。法治主義を無視したものと思う。

13、少数意見が即座に多数意見になった事例。

14、

15、

16、

17、苫米地事件

18、

19、裁判所で審査する事項かどうか。

〔討　議〕

南原　最高裁機構改革問題として、憲法裁判所をつくる必要があるか。もし、あるとすれば裁判所法の改正だけでよいか。憲法改正の必要があるか。

真野　司法裁判所としての最高裁が違憲審査をするのであり、憲法裁判所の必要ありとは思わない。裁判所が政治的性格をもってくる。国の秩序が乱れる原因になると思う。抽象的審査はさけねばならないと考える。

南原　裁判官に、憲法裁判所をつくりたいという人が現職でいるか。

真野　少ないと思う。憲法裁判所は可能だという人はいると思うが、私は法律の改正だけでは不可能と思う。

南原　人数を少なくして憲法裁判所にするという意見があるか。

真野　一五人では多くて合議ができない。

宮沢　合議のことだが、一五人の合議で多少 formal な議事手続的なものが必要だと思われるがどうなのか。

真野　そんな意見があり規則を作ったが、実行しない。アメリカ式のものを作ったが、rule はないと同じ。

宮沢　量刑の問題で意見が分れた時につき、下級裁では裁判所法に規定があるが、最高裁ではどうか。

真野　最高裁ではそんなものはないが、大体決まる。

河野一郎の三二五号事件で実刑一年半か二年かでもめたということはある。

我妻　抽象的（具体的?）法令審査につき、解散無効だとだめだが、裁費請求だと取り扱う、ケースに仕立てればいいというのは、実際問題だと緩和されるだけで同じじゃないか。

真野　しかし、具体的ケースに出せないものがあるのじゃないか。

我妻　具体的なものでなければいけないというところに意味があるのか。

真野　そうだ。

我妻　具体的ケースでいけばすぐできるのなら、憲法裁判所にするとしないのと、どれだけ違いがあるのか。

鵜飼　刑罰規定だと、それを科されない時でないと具体的にはならない。

真野　抽象的に審査するのなら――立法後直ちに審査するものをつくるのなら、国会以上の権力を認めることになる。

我妻　具体的ケースだけで争えるということで、抽象的ケースはダメだというのは壊されるものではないのか。

宮沢　両方の考え方がある。

司法権は何でも裁判所で最後に決められるという考え方もあり、どっちともいえないと思う。解散の問題だとケースをつくっても、解散自体は争えないともいえる。

真野　事件をつくればいいというか、事件があるから審査するということだ。

南原　政治的にみると、日本のように一党が過半数を占めて長期政権にあると、裁判所に権威を持たせて、チェックせしめることが必要ではないかと考えたからである。

真野　それでは裁判所が政策のなかにまきこまれる。

丸山　仏には何か委員会がある。Comité Constitutionnel とか。

真野　国会で立法するときに、裁判所に伺いを先に立てる方法はある。これはアメリカにも州によってある。

南原　政府から意見をききにきたことはなかったか。

真野　一つ位あったかと思うが。

宮沢　ないと思う。

大内　凡ての法律は行われるべきだとの前提が、諸君にある。法律論で最終的にまで考えるべきではないのではないか。だから最後まで議論する必要はない。

宮沢　そうだ。その先は哲学者がやってくれている、正義とか何とか。

大内　司法裁判所で決まるだけでよい。議会のやっている事は間違いがあっても、一応適法だといってもよいのではないか、

南原　判決に他の集団からの影響はあるか。

真野　占領軍からの圧力は、京都で、初期の頃あったようにきいている。私が入ってから最高裁で一つある。新宿のボス退治で、尾津喜之助の収監が病気で停止になった。占領軍が内偵したら、酒を飲んでいた。それで最高裁に、執行停止した裁判官を三〇時間内に罷免しろといってきた。調査するから待ってくれといって、執行停止を取り消し、裁判官が買収されたのではないとして占領軍の了解を求めた。

もう一つの京都の事件は、土地払下事件で不正があるか否か、小松清（日仏協会）を起訴するかどうかという問題。彼はハーバード出身で、ＧＨＱ内にリーガル・セクションとガバメント・セクションがあり、一方は起訴しろといい、他方は彼を擁護し、起訴するなという。

宮沢　平野事件も入るのじゃないか。

真野　仮処分取消で不発に終った。

**〔要　旨〕**

―最高裁判所が取り扱った憲法問題の概要―

真野　毅

〔報　告〕

Ⅰ　最高裁が取り扱った事件の一般的印象

事実誤認、量刑不当、単なる法令違背の問題も、名を憲法問題にかりるものが多い（全体の六〇％を占める）。

憲法問題でないものは、もう少し上告理由を明確にしなければならない。そうでないと、単なる法令違背を攻撃するにすぎないとしてはねられるものが多いから。

Ⅱ　最高裁の取り扱った憲法問題の概要

○　一四条関係（尊属殺の問題）

１　昭二五・一〇・一一判（刑四巻一〇号二〇三七頁）

２　昭三二・二・二〇判（刑一一巻二号八二四頁）

○　一九条関係

３　謝罪広告の問題　昭三一・七・四（民一〇巻七号七八五頁）

○　二一条関係

4　新聞記者の取材源に関する証言拒否権　昭二七・八・六判（刑六巻八号九七四頁）　証言拒否権の可否についてはアメリカの各州でまちまちである。

5　政令三二五号事件　昭二八・七・二二判（刑七巻七号一五六二頁）

6　新潟県条例の合憲性　昭二九・一一・二四判（刑八巻一一号一八六六頁）

7　チャタレイ事件　昭三二・三・一三判（刑一一巻三号九九七頁）

○　二八条関係

8　憲法と争議権の限界の問題　昭二五・一一・一五判（刑四巻一一号二二五七頁）

9　メーデー皇居外苑使用不許可事件　昭二八・一二・二三判（民七巻一三号一五六一頁）

○　二九条関係

10　農地買収と正当な補償　昭二八・一二・二三判（民七巻一三号一五二三頁）

農地買収、土地収用など公権的収用は、当事者の犠牲の上に国家の支出をできるだけ少なくしようとする傾向があるが、これは改めねばならない。例えば鳥取市大火後の土地の保障に関し、面積は登記面によることにした（実測坪数と異なる）等。

○　三一条関係

11　刑訴四〇〇条但書の注意　昭三一・九・二六判（刑一〇巻九号一三九一頁）

三鷹事件を契機として事実調べに対する裁判所の態度は変ってきている。

○　三二条関係

12　調停に代わる裁判の合憲性　昭三一・一〇・三一決（民一〇巻一〇号一三五五頁）

規行法では民事調停法から強制調停は除かれているから問題はないが、私は強制調停は違憲であると考える。

○　三六条関係

13　死刑の合憲性　昭二三・三・一二判（刑二巻三号一九一頁）

○　三八条関係

14　不当に長く抑留もしくは拘禁された後の自白　昭二三・七・一九判（刑二巻八号九四四頁）

○　七九条関係

15　最高裁裁判官国民審査法の合憲性

昭二七・二・二〇判（民六巻二号一二二頁）
○　81条関係
16　警察予備隊違憲訴訟　昭二七・一〇・八判（民六巻九号七八三頁）
17　苫米地事件　昭二八・四・一五判（民七巻四号三〇五頁）
○　九八条関係
18　勅令五四二号（政令二〇一号）事件　昭二八・四・八判（刑七巻四号七七五頁）
19　米内山事件　昭二八・一・一六決（民七巻一号一二頁）
20　学生の住所　昭二九・一〇・二〇判（民八巻一〇号一九〇七頁）

Ⅲ　司法行政上の憲法問題
1　参議院司法委員会による裁判事件調査問題（浦和充子事件）
2　裁判官訴追委員会による裁判事件調査問題（吹田事件）

〔討議における論点〕、
1　最高裁機構改革
(1)　憲法裁判所―司法裁判所としての最高裁が違憲審査をすることで充分であり、憲法裁判所制度は裁判の政治化を齎すから、避けなければならない。また憲法裁判所への改革は法律の改正だけでは不可能と思う。
(2)　裁判官の合議に関し、議事手続的なものを作ったが、実行しない。しかし量刑問題で意見が分かれても大体決まっている。
2　抽象的法令審査の問題
(1)　抽象的法令審査はできないとしても、具体的ケースに仕立てると審査可能ということになれば、実質的には変らないのではないか―具体的ケースに仕立てられないものもあるし、またケースをつくっても争えない問題（例えば解散問題など）もあるから同様とはいえない。
(2)　日本のように一政党が長期政権をとっている場合、裁判所に権威をもたせて、それをチェックするという方法を考えることはどうか―立法後直ちに抽象的に審査するとなると裁判所に国会以上の権力を認めることになり、かつ裁判所が政争の中にまきこまれることになりよくない。
(3)　国会での立法の際、先に裁判所に意見をきくという制度が外国で行われている場合はどうか―国会での立法に間違いがあっても一応適法だと考え、具体的ケースの場合に司法裁判所で決まりをつけるということでいいのではないか。そこに存する凡ての法律は行わるべきであり、法律に事理の最終的なものまで負わせるとの前提は捨てるべきである。それは哲学の問題である。

3　裁判と政治的圧力（特に占領軍の圧力に関し）

⑴　尾津喜之助の収監を停止した裁判官の罷免を求められた。

⑵　京都における土地払下問題にからんで小松清氏の起訴が問題となった。

⑶　その他、平野力三事件

# 第八回例会（昭和三四年二月一四日）

## —私擬憲法・明治憲法成立以前の憲法思想—

家永三郎

〔資料〕

一　明治十年代の憲法草案の主なもの

(1)　政府内部の案

岩倉具視案　十四年七月　「岩倉公実記」下

元老院案　十一年七月九日第一次案

十三年一二月第二次案　浅井清「元老院の憲法編纂顛末」

(2)　政府与党の案

◎福地源一郎案　十四年三月　「朋治文化全集」正史篇下

(3)　改進党系の案

◎共存同衆案　十二、三年頃　「明治文化全集」正史篇下

◎交詢社案　十四年四月　同右

←◎郵便報知新聞案　十四年五月　鈴木安蔵「自由民権」

(4)　自由党系右派の案

◎筑前共愛会案　十三年二月　「国家学会雑誌」四七の一二

同　十三年二月以後　「国家学会雑誌」五二の一一

◎山陽新報（永田一二）案　十四年七月－九月　「国家学会雑誌」五二の一〇

(5) 自由党系左派の案

◎△　内藤魯一案　十四年八月　戦後版「明治文化全集」月報一二
　　植木枝盛案　十四年八月　「明治文化全集」正史篇下・「憲法資料」中
←　立志社案　十四年九月以後　鈴木「自由民権」
◎△　村松愛蔵案　十四年九月　「歴史評論」八九

備考　◎は当時印刷されたもの、△は現在一部欠失しているもの、←は右のものが修正されて左のものとなったことを示す。

二　植木枝盛草案の特色

一、章の配列　人権規定が国家組織規定より先行
二、国名　日本国
三、国民の称呼　人民
四、主権在民
五、国約憲法
六、人権
(イ) 減殺立法の禁止
(ロ) 学問・思想・国籍離脱等の自由をふくむ
(ハ) 死刑・拷問の禁止
(ニ) 抵抗権と革命権の実定法的保障
七、君主
(イ) 名称は皇帝
(ロ) 国会議員の前で即位
(ハ) 俸給の支給
八、国会
(イ) 一院
(ロ) 全納税者（男女不問）に参政権
(ハ) 外交・財政への関与
(ニ) 国政調査権
(ホ) 君主の不裁可権の制限
(ヘ) 自動集会権
(ト) 解散権の制限
九、裁判所
(イ) 裁判官は国会で任命
(ロ) 非常裁判所の禁止
(ハ) 刑事裁判は陪審と弁護人とが必須
(ニ) 非公開は風俗を害する事件に限る

第8回例会（昭和34年2月14日）

十、軍隊の任務は憲法護衛
十一、中央政府の地方自治干渉禁止
　附　草案以外の資料によるもの
A　被疑者の人権尊重
B　地方官の公選
C　男女平等、夫婦同権、諸子均分相続、戸主と家の廃止を内容とする民法制定
D　戦争の原理的否定、軍備の縮小（その終極の廃止）、万国共議政府の樹立
E　遠い将来における国家の廃止

〔報　告〕

序　ポツダム宣言に「民主主義的傾向の復活と強化」とある。
　これによると、日本国民に democratic tendency があったということが前提となっている。これは客観的に事実に合致する。それが顕著に現れた二つの山がある。
①大正デモクラシー
②明治憲法成立以前、特に明七―明一七、八年の一〇年間にかけて
　今日は、第二のグループの憲法草案を素材に、日本国民の民主主義的傾向を考える。

　これが日本思想史上どんな背景をもっていたか。

　明治憲法成立以前の時期は、実感で考えることはできないが、今とは著しく雰囲気が異なる。この時期の歴史は教えられたものと実際とでは雰囲気が違う。例えば、徳川時代の尊王論そして五ヶ条御誓文などの出来事を連ねた形でしか習っていない。このような道筋では「民主主義的傾向」は存在する余地がない。その原因は、歴史の再構成のやり方にあるのであり、構成をかえてみると「民主主義的傾向」が垣間見えてくる。

**1**　明治一〇年代の民主主義的傾向

　その後に強い民主主義的傾向が存在しえた歴史的条件を考えてみる。

(1)　消極的条件
徳川幕府の撤退、身分秩序の廃止、封建社会の道徳的権威失墜に代わる新しい権威なく、過渡の動揺期（思想的真空状態）であった。特にこの時代、上からの思想指導が浸透していないから真空が顕著になった。

　後に見られるような阻害条件がなかった、民主主義的傾向のつくられる素地が、後ほど弱くなかった。例えば、終戦直後のそれに似た状態である。

(2)　積極的条件
民衆の中に前向きの変動がわずかではあるが形成されていた。

町人・農民の間の傾向のことであるが、ここでは農民のそれを考えていきたい。

すでに封建社会の解体化により民主主義の傾向は否定できない。「歴史学研究一六八」の津田秀夫論文によれば、一揆によるのではなく、日常生活の中に現れてくる。

地方文書を通じてみられる、村役人の特権廃止、租税の公平負担（各町村が直接行う）、村役人のリコールという村政改革となって、日常の闘争を通じてデモクラシーが高まる。

例、明治六年　庄屋のリコール

文化五年　庄屋の入札（選挙に女戸主が参加している）

この事実は明治初年の町村会の運営と関係がある。農民の政治的関心は幕政崩壊期に拡大される。

「ヒストリヤ四号」小林茂の論文によれば、幕末に落首・数え歌により幕政に対する積極的批判が行われる。

「歴史学研究一六〇号」の庄司吉之助論文によれば、福島県で、農民による自治体の建設、政治上の人格の平等の主張、小前の平等、更に社会機構の平等の実現を目的とする変革の傾向すらみえる。

これらの研究がどれほど正確かは別として、農村内部にこのような傾向のあったことは否定できず、明治の政治運動に昇化してゆく。

この農村の前向きの変化が明治初年に蓄積されて、明治政府に対するレジスタンスのエネルギーとなっていた。

明治初年にはレジスタンスが発動できる態勢にあった。従って明治一〇年では、大正デモクラシーのそれと異なり、終戦直後のそれに対応できるほどのものであった。それは生の翻訳思想と結びついて出てきたからばかりではなく、積極的条件があったと考えるべきで、知識人の抵抗もこのような農民の広範な動きとつながっており、大衆的支持の基盤があったといえよう。

ポツダム宣言中の民主主義的傾向が何を考えていたかは分らないが、それに該当するものがあったといえる。

かような歴史的条件を背景として民主的言論が出てくる。新聞・雑誌の論説、大政官に対する請願。

思想家の内部的心情、未発表の手記までも含めて考えると、強い民主的思想があったように思うが、明治一七、八年を境にして、急速に没落していく。

## 2　民主主義的傾向の崩壊

明治政府からの反撃、出版条例の制定。

これに明治一六年から始まる農村の不況、農村社会大変動がからんで、内外二つの条件の下に民主的傾向が崩壊していくと説明できるのではないか。

つまり、上からのプレッシュアにより、逆行していく。最初は下からの攻勢に政府は動揺したのであるが、着々とプレッシュアを実現していくのが明治二〇年代である。

そして、憲法・勅語・民法の制定により完結をとげる。

以上を概括すると、これらは、下からのそれに対応して、政府内で構想されたものであり、大衆のそれと直結したものではなかった。むしろ、明治政府は下からの要求を押しきるために上から課したものである。そして、証拠をとどめないほどその要求を湮滅してしまった。

従って後に、この民主主義的傾向を復原することは不可能となり、史料紹介が最大限度の可能事にすぎない。

この時期の民主主義的傾向が伝えられるようになったのは戦後のことである。

**3**　地方自治・憲法・家族制度にみられる民主主義的傾向

次の三点において、民主的傾向が顕著である。

(1)　自主的地方自治的傾向——自治三法の成立について

それ以前、明治七年に民衆の自発的で自主的な民会をつくる動きがある。

部落的集団から中には県単位のものもできるに至る。

高知では三新法の発布に先立って土佐州会を開き、自主的憲法をつくり、自治をやろうとしたことがあり、政府は二回にわたり、解散の命令をだした。

明治一二年に、小高坂村、上町で、町村会規則を自主的に作る。ここでは〝すべての戸主に参政権を与える〟という規定がある。

また土佐州会は州会規則で県政に対する発言権を規定し、制限選挙の撤廃を請願している。県会に対し、州会への出席、質問権をみとめる議決をしている。大区小区の区務所から人民に公布する議決（直ちに法として人民に発動する）について、県会の認可は無視されている。

自主的民会がだんだんなくなり、県会を通じての政府への闘争をなえさせ、岩倉具視をして府県会中止の決議をなさしめるに至る。

唯一の合法的民主的機関として地方議会が利用された。

現在、府県議会、市町村議会では、革新がだんだんへるが、当時は、市町村で民主的勢力が結集して中央にたてついていた。

(2)　中央における民主的運動

国会開設運動、憲法制定の要求となり、私擬憲法となる。

戦前の研究では、二五、六の私擬憲法が紹介されているが、現在では、三〇幾つかの私擬憲法あり、本文の伝わるものも一五、六ある。これらについては後述。

(3)　近代的家族制度の要求

明一八・六　福沢諭吉の日本婦人論

一九・七　植木枝盛、土陽新聞（高知）に近代的家族制度論、

古典的小家族制度とは

一九・一二　矢島楫子等による婦人矯風会結成

二二・五　湯浅初子、一夫一婦の建白

特に刑法における男女不平等の削除と民法における夫婦同権の請願

二二・八　植木枝盛はいかなる民法を制定すべきかを述べて

家の制度・家督制度の廃止、均分相続、男女の平等を論じた（国民之友）。

**4**　私擬憲法草案の特色（資料参照）

⑴⑵は余り似ていない。線を入れると⑴⑵の間になる。岩倉案だけが特色があり、これが明治憲法の特色となっている。

⑵の福地案（東京日日案）は君権主義ではなく、国体の特殊性を強調するが、皇位継承者は国会が選。国務大臣は国民に対して責任を負う。国会が国務大臣を弾劾する、特別裁判所の禁止、刑事裁判は陪審制を採用。府県自治の保障。

天皇は憲法を遵守する。

国約憲法であり、欽定憲法であってはならない、という。彼の主権在君説は憲法草案に現れていない。

⑷⑸は、⑵⑶をモデルとして学びとる。

福地案、共存同衆案、交詢社案がオリジナルなもので、⑵—⑸が最大公約数を占める。

⑵—⑸中一線を画すると、⑷⑸の間に引かれる。特に、植木案、立志社案には個性がある。

植木枝盛案には幾つもの段階があり、条文の整理されていないものがある。

第一次案—林茂「国家学会」

第二次案—「憲法資料・東洋大日本国国憲案」

第三次案—「明治文化全集・日本国国憲案」

植木の個人的特色をとり去ったものが立志社案で、これが第四次案といえる。なぜなら一致点が多すぎるから。

いわゆる植木案といわれるものは第五案と思う。

**5**　植木枝盛案の特色

四、主権在民——明言されてはいないが、立法権は日本人全体から発するという。

五、国約憲法——民約憲法とはいえないが、欽定憲法ではない。

六、人権——留保条項なし

㈡　抵抗権・革命権——政府更迭の権利あり

七、君主

㈠　名称は皇帝——単なる名称ではなく実質的意味がある。

㈡　国会議員の前で即位——国憲遵守を意味する。

八、国会

(イ) 一院――民選議員より成る。

(ト) 解散権の制限――同一議会では一回に限る。

九、裁判所

(ロ) 非常裁判所の禁止――臨時の事件について裁判所を禁止、但し軍事裁判所は認める。

(ニ) 風俗を害する事件のみ非公開――治安紊乱罪は公開

十一、地方自治の完全保障――連合制で州が武装する

A、被疑者の人権――長期の勾留不可

D、万国共議政府――仲裁機関として、但し内政干渉を禁止。侵略には制裁を加える。

E、将来の国家廃止――国家権力は人民の保護に限るべきで、限界あり。

専制政治→議会政治→直接民主政治と経て、国家権力はやがて消滅。軍人→官吏と役に立たなくなり、学者のみ役に立つ。

〈編者注　本報告に加筆した「埋もれた伝統―明治十年代の憲法思想」（世界一六四号・昭和三四年八月号）がある。〉

## 〔討　議〕

宮沢　植木のいう皇帝の語は岩倉案で何といっていたか。また天皇という語は。

家永　皇帝の例は外にもある。岩倉案は記憶がない。

宮沢　戦前に皇帝を使ったことはあるのか。皇帝の感じは支那式で、天皇はより日本風だが。

家永　皇帝は外国のエンペラーと紛らわしいから使わない。しかし天皇も中国からの移入である。

大内　天皇は江戸時代使ったか。

家永　七世紀頃から使っていた。推古朝に当初はキミ・オオキミと称し、その言葉をスメラミコトといっていた。天皇は国内に関して。

入江　植木の思想的傾向は。

家永　外国憲法をよく読んでいた。とくに一七九一年仏憲法を参照した。

大内　中江兆民との関係は。

家永　後で関係があるが、最初はない。

植木は板垣直系、大阪しののめ新聞で兆民と関係をもったが(?)、馬場辰猪とも交渉薄い。

高知の藩校で学んだが、独学。翻訳書の全部を読んだ。板垣の書生で腹心、板垣の演説の草稿を書く。

中村　各国憲法の翻訳がでているか。

家永　元老院で翻訳（明一四）したものを利用している。

谷川　いつ死んだ。
家永　第二議会の直後死ぬ。
谷川　地租軽減と民権運動との関係は。
都留　地租の高いことが民主主義運動を高潮させたといえるか。
家永　民権に地主を引き入れたため、地租軽減の要求が民権運動の中に入ってくる。
大内　日本の地租改正について意見が分かれているが、都留に同感。地租改正は負担を重くしたと思う。
五年毎に軽くすると書いてあるが、政府は（軍備拡張のため）約束を実行しない。それで民権運動をやるようになったのではないか。
そこが問題で、明治一九年になると、地租増徴論がでる。それは新興ブルジョアの商工業が盛んになり、地租が軽すぎるというが、それは一つの自由民権主義である。田舎派、都会派と自由民権に二つできる。
家永　地租をとられるから、客観的には財政にかかわる。だから自分たちにも意見をいうことができるのではないかと考えた。
都留　民権に熱心だったのは自作地主か。
大内　自作以上の地主が主である。
それから、明治一〇年から一九年までの日本の租税の八〇％から九〇％が地租（タバコ・酒税なし、営業税のみ）であった。
丸山　cheap gov. か。
福沢、田口は何といっている。
大内　封建制と資本制の性質の違いを考えないと。
明治初年、地租改正で封建制の地租を国の地租にした。その点で封建制の地租、だから cheap gov. ではない。英国の税は要らないというのと異なる。
丸山　抵抗革命権は誰に要求しようというのか。権力掌握の関係で。
家永　自分達の革命運動をそれをうち出すことによって正当化しようというのであって、外国の憲法書に書いてあるから書いたまで。
中野　草案中に解説がついているのか。明治政府に対してこれを要求するとか書いてあるのか。
家永　政府でつくってみろといわれたからつくったのであって、明治一四年で大体、終りになる。この時期がピークである。
丸山　新聞紙条例などで合法的闘争ができない。西南戦争による不況で一揆的となり、憲法草案はでなくなる。
家永　これは同志の間で回覧されただけ。
清宮　地方団体の民主的傾向について発表されたものがあるか。
家永　地方議会のあり方についてまだまとめる時期ではない。明治一八年、全国府県令が集まったが、全国的に集まる事を禁止する。
有朋式の自治法となる。
戒能　自治だが、世帯主だけが問題で女性が問題となっているか、選挙制での決議は。
家永　政府で女戸主を排除しようとする。町村会規則でも多数決。
丸山　国籍離脱のアイデアはどこから。
家永　日本国籍を離脱するといって処罰された人がいたのがアイデアとなっている。
大内　岩倉案が原案であるといったが、岩倉が明治天皇を擁立したわけで、両者の最初の考えが明治憲法に結実したということになるのか。
家永　岩倉案は井上毅が作ったもので、維新当初の事情より、この当時の配慮が強い。
我妻　天皇制廃止の案はあるか。
家永　共和制案は沢山でている。
佐々木高行の日記に出ているし、福島自由党の演説や植木の未完の手記にも見られる。
私擬憲法が民権的以上でなかったというのは間違いである。
都留　元老院案は明治一一年であるというが、誰が最初のイニシアティブをとったのか。
家永　勅令によってつくられた。立憲政体は決まっていたが、明治九年にでる。
宮沢　emperor worship は明治政府により強化されたというから、植木時代は強化されていなかったのか。共和思想の出たのはそれと関連があるか。
家永　そうだと思う。又、共和制の弊害をそれほど感じていなかったという事情もある、共和主義にもいろいろあり、単純なものだったと思う。神武天皇は征服者であり、これは天理に反するという素朴な論理である。
矢内原　板垣の民権運動は権力者に対する反対運動で、社会的裏付けがないといわれるが、今日の報告では、地方で実際の動きがあったという。この点はどうか。
家永　明治七年の民権運動は政府からはじき出されたもののそれであったから、この出発点ではそういうことがいわれたが、今ではその見解は克服されている。
矢内原　徳川時代に商業資本的自由思想があり、それが明治の学者を刺激したのか。
家永　それより耕作農民からの刺激だと思う。封建制の崩壊には商工業は力はあったが、積極的建設の意見にはならなかった。
農村の方に力点をおいた方がよい。
大内　明治一四年、大隈を追い出したのは、岩倉が勝ったと考えてよいか。

家永　一四年一〇月に大隈は参議を罷免されている。
谷川　農民は七〇％を占めている。
菊池　大隈と憲法の関係は。
家永　共存同衆案と間接の関係があるが、憲法案はつくっていない。
明治一四年三月に、参議として国会開設につき意見書を提出している。
宮沢　植木の憲法案は個人主義的、外の憲法案では翻訳で一貫したものがないが、植木のは一貫している。私生活はそれほどでもないが、毎日登楼し、それがエネルギーになっていた。
家永　福沢は婦人参政権を書きながら奥さんをどなりちらした。
我妻　彼の一夫一婦は妾をおくのはいけないということだけだろう。
谷川　江戸時代、外国人からみて、将軍をEmperorといっているが、その見方が正しいのではないか。
大名は、kingという。
宮沢　天皇をemperor ecclesiasticという。
矢内原　将軍は大君（タイクン）といっている。
大内　植木のstateというのは。
家永　明治の府県で土佐州令をやったから、それを頭においている。府県でなく、武蔵州、大和州というのがstate。明治政府の決めた府県制を廃止しての意味かもしれない。
中野　土佐は一国一藩だが。
大内　日本六十何ケ国という。今の府県制は官僚自治の考えからできた、中央集権の考え方だけだと思う。
宮沢　徳川時代の天皇の地位を、どう説明していたか。
家永　民主的基礎がないので、権威で、幕府は自分の地位を正当化しなければならなかった。その限度で天皇に権威があったのではないか。
谷川　伊勢参りと結びついて民衆との繋がりがあった。織田の伊勢造営の地盤があるから。
家永　伊勢参りは民衆的信仰だから、官札を買うのと同じだと思う。古典的貴族文化への憧憬が形をかえて現れたと思う。
宮沢　横綱になるのが熊本に行くのと同じ。
盲の検校授与のため、京都に行くのと同じ。
矢内原　それでは法王説ではないか。
我妻　それが何故あったのか。
久野　経済的支配階級が政治的支配階級になる時は、合体政権できるが、統一のシンボルが必要になるのではないか。精神的権威と政治法的支配の連合ではないか。
矢内原　皇室には政治権力がなかった。歴代将軍は天皇を司家にしている。古代における権力が伝統として残って、それに権威づけられるのではないか。

家永　上方に対する劣等感もあるのだろう。

〔研究会の公開の問題〕

①出発が政治的であるから国民と共に考えるため公表する。

②我々の勉強会だから公表すべきではない。

の二つの意見に分かれたが、公表を希望するものは自分の責任ですることにし、「世界」に掲載する。

なお、会の模様（討議を含め）は池田にまとめてもらう。



**〔要　旨〕**

―私擬憲法・明治憲法成立以前の憲法思想―

家永三郎

〔報　告〕

Ｉ　序

太平洋戦争以前の時期において日本国民の間に民主主義的傾向が存在した（参照、ポツダム宣言「……日本国国民の間における民主主義的傾向の復活強化に対する一切の障礙を除去すべし」が、それが顕著に現れた二つの時期がある。

(1)大正デモクラシー　(2)明治憲法成立以前、特に明７―明17、８年頃の10年間の時期

今日の報告は(2)について、その時期の憲法思想を私擬憲法草案を中心として考察する。

II　政治的自覚のたかまり

１　明治十年代の社会的諸条件

明治十年代は後の時代より強い民主主義的傾向が存在し得た。その理由は

(1)　消極的条件…―幕藩体制の崩壊、身分秩序の廃止により、封建社会の道徳的権威が失墜し、しかも新しい正統的権威の確立はなく、一種の思想的真空状態であったから、デモクラシーの形成を阻止する条件が微弱であったこと。

(2)　積極的条件…―封建社会の矛盾のしわよせが農民の上に転嫁されることと、商品経済の発達に伴う農村社会の変化は、農民の思想的自覚を高め、彼等は村政に対する日常的闘争を通じて政治的に成長してゆく。それは東北の後進地帯でも例外ではなく、例えば、村役人の特権の廃止、経済上の負担の平等化、町村経費の節約、庄屋のリコールなどがみられる。

２　明治十年代の民主主義的傾向

以上の諸条件において、この時期の民主主義的傾向は、

その内容において、反って、後の大正デモクラシーの時代より一層古典的に徹底しており、社会的ひろがりからいっても単に知識人の間にのみ見られた現象ではなく、農村の米作り地主を中心とする広範な国民層に支えられていた。

しかし、この傾向も、明治16、７年頃からの不況と政府側からの激しい弾圧（集会条例、出版条例、新聞紙条例その他）によって崩壊し、その後の明治憲法的体制は、この時代のこの傾向の歴史的認識を抹殺せしめたのである。

Ⅲ　地方自治、憲法、近代的家族制度

明治十年代の民主主義的傾向は次の三点によく現れている。

即ち①自主的な地方自治への要求　②民主主義的憲法制定の要求　③近代的家族制度への要求

１　地方自治の要求

(1)　民　会：―明治10年以前から各地方において民会が開催され、住民の自発的意見による構成と自主的運営のものがあった。

例えば、土佐では、明治７、８年頃すでに高知市の周辺で民会開設の事実があり、11年には土佐一州の民会が開設されている。

(2)　民会と府県会：―土佐州会は天下りの府県会を無視して、土佐一州に関するさまざまの自主的要求を議決し、更に非民主的な府県会規則改正の願望書を議決して政府に提出しているし、又、州会で定めた州会規則によれば、殆ど人民自治政府に近い権限を州会に与えている。

(3)　その他某町村会では女性を含めた普通選挙を認めた町村会規則まで制定している状態であり、積極的住民自治の政治的要求は全国的現象であった。

２　民主主義的憲法制定の要求

明13、４年の前後の時期に私擬憲法草案が作られ、民主主義的国家体制を作ろうとする具体的構想が立案された。

３　近代的家族制度への要求

明治政府の欧化主義政策に伴う社会改良熱と政治機構変革運動の挫折に伴う民権派の方向転換とが、家族制度の問題について論壇の関心を集中させるに至る。例えば、

明治18年６月　福沢諭吉「日本婦人論」

19年７月　植木枝盛、高知・土陽新聞に近代的家族制度に関する論文発表
19年12月　矢島楫子、佐々木豊寿、婦人矯風会結成
22年５月　湯浅初子、一夫一婦の建白・刑法上の男女不平等改正・民法に夫婦同権の趣旨を、しかし、22年８月植木枝盛「如何なる民法を制定す可きか耶」（国民之友）の外は民間民法草案は発表されなかった。

Ⅳ　私擬憲法草案

1　草案一覧表とその傾向

内容上特に重要なものを政治的立場に従って分類すると

(1)　政府内部の案
岩倉具視案（14年７月）
元老院案（11年７月第一次案、13年12月修正案）

(2)　政府与党案
東京日日新聞案（14年３月）

(3)　改進党系案
共存同衆案（12、３年頃）
交詢社案（14妊４月）
↑
郵便報知新聞案（14年５月）

(4)　自由党系右派案
筑前共愛会案（甲号13年２月、乙号13年２月以後）
山陽新報案（14年７月～９月）

(5)　自由党系左派案
内藤魯一案（14年８月）
植木枝盛案（14年８月）
↑
立志社案（14年９月以降）
村松愛蔵案（14年９月）

岩倉具視案のみがきわめて強い君権主義的なものであり（この構想が殆ど、そのまま明治憲法のうちに実現された）、元老院案及びその他の民間諸案すべてと根本的に対立している。

2　岩倉具視案

皇室は完全な自治権を有し、皇室に関する事柄については国会は一切干渉できないなどは他の草案にみられない特色である。

3　民間草案の傾向

強いて民間諸案の中に一線を画すれば、１の表中、⑵⑶⑷の諸案と⑸の自由党系左派案の間に引くのが妥当である。⑸が、何れも一院制、普通選挙を規定する点で他の諸案と違った特色をもっているから、最も著しい特色のあるのは植木枝盛案である。

４　植木枝盛案の特色

この草案は明治十年代の民主主義思想の頂点を示す。

⑴　編別‥―人権に関する規定が国家組織に関する規定に先行する。

⑵　国名は「日本国」、国民の名称は「人民」、君主は「皇帝」であり、主権在民、国約憲法であること。

⑶　国家組織に関する規定についての特色

(イ)　皇帝は国会議員の前で即位する。皇位の継承について国会が干与できる。皇室費は「俸給」の「支給」であること。

(ロ)　一院制、全納税者に参政権を与える。権限として、財政権の外、外交に干与する権、国政調査権など。その他、国会の議決に対する君主の不裁可権の制限、国会の自動的集会を認めるなど、国会の権限は極めて強い。

(ハ)　裁判官は国会で任命。刑事裁判は陪審と弁護人とを必要とする。裁判の公開停止は風俗事犯に限る。

(ニ)　連邦組織の採用。完全な地方自治の保障、中央政府は干渉できない。

⑷　人権規定についての特色

基本的人権を減殺する如き立法の禁止。教育、思想、国籍離脱等の自由の保障。死刑の廃止、拷問の禁止。抵抗権と革命権の保障。

⑸　軍隊‥―国憲を護衛するもの。「兵の本意」によれば憲法に違反して人民の権利を侵害するものは何者をとわず討伐する使命をもつ。

⑹　憲法改正権は国会に専属する。

５　草案以外のものに見られる植木枝盛の思想

⑴　被疑者の人権尊重

⑵　地方長官の公選

⑶　徹底した近代的家族制度の提案

即ち、男女平等‥夫婦同権‥諸子均分相続‥戸主と家の廃止を内容とする民法制定

⑷　戦争を原理的に否定し、国際紛争の防止のために万国共議政府の樹立を提案する。

かくて諸国は軍備を縮小し、更に全廃し、究極には国家そのものの廃止にまで至るという。

(5) 国家権力は人民の保護のためにのみ存在すると考えた。

V 結び‥—植木の憲法思想は新憲法の思想と一致するものが極めて多いが、明治十年代の民主主義思想はこの植木の憲法思想に集中的に表現されていたとみてよかろう。

〔討議における問題点〕

1 君主をめぐって

(1) 君主の名称‥—「天皇」「皇帝」の語は何れも中国よりの移入語であるが、「皇帝」は外国のエンペラーとまぎらわしいとの配慮から日本では「天皇」の語が用いられた。その使用年代は古く7世紀（推古朝）に遡り、当初はキミ或いはオオキミと称し、その言葉をスメラミコトといった。

「皇帝」の用語は植本草案のみならず、その他の草案でも用例がある。

(2) 天皇制に関して‥—天皇制廃止の憲法草案の存否がただされ、佐々木高行の日記、福島自由党の演説、植木の未刊の手記によれば共和制をとるものがあった。その存在理田は、明治政府によるエンペラー・ワーシップの強制が未だなく、従って共和政の害悪についてそれ程教育されていなかったから。

但し、共和主義といっても単純なものであった。例えば、神武天皇は征服者であるから天理に反するという論理であるが、その限りで、私擬憲法が自由民権思想以上に出なかったと考えるのはまちがいである。

徳川時代における天皇の地位は、外国人から見た場合は、将軍こそエンペラー／大君（タイクン）であり（大名はキング）、天皇はエンペラ・エクレジアスティクである。いいかえれば、皇室には政治的権力はないが、歴史的権威が伝統として残り、しかも「伊勢参り」の形で民衆とのつながりを有するために、民主的基礎の薄弱な幕府は、皇室を相撲における司家——横綱が熊本の吉田司家において授与される——の如きものとして自己の立揚の正当化に利用したものである。即ち、幕府は政治的支配階級の地位を維持するためには、統一のシンボルが必要であり、その精神的権威者として天皇の地位を認めていたのである。その意味で将軍側は上方に対して劣等感をもっていたといえよう。

2 植木枝盛の思想とその他の憲法草案

(1) 植木の経歴‥—高知の藩校で学んだのち、独学で翻訳書を学んで諸外国の制度に通じていた（特に外国憲法は元老院で訳したものを利用してよく読んでいた）。板垣退助の腹心となって彼の演説の草稿をしたためた。

(2) 植木の思想‥—明治政府からいわれて起草したものであり、諸外国憲法規定の模倣も多い。例えば、抵抗権・革命権の保障など。但し、他の翻訳的憲法草案とくらべ一貫したものは存在した。

又、植木の家族制度に関する考え方は個人主義的色彩が強く、近代的なものであった。

植木案の「州」制は、単なる府県を意味するものではなく、ステートを意味するものであり、従って、政府の定めた府県制の廃止を考えていたものである。

大体植木草案の出た明治14年頃が私擬憲法のピークであり、その後弾圧的諸法令が出て、合法的闘争は不可能となり、運動は一揆的になる。この草案も同志間で回覧されただけで終り、植木も第二議会の直後になくなる。

(3) その他の憲法草案について‥—元老院案は勅命により作られた。明治９年に新政府は立憲政体たるべきことはすでに定まっていた。大隈は、共存同衆案と間接の関係はもったが、直接、草案はつくっていない。

３　明治十年代の民主主義的運動について

(1) 地租軽減と民権運動の関係‥—政府は、地租軽減を約束しながら、軍備拡張のために、それを実行しないので、民権運動に引き入れられた自作以上の地主は、地租軽減の要求を民権運動のスローガンの中に持ちこんでくる。その意味で、地租の増徴は民権運動を高潮させたといえる。

しかし、これはあくまで地方の運動に限られ、都会派のそれは、新興ブルジョアによる商工業の盛んなことから地租増徴論が出るようになる（明治19年）。

(2) この年代の民主主義的動きの根源は徳川時代の商業資本的自由思想からの刺戟というより、耕作農民からの刺戟であり、この問題は農村に重点をおいて観察すべきである。

板垣の民権運動については、明治７年の運動は明治政府からはじき出された人々によるものであったから、その当初においては、権力者に対する反対運動にすぎず社会的裏付けが少なかったということができるけれど……。

# 第九回例会（昭和三四年三月一四日）

―ＩＬＯ条約批准と憲法問題―

野村平爾

〈編者注　第九回総会は編著者が欠席したため、事務局がとりまとめた〔要旨〕のみを載せることにした。〉

## 〔要　旨〕

〔報　告〕

Ⅰ　ＩＬＯ条約の批准問題が提起されるまでの経過の概要

昭和23年12月に公企労法が制定され、公共企業体労働組合の争議行為が禁止され、憲法§28の団結権、団交権に制限が加えられた。当初は公労委の裁定が守られてきたが、昭和25、６年頃から、政府がその裁定に従わぬことを不満として、組合側は次第に実力行使で対抗するようになる。そこで企業体側は公労法§17（争議行為禁止規定）及び事業法規に基き懲戒処分に付し、ために役員中に解雇者を出すことになった。しかも組合側が、この解雇者を役員として再選するという事態となり、企業体側は公労法§４Ⅲを理由に、組合と認めず、従って団交を拒否するという態度を取り、両者譲らぬまま壁にぶつかっていた。組合側はその突破口として裁判所に団交権確認の訴えを起す一方、ＩＬＯに提訴の方法を取った。国鉄労組・機関車労組は解雇幹部を総会で入れかえてしまったが、全逓労組だけが最後まで改選しなかった。

組合側の積極的な働きかけにより、昭和32年６月のＩＬＯ総会は政府にＩＬＯ条約第87号（結社の自由・団結権の擁護に関する条約）の批准勧告を決定した。そこで政府は、同年９月労働問題懇談会（三者委）に諮問、同懇談会では批准と国内法規の関係等を検討していた。（以下労懇）

Ⅱ　ＩＬＯ理事会が「結社の自由委員会」の報告を採択

以上のような状態のところに、昨年11月13日「結社の自由委員会」が、日本の全逓労組の申立てた「日本政府に対する抗議」（ケース第179号）について判断した報告が、同月18日～20日のＩＬＯ理事会で採択されることになった。同報告は、全逓申立三点のうち、第一点を認めている。

⑴　解雇幹部をかかえていることを理由に団交を拒否することは結社の自由の侵害

⑵　公労法§４Ⅰ、Ⅱで組合員の範囲に経営側が介入するのは不当

⑶　公労法§17、§18の争議行為の禁止は不当
尚、これに附随して日本政府がＩＬＯ条約第87号の批准につき検討中であるという政府の声明が記録にとどめられ、政府がこの結果を理事会に報告するよう要講されている。
かくして２月18日労懇が同条約批准を答申、政府も２月20日批准を閣議決定した。

Ⅲ　批准と国内法規
87号条約にいう団結権・団交権をめぐって、解釈上の争いが、なお今後労使で続けられる公算大。
労懇の答申は１）批准すべし、２）公労法§４Ⅲ、地公労法§５Ⅲは削除すべし、３）その他、公労・地公労等の関係諸規定、各事業法の所要の改訂が必要（条件）、４）その他労使関係正常化のための再検討を述べている。政府は３）を理由に争議行為等に対する大幅な懲罰規定の整備を条件にしようとし、また４）を理由に全逓労組が解雇役員を改選することを求めている。

Ⅳ　問　題　点
⑴　公労法§４Ⅰ、Ⅱは結社の自由の侵害にならないか。
⑵　公務員法§98Ⅱにも問題あり。
⑶　この条約の批准にあたり、団結権の主体として公務員を除外してよいのか。
⑷　争議行為に対する刑事罰は仏、独、英の如き一流国ではない。

〔討議における論点〕
⑴　石井報告に問題はないか
⑵　公務員の団結権・団交権の問題
○　公務員の概念
⑶　労働者とは労働法上如何なるものか
○　管理、又は監督の地位にある者との相異如何
○　公企労法§４Ⅰ、労組法§２但書
○　管理体制確立と御用組合化防止
○　政策論と法律論
○　団結権との関係での考察
○　営利事業、公益法人、政府というように営利性の多少によって労働者の概念が区別されないか
○　校長、教頭、管理職手当と労働者

〔野村補足〕
87号条約批准にからめて、政府は労組法§７⑴但（Union Security）を除く可能性があるが、問題である。

# 第一〇回例会（昭和三四年四月一八日）

## —国民の憲法意識に関する調査について—

中　野　好　夫

〔資　料〕

〔日本人の生活意識に関する調査〕

昭和34年４月１日　東京都新宿区三栄町25番地
社会心理研究所

| | | | | | |
|---|---|---|---|---|---|
| 地区番号 | | 調査員氏名 | | 町　名　区　町 | |
| 対象者番号 | | 点検者氏名 | | コーダー氏名 | |

訪問回数（註、訪問する都度記入し、最後に面接した訪問日時を○で囲むこと）

| | | | | | | | |
|---|---|---|---|---|---|---|---|
| 第一回 | 月 | 日 | 時 | 第四回 | 月 | 日 | 時 |
| 第二回 | 月 | 日 | 時 | 第五回 | 月 | 日 | 時 |
| 第三回 | 月 | 日 | 時 | 第六回 | 月 | 日 | 時 |

注　意：下のあいさつを行ってから調査にかゝること

あいさつ：私たちは社会心理研究所の調査員です。私たちの研究所では、日本人の生活意識についての調査をいろいろおこなっておりますが、今日は、私たちの日常生活につながる問題について御意見をおうかがいしたいと思ってまいりました。おたくにまいったのは、ランダム・サンプリングという一種のクジ引きのような方法であたったからなのです。おいそがしいところおそれいりますが何卒よろしくお願いいいたします。御意見は統計的に処理され数字になってあらわれるだけですから、御迷惑のかゝるようなことは決してありません。

Ｑ１、「われらは、平和を維持し、専制と隷従、圧迫と偏狭を地上から永遠に除去しようと努めてゐる国際社会において、名誉ある地位を占めたいと思ふ。われらは、全世界の国民が、ひとしく恐怖と欠乏から免かれ、平和のうちに生存する権利を有することを確認する」という文章がありますが、あなたはこの文章をどこかで読んだ記憶がありますか。

１読んだ記憶がある　２読んだような気はするが、はっきりしない　３読んだ記憶はない

←

ＳＱ１、　それは何で読みましたか

１、新聞　２、雑誌　３、単行本　４、教科書　５、パンフレット　６、その他（記入）

ＳＱ２、あなたの記憶では、この文章は何の一部だと思いますか。

１、(記入)＿＿＿＿＿＿　２、わからない

Q２、あなたは、天皇の地位について、日本の国民がいろいろ批判することができると思いますか。

１、できると思う　２、できないと思う　３、わからない

４、その他(記入)＿＿＿＿＿

Q３、もし、天皇が自分の意志で国会に出向き、国の政治にかんして自分の意見をのべるとしたら、あなたはそれに賛成しますか。反対しますか。

１、絶対賛成　２、あるていど賛成　３、どちらともいえない

４、あるていど反対　５、絶対反対　６、わからない

Q４、仮に、アジアのどこかで国際的な紛争がおきたばあい、日本は自衛隊を出動させてこの紛争の解決に加わることができると思いますか。

１、できると思う　２、できないと思う　３、わからない

４、その他(記入)＿＿＿＿＿

Q５、もし共産主義を信じている人を、その思想や信条を理由として、職場から解雇するとしたら、あなたはそれに賛成しますか、反対しますか。

１、非常に賛成　２、あるていど賛成　３、どちらともいえない　４、あるていど反対　５、絶対反対　６、わからない

Q６、今の日本で、一般の国民とは身分がちがい、法律でいろいろな特典や恩恵があたえられる貴族や華族がふたたび生れるとしたら、あなたはそれについてどのようにお考えになりますか。

１、そのようなものがいてもいいと思う　２、そのようなものはいてはいけない　３、どちらともいえない　４、わからない

Q７、近く選挙が行われますが、あなたがだれか目上の人から、特定の候補者に投票を依頼されたら、あなたはどうしますか。

１、依頼どおりにする　２、ばあいによって考える　３、依頼を拒否しようとする　４、断固拒否する　５、わからない

Q８、一般に会社や、その他の職場で、従業員の罰則として重労働を課すことができると思いますか。

１、できると思う　２、できないと思う　３、わからない

４、その他(記入)＿＿＿＿＿

Q９、もし、政府が伊勢神宮を、国家の指定する公の社とする法律を国会に提案したとすれば、あなたはその提案に賛成しますか。反対しますか。

１、非常に賛成　２、あるていど賛成　３、どちらともいえない　４、あるていど反対　５、絶対反対　６、わからない

Q10、今の日本では、反政府的な考えをもっている人たちが、ひそかに結社をつくって、反国家的な宣伝をすることが、許されていると思いますか。

１、許されていると思う　２、許されていないと思う　３、わ

からない　４、その他（記入）＿＿＿＿＿

Ｑ11、結婚の相手をきめるばあい、本人の気がすゝまないのに、親や親戚の人だけで話しをきめてしまうことは、よいと思いますか、わるいと思いますか。

１、よいと思う　２、ばあいによってはよいと思う　３、どちらともいえない　４、わるくてもしかたないと思う　５、わるいと思う　６、わからない

Ｑ12、ある人が、どうしても家庭の事情がゆるさないといって、中学校にいっている子供を中途退学させるばあい、あなたはそれについてどうお考えになりますか。

１、いいと思う　２、どちらともいえない　３、いけないと思う　４、その他（記入）＿＿＿＿＿

Ｑ13、ある大学の教授が、反国家的な研究論文を公表したばあい、政府がその論文を没収したり、その教授の地位をうばうことが許されると思いますか。

１、許されると思う　２、ばあいによっては許されると思う　３、どうともいえない　４、許されないはずだと思う　５、絶対に許されない

Ｑ14、ある職場で、勤労者が労働組合をつくって団体交渉を申しこんだところ、使用者側は不穏当な行動だといって、この行動を認めませんでした。それについてあなたはどう思いますか。

１、勤労者の行動は認めねばいけない　２、勤労者の行動は認めなくともよい　３、どちらともいえない　４、わからない　５、その他（記入）＿＿＿＿＿

Ｑ15、もし、あなたの家庭に、警察官がきて家のなかを取調べたいといったなら、あなたはまずどのように対処しますか。

１、警察官のなすがまゝにまかせる　２、一応ことわる　３、捜査令状を提示してもらう　４、わからない　５、その他（記入）＿＿＿＿＿

Ｑ16、ある犯罪の容疑者が強制や拷問によって自白させられ、その自白が証拠となって有罪の判決がおりたばあい、あなたはその判決を正しいと思いますか。思いませんか。

１、正しいと思う　２、ばあいによっては正しいと思う　３、どちらともいえない　４、まあ誤りと思う　５、絶対誤りと思う

Ｑ17、今の日本の憲法を改正する手続きとして、つぎのなかから、あなたが正しいと思うものを一つえらんで下さい。（回答票Ａ）

１、　２、　３、　４、　５、　６、

Ｑ18、「日本国民は、正義と秩序を基調とする国際平和を誠実に希求し、国権の発動たる戦争と、武力による威嚇又は武力の行使は、国際紛争を解決する手段としては、永久にこれを放棄する。／前項の目的を達するため、陸海空軍その他の戦力は、こ

れを保持しない。国の交戦権は、これを認めない」これは日本の憲法の一つの条文ですが、第何条だと思いますか。

１、＿＿条　２、わからない

ＳＱ１、今日本には戦車、軍艦、ジェット機などをもつ約24万名の陸海空自衛隊がありますが、上の憲法条文に照して、あなたはこの事実にたいし、どのようにお考えになりますか。つぎのなかから、あなたのご意見に一番近いものを一つえらんで下さい。

（回答票Ｂ）１、　２、　３、　４、　５、　６、

ＳＱ２、先だつて東京地裁から砂川事件をめぐる刑事事件にたいし「米駐留軍の存在は、日本国憲法の精神に反し、また第九条の規定に違反する」という内容の判決がおりましたが、あなたはその判決がおりたことをしっていますか。

１、しっている　２、しっていない

↓

ＳＱ３、あなたは最初それを何で知りましたか

１、新聞　２、ラジオ　３、テレビ　４、他の人からきいた　５、週刊誌　６、その他（記入）＿＿

ＳＱ４、この判決についてどのようにお考えになりますか。なるべくくわしくおきかせ下さい。（Ｏ・Ａ）（記入）

Ｑ19、あなたは、今の天皇についてどのようにお考えになりますか。つぎのなかから、あなたのご意見に一番近いものを一つえらんで下さい。（回答票Ｃ）

１、　２、　３、　４、　５、　６、　７、

Ｑ20、あなたは、つぎの時代の皇后として、正田美智子さんをどう思いますか。（記入）

Ｑ21、あなたは、労働組合の争議について、つぎのような三つの意見にたいし、どちらに賛成しますか。

甲「労働組合のストライキは労働者階級だけの利益や権利を主張するだけであり、一般大衆に迷惑をかけることが多いから、ストライキはやめるべきだ」

乙「労働組合のストライキは、憲法に定められた権利だから、多少一般大衆に迷惑があってもやむをえない。」

丙「労働組合のストライキはけっきょく一般の人の生活水準を高めることになるからむしろ支援する」

１、甲に賛成　２、乙に賛成　３、丙に賛成　４、いずれともいえない　５、わからない　６、その他（記入）＿＿

Ｑ22、あなたは、現在のご自分の生活にたいしてどの程度満足しておられますか。

１、まったく満足　２、大体満足　３、なんともいえない　４、

やゝ不満足　５、まったく不満足　６、わからない

ＳＱ１、（４、５、と答えた人に）

そのご不満はどのような部類のものでしょうか。

１、経済的な不満　２、社会的な不満（職場だとか地域にたいする）　３、家庭的な不満　４、その地（記入）＿＿＿＿

Ｑ23、あなたは、仮に現在の社会全体を労働者階級、中産階級、資本家階級の三つの階級に分けるとすれば、あなたご自身はどれに属するとお考えですか。

１、労働者階級　２、中産階級　３、資本家階級　４、どれにも属さない　５、その他（記入）＿＿＿＿

Ｑ24、あなたは、仮に、現在の日本社会全体を上、中の上、中の中、中の下、下、の五つの層に分けるとすると、あなた自身はどの層に入ると思いますか。

１、上　２、中の上　３、中の中　４、中の下　５、下

---

フエース・シート

(1) 性　別　１、男　２、女

(2) 年　齢　満＿才

(3) 回答者の職業

１、農林漁業（自作農、養鶏業、自営漁業、自営炭焼など）

２、商工鉱業（菓子屋、魚屋、果実店、洋品店、ラジオ店、肉屋、露天商、行商人、小工業など）

３、サービス業（湯屋、飲食店、洋服仕立店、旅館、映画館、床屋、質屋など）

４、自由業（開業諸医業、開業弁護士、小説家、俳優、スポーツマン、図案家など）

５、専門技術職（大学（助）教授、技師、教師、医師、看護婦、弁護士、会計士）

６、管理職（会社重役、大学学部長、駅長、校長、工場長など）

７、事務職（一般事務員、高校以下の職員、研究員、タイピスト、電話交換手など）

８、労務職（警察官、自動車運転手、修理工、印刷工、やとい大工など）

９、無　職（主婦、学生）

(4) 回答者の世帯主の職業

１、２、３、４、５、６、７、８、９、

(5) あなたの世帯の毎月の収入は手取りどのくらいですか（回答票Ｄ）

１、２、３、４、５、６、７、８、

（但し農家のばあいは、自作農地面積をきく）記入＿＿＿＿

(6) あなたは労働組合に加入していますか。

１、役員（経験をふくめて）　２、組合員　３、非組合員

(7) 家庭用品の有無

1、テレビ　2、電話　3、電気ストーブ（ガスストーブ）　4、電気洗濯機　5、ミシン　6、螢光灯　7、ラジオ

(8) 学歴

1、小学、新制中学卒　2、旧制中学、新制高校卒　3、大学、旧制専門卒

(9) 購読新聞名

---

〔報　告〕

序① 憲法と生活意識の関係の調査

質問条項について南博氏と相談した。

② 社会科指導要綱（二二年、二六年、三〇年、三三年）に見られる憲法の指導方法と教科書三、四種類に目を通す。

社会教育指導研究会（東北地方）の調査も参考に。

③ ランダム・サンプリング

東京一〇区から四二地点、一地点一〇名ずつ、計四〇〇名を選び、三五〇名（男一八〇・女一七〇）が回答。ほかに、上尾市大石地区の六七五世帯（選任理由、東京に近いが不便な地区で農村的）、予定一〇〇名中、男四五・女四一が回答

1　Ｑ１について

1、２の回答までは憲法が少しは頭に残っていると考えてよい。

都市　男三八%　女一四%

郡部　〃一四%　〃　二・五%

殆ど一五―三〇歳までが知識としても、意識としても認識している。

小六、中二・三、高二・三で習得させられたから、よって教えれば浸透するが、教え方でどうでも変るといいうる。

四〇―六〇歳の農村女性が低い。

知ったソース
- 都市　教科書が大多数
- 郡部　若い人には教科書が少なく（二名）、新聞が多い（七名）

前文を知っている人はＱ21（ストライキとの関係）について乙・丙に答えている。従って、社会意識のしっかりした人が憲法を知っているということになる。

2　(1)Ｑ２について、（天皇が象徴ということの意味の理解）

都市六〇%　男六〇%　女四〇%

郡部五〇%　男五九%　女三九%

(2)Ｑ３について、（国事行為の理解）

ある程度政治的行動をしてもよいと考えるものが女四〇%。

都市より郡部で天皇に国事を任せるものがふえてくる（郡部、賛成四五%、反対二四%）。

若い女性に天皇の質問を回避する率が高い。

(3) Q19について、（天皇神様説）
都市、男二人（三〇—三九歳・六〇歳）、女二人（五〇歳以上）
郡部　女五人（三〇歳以上）
青森の中学生（三年男子）に、神様説あり、父から教わる
と述べる。

3　Q４について、
九条は普及度最高
この回答率が大。東京の男二九名ができる、一二〇名ができない。女は一〇九名ができない。
自衛隊との関係の質問では微妙な変化あり。

| | | |
|---|---|---|
| 積極的支持 | 五・四％（都） | 六％（郡） |
| 消極的支持 | 三四％（都） | 三七％（郡） |
| 消極肯定 | 二六％（都） | 一六％（郡） |

（いけないと思うが出来ているんだから仕様がない）

| | | |
|---|---|---|
| 積極否定 | 一七％（都） | 七％（郡） |

青森中学——九条の解釈に関し自衛権肯定。

4　憲法教育との関係
イデオロギーに関係しないものでは憲法意識が浸透している—都市、郡部で差がない。例えば結婚の自由（Q11）は七五％、憲法問題での興味の焦点は結婚の自由にある。
イデオロギーが入ってくる問題は変ってくる。

Q５・10・13について
旧憲意識あるもの——都二八％　郡三六％
結局、教育による浸透が大きな役割を果すところから、憲法教育の存否による影響は大きいと思う。但し国語化的社会科では憲法を知識として知るだけにとどまる恐れがある（教授内容については現在まだ干渉をうけていない。しかし、三三年指導要綱が変ると、新しい教科書は大分異なるだろう）。

〔討議〕

佐藤　天皇の象徴についての質問があるか。
中野　Q３でとったものがある。
我妻　Q３で質問のとりちがいがないか。
中野　Q３はゾルレンだけを考えた。調査員もその趣旨できいたとは思うが。
矢内原　伊勢神宮に対する質問の結果は（Q９）。
中野　逆コース的答は少なかった。生活とは身近でないからだろう。

都市一八〇通中

| | | |
|---|---|---|
| 男 | 絶対反対 | 六〇 |
| | ある程度反対 | 三三 |
| | 非常に賛成 | 一七 |
| | ある程度賛成 | 三三 |

女（非常に賛成　三九
　ある程度賛成　一三
　絶対反対　二六
　ある程度反対　三〇

郡部、男　賛成（一九―三〇　案外多い）
　女　賛成　二二　　　反対七

丸山　職業をきくとき、主人と家族、使用者と被傭者を区別したか。
中野　したはず。
丸山　アメリカのある調査で（資本主義に関する）、基本的人権の意識が低層者にない。デモクラシー意識はある。右翼的でもリーダーは基本的人権意識は高い。
中野　申し合せるとマスのリーダー意識は出ると思う。
中村　Q3は質問としては面白いが、旧憲法でも自分の意志ではなかったはずで（機関説的解釈）、この質問はおかしいと思う。
矢内原　「自分の意志で」はない方がよい。
丸山　決断をする、最終的にきめることができるかという形できいたらどうか。
辻　皆、思い思いで答えるのだから、具体的決定的質問をしないと答が集中してこないと思う。
　質問者のテクニックによって大分異なると思う。
我妻　Q5は幅のひろい質問で、質問者により答が異なるから、質問は具体的にすべきで、答の形をなさない時は誘導尋問の見本を具体的に作っておくべきだろう。
佐藤　Q10の「ひそかに結社をつくって」は秘密結社ととるかも知れない。〝ひそかに〟はない方がよいと思う。
戒能　結社・組織でも社会党的か共産党的かによって答が異なるであろう。
　反政府的という言葉の意味にもとらわれるだろう。
真野　反政府的と反国家的の用語が一致していないと思う。意識的に書きかえたのか。
中野　意識的ではないと思う。
丸山　Q13の質問の方がよい。
中村　反国家―イデオロギー、主観的
　反政府―事実的
辻　「時の政府の政策に反対する」とした方がよいのではないか。
丸山　だから言葉の魔術の浸透度の調査が必要。
　憲法が政府の上にあるという意識がどの程度あるかの調査が必要であると思う。
中村　Q2の「天皇の地位」で想像したものは何か。
中野　天皇の権限みたいなもの。
　農村をもっと遠方にしたかった。

第10回例会（昭和34年４月18日）

我妻　新憲法の国語的知識は面白いと思う。

中野　1、入試の出題傾向に合わす
　2、視察官の干渉
　｝を恐れる。

鵜飼　東大入試で社会科がないのは困る。

中野　中学教科書の知識はありすぎるので、結局、テレビに熱中する。

丸山　時事問題の程度は高いから、あれならやっても意味がない。

宮沢　問題をつくる訓練のある人と一緒にやればよい。

　我々がやると皆できちゃうから。

中野　知識が一杯つめてある。

戒能　社会科の教科書は年鑑のようなもので読めない。

中野　指導要綱があるから、そうならざるを得ない。

我妻　指導要領が細かになりすぎている。

宗像　これから拘束性が強くなる。

宮沢　そうだとなると考えざるを得ない。

矢内原　入試科目の選択は、入学後、大学の講義をきくことのできる程度のものでいいというのと、国民として知っておかねばならないことというのでは、後者が勝つ。

　大学と高校の授業の連絡が必要と思うが、この連絡がない。大学が独自でやっている。

丸山　一週間ばかりの間にできるだけ区別されるようなということが前提で、問題が決定されるから。

戒能　文章で書く質問は見るのがかなわん。

宗像　皆できてもよいと思う。そういう問題にしてもいいのではないか。

宮沢　おとすのが目的になっている傾向がある。

矢内原　大学は程度を下げないということで、六三制による学力の低下を防ぐという線でやっている。これからは程度を下げて、現役が入るようにせねばならないだろう。

**〔要　旨〕**

―国民の憲法意識に関する調査について―

〔報　告〕　中野好夫

Ⅰ　序

　社会心理研究所の行った「日本人の生活意識に関する調査」を主としつつ、その他、東北地方の小学校教員からなる社会教育指導研究会の調査、並びに、社会科指導要綱（22年、26年、30年、33年）に見られる憲法の学習指導などを資料として、報告を行う。

Ⅱ　調査の方法

ランダム・サンプリングにより

(1)　東京10区について42地点を選び、一地点10名、計400名（うち回答者350名―男180、女170）

(2)　上尾市大石地区の675世帯100名（選択理由―東京に近いが不便な地区であり、農村的地域として）（うち回答者、男45、女41）を対象として行った。

Ⅲ　調査が示すもの

(1)　日本国憲法に対する知識

日本国憲法が少しは頭に残っていると考えられるものは都市の15歳から30歳までの男性が一番パーセンテイジが高く、40歳から60歳までの農村女性が一番低い。

前者は知識としてのみならず、意識としても浸透しており、しかも、現在、小学校６年、中学２、３年、高校２、３年で憲法について習得させられていることと考えあわせると、教えれば浸透するということになる。それは、又、教え方でどうにでも変りうるということを意味する。

知識のソースは、都市では大多数が教科書であり、農村では、青年は教科書より新聞が多い。

憲法の知識のある人に対するストライキの質問では肯定的回答の多いところからみて、社会的意識のしっかりした人が、憲法をよく知っているといえる。

(2)　天皇に関する知識

過半数が天皇の象徴であることを知り、ただ、都市より農村で天皇に国事を任せてもよいと考えるものがふえている。

興味ある事実は、天皇は神様であると考えるものが、都市においてすら若干名存在したこと。農村の中学生に、そのことを父から教わったと述べたものがいる。

(3)　九条に関する知識

九条は、憲法の条文中、最高の普及度を示すが、国際紛争に自衛隊が出動できないと答えたものが、自衛隊の存在に対して必ずしも否定的でないのは、現実に対する妥協的な生活感覚からであろうか。

(4)　人権に関する知識

イデオロギーに関係しないものに憲法意識が浸透しており（イデオロギーに関したものは若干否定的傾向が強い）、憲法問題の興味の焦点は、結婚の自由に関するものが最高である。

Ⅳ　結　び

結局、教育による浸透が大きな役割を果すということから考えると、それによる影響は大きいが、又それと同時に、憲法を知識として知るだけに止まり（国語科的社会科になる）、生活意識として浸透しない恐れがあるということに注意する必要がある。

〔討議における問題点〕

1、調査の方法と対象について

(1) 質問の方法について

設問にあたっては解答者が、その意味をとりちがえる如き語はさけること。例えば、結社の自由に関する質問で、「社会党的結社」という場合と「共産党的結社」という場合では解答が異なるであろうし、「反政府的団体」という場合と「反国家的団体」という場合でもそうである（反国家的というのは主観的概念であり、反政府的というのは事実的側面に着目しての概念であるが、こういう場合は「時の政府の政策に反対する団体」とした方がいいように思われる）。これらの用語が意識的に用いられたのならいざ知らず、充分に留意しなければならない。

統計をとるためにはなるべく答を集中させねばならないが、そのためには皆に思い思いの答をさせずに具体的決定的質問をしなければならないし、又、答の型をなさない時は誘導尋問の見本をつくっておいた方がよいと思う。

(2) 調査の対象について

調査に当り、職業別の統計をとる場合には、主人と家族、使用者と被傭者の区別をした方がよい―アメリカでの調査であったが、資本主義に関する質問で人権意識は低社会層に低く（但しデモクラシー意識はある）、反って、右翼的思想の持主でもリーダーには人権意識が高いといった例があるから。

2、社会科教育について

報告の際の「憲法の国語的知識」に関連して、その理由として、高校側の教官が大学入試の出題傾向に合わすためと、指導要綱に従って教科書をつくる関係から教科書に盛り沢山の内容をつめすぎ、そのような傾向のものになってしまうということが考えられる。

従って、この弊害をさけるためには、大学側が各校独自の入試方針をたてずに、高校側と充分な連絡をとって問題作成にあたることが望ましい。即ち、現行入試問題作成の方針が受験生を落すのが目的であることと、学力の低下を防ぐ意味から問題の程度を高くすることのために、かような弊害が生ずるのであるから、ここは、反って皆ができてもよいから、高校教育の実態に鑑みて問題作成に当るように。

3、伊勢神宮に対する国民感情
「政府が伊勢神宮を、国家の指定する公の社とする法律を国会に提案したとすればあなたはその提案に賛成しますか」との設問に対して、逆コース的解答が案外に少ないが、それは、この種の問題に対する国民感情が、生活と身近に結びついていないためであることのように思われる。
4、一体に、輿論調査に当っては、設問方法と、その結果からどこまで具体的な結論を引き出せるかが問題になるが、中野会員も、詳細な結果の分析は他日を約された。

# 第一回　憲法記念講演会（昭和三四年五月三日）

於・千代田公会堂

憲法問題研究会の意義　大内兵衛
「うまれ」による差別　宮沢俊義
私たちの憲法　桑原武夫
私たちの役割　我妻　栄

〈編者注　大内・宮沢・我妻は「世界」一六三号（昭和三四年七月号）に掲載〉

# 第一一回例会（昭和三四年五月九日）

## ―占領初期における政党その他の帝国憲法改正案と世論の動向―

佐藤　功

〈編者注　総司令部と政府との交渉については佐藤達夫氏の論考を参照〉

## 〔資料・報告〕

〈編者注　以下本〔資料・報告〕内の〈　〉は「報告」に対する編者の加筆〉

一、終戦直後の事情―東久邇宮内閣時代（二〇・八～二〇・一〇）

〔一〕東久邇宮内閣の時代においては、憲法改正問題はいまだ具体的な問題とはならなかった。

それは次の諸理由によると思われる。〈東久邇稔彦著「一皇族の戦争日記」も同旨〉

１　終戦処理に忙殺され時間的余裕がなかったこと（二〇・九・一八首相と外人記者団との会見における談話）

２　帝国憲法の弾力性を理由として憲法改正は必要でないとの意見の影響〈例えば美濃部達吉、二〇・一〇・二〇～二二朝日、宮沢俊義二〇・一〇・一九毎日〉

３　皇族として国体論議を避けたいという心理

４　憲法改正に関する総司令部の意図がいまだ不明であったこと及び占領（民主化）政策の進行がいまだ初期の段階であって、憲法との関係（憲法の限界）がいまだ顕著に現れなかったこと

５　国民の側では、「憲法よりも飯だ」とのことばが示すように、関心が憲法問題以外に注がれていたこと。及び民主化政策がいまだ初期の段階であったために憲法問題の論議の国民的条件が存在しなかったこと

かくして、憲法改正問題が具体化するためには、終戦処理が一段落すること、総司令部の態度が明かとなること、占領政策が更に進展すること、を必要とした。

〔二〕当時の新聞論調においても、社説としては、次の如きものであり、いまだ憲法問題を直接に論じたものはない。〈いわば戦争責任論・精神論にすぎなかった〉

朝日二〇・八・二〇「国民思想の転換」、朝日二〇・八・二八「世界的日本の建設へ」、毎日二〇・八・二一「心構えの一新」、毎日二〇・八・二七「人格的欠陥」、毎日・二〇・九・三「和平建設への強力な措置」、朝日二〇・九・一七「東

条軍閥の罪過」、」朝日二〇・九・二二「戦争の責任果して如何」、朝日二〇・九・二六・「民主化の要請と国民」、ただ、朝日二〇・九・二一のみが例外で、次の如し

「選挙法、貴族院令、議院法等の改正よりも要はこれを裏打ちする政治理念の問題ではあるまいか、……民主主義政治運営の基本方式は一体如何になさるべきか。統帥権に関する憲法第一一条、第一二条も今は空文的存在となった。これらの問題は当然国家基本法の再検討にまで発展して行くであろう」

二、憲法改正問題の具体化―その契機となったマ元帥の示唆による近衛公及び幣原内閣の憲法改正調査―同じくその契機となった天皇制論議

〔一〕憲法改正問題が具体化し、新聞にとり上げられるようにもなったのは、一〇月一一日に、近衛公内大臣府御用掛任命と一〇日のマ元帥の幣原首相への示唆とが同時に報道されたことを契機としてである。

新聞の論議も急激に活發となった。その論調の重点は、次の諸点にあった。

1　日本政府側が後手に廻っていることへの批判

2　近衛公が憲法改正をリードすることへの批判〈戦争責任論と結びついて〉

3　内大臣府の権限問題〈内大臣府に改正権限ありや〉

4　改正に当り考慮すべき諸論点〈この時期に出てくる〉

この場合に、特に近衛公に対する批判を中心として、憲法改正を担当すべき者は誰かという問題及び憲法改正方法はいかにあるべきかという問題が強く意識されることになった。

〔二〕当時の新聞社説の主なものは次のごとし

朝日（二〇・一〇・一三）――欽定憲法の民主化

「ポツダム宣言の受諾を前提とする今次終戦の過程が、早晩、憲法条項の改訂ないしは新訂の問題に触れるに至るべきことはすでに一般の予想するところであった。……『指示に先んじて施策する』〈幣原の施政方針〉ことを公約する幣原内閣としても、これに関して荏苒日を曠しくして済むべきではない。……当局の決定したことはもっと早く発表されねばならぬ。そして国民と共にこれを審議し、国民とともにこれを良き結果に導くだけの心掛が必要である。……ポツダム宣言の条項はすでに炳として明かであり、これを遵守せんとする国家と国民との大方針また議論の余地なきところ、何を躊躇し、何を逡巡して、悔を後世に残す必要があろう。……」

毎日（二〇・一〇・一三）――憲法改正の緊要性

「有史以来の大変動に際会せる今日のわが国において、帝国

憲法に検討の手が加えうるべきことはむしろ当然のことといわねばならない。もとよりわが建国以来の君民一如の国体はたとえ憲法にいかなる改訂が加えられようとも変動あるべきものではないが……。民主主義的政治全体を支配するに必要なる再検討が行われなければならないことは論をまたない。……而してその改正の準備の速度たるや、今日の事態は決して遅疑逡巡を許されないのである。すでにわが国在来の法律命令は極めて広い範囲において米国側から改廃せしめられた。せめて国法の根基たる帝国憲法だけは他からの要求をまつことなく、自主的にこれが検討と改訂を行って内は七千万国民の以て拠るべき国家規範を明らかにし、外は連合国がわが国政治の根源に横たわる問題として投げかけつつある多くの疑念を払拭するに急ぎ努力すべきであろう。

現行憲法の改訂すべき事項

（統帥大権、兵備大権、貴族院令、議会会期の制度、大権事項と政府の責任）

……憲法の字句が多くの箇所で融通性を含み、そのために運用宜しきを得るということは、ある条章によってはよかろうけれどもかような意識に捉われて、もし改正条項を不鮮明な表現で止めようとするならば、国の将来に禍根を残さぬを保し難い。

畏くも陛下におかせられては、御躬ら憲法改正の緊要性をお認め遊ばされているように拝承するのであるが、君側の重臣が憲法改正問題に当面しての責任はすこぶる重大である。何となれば憲法改正案の起草こそは、政府の権限内にも在らず、議会の権限内にも在らず、もっぱら側近の重臣の責任にかかっているからである……」

読売（二〇・一〇・一三）――憲法の自由主義化

「……新内閣はマ元帥の指示をまつまでもなく、社会改革、憲法改正に果敢にふみ出すべきであった。この発表を聞いた国民は、またしても日本政府は連合軍司令部に先手を打たれたとの感じを深め、米軍への信頼が増大する一方、日本政府への期待は薄らいで行くのである。……

……陛下側近の責任は重大である。（但し）……近衛公側近奉仕が憲法改正問題までに触れるか否かについては疑問の余地があろう。

議会の職責又重大であるが、……現在の議会が不適格なること多言を要しない。政府も来年一月には総選挙を断行する方針を決めたのであるから、改選された議会にまつべきである。……」

特に、内大臣府（近衛公）の憲法調査に対する批判としては、次の諸論がある。

宮沢俊義「憲法精神に反す内大臣府の審議」（二〇・一〇・一

六　毎日）

蠟山政道「論議をつくしてしかる後に改正せよ」（二〇・一〇・一六　毎日）

宮沢俊義「憲法改正について」（二〇・一〇・一九　毎日）

「旧態依然たり」（二〇・一〇・一八　朝日）
「憲法改正に松本国務相強硬進言」（二〇・一〇・一八　日本産業経済）〈社説〉

そして近衛公乗り出しに関しては、新聞論調は、漸次、圧倒的に近衛公に不利に進んだといえよう。それを決定的にしたのは一一月一日の総司令部声明であった。

〔三〕　共産党の活動開始（二〇・一〇・四「自由の指令」以後）とともに、天皇制廃止論が公然と叫ばれるようになった。また、連合国側の天皇制に対する態度も予断を許さない状態であった。それが当時、結成途上にあった進歩・自由・社会・共産の諸党が、天皇制に対する態度（絶対護持・民主化・絶対廃止）を政綱の第一に掲げることとなった理由となった。また、松本委員会が発足後一ケ月にして、憲法改正案の作成に急ぐこととなったのも、天皇制に対する政府の態度を明らかにする必要を感じたためであると考えられる。但し、一般的にいって、天皇制廃止論は、形の上では激しくまた滔々たる勢を示してはいたが、世論の大勢はなお漠然とながら天皇制維持に傾いていたといえよう。次の社説は当時のこのような世論の一面を鮮かに示している。

東京（二〇・一〇・一七）――輔弼の問題

「……要するに、我々の見る現実において、我国の民主・非民主は天皇の統治権の問題ではなくて、輔弼の問題である。試みに顧みよ、今上陛下摂政の御時代より今日に至るまでの輔弼の貧困を。その横道を。東条大将の独断開戦を。而して仰げ、聖上陛下の平和的、民主的御天資を。今日行われている憲法改正の立案が第一条にも及ぶか否かを我々は知らない。しかし軽薄な世情を見るに、何となしに、肝腎の『輔弼』を他所に、その方向に向うかを杞憂せしめるものがある。これ我々が無識をいとわず敢えて草もうの微衷を陳べんとする所以である。」

三、政党・民間団体の改正案発表―それらに対する世論の反響と総司令部の評価

〔一〕　一一月以降において、諸政党が結成され　且つそれぞれ憲法改正案を発表することになる。

まず二〇年一一月以降の事件経過を略記する。

二〇・一一・　一　近衛公相手にせずとのマ元帥声明
　　　一一・　二　社会党の結成
　　　一一・　九　自由党の結成

二一・一一　共産党の新憲法骨子（新憲法草案二一・七・一五）
二一・一一六　進歩党の結成
二一・一二二　近衛案上奏
二一・一二・八　松本四原則発表（第八九議会）
二一・一二一　近衛案発表（毎日）〈スクープだが必ずしも正確ではない〉
二一・一二七　憲法研究会案
二一・一二八　高野岩三郎案
二二・一・一　元旦詔書（人間宣言）
一・四　追放令
一・二一　自由党案
二・一　松本案（憲法問題調査委員会試案）発表（毎日スクープ）
二・二二　社会党案
二・一三　進歩党案
三・五　憲法懇談会案
三・六　憲法改正草案要綱
四・一〇　総選挙

〔二〕　諸政党及び二つの民間団体の案の要点（基本方針のみ）を極めて簡単に掲げる。

一　進歩党案

方　針

(1)天皇制護持。但し「将来において過誤を再びせざらしむること」〈宣戦大権の運用を誤ったから〉。(2)君主政体と民主主義とは両立する。(3)「天皇は国家の機関なりとする説の如き〈自由党案〉、また天皇制は存置するが統治権はその一部を天皇に残し他は人民に帰せしめんとし〈社会党案〉、あるいは天皇制を廃して天皇を以て単に儀礼的象徴とするに非ざれば民主主義を貫き得ずと考うるが如きは〈憲法研究会案〉、何れも我党の採らざる所である」(4)「人権擁護の点に格段の重点を置いた」

二　自由党案

1　方　針

「時に憲法改正の議起るや、世上あるいは天皇制の打倒を呼号し、あるいは僅かに存して名誉の虚位に貶せんとする言説がある。国民はこれを聞いてあるいは悲痛し、あるいは疑惑している。これ果して我国の伝統と我が国民の信念とに合するや。我等の天皇は万世一系にして国の元首にして統治権を総攬す。是れわが党の有する信念にして、わが党の持する国体の観念また実にここに存するのである……」（鳩山総裁談話）

2　天　皇〈天皇を国家機関なりとする説と進歩党が批判〉

⑴統治権の主体は日本国家なり。⑵天皇は統治権の総攬者なり。⑶天皇は万世一系なり。⑷天皇は法律上及び政治上の責任なし。⑸大権〈独立命令・非常大権〉の廃止・制限〈緊急命令は議会の議をへる〉

三　社会党案

1　新憲法制定の三基準

⑴方針――新憲法を制定して民主主義政治の確立と社会主義経済の断行を明示す　⑵方法――総選挙後の特別議会においては特に会期を延長し、新憲法制定に当ることとす。これを憲法議会とす　⑶目標――平和国家を建設するを目標とするを以て、従来の権力国家観を一掃し、国家は国民の福利増進を図る主体たることを明かにす

2　主権と統治権

⑴主権は国家〈天皇を含む国民協同体〉に在り　⑵統治権はこれを分割し、主要部を議会に、一部を天皇に帰属〈天皇大権大幅制限〉せしめ天皇制を存置す〈労働権・所有権の制限その他を掲げる〉

四　憲法研究会案〈メンバー、高野岩三郎・馬場恒吾・杉森孝次郎・森戸辰男・岩渕辰雄・室伏高信・鈴木安蔵〉

根本原則〈統治権〉

⑴日本国の統治権は日本国民より発す　⑵天皇は国政を親らせず国政の一切の最高責任者は内閣とす　⑶天皇は国民の委任によりもっぱら国家的儀礼を司る〈＝象徴〉⑷天皇の即位は議会の承認を経る。摂政を置くは議会の議決による。⑸栄典の廃止・国民は拷問を加えられない・国民は健康にして文化的水準の生活を営む権利を有す、の以上は森戸氏が制憲議会で主張した。国民の権利義務は社会党案と酷似〉

五　憲法懇談会案〈日本国憲法草案〉

〈尾崎行雄、岩波茂雄、渡辺幾治郎、石田秀人、稲田正次、海野晋吉〉

〈政府案が公表され、それに押されて問題にされなかったが、非常にユニークなもの〉

1　特　色

⑴「君民同治主義　天皇は第一市民たるの主義により主権その他に関する規定を設けたり」

2　前　文

「われら日本国の天皇及び国民は、軍国主義及び過激国家主義の迷妄により国家及び国民を破滅に陥れたる未曽有の過誤を将来再び繰返さざるべきことを痛感し、人権の尊重と国民のための国民の政治が近代文明国たるに値する憲法の基本原則たることを確信し、善き隣人として他国民と

交り進んで世界平和の確立と人類文明の向上に貢献せんことを希求し、ここに日本国憲法を改正したり」

３　総　則

⑴日本国の主権は天皇を首長とする国民全体に淵源す

⑵立法権は天皇議会共同してこれを行う　⑶行政権は天皇大臣の輔弼を以てこれを行う　⑷司法権は裁判所これを行う

〈明治憲法を最保守としてより進歩的なものを順次並べると、

明治憲法
松本案
近衛案
佐々木案
進歩党案
（以上　天皇主権。うち近衛案・佐々木案は区別は余り明瞭でない〉）

自由党案
憲法懇話会案
社会党案
（以上　国家主権）

憲法研究会案
マッカーサー案
（以上　国民主権・天皇象徴制）

高野案
共産党案
（以上　人民主権・天皇制廃止〉）

〔三〕　これらに対する世論（新聞論調）の反響の傾向を知る材料の一例として、自由党案に対する批判を掲げる。

自由党の憲法改正案（毎日二一・一・二三）

「自由党の憲法改正案は、一言にしていえば、現在の大勢に順応した案である。現在の大勢は確かにこの自由党案と似たりよったりの意見が占めている。しかしこの大勢と一致しないところの、または殆ど対立的の憲法改正論も決して少なくはないのであると同時に、大勢必ずしも正しいものとはいえない。仮にその大勢が正しく妥当であるとしても、その正しさや妥当性が今日の時代においてだけのことでは何にもならない。憲法は永久不変のものではあり得ないとしても、少なくとも眼先の一時代だけを目標にしたり基準にしたりすることは、憲法改正問題について最も戒心せねばならぬことであろう。

鳩山自由党総裁の談話によれば、『世上あるいは天皇の打倒を呼号し、あるいは僅かに存して名誉の虚位に貶せんとする言説がある。国民はこれを聞いてあるいは悲痛し、あるいは疑惑している。これ果してわが国の伝統とわが国民の信念とに合するや』とある。

国民が悲痛し疑惑するということは、今日においては、大勢然りといえるかも知れない。しかし一般的にみて、その悲痛や疑惑の程度が、終戦当時と昨今とではかなり違っていると同時に、今後それがまた激しい変り方をして行かないかとは断言できないのである。状況のそうした移り変りは何を物語っているか。答は簡単である。この問題の帰着点が安定していないという一事である。安定していない事柄を基礎にして現在と将来を律するということは、事が国家の基本法たる憲法の問題であるだけに慎重な考慮を要する。しからばどうすればよいかとなれば、その安定していない原因、すなわち国民の中に仮に一部にせよ論議の闘わされている事実、あるいは疑問のかけられている事実を率直に認めてその難点を究明すること以外にはない。

これを具体的に挙げれば……

（統治権の主体は日本国家とし、統治権の総攬者を天皇とする。この意味について誰にでも納得のいく説明が必要ではないか。また天皇は法律上、政治上の責任なしとするが、これが神聖不可侵とどう違うのか。もし英国式を目標とするのなら、成文憲法であるだけに一層天皇の本質を明確にして置く必要がある。言論、思想等の自由は法律を以てしても猥りに制限し得ないというが、「猥りに」の字句をどう解釈してよいか）」

〔四〕なおここでついでながら、同じくこの時期における論調として、近衛案及び松本案（毎日スクープ）に対する批判をも掲げる。

近衛案に対する批判（毎日二〇・一二・二二）

（天皇の統治権総攬の条章を存置したことは根本的欠陥である。このような危険な条章は廃止し、民主主義政治思想を象徴しその完成を可能ならしめる条章を以て代えるべきである。）

「総じて近衛公の改正案は公自身の政治生活の道程においていつも痛切に感じていたに違いないところの、軍の政治干犯や官僚の委任立法による議会軽視等の弊害を改正憲法において除去することにのみ急であって、今日のわが国が文字通り革命に際会していることを彼は実際に知らなかったといえる。」

憲法改正試案（二一　毎日スクープ）に対する疑義（毎日二一・二・一）

「政府の憲法改正試案は一般的にいえば進歩案に違いない。しかし憲法の中核ともいうべき天皇の統治権については現行憲法と全然同じ建前をとっている。……天皇が日本の君主であるということには、われらはもとより異議はない。……わが国の成文憲法において英国式をとろうとするならば　この実質的不統治の原則を何らかの形で憲法に明らかにして置く必要があろう。もし英国式形態をとらずして天皇の自由意思を認めるということであれば、それは明かに民主主義に逆行することになる。

この天皇の政治的地位に関することを除いては、今回の改正試案は時局に適応した多くの進歩を示している。（貴族院を参議院とし地方議会代表を以て組織する点。内閣の対議会責任の明確化等）。……

〈但し、なお不充分な点もある。議会の会期を現行通りとしたこと。議会解散権を制限するかあるいは国民投票によってのみ行い得るようにした方がよい。首相の任命方式は両院議長の推薦かまたは議会の選挙によることとした方がよい〉……。要するにこの政府試案は文字通り試案と考えたい。……」

これらの論調が、いずれも、これら諸案が不徹底であると批判していることは注目に値する。

〈毎日二一・二・二の「見滴欄」で丸山幹治が「君民協定憲法でなければならない」と松本案を批判〉

〔五〕民間諸草案に対する総司令部の評価（ポリティカル・リオリエンテーション・オブ・ジャパン）

一、一般的な評価―特に天皇に関して

「憲法改正の初期の段階で最も重要な点は、新しく結成された政党、私的グループ、諸団体が、どの程度まで徹底した自由主義的、民主主義的改革を提唱したかということであった。各政党は、それぞれ憲法改正草案を作成し、新聞もすべて、改正の必要ばかりでなく、更に必要と考えられる新しい条項についても長い真摯な論議を掲載した。天皇の制度―天皇制―でさえ、本案の対象から除かれなかった。もっとも、大部分は、この問題を幾分遠慮勝ちに取り扱ってはいたが、それにもかかわらず、共和政体を主張するグループも決して小さいものではなく、また決して急進的陣営だけから成立していたわけでもなかった。」

このように、総司令部は天皇制の問題を中心に置いて考えている。すなわち、「一つの特殊な問題―国体―が、憲法改正に手を染めるほとんどすべての人を悩ました。……問題は、個人の法律的及び政治的安全を規定し、しかも、天皇と国民の結合という伝統的な観念及び天皇の不可侵性を覆さない基本法を起草することであった。政府グループはこの問題を最も容易に解決し、はじめは、天皇の大権を害ね、その権威を侵すような、いかなる改革も提案しなかった。しかし在野のグループは概してずっと大胆であった。他の問題と同じくこの問題でも、彼等は、より民主的な原理に加担してその修正を試みたり、または国体のドグマを大胆に捨てたりした。そこでまた、天皇の法律上の地位が難しい問題となって、国家の現実の首長としての天皇を維持する案から、天皇制の廃止に至る各種の提案がなされた。」……

二、進歩党案に対する評価

「すべての改正草案のなかで最も保守的な進歩党案は、あまり著しい改正を提案していなかったが、それでも自由主義化の健全な傾向を示した……要するに進歩党案は、現在の日本国家の基本的・根本的変革を行わず、機構上の多くの改革を提案した。すべての権威の源、すなわち機構の心臓及び中心は、依然天皇制度であった、天皇の慈悲深い保護の下における国政掌理の機関と、国民を保護し国民が参与する機関は、近代化され、大陸的よりも、より英米的外観を与えられた。確かに真の議会政治の発達のための、より大きな弾力性と、より大きな機会が提案された。しかしながら個人の自由ないし民主的手続についての何らかの明確な保障が欠如していた。」

三、自由党案に対する評価

「自由党案は、主権及びその諸権利の行使という根本問題については進歩党と同じ立場にあったが、より野心的であった。……

自由党案の最も大きな意義は、天皇はすべての法律的及び政治的責任から免れるという提言であった。しかしこれは両刃の刀であったということを指摘しなければならない。……この提言を除けば、自由党の綱領は進歩党のそれとほとんど大差はなかった。」

四、社会党案に対する評価

「ここにわれわれはデモクラシーの確立へ向った実質的な進歩を見る。……ここにわれわれは、個人の地位を認めた人民の政治の形態と機構が出現するのを見る。議会は国家権力の最高機関となる。市民的自由は絶対的に保障される。天皇は政治的権力の行使から隔離される。権力のバランスはここで変えられた。」

五、共産党案に対する評価

「共産党は、多くの問題には答えないで、むしろ一般原則を強調した。……」

六、私的グループ案

「一般的に私的グループは、主権を国民に置き、内閣または政府がそれを行使することを主張した。……

もっとも、高野岩三郎博士は、選挙による大統領を提唱した。……私的グループの案だけに、完全な社会的・政治的・経済的保障に対する詳細且つ広汎な提案があった。……」

七、民間諸草案に共通に欠けていたもの

1　刑事事件における身体の自由の保障

2　選挙権の拡張、政治上における男女の平等

3　地方自治

八、民間諸草案との比較における松本案に対する評価

「これら民間団体の進歩的な提案と著しい対照をなして、幣原内閣は問題に悩みつつあった。」

「提案せられた改正案は最も保守的な民間草案よりも、さらにずっとおくれたものである。意図されたところは、明治

憲法の字句を自由主義化することによって総司令官の容認しうるものとし、実際の意味は従来どおり漠然として弾力性のある形で、支配層が適宜に適用し解釈できるようにしておくことにあったことは全く明瞭である。……」

「明治憲法の改正に関して、一九四六年一月末に達していた状態は、一般的な政治状勢を高度に反映していた。最高司令官は、日本の政治の再建と自由主義化及び民主主義国家の基礎をなしとげるための最大限の責任を日本人の手中におくことを決意していた。政府及び国民は、その責任を十分に勧告されていた。国民は、非公式な私的な道を通して、これらの改革に対し心強い反応を示していた。他方、政府は、日本国民の明白な希望と要求に完全に答えることができず、伝統的な原理及び古い慣習を固執し、改革を行うという望をほとんど示さず、問題を、言葉のみせかけと西方に向ってのお辞儀だけで解決しようとしていた。彼らが問題の内容を理解していたことは、疑う余地がない。構造上の何らの改造を伴わずにただ正面先だけを巧妙に作り上げる彼らの技倆は、注目すべきものであった。二月三日の日本タイムズは、次の記事をのせた。『かくして諸政党及びその他の草案はすべて、憲法の民主化を要求していることが明らかである。しかるに松本博士が起草した政府案は、憲法の民主化への意図を全く示していない。もし政府が松本案の採択を主張するなら、世論は反対して立つであろう……。』」

四、三月六日の憲法改正草案要綱の発表―それに対する各政党の態度と世論の反響

〔一〕草案要綱に対する各党の見解（二一・三・八　朝日）

1　自由党「原則として賛成。天皇制護持・基本的人権の尊重・民主主義の徹底・平和国家、これらはわが党の憲法改正案の原則と全く一致する。ただ、わが国情と合致して日本民主化の実現を全からしむるため若干の修正を要する。」

2　進歩党「率直にいえば好感を以て迎える。第一条は国体の根本に触れているところであるが、歴史上、天皇親政はことばの上だけであったのであるから、今回の改正案はこれを表現の上で明かにしたもので、事実に即した改正である。」

3　社会党「わが党案に極めて近似せる進歩的なものである。」

4　共産党「進歩的外見を粧っているが天皇制の護持を目的としたものであり、それを維持している以上、戦争放棄はナンセンスである。」

これらの見解のうち、自由党・進歩党のそれは詭弁であり、また強弁である。

〔二〕〈新聞論調は、①草案に対する賛成が圧倒的、②しかもこの理想

を達成するためには国民の努力が必要であるといっている点を強く支持し、③三月六日への転換の理由は追及しない、④戦争放棄を支持するが、日本だけでは達成されず国際連合に期待する、自衛軍についてはつきつめて論じない、⑤草案の進め方に関心をもつ、というところ〉

草案要綱の内容に対してよりも、今後の手続に関して活発な論議が見られたことは注目に値する。

すなわち憲法改正案を総選挙後の特別議会に附議するという方式の決定（二一・三・四）に対する批判として二一・三・一四読売〈一番進歩的〉の主張した直接人民の公選による憲法制定議会の設置論は別として、民主人民戦線連盟〈山川・羽仁・高野・横田・大内・森戸〉の声明「憲法制定の国民運動とその方法に関する声明」は次のように提案した。

「……新憲法をして真に名実ともに人民の憲法たらしめるためにその制定手続を徹底的に民主化することを要し、現政府のごとき非民主的性格極めて顕著なる政府が原案を作成したる上、これを政府自らの人選による調査会に附議して最後案を決定せんとするが如き方法によるときは、仮令議会においていかに審議論争をつくさしむるも結局政府の原案が大勢を制することとなり、到底充分に人民の総意を反映せしめ得ないのは火をみるより明かである。……故に我々は

一、新憲法草案を審議する委員会は総選挙後の衆議院の決議によってこれを設置すること。

二、委員会は衆議院に代表せらるる各政党の議員数に比例してこれを各政党に割当てること。

三、委員は衆議院議員を主体としてこれに学識経験者等を加うべきも、その人選は衆議院これをなすと共に、候補者は各政党をして推薦せしめ各政党の議員数に比例し右候補者中より人選を行うこと。

四、委員会は今回政府の発表したる原案の外、従来各方面より発表せられたる改正案のすべてに平等の立場を認めながら、これを参考資料としてあくまでも自主的に独自の原案を作成すること。

五、委員会における審議の結果、重要なる箇所につき委員の意見分れたるときは、国民投票により民意に問うてこれを決定すること。

を提議し、これによってあくまでも新憲法の上に「自由に表現せられたる人民の総意を反映せしむべきことを主張するものである。」

〈財界の反応は、天皇制・資本主義の存続という大きな枠が認められたことに安堵し「……社会化に向えば心配だが全体として安心」ということであった（朝日　二一・三・一〇）〉

五、二度の世論調査の結果

〔一〕昭和二一年二月三日公表の輿論調査研究所の世論調査（毎日二一・二・四）

調査対象　五〇〇〇人

（政界、学界、官界、教育界、実業界、宗教界、法曹界、勤労者層、学生層、青年層、女性層）

回答数　約二四〇〇

調査項目　憲法改正方法、天皇制、議会制度、枢密院

1　憲法改正方法

一、憲法第七三条により改正案を天皇が提出する方式を支持するもの　四七二　二〇％

二、議会の憲法改正委員会において改正案を提出する方式　五八一　二四％

三、憲法改正委員を公選して国民直接の代表者により改正案を審議する方式　一二八九　五三％

四、その他　五三　三％

2　天皇制

一、天皇制支持　二一八四　九一％

(1)　現状のまま支持　三八一　（総数の）一六％

(2)　政治の圏外に去り民族の総家長、道義的中心として支持　一〇八四　四五％

(3)　君民一体の見地から政権を議会とともに共有する体制において支持　六八〇　二八％

(4)　その他　三六　一・五％

二、天皇制反対　二〇五　九％

(1)　共和制支持、すなわちアメリカの如く選挙による大統領制を支持　一三七　五・六％

(2)　ソヴィエト制支持、すなわちソ連の如く公選せられた委員会において元首を選挙する体制を支持　六四　二・六％

(3)　その他　四　〇・一六％

3　議会制

一、現行貴衆両院制を支持　六一　二・五％

二、貴族院を廃止し単一国民議会を支持　四二〇　一八％

三、貴族院を職能代表議院とする　五一九　二二％

四、公選の知事、職能代表、学識者をもって第二院を構成せしめる　一〇八二　四五％

五、現貴族院の権限を縮小し衆議院第一主義を確立する　二七五　一一％

六、その他　四三　二％

4　枢密院

一、廃止　一三七七　五八％

二、現制度下少数の精鋭を以てする人的革新によって充実する　五七八　二三％

三、枢密顧門官公選　三九八　一七％

四、その他　三四　三％

以上の結果の総括

1　憲法改正方式については、（圧倒的に）、国民の公選による憲法改正委員会を要求している。

2　天皇制については、支持は決定的であるが、天皇を政治の圏外に置くべしとする意見が多い。

3　議会制度については、現状維持を主張するものは僅かに二・五％にすぎない。

4　枢密院については廃止論が過半数を占めている。

〔二〕昭和二一年五月二七日公表の毎日新聞社の政府草案に関する世論調査（毎日二一・五・二七）

調査対象　二〇〇〇人

調査項目　天皇制・戦争放棄・国民の権利自由及び義務・国会・草案審議方法

1　天皇制

一、草案の天皇制への賛否

支持　一七〇二　八五％

反対　二六三　一三％

不明　三五　七％

支持の職能別内訳　個人企業者　九一％、財界人九〇％、医師　九〇％、官公吏　八九％、農業者八八％、宗教家　八六％、会社員　八二％、法曹人八二％、学者　八一％、教育者　八一％、文筆家七〇％、学生　六八％、労働運動家　五五％

支持の性別内訳　男子　八四％　女子　九〇％

二、天皇制の廃止への賛否

廃止賛成　二一五　一一％

廃止反対　一七一一　八六％

不明　七四　三・七％

廃止論者の職能別内訳　労働運動家　四八％、学生二〇％、会社員　一六％、個人企業者　一六％、文筆家　一六％、医師　一〇％、農業者　一〇％、学者九％、教育者　九％、法曹人　七％、宮公吏　六％、財界人　五％、宗教家　五％

廃止論の性別内訳　男子　一一％　女子　六％

三、草案の天皇の権限に修正の必要ありや（天星の存在を支持する者について）

必要あり　　五二五
（縮小せよ　六四
（拡大せよ　三八
必要なし　一二一三

2　戦争放棄
一、戦争放棄の条項を必要とするか
必要あり　一三九五　七〇％
必要なし　五六八　二八％
（必要なしとする理由
余りにもユートピア方式である　七二名
自衛権まで放棄する必要なし　一〇一
前文のみで足りる　一三
二、戦争放棄の条項に修正の必要ありや（この条項を必要とする者について）
必要なし　一一一七
必要あり　二七八（その理由・自衛権保留規定を挿入せよ〈一番多い〉）

3　国民の権利、自由、義務
一、草案の修正を必要とするか
必要なし　一三〇四　六五％
必要あり　六五一　三三％

（必要とする箇所
〈一代限りとした〉華族制度の即時廃止　二八
失業・老廃者等の社会保障　三三

4　国会
一、二院制の可否
可とするもの　一五八八　七九％
否とするもの　三四五　一七％
二、国会の決定に対して政府または天皇に拒否権を与える必要ありや
必要あり　九三四　四七％
必要なし　一〇三九　五二％
三、国会が民意に反したとき国民投票により解散せしめる必要ありや
必要あり　一五九二　八〇％
必要なし　三四九　一七％

5　草案審議の方法
一、政府方針どおり特別議会によるべし　一三三五　六七％
二、議会とは別に国民投票による憲法制定会議によるべし
六三四　三二％
三、その他
①　朝野権威者による憲法審議会により審議の上議会にか

けよ　五九

② 議会で審議の後国民投票にかけよ

③ 三ケ月ないし五ケ月の大衆討議の後議会にかけよ

④ 真の民主主義議会成立後審議せよ

〔三〕以上の結果の要約

政府草案は一般的にいって大多数の支持を得ている。

1 天皇制の存続は圧倒的に支持されているが、その権限を更に縮小すべしとの意見もある。

2 戦争放棄の理念は支持されているが、自衛権に基く反対論及び修正論が強い。

3 国民投票による国会解散論は圧倒的に強く、拒否権の制度を設くべしとの主張も強い。

4 極東委員会の新憲法採択三原則（二一・五・一三発表）に照らしても政府の方針たる審議方法〈特別議会〉は民主的でないとする主張も強い。

六　結　論

以上の結果の結論として、次の諸点を挙げることができるのではないかと思う。

一、当初は憲法問題論議の動きは不活発であった。このことはやむを得ないことである。

二、その後、事態の進展につれて、政党及び諸新聞論調（世論）も活発な動きを見せた。それは単に総司令部の影響（作為的指導）だけによるのではない。

三、新聞論調は概して進歩的であった。少くとも保守政党の案、近衛案、松本案よりも進んでいた。

四、世論調査に現れた世論も右と同様である。それは進歩的であり、健全である。

五、新聞及び世論を通じて、憲法の改正手続について、政府のとった手続を不満とする活発な意見が強かったことは注目に値する。

六、総司令部は政党・世論の動きを極めて高く評価し、松本案がこれらの動きを無視したことを強調している。これはマッカーサー草案を「押しつけ」ではないとすることの弁解であるという面もある。また国内の動き（特に労働者層・共産党勢力の動き）を「自主的な憲法制定国民運動」として過大評価することも正当ではあるまい。しかし、政府（松本案）が、当時の政党及び世論の動きから余りにも隔たっていたことは認めざるを得ないであろう。

**〔討　議〕**

辻　民間案についてコメントしてほしい。

大内　人民戦線は山川が提唱し、荒畑が世話人となってできた。

マッカーサーは日本解放の恩人であるという印象を我々に与えたが、日本の行方がわからないときでもあり、社会党が進出して、日本を社会民主主義的に進めるのに好機であると考えて、共産党を入れて世論を啓発すればいいのではないかとのことで人民戦線ができ、講演会も二、三回やった。記憶がないが、社共が喧嘩をして、今のままではダメになるということになった。

私自身では、ドイツにおいて、ワイマール憲法が何故崩壊したかにつき、国民の啓発がたりなかった、国民の憲法意識が確固たるものであったらばとの考えから、日本でも憲法問題について、制定はおくれても国民運動をやった方がよいと思い、賛成したのである。

社共の喧嘩で森戸が脱退を声明（社会党を代表して）した。

高木さん、裏面史の説明はどうか。

高木　近衛案について補足すべきとのことであるが、近衛問題の分析は詳細にできているので私から述べることはない。それと関連して附加すれば、近衛案というよりは、私の問題になるので、東大研究会に対する質問の形でも述べたいと思う。

丸山　公法研究会のは（?）。

佐藤　新憲法の国民投票に関して、改正案を出された。

東大の憲法委員会は草案の前のものである。

清宮　松本委員会の委員であるが、末席にいたので、どうしてこれができたのか、何をするのかよくわからなかったが、松本さんの話では法案の下調べをやり、そこで準備をした後に、審議会というお大掛りなものをつくり、そこで政治的論議をやろうということになった。しかし、急いで草案をつくらなければならないことになり、調査委員会で案をつくろうということで松本氏が中心でつくった。

議会主義の原則を守る・天皇制護持・権利をつよめるということであった。

調査委員会は法律家ばかりのせいで条文の問題が主となり、政治的に論議するということはなかった。それが大欠陥であると思う。

ただ一つ、今もってわからないのは、一月末の委員会で、軍務局長の吉住氏が楢橋に面会して軍に関することを全部削ってくれといってきたと楢橋氏が報告している、何故そういってきたのかはわからない。

佐藤　当時は軍もないしということで、そういってきたのではないかと私は思う。

中村　あのとき松本氏個人でつくったのか。

清宮　正月休みに各人が案をこしらえよということで、松本氏も一つ案をこしらえたが、松本氏のを甲案としたのに対し、乙案は各委員がまとめたものとした。

閣議にかけてマッカーサーにもっていったのは甲案であった。

中村　毎日でスクープしたのは確かに松本案であったか。

佐藤　小さいところでは異なるが、大体は甲案である。

中村　政府が不正確だといったのは、スクープされたからか。しかし、民政局が問題にしたのはスクープ案か。

佐藤　そうである。

大内　松本案ができるとき、松本氏と幣原氏との関係は。

清宮　あんなに急いでしたのは司令部から何かいってきたのか。松本氏は国務大臣で商法専門家であったが、憲法に精通し、しまいには美濃部さんがそれに対応するということになった。

佐藤　近衛案は一二月二二日、佐々木案は一二月二四日に上奏した。御進講という形で。

近衛案と佐々木案は一本にならなかった。近衛案は政治的考慮であったので、佐々木氏はこれに反対した。佐々木案は百何条かで細かく厳密であり、みたところは変っていたが、内容は近衛案より保守的。

清宮　佐々木案については、松本氏は調査委員として席を一つあけておいたということである。

中村　近衛氏が佐々木氏を引っぱり出されたとき、宮沢氏は反対であった。憲法論としても、人の構成からみても。

近衛案は関西派であり、人の構成で引っぱり出したのか。

高木　その点、佐々木氏を引っぱり出したのに私も関係している。近衛さんと師弟の関係もあり、佐々木氏を引っぱり出すということについては、一〇月九日から交渉して、一一日近衛の御用掛のきまるまえに内諾を得ていた。

清宮　それについて木戸内大臣の意向も入っていた。

高木　九月にきめるときに、木戸さんに相談したが、近衛さんの意見が主だった。

近衛さんが憲法についての交渉をうけた内容が、マッカーサーから出たか、国務省から出たか、憲法調査会で問題にしているが、初めは一本で、アチスンが近衛さんと交渉した（アスチン、マッカーサー一本）のが一〇月初旬。アチスンと近衛さんが内容の相談のため二回目にあったのが一〇月八日であり、そのとき話に出たことは、一七日に国務省から詳細な訓令がくる、と。二六日に国務省外交部エマソンからそのくわしい事情をきき、その二つを土台にしてメモをつくった。そして、翌年二月始めに調整委員会令二二八号の憲法についての詳しい注文があったが、これらは一〇月にきいたのと内容的には殆ど同じであった。それらを土台にして、二月にマッカーサーが決心し、草案ができる。だから、国務省とマッカーサーが別の内容を考えていたということはないように思う。

久野　一〇月頃、司令部で非公式に美濃部氏等をよんで、天皇制の存廃についてきいたということはどうか。

大内　司令部の憲法の係りの人によばれて、お前はどう思っているかときかれた。

我妻　僕もよばれた。それは草案がでてから、古い天皇制廃止のことが気になったからだと思う。世間が支持に傾いているし、新聞論調もそうだが、それらは、マッカーサーから出たので反対できないということじゃないかと考えたからではないのか。

佐藤　そうだと思う。自由党の古い議員は改正案に賛成したが、言葉の節々には反対の意向が出ていた。

我妻　だから、居直る余地がそこから出てくると思う。

久野　明治憲法は協同体の表現が強すぎて、近代憲法としての国のルールの外に不変的イデーを表現しなければなりたたないのだが、それが欠けている。そういうイデーその他が、象徴とか組織的議論の外に、輿論のなかに出ていないか。

　それが出ていれば、国民の側にもわかってくるのではないか。

南原　それと同時に、私が法学部にお願いしたのはそういうことではなかったか。

佐藤　その点について、宮沢氏から委託を受けたので報告する。

　南原さんから指名されたものは

（法学部　　高木、横田、宮沢、我妻
　経済学部　大内、矢内原、有沢、
　文学部　　和辻、金子武蔵）

憲法委員会は一九四六・二・一四に発足するが、この委員会ができて政府の草案がすぐ発表されたので、それについて研究した。

憲法改正手続につき第一回の報告があったが、研究会報告書の報告は支配的意見の要約であり、少数意見は附属書で出る。

1、憲法の篇別が合理的でない

2、総則の中身に、第一条天皇の地位、第二条戦争抛棄を入れる

3、国民の権利につき積極的な国の義務を明らかにする。

以上が第一委員会の報告。

第二委員会については、

国家が積極的に個人の権利擁護に努めるように。国民協同体、天皇制については附属書（高木２、横田１）がある。横田氏は人民主権があいまいだから明確にすべきである、人民主権が民主主義の根本理念である、と。高木氏は日本の民主主義は人民主権を必要としない、ヨーロッパ法の主権概念は日本にむかず、草案要綱の表現すら必要でないとし、天皇の章の修正が詳細に附せられている。天皇は元首であり、主権は天皇を含む国民協同体にあるとすべき、と。

新聞には国民協同体などの言葉は出ていない。ただ天皇の地

位が草案ではっきりしたのは非常にいいとの提案はあるが。イデーがうかがわれるようなものはない。
南原　憲法問題につき、帝国大学として非公式ながら意見をもつということで勉強をねがった。テンポが早く、三月六日まで意見発表できず、草案に対する批判ということになったのである。そのうち、宮沢、我妻が貴族院に関係したので、そういう案をつくることはいいと思ってしたことである。
佐藤　これは公表されなかった。
高木氏の意見は国家学会雑誌にのっている。
丸山　委員会の書記をやっていた。
スターリン憲法の例がひかれて、ドラフトを国民にくばり、その結果を参考にしてできたといわれたが。
制定手続に関し、将来この憲法が国民のものになるには、国民に充分論議して貰わねばならない。憲法が危殆に瀕したとき、これを守ろうという熱意のないことを恐れるということであった。
これは南原総長に提出した。その記録をつけくわえたらどうか。
大河内さんは出たのではないか。
大河内　記憶ない。
矢内原　ドラフトを国民に徹底させるという話は確かにあったし、篇別に関してイデーを正面にたてるという話もあったと思う。
大内　世論調査で社会保障について三三％が草案修正の必要ありとしているが、二五条を挿入したのは社会党であるということとの関係は。
佐藤　いいだしたのは社会党で、小委員会〈鈴木、西尾、森戸が社会党代表〉で森戸氏が主唱し、二五条が実現した。その他、義務教育に限らず、資産のない者の教育は国家が面倒をみるという修正を森戸氏がやった。それは憲法研究会案にもある。

**〔要　旨〕**
―占領初期における政党その他の
帝国憲法改正案と世論の動向―

佐藤　功

〔報　告〕

Ⅰ　序

新憲法の制定当時の国内的動向について、総司令部と政府の交渉の経過は佐藤達夫氏の詳細な報告〈編者注　ジュリストに掲載〉があるから、今日の報告は、特に新聞その他に現れた世論の推移に焦点をあわせて行う。

Ⅱ　憲法改正問題の具体化

(1)　敗戦直後の事情

敗戦直後においては、東久邇内閣は終戦処理に忙殺されて時間的余裕がなく、加えて、占領（民主化）政策が未だ初期の段階にあって憲法問題が国民の関心を引くに至らず、憲法改正問題は具体的な動きを示すに至らなかった。

(2)　近衛公及び幣原内閣の憲法改正調査

昭湘20年10月11日、近衛公が内大臣御用掛に任命され、又、マ元帥が幣原首相に改正の示唆を与えてから、新聞の論議も急に活発となる。

その論調の重点は、近衛公が憲法改正をリードすることへの批判を中心として、憲法改正を担当すべき者は誰かという問題と、憲法改正方法はいかにあるべきかという問題が強く意識されるに至る（昭20・10・13の朝日、毎日、読売の各紙参照）。

(3)　天皇制論議

共産党の活動開始（20・10・4以後）とともに、天皇制廃止論が公然と叫ばれ、当時結成途上にあった進歩、自由、社会、共産の諸党が天皇に対する態度を政綱の第一に掲げるようになる。松本委員会が、発足後一ケ月で憲法改正案の作成に急ぐのも、天皇制に対する政府の態度を明らかにする必要を感じたためであった。

世論の大勢は漠然とながら天皇制維持に傾いていた（昭20・10・17東京参照）。

III　政党、民間の改正案発表とそれに対する世論及び総司令部の評価

1　政党・民間の改正案の傾向

11月1日には近衛公を相手にせずとのマ元帥の声明が出、その後諸政党が結成されると、これら諸政党は憲法改正案を発表する（進歩党案、自由党案、社会党案、共産党案）。又、民間の諸団体も草案を発表する（憲法研究会案、憲法懇談会案等）。

今、これらの草案の大体の傾向を保守的↓進歩的と並べ、主権のあり方に従って大ざっぱに述べると、

（明治憲法）

| | |
|---|---|
| 松本案<br>近衛案<br>佐々木案 | 天皇主権 |
| 進歩党案 | |
| 自由党案<br>憲法懇談会案<br>社会党案 | 国家主権 |

進歩的←→保守的

憲法研究会案（マッカーサー案）｝国民主権・天皇象徴制
高野案｝
共産党案｝人民主権、天皇制廃止

2 諸草案に対する新聞論調
例えば、自由党の憲法改正案に対する「毎日」の論調（21・1・23）は、自由党の憲法改正案は現在の大勢に順応した案であるが、その大勢が現在において正しく妥当であるとしても、憲法は眼先の一時代だけを目標にして制定せらるべきものではないから、現今の如く安定していない事柄を基礎にして将来を律するということには慎重な考慮を要するという趣旨のものであった。

3 諸草案に対する総司令部の評価
(1) 進歩党案に対する評価：―最も保守的な進歩党案でも自由主義化の健全な方向を示しているが、個人の自由ないし民主的手続についての何らかの明確な保障が欠如している。
(2) 自由党案―自由党案は根本問題については進歩党のそれと大差はないが、より野心的である。
(3) 社会党案―デモクラシーの確立に向った実質的な進歩をみることができる云々。
(4) 私的グループ案―完全な社会的、政治的、経済的保障に対する詳細且つ広範な提案があった。
(5) 民間草案に共通に欠けていたもの
刑事事件における身体の自由の保障・選挙権の拡張・政治上における男女の平等・地方自治
(6) 一般的印象：―一九四六年1月末の状況は、国民は非公式な私的な道を通して、これらの改革に心強い反応を示していたが、政府は国民の希望と要求に答えることができず、伝統的な原理及び古い慣習に固執し、改革を行うという望みを殆ど示さなかった。

IV 3月6日の憲法改正草案要綱に対する各政党の態度と世論

1 各党の見解（21・3・8朝日）
自由・進歩・社会＝党何れも、文字は異なるが、原則として賛成を唱え、しかも進歩党も自由党も、わが党の改正案の原則と一致すると称することを忘れない。

2 新聞論調
(1) 草案に対し賛成が圧倒的であり、この理想を達成するため国民の努力の必要であることをいう。戦争抛棄を支持して国際連合に期待するとし、自衛についてはつきつめて論じていない。

(2)　3月6日の転換の理由を追及していない。
(3)　草案要綱の内容に対してよりも、今後の手続に関して活発な論議がみられた。例えば、直接人民の公選による憲法制定議会の設置論の外、民主人民戦線連盟の「憲法制定の国民運動とその方法に関する声明」等。

3　財界の反応（3・10朝日）
天皇制の存続・資本主義存続の大きな枠が認められたことに安堵する。

V　二度の世論調査の結果について

1　21・2・3公表の輿論調査研究所の調査（21・2・4毎日）（五、〇〇〇人中回答二、四〇〇）
(1)　憲法改正方式については国民の公選による憲法改正委員会を要求
(2)　天皇制については支持は決定的だが、天皇を政治圏外に置くべしとする意見が多い。
(3)　議会制度について現状維持を主張するもの二・五％にすぎず。
(4)　枢密院は廃止論が過半数を占める。

2　21・5・27公表の政府草案に関する調査（21・5・27毎日）（二、〇〇〇を対象）
(1)　政府草案は一般的にいって大多数の支持を得ている。
(2)　天皇制の存続は圧倒的に支持されているが、その権限を更に縮小すべしとの意見もある。
(3)　戦争抛棄の理念は支持されているが、自衛権に基く反対論及び修正論が強い。
(4)　国民投票による国会解散論は圧倒的に強く、拒否権の制度を設くべしとの主張も強い。
(5)　政府の方針である審議方法（特別議会）は民主的でないとする主張も強い。

VI　結　び

(1)　新聞論調：世論は概して進歩的であり、健全であること、更に憲法改正手続について、政府のやり方を不満とする意見が強かった。
(2)　総司令部は政党：世論の動きを高く評価し、松本案がこれらの動きを無視したことを強調する。
国内の動きを「自主的な憲法制定国民運動」として過大評価することは正当ではないが、松本案が当時の政党及び世論の動きから余りにも隔っていたことは認めざるを得ない。

〔討議における問題点〕

1　政府草案に関して

(1)　近衛案・佐々木案をめぐって

近衛氏が憲法改正についての交渉をうけたのは、10月初旬アチスン氏との会合においてであり（アチソン、マッカサーは一本）、10月８日の第二回の会合で内容について相談をしている。

近衛氏が佐々木氏を引っぱり出したのは、師弟の関係からであるが、10月９日に交渉し、11日に近衛氏の御用掛任命までに佐々木氏の内諾を得る（木戸内府に相談をしているが近衛氏の意見が主であった）。

佐々木案は12月24日（近衛案は12月22日）に御進講という形で上奏され、近衛案・佐々木案は一本にならなかった。しかも、佐々木案は一〇〇条以上に亘る詳細なものであるが、内容は近衛案より保守的であった。

(2)　松本案をめぐって

松本氏の考えでは、まず法案の下調べをやり（調査委員会）、そこで準備をして後、審議会にかけて政治的議論をやろうということであったが、急いで草案をつくることとなり、調査委員会の段階で案をつくるようになる。調査会では法律家がメンバーであるために、条文の問題が主となり、政治的議論は出なかった（一大欠陥）。

正月休みに各調査委員が案をこしらえることとなり、それをまとめたものが乙案、松本氏個人の案が甲案で、閣議にかけ、マッカーサーにもっていったものは甲案であった。毎日のスクープ案は細かい点では異なったところがあるが、甲案である。又、民政局が問題にしたのはスクープ案であった。

一月末の委員会において、吉住軍務局長が猶橋氏に面会して軍に関する事項は全部削ってくれといってきている。

2　民間団体の動きに関連して

(1)　東大憲法研究会のこと

憲法問題について帝国大学として非公式ながら、意見をもつということと、宮沢、我妻両氏が貴族院に関係していたので、そういう案をつくるのはいいということで、南原総長の指名により、高木、横田、我妻、宮沢（法）、大内、矢内原、有沢（経）、和辻、金子（文）の諸氏が委員となる。１９４６・２・14に発足するが、政府草案がまもなく発表されたので、そこでの研究は草案に対する批判という形のものとなり、将来この憲法が国民のものになるために、国民に充分論議して貰うということが狙いであった。そうでないと、憲法が危殆にひんしたときこれを守ろうという熱意のなくなる恐れがあるということのためである。

第一回の報告は憲法改正手続についてであったが、その後の憲法研究会報告（非公開、南原総長に提出）によれば、そこでの論議は（この報告は支配的意見の要約であり、少数意見は附属書で出る）、次の通り。第一委員会では

イ　憲法の篇別が合理的でない。更に篇別に関し、国のルールの外に不変的イデーを正面に立てること。

ロ　総則の内容として、一条天皇の地位、二条戦争の放棄を含ましめる。

ハ　国民の権利につき積極的な国の義務を明らかにする。

第二委員会では、国家が積極的に個人の権利擁護に努めるようにということがいわれ、天皇制について横田、高木両委員の附属書が出る。

横田氏は、人民主権は民主主義の根本理念であるから、人民主権を明確に規定しなければならないという趣旨のもの。

高木氏は、欧州流の主権概念は日本にむかず、日本の民主主義では人民主権を必要とせず、草案要綱の表現すら必要ではないとして、天皇の章の修正が詳細に附せられている。主権は天皇を含む国民協同体にあり、天皇は元首であるとする。

(2)　民主人民戦線連盟

マッカーサーによる日本解放、社会党の進出という当時の状況において、日本の政治的方向を社会民主主義的に進める好機であり、しかもワイマール体制の崩壊の教訓に基いて、国民の憲法意識を確固たるものとするため、憲法問題につき国民運動の必要を感じていたから（大内氏の感想）、共産党を含めて、この問題につき世論を啓発しようということで、山川均氏が人民戦線の結成を提唱、荒畑氏が世話人となり、でき上ったものである。

3　総司令部の動きと草案について

(1)　20年10月17日に国務省から詳細な訓令がで、26日に国務省外交部エマソン氏からそれにつき詳細な話をきき、その二つを土台にしてメモをつくる。それと、21年2月始めの調整委員会令二二八号を基礎にして草案ができ上る。従って、国務省とマッカーサーが別の内容を考えていたということはないと思われる。

又、20年10月頃に非公式に司令部は美濃部氏を呼び、その後、大内、我妻両氏も呼ばれて天皇制の存廃について意見を求められている。世論は草案支持に傾いていたが、自由党の古い議員の言葉の節々には反対の意向が出ており、司令部としては気にしていたのであろう。

⑵　憲法25条について
　25条を提案したのは社会党であり、小委員会〔鈴木義男、西尾、森戸が社会党代表〕において森戸氏が主唱して実現したものである。又、その他、義務教育の無償及び資産のないものの教育は国家が援助するという修正を森戸氏は出している〔憲法研究会案にもある〕。

4　〔議事〕　憲法問題研究会主催の憲法記念講演会を34年５月３日千代田公会堂において１時より行った〈編者注　本書八八頁参照〉。

# 第一二回例会（昭和三四年六月一三日）

## —家族制度に関する憲法改正論について—

我妻　栄

## 〔資　料〕

〈編者注　以下本〔資料〕中の〈　〉は「報告」の際の編者の加筆〉

報告目次

一　憲法第二四条と改正諸案

(1)諸案〈Ⅰを参照〉

(2)共通思想(イ)「家族」と「家庭」の混乱—親子を夫婦の上位におくこと　(ロ)保護尊重を専ら倫理の問題とすること　(ハ)家産を中心とする観念的な結合体を考えていること

二　憲法審議の際の論議

(1)衆議院における吉田・芦田—家族制度の維持

(2)貴族院における木村・金森—戸主・家督相続の廃止

(3)貴族院における修正案「家族生活はこれを尊重する」（委員会を通過したが総会は否決）

三　民法改正要綱審議の際の論議〈Ⅱを参照〉

(1)司法々制審議会第二回総会（八月一四・一五・一六）—豊原修正案—要綱成立

(2)臨時法制調査会第二回総会（八月二一・二二）—前哨戦〈復活論者が要綱をつっついて布石〉

(3)司法々制審議会第三回総会（九月一一）—家族制度復活の企図

(4)臨時法制調査会第三回総会（一〇月二三・二四）—白熱戦—牧野修正案・原修正案—附帯決議つき可決

(5)審議に現れた思想　(イ)皇室中心主義（忠孝一如）—(ロ)祖先の祭祀を中心とする家の継続—(ハ)父権的家族共同生活団体中心

四　明治以来の家族制度思想の底流

(1)民法典論争（明治二三年前後）

(2)臨時法制審議会における論争（大正八年）

(3)「宇」の精神と家族制度強化の思想（戦時体制時代）

Ⅰ　日本国憲法第二四条

婚姻は、両性の合意のみに基いて成立し、夫婦が同等の権利を有することを基本として、相互の協力により、維持されなければならない。

配偶者の選択、財産権、相続、住居の選定、離婚並びに婚姻及び家族に関するその他の事項に関しては、法律は、個人の尊厳と両性の本質的平等に立脚して、制定されなければならない。

○自由党案

旧来の封建的家族制度の復活は否定するが、夫婦親子を中心とする血族的共同体を保護尊重し、親の子に対する扶養および教育の義務、子の親に対する孝養の義務を規定すること。農地の相続につき家産制度を取り入れる。

○改進党案―家族生活に関する規定

家族生活に関する二四条の規定は個人の尊厳と両性の本質的平等の二原理を掲げているのみである。

旧家族制度への復元は厳に警戒せねばならぬが、苟も家庭なるものが存在する以上家庭の平和、家族の幸福を目的とする第三の原理を表明すべきものではなかろうか。

農地の相続に関しその細分化を防止する何等かの方法を考案すべしとの論が有力に唱えられた。そのためには外国に行われている家産制度につき調査を進めたい。

○広瀬試案―家族問題

家族問題については、われわれは固より復古的な考えをもつものではない。戸主権の復活、夫権の復活、長子相続制等、家族間の法律上の不平等など絶対に考えない。しかし、社会生活の自然の単位として、家族相互間、殊に親子間において、和親結合の実を挙げさせ、なお、財産についても、その持続発展の途を講ずるような政治方針を、憲法上に規定することは必要であり、もって家庭内の法的平等を堅持しつつ、家族の社会生活の自然の単位としての本質を発揮させるべきであろう。

外国の立法例にも、憲法において家族の国家的、社会的意義を明かにし、また家族の国家的保護を規定するものであるから、わが国においても、このような立法をなすことも考えられるであろう。

以上の趣旨により、現行第二四条第二項を「……法律は、個人の尊厳と両性の本質的平等とに立脚し、かつ家族の和親結合と、その持続発展とに資するように制定されなければならない。」と改め第一項とするべきではないか。

○自由民主党案―家族（家庭）の問題

（個人の幸福、社会の安定のためには、協同体としての家族（家庭）の保護の必要が痛感されるにかかわらず現行憲法では、これに関する規定を欠いている。よって、）個人の尊厳と両性の本質的平等の原則のもとに社会生活の自然的単位としての家族（家庭）の尊重擁護について規定の補充が考慮される。なお、均分相続による農地の零細化防止のため、日本の実情に即した必要な改正を考慮するとの意見があるので、これについては従前の長子相続の復活とならない方法、たとえば諸外国の家産制度などが研究されている。

母子老人の保護その他国民福祉の向上＝児童保護規定をさらに拡充して母子、老人などの保護規定を設ける（二五条の改正として）。

## Ⅱ　民法改正要綱案（昭和二一・八・一九）

（臨時法制調査会決議）

第一　民法の戸主及び家族に関する規定を削除し親族共同生活を現実に即して規律すること。〈第八・一六・一八・二五・三三参照〉。（民法上の「家」を廃止すること）〈これが原案〉

第二　系譜、祭具及び墳墓の所有権は被相続人の指定又は慣習に従ひ祖先の祭祀を主宰すべき者之を承継するものとすること。〈第三五を上げてきたもの〉〈家督相続の特権に属すもの〉

其の他の財産は遺産相続の原則に従ふものとすること。

第六　婚姻は両性の合意のみに基きて成立し成年者に付ては父母等の同意を要せざるものとすること。

未成年者が婚姻を為すには父母の同意を要するも父母の孰れか一方の同意を得ることを能はざるときは他の一方の同意を以て足るものとすること。

第八　夫婦は共に夫の氏を称するものとすること、但し入夫婚姻に該る場合に於て当事者の意思に依り妻の氏を称するを妨げざるものとすること。

第九　夫婦は同居し互に協力扶助すべきものとすること。

第十一　妻の無能力に関する規定を削除すること。

第十二　夫婦法定財産制に関する規定を左の如く修正すること。

一　婚姻より生ずる費用は夫婦の資産、収入其の他一切の事情を斟酌して適当に協力負担すること。

二　夫婦の一方が日常の家事に関し第三者と法律行為を為したるときは他の一方は之に依りて生じたる債務につき連帯して其の責に任ずること。

三　夫又は妻が婚姻前より有したる財産及び婚姻中自己の名に於て得たる財産は其の特有財産とし、夫婦の孰れに属するか分明ならざる財産は夫婦の共有と推定すること。

第十五　裁判上の離婚原因を左の如く定むること。

一　配偶者に不貞の行為ありたるとき

二　配偶者又は其の直系尊属より著しく不当の待遇を受けたるとき

三　自己の直系尊属が配偶者より著しく不当なる待遇を受けたるとき

四　配偶者の生死が三年以上分明ならざるとき

五　其の他婚姻を継続し難き重大なる事由あるとき

裁判所は前項の事由あるときと雖も一切の事情を斟酌して婚姻の継続を相当と認むるときは離婚の請求を却下することを得

るものとすること。
第十六　父母が離婚するときは子の氏及び子の監護を為すべき者其の他監護に付必要なる事項は協議に依り之を定め、協議調はざるときは裁判所之を定むるものとすること。
第十七　離婚したる者の一方は相手方に対し相当の生計を維持するに足るべき財産の分与を請求することを得るものとし、裁判所は当事者双方の資力其の他一切の事情を斟酌して分与を為さしむべきや否や並びに分与の額及び方法を定むるものとすること。
第十八　子は父の氏を称し、父の知れざる子は母の氏を称するものとすること。
第二十八　親権は未成年の子に対するものとすること。
第二十九　父母共に在るときは親権はその共同行使を原則とし、第三者の保護に関しては別に適当なる規定を設くること。
父母が離婚するときは、子に対し親権を行ふ者は父母の協議に依り之を定め、協議調はざるときは裁判所之を定めるものとすること。
第三十　母の親権に付ての制限は撤廃すること。
　父が認知を為す場合も前項に準ずること。
第三十三　氏を同じくする直系姻族の間〈嫁と舅・姑との関係〉に於ても扶養の権利義務を認むること。
第三十四　相続人の範囲及び相続順位は、配偶者の外、㈠直系卑属、㈡直系尊属、㈢兄弟姉妹とし、配偶者は左記に依り相続人となるものとすること。
一　直系卑属あるときは子と同順位
二　直系卑属なきときは直系尊続と同順位
三　直系卑属、直系尊属共になきときは兄弟姉妹と同順位
四　直系卑属、直系尊属、兄弟姉妹共になきときは単独
第三十六　同順位の相続人数人あるときは各自の相続分は相均しきものとすること。但し嫡出に非ざる子の相続分は嫡出子の相続分の二分の一とし、配偶者の相続分は左の通りとすること。
一　直系卑属及び配偶者が相続人なるときは三分の一
二　配偶者及び直系尊属が相続人なるときは二分の一
三　配偶者及び兄弟姉妹が相続人なるときは三分の二
第三十七　遺産の分割に付共同相続人間に協議調はざるときは其の分割を裁判所に請求し得るものとし、其の手続は非訟事件手続法に依るものとすること。
　前項の場合に於て裁判所は遺産の全部又は一部に付期間を定めて分割を禁ずることを得るものとすること。

## 〔報　告〕

序、家族制度の焦点

道徳が主役をつとめるが、今日は法律問題に限定

1、憲法二四条と改正諸案

(1)自由党案
(2)改進党案
(3)広瀬試案
(4)自由民主党案
(5)自主憲法期成同盟（憲法研究会）

〝資料〟参照

日本国自主憲法試案のうち

⑱、家族の概念を明確にすること

⑲、農家の家産制度について

家産は遺産相続の対象とはならない。これが一番思想が明確である（自由党案の理由と同じ）。つまり

イ、家族制度の廃止は占領軍の日本弱体化の意図から

ロ、夫婦、親子を中心とするものこそ家族制度の焦点

ハ、家産制度を認めよ

以上の諸案の根底には、占領軍によって壊された家中心の制度に対する郷愁がある。具体的にいえば、

○家族と家庭の混乱がある

現憲法には夫婦のことばかりで親子のことが書いてないといっているが、親子孫を中心に考える共同体は家族であり、諸外国のように夫婦と未成熟の子を中心にするそれは家庭である。

これらの諸案では、子が成人となった後も親を考えており、明治以来の我国独自の〝家庭〟の考え方である。子を育てる親でなく孝養をつくす親の像といえようか。

○家庭生活は憲法で保護せねばならぬといっているが、二〇世紀憲法が考えている家庭の保護とは、資本主義の発達にともない、出来する親の子に対する保護・育成の欠如を前提に考えているものであって、本来は憲法二五条の問題であろう。

ところが家庭の保護を、親孝行など倫理を中心にすえて問題を考えている。そして、我国の財政制度では親の面倒をみることは不可能であるが、みなければいけないというのが自由党案である。

○家産制度について

均分相続を認めたことが細分化になるのだろうか。

相続権抛棄で現在細分化を防いでいることは事実だが、それは、家産制度で片づく問題ではないと思う。外国でいう家産制度は小農の保護のためであって家の財産の意味ではない。

家産の譲渡禁止など法律でどうきめようというのか。家産の相続に関する諸案には、家長が相続して家族を育てていくという考え方がある。ドイツ、スイスでは、一人相続制度と均分相続をどう調和させるのかで苦労している。

家産制度の理解が本来の意味とは若干異なり、正しい意味の

家産制度について憲法に規定するのはなかなか困難である。諸案には、家の財産の観念があり、農家の相続問題において憲法攻撃の拠点を見出したということができる。

２、憲法審議の際の論議――憲法二四条（当時の二二条）について多くの論者は天皇制と関連させて論ずる。

忠―天皇制―廃止せざるを得ないとすれば
孝―家族制度―二四条で家族制度を廃止しているといっていないが、政府の考えは？

政府の考え（吉田）―戸主権・家督相続権は否認しません。
（金森）―戸主権・親権は、形の上では否定するとの表現はとっていない。
（芦田）（憲法委員会委員長）―衆院本会議で、戸主権を一掃するの趣旨でなく強力な男子を中心にして家を維持していくとの意味であると答弁。

貴族院（木村法相）―戸主を中心とする家族制度はなくなる。
（金森）―戸主中心はなくなると思う、封建的だから。言葉の異なる点をつっこまれて、戸主中心の道徳は変りないのだとごまかす。

貴族院で牧野氏の修正案があった（「家族生活はこれを尊重する」の追加、ＧＨＱの諒解を得たという）。委員会は多数決で通り、総会で三分の二をとれず否決された。

民法改正の作業が進むが、衆議院での審議当時、戸主・家督相続の考えははっきりしていなかったことから政府の答弁が異なった。

３、民法改正

(1) 臨時法制調査会の下請機関、司法法制審議会

起草委員が改正要綱をつくり、司法法制審議会にかけ、臨時法制調査会にかける（〔資料〕報告目次三(1)―(4)参照）。

第一回総会は顔合せで議事的なことの審議であり、実質的には改正の要綱をきめてあった。が、第二回で論争が起り、第一回は無視してもよいと思う。

(2) 民法改正要綱案（昭二一・八・一九）（〔資料〕Ⅱ参照）

第一　民法上の「家」を廃止することと原案にあった。

（親族共同生活を現実に即して規律すること）

現在の実際生活をみると親と子の生活は離れている。戸主権は現実の生活に合わないから、夫婦中心の生活を中心に考えてゆくこと。反対論者を納得させるテクニックでもあったが、戸主・家督相続は法律制度の問題だけでなく、社会道徳に根ざしているから社会道徳に手をふれざるを得ない、こういう認識が当時は余りなかった。

しかも、戸主権濫用の判決が沢山あったので、かような文言に

なった

第二　相続の問題ではない。

第一、第二を最初にしたのは radical な面をごまかすためのもの

第六　憲法二四条に

第十一
第十二 } 憲法二四条と矛盾する規定をただそうとの趣旨から

第十七　憲法の規定との関係ではないが、我国の実状からみて、夫婦生活中の財産の整理が必要とのことで、この規定を入れた

第二十八　旧法では、親権は成年にも及ぶ

第三十四　妻は常に相続人となるから、根本的変更である。

(3)　修正案

イ、豊原（弁護士）修正案

（この会議を通じて家族制度のために最も強く忠実に闘ったのは在野法曹と貴族院であった）

要綱第一　家の制度はこれを存置し、系譜祭具及び墳墓は戸主に帰属し家督相続の客体となる。

第二、家督相続は第一の程度に認める。

第三

第四、法定相続の遺留分を認める。

遺言によってどうとでもできる、家の制度は万万歳。

諸外国では遺言により法定制度より弛緩させることができる。

余りひどくて相手にされないので引っ込められる。

ロ、前哨戦

牧野氏は貴族院の一員としてより、学者として家族制度のために奮闘する。含みのある質問をして、我妻・中川より言質をとられる。

山田三良、家族制度廃止はうれうべき。

田所輝明、忠孝の観念衰えず。

ハ、家族制度復活の企図

原衆議院議長

小島鉄三

衆議院で家族制度廃止がきまる。

金森さんをつれてくるつもりだったが、入江をつれてくる。

「GHQが命令していると思って決議したので、命令していないとすればあの決議は無効だ」という。

ニ、白熱戦

○牧野修正案

①　家族生活はこれを尊重する旨の原則を規定すること

②　直系血族及び同居親族の相互扶助

③　親族は互いに協和を旨とし、協同の祖先に対し崇敬の

念をもつこと

④　祖先の祭祀を相続する者は他のものの二倍にすること

個人の尊厳は一九世紀であり二〇世紀は統合の思想が出てこなければならない。integration である。しかし、ここでの修正案は明治の家族制度と何ら変らない。

北昤吉氏が賛成演説をする。家族主義は西洋と異なるもので尊重しなければならぬ。

○原修正案

①　家の存置

②　家族共同体（親族会と同じ）をつくり、戸主を選定。

○我妻に賛成は｛松岡はな子―法律が変っても日本は変らない。
　川崎なつ子―家族制度は婦人にとっては沢山である。
　菊池勇夫

民法決議を憲法施行まで終らねばならないというので、原案ができているし、今更修正しろといってもだめだから決をとってほしいといった。（牧野さんは決をとったら負けだというので）附帯決議をつけて（牧野第二の提案がそれ）賛成ということになる直系血族及び、同居親族は相互に協力扶助すべき。

ここでの同居は観念的なもの（地理的に離れていても同居のつもり）。

夫婦の協力扶助を親子にも及ぼすとの考え方。

ホ、その思想

①　家父長的思想―家父長的国家観に連なる考え―天皇を大本家とする家族団体、忠と孝の親族団体

②　家産は家族団体の経済的基礎の確立。

③　祖先の祭祀を中心とする家の継続

このような思想では二四条と両立しない。

二四条は個人自由の思想を基盤としており、個人を家族に統合するものは家父長的な者ではなく、協力・友愛による友愛家族でなければならない。このような家族観こそ民主的市民を作り民主国家のもととなるものである。

へ、古い思想を裏付けるものとして

①牧野氏の「家族生活の尊重」の著書

②農地分割については、農業資産相続特例法が未成立。自作農創設の際、農地をもらわない子はもらった子から手当として金銭補償をうけると考えればよい。

③国会に現れた論議でも、憲法と民法の行きすぎを盛んにいう。

④憲法調査会での参考人に対する質問でも、自由党は扶養

の義務をなくしたのはおかしいといい、また家族・母子の保護の規定をおきたいという政府の意見に対して、神川さんから、憲法は家族生活を尊重していないというがおかしいではないかという。

４、明治以来の家族制度尊重論

穂積八束―民法出でて忠孝亡ぶ

家は法人なり

臨時教育会議（大正六年）―民法中家族制度にそぐわないものをあらためろ。

花井卓蔵が八束の後継者となる。

臨時法制審議会（大正八年）―我が国古来の淳風美俗に副わないものの改正を主張。

現行民法でも生ぬるいとの意見もある。

現在の法制審議会は、全く白紙で現行法のチグハグを整理していこうというのであるが、起草委員の意見の分れているところもある。

余り逆行的なところはない。

民法部会では、仮決定が行われた。

〔討　議〕

宮沢　系譜の規定は現在の民法の祖先祭祀について今の委員会で問題にしているのか。

我妻　削除することとなる。

養子が祖先の祭祀を継いでいるときは、離縁するとき、削除するのをやめて、検討することとする。

宮沢　祖先の祭祀が今でもあるのがおかしいではないか。

我妻　審議会を通すまじないだった。若い連中からはつっつかれた。

もう一つの氏の問題、家ほろびて氏ありと宮沢がいう如く民法の問題である。

夫婦は異なる氏でよいか。

家永　福沢諭吉は結婚で夫婦の一字ずつでつくれという。

宮沢　外国では氏を上にくっつける。

我妻　そうすると経歴はわかる。

氏は姓のことだが、氏の中に家の名がある。身分関係が家の変動を伴う。だから、色々の場合について規定を設けなければならない。

①　夫婦と同じ氏を称する子が戸籍にのる。

②　一戸籍に二夫婦はない。

③　三代はのせない。

戸籍からは家の観念がでないようにしている。

日本人の戸籍の観念がわからない。

大内　家族制度というのは外国の family に当るのか。二四条がこの意味の家族制度の規定ではないとすれば、封建的なものである。

血のつながりと家族制度が結びつけば封建制度となる。

我妻　親族共同団体のどこをつかまえて法律の上にのせるか。

①　家父長を中心にするもの—家族制度

②　夫婦と未成年—非家族制度

家族制度の定義の問題だが、日本での家族制度というのは、戸主から戸主へと伝わってゆく家父長的なもの

大内　財産関係的にいうと、純粋のブルジョワ社会では専ら財産をもっても family はもたない—

封建社会では family が相続、
ブルジョワの理想は誰に相続させてもよいというもの、
gemeinschaft の共同所有もある。

我妻　ブルジョワ社会のものを家族の中に入れているか。

ブルジョワ社会を進めていけば家族の中にまで入るか。

大内　相続は資本主義社会の矛盾、自分が得たのでないものを人にやる権利はない。

宮沢　法定相続を考えるとそうだが、遺言相続を考えると譲渡に入る。他人に譲渡するのは自由だとすれば、相続でも、その一種にならないか。

大内　自分が自由に財産をもって誰にでもやれるというのはブルジョワの理想である。

宮沢　氏の話で委員会で議論があるというが、氏をなくすという議論にならないか。

我妻　そういう議論はない。

大内　同居するからないだろう、純粋個人社会はない。

宮沢　同居していても名前は別でもかまわない。

大内　社会的必要がなければそうならないだろう。

シェパードの血統書でも両方かいてある。

我妻　共産圏に夫婦になってもそのままのがある。

宮沢　参議院議院山崎道子→藤原道子

夫が氏は俺の名前だというのはおかしい。

我妻　離婚で元に復するのである。あれは雅号か。

菊池　宮崎ガイコツ→廃姓ガイコツ（号）の例。

中野　藤原あきは芸名だから（戸山）、〃転婚〃の場合、氏は面倒。

大内　復活論者は家産制度がいいというが、家産は小農制度だから、家産制度というのはおかしいのではないか。

我妻　家産制度は小農でなく、家の財産の意味である。

大内　家を法人にして財産の主体にしろということだろう。

個人財産ではなく、家族財産だね。戸主の自由も認めない。

丸山　外国憲法例で神川案に出ているが、カトリック圏に多くア

イルランドが入っていたと思う。それも向うの立法趣旨と違うというが、イデオロギーについてもいえるのではないか。自然法的な考えから国家法秩序にも優先する。そのような家を法より優先する。抵抗権もでてくる。

日本の場合は国家へのロイアルティーを強化するために家をおくので、そこが重要な点であると思う。

忠孝で孝が優先するのが中国、忠が優先するのが日本である。国家と社会を区別する考え方という点で、家が国家の基礎のところだけだと、そこからでてくる実際的な点は異なると思う。

宮沢　神川のは大西案。

我妻　神川案は家産・familyなどを一緒にもってくるのだからわからない。参考にするといっているだけだが。

家永｛子のために夫婦は犠牲になっても
　　　子は犠牲になって夫婦中心

この問題は二四条の論議のさい考慮しているか。

また解体の場合、両性の合意は認めていないか。

我妻　考慮していない。

また、合意で離婚できるということだけで、子をどうするかは考えていない。

裁判に訴えて平等に離婚できるということだけ考えていたので、子供のことは考えていない。民法七六六条がそういう風に考えるかということ。

離婚はむつかしい。

昔は有責事由によってのみ。

目的主義に変る。裁判のときは事実上の離婚の後始末で、後にのこる子供のためにだけ裁判するということ。相対性については婦人から攻撃がある、男の裁判官だから不平等になり易いと。

## 〔要　旨〕

—家族制度に関する憲法改正論について—

〔報　告〕　　　　我妻　栄

Ⅰ　序

家族制度の焦点においては道徳が主役をつとめるが、今日は法律的問題に限定して報告をする。

Ⅱ　憲法24条と改正諸案

1．諸　案

(1)　自由党案—夫婦親子を中心とする血族的共同体を保護尊重し、親の子に対する扶養及び子の親に対する孝養の義務を規定する。家産制度を取り入れる。

(2) 改進党案―個人の尊厳、両性の本質的平等のみならず、家庭の平和、家族の幸福を目的とする第三の原理を表明すべきである。家族制度を調査したい。

(3) 広瀬試案―家族相互間、殊に親子間において和親結合の実をあげさせ、なお財産についてもその持続発展の途を講ずるような政治方針を憲法上に規定することが必要である。

(4) 自民党案―個人の尊厳と両性の本質的平等の原則のもとに、社会生活の自然単位としての家族（家庭）の尊重擁護についての規定の補充を考慮せねばならない。家族制度の研究が必要である。母子・老人の保護規定を設ける。

(5) 自主憲法期成同盟―日本国自主憲法試案では（18）、家族の概念を明確にする。（19）農家の家産は遺産相続の対象とはならない。その理由として(イ)家族制度の廃止は占領軍の日本弱体化の意図からである、(ロ)夫婦、親子を中心とするものこそ家族制度の焦点である、と述べている。

2．諸案の共通思想

(1) 家族と家庭の混乱

諸外国の家庭は夫婦と未成熟の子に限るわけだが、これらの諸案にみられる家族とは子が成人した後も親を中心として考え、親子を夫婦の上位において考える。そこでは子を育てる親ではなく、孝養をつくす親を考えるという明治以来の我国独自の家族の考え方が存在する。

(2) 家庭の保護を倫理の問題として考えていること

20世紀憲法において家庭を保護するというのは、資本主義の発達に従い親が子を扶育することが困難になるのを保護するということなのであるが、諸案では家庭の保護を倫理（親孝行）の問題を中心にして考えている。

(3) 家産を中心とする観念的な結合を考えていること

農地の細分化の防止は家産制度で片がつくとは思われず、諸案の狙いは家長が相続して家族を育てていくというところにある。そこには家の財産の観念があり、外国の家産とは理解が異なる。

結局、諸案には占領軍によって破壊された家中心の制度への郷愁があるということができる。

Ⅲ　憲法審議の際の論議

多くの論者は、憲法24条（当時の22条）について天皇制と関連させて考えていた。即ち、忠孝につき忠（天皇制）

を廃せざるを得ないのなら、孝（家族制度）は存続させたいとの意向があった。

例えば、政府の考えをみると、

(1)　衆議院において、吉田氏は戸主権・家督相続権は否認しませんといっているし、芦田氏は戸主権を一掃するの趣旨でなく、強力な男子を中心にして家を維持していくとの意味であるといっている。

(2)　貴族院で、木村氏が戸主を中心とする家族制度はなくなるといって、その矛盾を批判したのに対して、金森氏は制度としての戸主中心はなくなるが、戸主中心の道徳は変らないのだと答弁している。

(3)　貴族院で牧野氏が家族生活はこれを尊重するの修正案を提出し、委員会は通過したが、総会で否決された。衆議院での審議の当時では、戸主・家督相続に対する政府の考え方ははっきりしていなかったからである。

Ⅳ　民法改正要綱審議の際の論議

1.　司法法制審議会第二回総会（8・14―16）で、家族制度のために最も強く忠実に戦ったのは在野法曹と貴族院であった。豊原修正案は、余りに保守的であり、相手にされず否決された（家の制度は存置するとの趣旨のもの）。

〈21年8月19日民法改正要綱案発表〉

2.　臨時法制調査会第二回総会（8・21―22）では、家族制度復活論者が復活の布石を計る。牧野氏活躍。

3.　司法法制審議会第三回総会（9・11）では家族制度復活の企図が正面に現れる。すでに衆議院で家族制度の廃止がきまっていたが、GHQの命令だと思い、要綱案を決議したのであって、そうでなければあの決議は無効であるとの意見が現れる。

4.　臨時法制調査会第三回総会（10・23―24）牧野修正案の提出―個人の尊厳は19世紀的であり、20世紀ではintegrationの思想を導入すべきであると主張する。この修正案は明治憲法下の家族制度と何ら変りはなかった（原修正案も同趣旨）。

要綱案賛成は我妻、村岡、川崎、菊池。附帯決議（牧野の第二提案―直系血族及び同居親族は相互に協力扶助すべき）をつけて可決。

5.　審議に現れた思想

(1)　家父長的思想―天皇を大本家とする家族団体、忠と孝の親族団体を根本とすること。

(2)　家産制度の確立は家族団体の経済的基礎を確立することである。

(3)　祖先の祭祀を中心とする家の継続

このような考え方はその後の憲法調査会の中にも存在する。

Ⅴ　明治以来の家族制度思想の底流

穂積八束氏の民法出でて忠孝亡ぶの考え方である。例えば、大正六年の臨時教育会議における民法改正の要望は家族制度と調和し得ない法制の改正であり、大正八年の臨時法制審議会でも「現行民法中我国古来ノ淳風美俗ニ副ハザルモノアリト認ム其改正ノ要領如何」との諮問が出ている。

現在の法制審議会は全く白紙の立場から、現行法の矛盾を整理して行こうというのであるが、余り逆行的な意見は現在のところ出ていない。

〔討議における問題点〕

1.「家」の問題

(1)　系譜、祖先の祭祀について

家の制度を廃止した現行法が祖先の祭祀の規定をおくのはおかしいが、これは要綱案を通すためのまじないであった。しかし、又、そのために現在の法制蓄議会において問題にされている点でもある。

例えば、離縁による復氏の際には祭具等の譲渡をすることを定めた民法817条の規定の検討などである。

(2)　氏について

「家ほろびて氏あり」といわれる如く、祭祀の問題と共に氏の問題は民法上の残された大きな問題である。それは氏の中に家の名があるということのためであるが、現行法の建前は、戸籍法により戸籍には、(イ)夫婦と同じ氏を称する子のみのせる　(ロ)一戸籍に二夫婦はのせない　(ハ)三代はのせないということで、家の観念が出ないようにしている。氏をどうするかについては、社会的要求より必要とする意見と、別口でも可との二つの意見が述べられた。

(3)「家」と国家

Familyについて外国の立法例は相当数見られ、家が国家の基礎であるという点では日本と同じでも、そこでの考え方が自然法的な国法秩序にも優先する制度と捉える点で、我国の国家へのロイヤルティを強化するために「家」をおくという考え方とは異なる。

2.「家」と相続のイデオロギー

親族共同体のどこをとらえて法律の上にのせるかということについては、(イ)家父長を中心とするもの、(ロ)夫婦と未成年者を中心とするものの二つがある。家族制度とは前者をいい、そこでは戸主から戸主へと財産が伝わる。後者の相続では、自由に誰にでもやれるというのが理想的形態である。

この建前を財産関係からみると、Familyが相続するというのは封建制度での建前であり、法定相続・遺言相続をとわず自己の財産を自由に相続させるというのはブルジョワ社会の建前であるということである。その意味で相続は資本主義社会の矛盾であるということができる。

3．新民法の夫婦と子について

現行民法の下で、(イ)子のためには夫婦は犠牲になってもよいという考え方と(ロ)子は犠牲になっても夫婦を中心に考えるという考え方と何れをとるかの問題については、離婚に当って合意で平等に離婚できるということだけを決めているだけで子をどうするかは考えておらず、新憲法の制定の際もこの問題に対する考慮はなかったと思われる。

離婚原因に目的主義をとったことは、その相対性のゆえに婦人側から、事案を裁くものに男が多いことから不平等におち入りやすいことの攻撃がある。

# 第一三回例会（昭和三四年七月一一日）

## ―教育行政権と価値観―

宗　像　誠　也

**〔資　料〕**

〈編者注　本〔資料〕中の〈　〉の記述は、「報告」における編者の加筆〉

第一　告示が道徳を決定していいか。

―教育行政権は価値観を決定し得るか―

㈠　学習指導要領「道徳」の告示。昭和三三年八月二八日付。従来の、文部省著作の形式をやめ・拘束力を強くする。

問題は、内容にもあるが、法的・行政的形式にもある。

文部省が道徳を告示できめていいか。行政権が国民の価値観をきめていいか。

「いいものは誰がやってもいい」か。

文部省告示はどう変るかわからない。現に、社会科指導要領の変化――昭和二二年⑴と昭和三三年との比較。

㈡　教育〈内容〉法規の奇妙な性質。下位の法の優位。「著作」や告示が決定的――教科書検定基準になるから。

詳細化、具体化〈に従い〉――実は変質。法の委任による、という形をとりながら〈日高六郎「社会科」、上原専祿「歴史」が検定でおちるという例〉。

㈢　道徳要領に判治の価値観をもつものも、その子に、義務教育で〈その〉道徳教育を受けさせなければならないか〈指導要領にある学校行事の規定―国旗を掲揚し君が代を斉唱することが望ましい〉。

〈親に〉君が代に対する担否権はないか。

〈ないとすれば〉親の思想・良心の自由はどうなるのか。

第二　親の教育への発言権

――憲法の教育と民法の教育〈は同じなのか〉

㈠　憲法二六条⑵には、親の権利は明示的には出ていない〈義務のみで発言権の規定はない〉。

「法律の定めるところにより」の意味〈制定の経緯はわからないが、推定すれば二六条は実現可能と〈義務教育九八％〉〉。

民法八二〇条⑶権利と義務の意味。親の子に対する権利と義務と考えられている。

㈡　ワイマール憲法一二〇条⑷の「最高の義務」〈参照一四六条〉、「自然的権利」の意味。国家以前の権利と義務。ボン憲法六条⑸

もほぼ同様。

「教育権者」の国家に対する権利。良心の問題たる、宗教教育に関する選択権、決定権。

一方、いわば人間性に対する義務〈東独憲法では社会に対する義務〉。

イタリア憲法三〇条も似ている。

(三) ドイツ、イタリアは先進例ではない。憲法に明文化したのは、事態がおくれていたからだともいえよう。むしろ西洋の伝統。

〈例えば〉

イギリス、一九四四年の教育法(6)。

ニコラス・ハンスの〈「教育政策原理」における〉教育政策類型の着眼点。1.アナーコ・インディヴィデュアリスティク〈古典的個人主義的〉、2.コミュニスティク〈例、一九二九年ファシスト・イタリア〉、3.デモクラティク、を分ける根本は、良心と国との権限関係の如何にある〈家庭が最良の教育の場であり家庭が省みないときのみ国が援助する〉。

〈A・D・〉モエールマン、「アメリカの公教育は家庭の延長である」。

〈一口でいえば〉公教育は「私事の組織化」。

(四) 憲法二六条の理解。法律─委任命令─告示で、価値観がきめられ、それを義務教育で押しつけることを許したのではない。思想・良心の自由、思想・良心の形成の自由。

一般的思考

(五) 「義務」にまつわる問題。日本における教育意識との関係での考察。

考えられるいくつかのこと〈憲法原案作成者の意図を推測すると〉。

1. 親はおくれたもの、ということ〈親が子を私物視している、子の人権を尊重することが必要、親が子を考える場合に自分のことばかり考えている、文部官僚が自由主義教育の先鋒となり親の教育にのりだす〉。

2. 憲法の方が国民より進んでいる、ということ〈憲法をつくったのが政府なら子の教育は政府に任せればよい〉。

3. 発言権への意欲が親になかった、ということ〈教育は先生にお任せ〉。

4. 「義務」の混乱。民法の、子に対する義務と、「国民の三大義務」と。私法の教育と公法の教育?

5. 結果として、「公教育は家庭の延長」の考えは育たなかった。プライベートの組織化としてのパブリックはない。私法上の、子に対する教育の権利が、公法上の、国に対する教育の権利にはつながっていかない。

6. どうすべきか。親の発言権を、より高い次元で〈最高の義務を伴う自然的権利として）強めること。

子の親への発言権を強めるとともに、親の国への発言権を強めること。ＰＴＡの意義。

## 第三　教育における福祉行政概念の混乱
### —福祉国家と国家統制とのすりかえ—

㈠　一人の文部省官吏は書いた。

「そもそも教育に対する行政作用の特質は権力を用いることなく社会各人の利益を守り進んでこれを促進する保育作用であるとされている（第一命題）。

特に今日、従来の画一的、集権的在り方を排して、人間性の開発を基本原理とする教育に対する行政の在り方は、民主化、地方分権化、自主化等を理念として教育の目的達成のため諸条件の整備確立〈基本法一〇条〉をその使命とも且つ機能の限界ともされている（第二命題）。

特に基本権として『ひとしく教育を受ける権利』を憲法上保障する立前から教育の機会均等の保障と促進をはかる教育行政は、多分に福祉行政、社会保障行政の性格を有している（第三命題）〈日本国憲法は福祉国家憲法である〉。

㈡　第一命題に関して。

教育行政即福祉（的）行政とする諸説⑺〈新旧両憲法下でいわれている〉。

教育行政は非権力的、非強制的であるとはいえない。

強制の内容。国民一人ひとりの心の内奥まで踏み込む。

「……教育勅語は……聖諭を垂れられたるに過ぎずしていささかもこれを強制せらるるの勅旨を包含せざればなり」〈大山より引用〉。強制以上の強制。馴致された「自発制」〈自発的服従〉。

夜警国家から福祉国家へ、という定式は日本にはあてはまらない。日本に〈夜警国家はなく〉あったのはパターナリズム。

教育行政の特質は、価値観と直接に関係する行政であること。

「教育は常に人の福祉のためにある」のではない⑻。この誤った認識のもたれやすい理由——教育の二側面、能力に関する側面〈アビリティ〉と価値観に関する側面〈ロイヤルティ〉と。その区別を忘れること。

㈢　第二命題に関して。

「条件整備」（教育基本法一〇条）⑼的教育行政観の日本にとっての革新性。第一命題と「特に」でつながるものではない。断絶。

イギリス・アメリカの教育行政思想の一つの特徴——内的事項と外的事項との区別。内的事項には権力統制は及ぶべきでない、とされる。

行政の踏み込むべきでないサンタチュアリ。行政のオフ・リミッツ。

条件整備が進めば進むほど〈スシづめ学校の整備ということになれば〉教育行政は福祉(的)行政になる、といえよう。

㈣　第三命題に関して。

日本国憲法と一人ひとりの幸福追求の権利〈が基本的なもの、そこには行政が介入しないということになって初めて教育行政は福祉行政となる〉。幸福追求が、はじめて悪ではなくて善となり、教育的価値となった。

個人の尊厳の確認は、パターナリズムからの脱却〈その証拠が昭二二の社会科指導要領に出ている〉。

第二命題と第三命題との関係は、「特に」ではなくて、相補う関係。事実こうなったとき初めて、教育行政は福祉的行政である、といえよう。

㈤　福祉国家と国家統制のすりかえ。

一人の文部省官吏は続いていう。今日の日本の、福祉国家理念による教育行政は、「教育を指導、促進する積極的使命」を負い、そこでは「合目的性の裁量が極めて広い」のであって、「教育基準の設定、教育運営に対する指導、助言行為」などにわたり「ここには今日の教育上の課題に対する判断、方向、回答に直接ふれるものが沢山含まれている」。

日本の教育行政観の伝統のなかで、その一応の自己否定も経ないままに、このようにいうことの危険。

「天皇の官吏」は自己否定されていない。

二〇世紀国家、福祉国家の名による官僚統制の正当化〈凡ゆる面で〉。保守政党の「愛国」の強調と相俟って。

参　考

(1)　昭和二二年、社会科学習指導要領。「わが国において現在最も重要な仕事の一つは、国民――即ちすべての人々――が、実生活においてわが国の根本法の中に言い表わされている自由に、到達し得るようにしてやることである」。「国民の福祉よりも、自分たちの福祉を考えている支配階級の力によって行われる政治………」〈戦争と平和について、昭二二「絶対平和」、昭三一では「我国の国際的地位の向上」（第一次大戦後）と我国の民主主義的発展（第二次大戦後）という、文字づらではこの通りだが裏を考えれば何かありそう〉。

(2)　憲法二六条。すべて国民は、法律の定めるところにより、その能力に応じて、ひとしく教育を受ける権利を有する。すべて国民は、法律の定めるところにより、その保護する子女に普通教育を受けさせる義務を負ふ。義務教育は、これを無償とする。

(3)　民法八二〇条。親権を行う者は、子の利益のために子の監護及び教育をする権利を有し、義務を負う。

(4)　ワイマール憲法一二〇条。子を教育して、肉体的、精神的および社会的に有能にすることは、両親の最高の義務であり、かつ、自然の権利であって、その実行については、国家共同社会がこれを監督する。

一四六条(二)……市町村内において、教育権者の申請に応じて……その信仰または世界観の小学校が設置されなければならない。教育権者の意思は、できるかぎり、これを考慮しなければならない。

(5) ボン憲法六条(二) 子どもの養護と教育とは、両親の自然的権利であり、何よりもまず彼等に課せられている義務である。国家共同社会はその実行について監督する。

(6) イギリスの一九四四年教育法七六条。生徒はその保護者の希望によって教育されるべきこと。

(7) 下村説、昭和一一年。「行政作用を内務行政・外務行政・軍務行政・財務行政・法務行政に区分する。内務行政とは公共の安寧秩序を保持し其の幸福を増進することを直接の目的とする行政作用を総称するものであるが、教育行政は国家の成員たる各人をして智能を啓開し徳性を涵養し、健康を増進せしむることによって公共生活の向上発展を計らんとする為の行政であって、内務行政の一部を占むるものである。

大山説 大正一年。「内務行政……を消極的に公共の危害を未発に防止し以て其の安寧秩序を維持するを目的とする警察行政と、積極的に臣民の幸福を増進するを目的とする助長行政との二と為すを得」。教育行政は助長行政の一つ。

織田説 大正五年。警察とは「公共の安寧秩序を保持するがための行政」であり、保育とは「社会の幸福利益を増進するがための行政の全体」である。文部行政は後者の一つ。

相良説 昭和二四年、二八年。「教育行政は……保育行政に属する。蓋し警察行政の如く、権力の行使をその本質となさず、命令強制にわたる事項は……比較的に稀である」。「教育行政は、あらゆる助長行政のなかで、またもっとも助長的性格のつよいもの……。この意味で教育行政は警察行政ともっとも対蹠的位置にある……。……教育行政は行政のうちにあって、もっとも行政らしからぬもの……」。「教育行政が……、流動的かつ進歩的、発展的な性格をもつということにもなるのである」。

吉富重夫説 昭和二八年。「教育行政とは、国民としての立場においてなされる人格完成のための活動を容易ならしめ、それを阻害する条件を除去し、これを一定の方向において助成することにより、国民全体の福祉を助長発展せしめようとする国家の活動である」。

宮島説 昭和一二年。「われわれは、教育政策とは、社会およびこれを構成するあらゆる成員の福祉を将来すべき教育の施為に関する方策の体系なりと解するものである」。

(8)　高田富与、「綴方連盟事件」　昭和三三年から。「尋一ツネモトチヱコ作、『オカアサン』と題し、可弱き幼児にすら子守をせしめざるを得ざる貧しき家庭の状況を如実に描ける生活主義綴方及びこれに対する『オカアサンハナゼオモリヲタノンダノデセウ』と、暗に叙上貧困なる境遇の洞察に依り、階級意識に芽生ゆるよう誘導する指導語を登載したる文選尋一・二年用第十号」。

「小学児童たる兄が弟を家来にし、自己のランドセルをも背負はせ登校の途次偶先生に出会。訓戒せられ悔悟、爾後弟と交互に二箇のランドセルを背負うという筋書を骨子とし、暗に階級意識を刺戟し、協働性培育の必要性共産主義社会実現の可能性を示唆する紙芝居『フタツノランドセル』」。

(9)　教育基本法一〇条（教育行政）。教育は、不当な支配に服することなく、国民全体に対し直接に責任を負って行われるべきものである。教育行政は、この自覚のもとに、教育の目的を遂行するに必要な諸条件の整備確立を目標として行わなければならない。

〔報　告〕

第一　(一)　学習指導要領が告示で出される（官報に掲載）―昔の例では教授要領

教育行政権が国民の価値観をきめてよいのか。

この告示のあと、新聞から意見を求められて「文部省は道徳にふみこんだ」との論評をしたが、内藤中等教育局長はこれに反対して、「いいものは誰がやってもいい」という。

(二)　教育基本法―教育の内容を漠然と決める。

学校教育法―小学校の教育の内容を八項目あげる。

同法施行規則―内容は学習指導要領の基準による。

(三)　原案

第二　(一)　二六条二項は子女とする。児童では小学校生徒のみを意味するから。普通教育、こうひろげると拡がりすぎるので「法律の定めるところにより」を入れる。

一項の「法律の定めるところにより」は説明がない。

ドイツも staatlichen Gemeinschaft も義務を負うと書き、義務のみの規定で権利の規定がない。

民法には権利の用語がある。

純粋に親の子に対する権利、国家に対する権利ではない。

民法八二〇条の義務とは何か。

①　社会国家に対する義務

②　子に対する義務―通説という（中川善之助）。

(二)　ワイマール憲法一四六条、親の申請に応じて。

自然的権利は、国家以前の権利と思われる。

人間の最奥のところは国家の容喙を入れさせない。

親が最高の責任者であり、及ばないところ、義務を履行しないときは国に頼むし、国が出てきてもかまわないと考える。

㈣　憲法二六条には少し不安があり、教育基本法でもいいから親の権利など明示した方がよいのではないか。

第三㈡　教育行政は非権力行政とされるが、決して非権力的ではない。

〔討　議〕

家永　今日は専ら道徳をめぐっての話だが、「学問の自由」について、教師の指導要領をどう考えるのか。

宗像　教育権ということがいわれているが、親の発言権はその一面にすぎない。学問教育の自律性、教育者の発言権という面で学問の自由の問題となるし、教育思想の淵源、コンドルセの考え方につながる。今日はその面について述べなかった。

我妻さんに質問したい。親権者としての親の権利は。

我妻　子に対する権利と民法では解釈する。だが、それを侵害する者がいれば、それを排除するにしても、国家に対する権利としては考えていない。

義務は誰に対するのか。子に対するのだが社会的である。教育内容まで当然入ると思うが、だから告示などにより干渉するのはよく分るが、「法律の定めるところにより」に告示まで入るのかどうか。それは教育の本質からきめられるべきだ。

鵜飼　「法律の定めるところにより」は旧憲法下では教育は勅令によったので、勅令によらないんだの意味であった。やたらに委任することはおかしいと思う。

法律によれば何でもできるというのではなくて、できるところはやるというだけの意味ではないか。

宮沢　教育権は基本権だが、国も教育する権利がある。

親に自然法的教育権があるというが、どう説明するか。親の愛情からの説明はするがどうか。一般問題として、社会ではなくて親がという時の根拠はどう説明するか。

親にやらした方が一生懸命やるからという論理か、そうではないのか。

宗像　親子の関係は偶然であるから。

我妻　親に任せればというより愛情中心論だろう。それが自然法的ということだろう。

共産的、宗教的なものを排斥して、親がという。それから、「法律の定めるところにより」は、明治憲法で勅令でも内容まで入れば「法律の定めるところにより」と書いても同じだろう。形式が法律と勅令の違いだけで、教育の内容まで法律ですれば、同じではないか。

鵜飼　二六条では一項二項の関係も不明確。一項は平等権、二項は親の義務で教育の内容にはふれていない。

久野　ability、価値の二形式をわけたが、価値の教育はどこで行われるかが解決されないと、どこでどうするのかがわからない。

第三命題も、価値の教育を意味する。その時、教育の主体が問題になるが、そこがよくわからない。

日本で家庭が価値の教育を行わないとすれば、どこでやるのか。

宗像　今日言ったのは行政権が価値観を決定するのはよくないということをいっただけで、誰がやるかを皆で考えてほしいということだ。大まかにいえば、親、親の集りである国民でなければいけない。教師は何の権利をもって教育しているかといえば、真理を研究しているからということでなければならない。

久野　今の教師がそれに値するかどうかは別にして、国家ではなく、教師が主体となって、広い意味での社会がやるのだということでなければならない。

日本の今の民主主義を考えて、外国立法の例などをもち出さずに、自主的に考えねばならない。外側の枠は教育委員会がやるが、内側の枠は教師がやるということを教育の理念から引き出せれば出した方がいいのではないか。

宗像　行政権から独立しようとの試みがなされている。

兼子助手は教育法規の解釈権は教師にあるのだと考えようとい い、教組では教育課程の自主的編制権を論じている。勤評などで教師の労働権をこわすことはできないから、教師の労働基本権から持っていこうとしている。

久野　憲法からいえば、全部を教師がもっているということはできないと思う。collectiveにすることが民主主義だとすれば、教師が教科過程を全部自主的にやるということまでになるのか。原則は出せないのか。

宗像　文部省がやるといえば、すぐ出来ると思うが、行政は教師をおしのけて全部やろうとする。

辻　戦後の教育使節団の報告をみれば、地方団体も除いた教育自治団体をつくってということだったが、地方が国から離れて自治的にやったので、教育委員会が地方団体から独立ではなくて、地方団体に任せられてしまった。

本来、教育自治を守るべき地方団体が教育委員の官選に賛成した。

教育自治は地方自治と別個に考えるべき。教育使節団は教育自治をどう考えていたのか。ほんとうの教育自治か。地方団体に任せられる意味のそれだったのではないか。

この段階で、教育自治は団体から独立されるべきだった。実際はどうか。

南原　私の解釈では、戦後の教育は地方分権で地方団体にさせた。

地方自治団体からも独立させるということではなかろう。財政的に独立することが大事だが、実際にもできないので、教育委員会の教育予算も提出権だけに限られた。しかし、理想では独立したかったのだろうが、そういう点からいえば教育委員会中心で地方自治団体より独立であったと思う。ただ財政面で従属したということであると思う。

宗像　使節団の頭の中にアメリカの事例があり、集権を避け分権として下に権力をおき、教育委員会をおけばいいという単純な考え方だった。

ただ日本についていえば、教育自治の方に重点をおいて考えるべきだった。分権にして旨くいけばよかったと考えたのではないか。

菊池　第三命題については、官僚のいったのはもっと簡単なことではなかったのか。「ひとしく」に重点があるので、ここでいう福祉行政は昔からの行政分類ではなく、憲法でいう社会福祉にむすびつけて機会均等をいったのではないかと思う。少し悪く考えていると思う。

我妻　大学では外的諸条件の中でどう講義するかの指導要綱はない。下になれば外的諸条件がひろがって行く、下の方で個々の教員に任せていいのか。何か枠をつくっていいのではないかと私は思う。教育の性質を考えて、どこに枠をつくるかを具体的に示されたい。教員組合が全部任せろといっているのは両極端だと思う。どこまで自由でどこまで枠かを知りたい。最後の教育の枠は広くなければいけないと思うが。

宗像　それが実にむつかしい。

宮沢　宗教教育で親が子に生まれた時キリストの洗礼をうけさせる。それは子に対し大きな影響があるが当然許されるのか。許されるならどう説明するか。

宗像　我が子に君が代を歌わせたいと思っても、子が嫌だといえばどうなのかの調整は必要。

宮沢　教育には一定の客観的限界があるので、親が教育する場合には枠があると思う。

久野　アメリカの科学教育では信念の教育は重大なもので、親も教師も国家も注意してかかれという。禁欲みたいなものであると思う。

アメリカではマス・ソサイアティがあり、子の自主性を重んじても子の自主性が壊されるから、どういう形でどうするか。子の自主性といってほっといてもいいのか。

鵜飼　プロテスタンティズムでは子が大きくなったとき信仰告白をする。近代国家の信仰の自由の立場からいえば、基本には二六条にこの考え方があり、それが親の義務で止まったという不徹底な面がある。

丸山　教育内容については無制限の自由はどこにもない。社会のよって立つ価値があり、それに対してはすべて拘束されると思う。例えば、日本でどうかといえば、ワイマール憲法、ボン基本法と共通する精神は信仰、世界観の多様性を認めるということで、それを認めない自由はないと思う。

宗像　私が君が代を歌わせたくないというのは憲法の精神からで、それを壊す教育に対する反発である。

我妻　丸山君のいうのは広い枠だろう。

丸山　価値観といっても段階があり、前提となる価値観があると思う。

谷川　価値観は行政権と関係して考えるから難しいので、もう一つ高いところを考えねばならない。国家に対するものだけ考えてはいけない。それを拡大しても人類にはならない。

国家に対する価値をうちやぶるには観点をかえねばならない。形而上的問題をもってこなければ、この問題は解決しないと思う。

何に対するロイヤルティかというときに、文部省に対するという形では解決しない。人類に対するロイヤルティという考え方をもってこなければいけない。

宗像　自然的権利というときはそれがあるのだろう。

社会主義では社会に対するということになるのだろう。

谷川　文部省のプリンシプルを破壊するところに意味があるので、何かメタフィジカルなものを考えなければならない。

宗像　憲法を人類史の遺産と考えるから、それを根拠として君が代廃止をいうのだ。

南原　今日の報告は行政権の問題であり、教育行政の問題として私が思うのは、日本の一〇年は何か不幸であると思う。勅語を廃して教育委員会を中心とし、文部省はサービス機関だということにした。それで困ったのは教員で、何か指示がほしいと思っているのである。どの程度で誰が枠を出すかが問題である。そこに不幸なことに教組ができ、それが中心となる。そこにつけこんだのが文部省である。どうやるかを考えると、文部省はサービス機関として、教員の自発的な研究ができるようにしむけて、minimum をつくって、あとは先生に任せるということにすればよいのではないかと思う。

報告によると、告示ができるとこれは大変なことになると思う。教育委員会が地方分権なのに、中央教育委員会ができたのか。

何よりもまず教育委員会をつくる、市町村に。その相互間をどうするか。改革の六年後において問題となり、中央教育審議会設置を提案し、その構成を考えておいたのだが、その任命を文相がやってしまった。教育刷新審議会は残しておいたのだが。

我妻　大学管理機構で時間がかかり、そのうちＣＩＥが抜けてしまった。

南原　文部省の性格を転換させ、指令機関としてではなくサービス機関とし、文部省の上に委員会をおこうとした。それが中央教育審議会で、文部省は施行機関だった。そしてその案もつくった。

谷川　教育刷新審議会から中央教育審議会へ、この過程で性格の転換はあったのか。

南原　実質は変らなかった。

辻　何故文部省をおいていいと思ったか。

南原　サービス機関として大いに必要と思った。

辻　アメリカはないのだから、なくてもいいのではないか。

## 〔要旨〕

―教育行政権と価値観―

宗像誠也

〔報告〕（〔資料〕参照）

I　教育行政権は価値観を決定しうるか

(1)　学習指導要領「道徳」が告示で出される（官報掲載）。文部省の考え方は「いいものは誰がやってもいい」（内藤局長）ということだが、行政権が国民の価値観を決めることはどうか。更に、文部省の告示は変化する恐れもある（例　昭22・23の社会科指導要領の変化）。

(2)　教育法規は、下位の法で詳細化・具体化するに従い（注意、憲法26条「法律の定めるところにより」）、実質が変化していく（例　教科書検定基準に問題を残す）。

(3)　指導要領に学校行事の規定があるが（国旗掲揚・君が代斉唱等）、親はそれに対する拒否権をもつか。

II　親の教育への発言権

(1)　教育に関する親の権利について、憲法には規定がなく（民法に規定はあるが、親の子に対する権利と考えられる）、国家に対する権利はどうなのか。

(2)　諸外国憲法の例では、ワイマール憲法120条・ボン憲法6条で教育に関する親の「自然的権利」が認められている（ほかに、イタリア憲法30条）。

(3)　しかし、憲法の明文をまつまでもなく、これは西洋の伝統であり（ニコラス・ハンス、Ａ・Ｄ・モエールマン）、イギリス一九四四年の教育法にもその例がある。西洋では公教育は「私事の組織化」と考えている。

(4)　日本国憲法26条は、告示で価値観を定め、それを義務教育でおしつけることを許したものではない。

(5)　かような日本当局者の考え方について、戦後、文部官僚が自由主義教育の先鋒となり親の教育にのり出し、同時に子の教育も政府の仕事だと考える。そこで、教育に関する私法上の義務と公法上の義務が混乱し、「公教育は家庭の延長」の考えが育たなかった。この観点より親の国への発言権を強めることが必要となる（教育基本法に親の権利を明示する）。

III　福祉国家と国家統制とのすりかえ

(1)　文部官僚の頭には教育行政は福祉行政であるとする考えがあり、教育行政は本来、非権力的・非強制的なものであるにもかかわらず、国民の自発的服従と国の積極的干渉のため強制がみられる。そのため、福祉行政が国家統制にすりかえられてくる。

(2)　しかも、教育には知識能力に関する側面と、価値観に関する側面があるため、その区別を忘れると、教育行政は価値観と直接に関係する特質を有してくる。福祉行政の名の下に価値観の強制が行われるのである。

(3)　英、米の教育行政は内的事項と外的事項が区別され、内的事項には権力統制が及ばないとの考え方がある。条件整備が進めばそこでは教育行政か福祉行政になるのだが。従って国家のめざす方向はかような領域でなければならない。

(4)　福祉国家の名による教育の凡ゆる側面での官僚統制は拒否すべきである。

以上、問題点を提供して会員の討議の参考とする。

〔討議における論点〕

I　親の教育権について

(1)　親の教育権の問題は教育をめぐる諸問題中の一面であり、学問・教育の自律性、教育者の発言権など、学問の自由の問題と本質的につながる。

(2)　民法上の親の（親権者としての）権利

子に対する権利（教育内容をも含む）であるが、それを侵害する者に対しては排除することができる。その意味では社会性があるが、国家に対する権利としては考えない。

(3)　教育権の性質

社会が、ではなくて親が、自然法的教育権を有するということをどういう根拠から説明するか。—自然法的というのは親の愛情中心論からであろう。

(4)　教育権の限界

親の教育権には限界がある。教育内容について無制限の自由はどこにもなく、社会のよってたつ価値のもと、それにすべて拘束される。ワイマール憲法、ボン基本法と共通する日本の考え方は、信仰・世界観の多様性を認めるということである。従って、親が子に君が代を歌わせる権利はないし、宗教教育（生れた子に直ちに洗礼をうけさせた場合）については、子が大きくなったときに信仰告白を行わせるなど、子の自主性を保つようにするのである。

(5) 日本国憲法26条について

26条の「法律の定めるところにより」の意味は、法律によれば何でもできるの意味ではなく、旧憲法時代、勅令によった教育が行われたので委任による教育を防ぐ趣旨のものであり、従って告示まで入るかどうかは教育の本質から決められる性質のものである。ただ、形式が法律と勅令の違いだけで、法律で教育内容を定めるとすれば、効果は従前と変りがないことになる。

しかし、憲法26条は一項で平等権、二項で親の義務を定めているだけで、教育の内容にはふれていない。

Ⅱ 教育における価値観決定の問題

(1) 主体について

価値観の決定は誰がするのか―親が、親の集りたる国民が、教師が主体となって社会が、等が考えられるが、いずれにしても外国立法を例とせず日本の民主主義の状態から考えて、行政から独立して自主的に行わねばならない。外側の枠は教育委員会がやるとしても、内側の枠は教師がやるというのが教育の理念ではないか？

(2) 教育の自主性

教師の労働基本権を根拠として、教育法規の解釈権は教師にあるということはできないか。行政庁が教師をおしのけて全部自分でやることには反対だが、教育課程のすべてを教師が全部自主的にやるということにも問題はある。

大学の講義では指導要綱はないから、普通教育の方でも個々の教員に全部任せるという考え方よりは、教育の性質を考えて、どこかに枠づけ（広い枠でなければならないが）が必要であろう。

(3) 価値観の基準

価値観といっても諸段階があり、それを行政権と結びつけて（国家に対するものとして）考えるから問題がいつまでも残るのであり、ここは形而上的に観点をかえて、人類に対するロイヤリティと考えねばならぬ。「自然的権利」という言葉はその意味であり、憲法が人類史の遺産であるという点からも合致することになる（君が代廃止の理論的根拠もここにある）。

Ⅲ　教育と福祉行政について

教育が福祉行政だというのは、行政分類でいうところの福祉行政の意味ではなく、憲法でいう社会福祉と結びつけた機会均等の意味をいったものではないか？

Ⅳ　戦後の教育行政組織の問題

(1)　教育委員会の性格

教育委員会のあり方についての教育使節団の考え方は、それは教育自治団体として地方自治とは別個に考えられた制度であったか、それとも地方団体に任せよということであったのか――教育行政の集権をさけ分権にして下部組織に権力をもたせ、そこに教育委員会をおけばよいという単純な考え方だったと思われる。その意味では委員会を地方団体からも独立させるということまで考えてはいなかった。実際問題としても、独立させるために財政的に独立する必要があるが、それは困難であり、教育予算に関する教育委員会の権限は予算の提出権だけであった。

しかし、日本の実状からみれば理想としては、財政的に従属したとしても教育自治に重点をおいて制度を建てることが望ましかったと思われる。

(2)　文部省の性格転換

改革により、文部省は指令機関からサービス機関にと転化した（この場合文部省を廃止しなかったのはサービス機関として必要であると思われたから）。教育制度の具体的支柱としての文部省と、精神的支柱の勅語がなくなり、教員にとって何らかの指示機関が必要となった時に教員組合ができ、それが中心となったところに、その後の日本の教育の不幸が生まれる原因があると思われる。

この問題をどうするかは難しいが、文部省はサービス機関として教員の自発的研究を助長し、ミニマムな枠はつくるが後は教員に任せるという考え方はどうであろうか？

(3)　教育刷新委員会のその後

①　教育刷新委員会から教育刷新審議会への移行の過程では性格の転換はない。

②　地方教育委員会の相互間をどう調整するかについて教育刷新審議会は昭和26年に中央教育審議会設置の必要を提案した。

中央教育審議会設置の根拠は、サービス機関たる文部省の上に審議会をおき、文部省はその施行機関たらしめるということであり、教育刷新審議会ではその構成まで考えておいたのであるが、大学の管理機構の問題などで手まどっているうちにＣＩＥが抜けてしまって、結局、審議会委員の任命を文部大臣がやるという状態になってしまったものである。

# 第一四回例会（昭和三四年九月一二日）

―警察権―

戒能通孝

〔報　告〕

1　英国警察

(1)　ハモンドによれば、労働運動の抑圧に関する問題が興味を引く。一八〇〇年combination actに、二人以上の労働改善運動に対する処罰が規定される。

ところが労働運動が盛んである。何故か。ハモンドはふれていないが、一八二四年の労働運動の盛んなころに警察がない。

治安判事が代人として警察官をやとい、職務を行わせたが、老人が多かった。犯罪があっても逮捕できない。嫌疑者の調査もできない（私費）。

一八一五年代、警察創設の要望起る。アベレイの一九世紀英国史によれば、この要望に対し政治警察化する恐れがあるとの理由で批判が強い。

警察をつくることは一八三〇年代まで行われず、R・ピール内相時代に官費の警察がととのえられる。

(2)　五原則を守って今日に及ぶ。

①　crown の servant ではない。

住民の保護が目的で政府の仕事はしない、ロンドン警視庁の一部は例外。

自治団体の警察であること。

②　武器を携帯しない

一九世紀の英デモは激しく、警察官がなぐられるおそれが多かった。なぐられても壁のようにじっとしておれというのが原則。

③　市民の中で生活せよ。

住宅・官舎を市民の中に｝市民から監視される立場に立つ<br>
独身宿舎の設置禁止

こと、市民から尊敬をうけるよう。

④　個人的行動に対して個人的責任を負うこと。

過度の熱心さで職務を逸脱すれば損害賠償する。場合により、county（警察の雇主）は賠償金を贈与することがある。

警察官の給料から賠償金を支払わないようにとの考慮から、

但し、支払が実際に行われたか否かは不明。

⑤　一人で行動し、隊伍を組むな。

指揮の下で一人で。

(3)　警察官の教養、責任が要求される。

仕事に臆病になり消極的になると、科学的捜査が行われる。

一ケ年は試用期間として犯罪博物館で、犯罪発見の実物教育をうけ、試験をうける。街頭に出る。

チャーチスト運動弾圧はしない。予防警察・政治警察はしたがってない。犯罪捜査については科学者に。

制度として警察権の制限が行われる。公共の福祉の積極的関与が目的。

(4)　ヨーロッパ行政法の警察権理論。

O. Mayer の警察権制限の理論（行政法）。一八世紀終り頃から、公安のためと主張され、Mayer によって創唱されたものではない。

しかし、実際は政治警察、隊伍を組んでデモ鎮圧を行う。

制限理論が詳細に発達。

2　日本の警察

(1)　明治政府によって組織化―大陸型、特にフランス型。

明治初年、福沢諭吉に委嘱しフランス型

明治五年、警察制度の調査

何れも政府のサーバントであった。

明治八年太政官二九号、行政警察規則

(2)　警察官の任務

人の思想の傾向・三百代言者・既往の経歴の調査。

戸口調査簿による身元調査、中心に特高警察。

特高法令の研究によれば、社会運動の取締であると定義。警察犯処罰令、治安警察法、違警罪即決令、行政執行法、暴力行為等処罰法、治安維持法の解説。

内務省警保局に特高警察が直属、警察署内の地位が高い。

政治警察の優位（刑事警察に対する）。

犯罪捜査は切捨処分、見込捜査（安あがり）、拷問的方法（自白尊重）。

刑事巡査―昇任できない、巡査部長までひねくれ、被疑者に爆発させる。

(3)　五原則の比較

政府のサーバント、武器携行、無責任（損害賠償の義務なし）。

隊伍（軍隊的）を組み、市民から孤立する（官舎住い）、市民から精神的に孤独。

英国五原則の正反対の原則が立てられる。

戦時中が最盛期で異常なほど。

3　戦後の警察

(1)　昭二二警察法―自治体中心、住人の保護

例外、国家地方警察―これが上位の印象を与える。

警察の監督者としての公安委員は任命制で、公務員の非経歴

者。そのため、警察に関心をもたず、サボタージュが行われる。これで弱体化が行われた。

公安委員の目がとどかないうちに、警察が独自に行動する。

警察官の能力開発を怠り、教えられたのは調書の作成技術のみ。

三ケ月の訓練で刑事になるが、科学捜査は教えない。

この警察は公安・政治警察をぬきにしたが、前提があり、昭二四年に復活の現象が現われた。

定員法の施行により、警備警察が設けられた。
(2) 昭和二四年に労働運動に関連して、地方機関の責任者と連絡をとる。
昭和二五年には占領軍と共産党との冷戦が始まり、共産党幹部の追行が行われる。

例えば、新潟県十日町の地区委員の隣に盗聴器が設置される。東京高裁は準起訴手続によらず、職権濫用にならないという。

昭二七・一二・二七の地裁判決では警察手帳を取りあげたのは公務執行妨害であるという。

昭二九・五にはポポロ事件東京地裁判決があった。

警察側の見解
ポポロ事件では場所が悪いんで問題になったが情報活動をやってもよいという。また、共産党の個人住宅で会合しているのを隣りの店で監視するのはよいという（警察公論）。
(3) 警備・公安警察
三つの段階からなる
① 公安犯罪発生時の捜査、警備活動の第一
② 犯罪発生の虞ある時の情報の蒐集
③ 一般に公安の維持・犯罪防鎮のためにする平素からの情報蒐集
その結果、どんな情報を蒐集するか
昭和二五・二六年頃から潜行八幹部の蒐集
〃 三〇年　共産党の蒐集
〃 三一年　警察の昇任試験には日共問題が多い。
母親大会が警備の対象となった。
昭和三〇年前後から日共、外郭団体の情報
左翼用語の知識を警察にもたせる。
昭和三一年　朝鮮人に関して外事警察を組織化
外事警察は謀略警察であると定義する。
総評が警備の対象となる。
警備警察の中で鎮圧の具体的方法（指揮方法）が問題になる。
昭和三二年、日教組に対する一般情報活動が盛んになる。内偵活動も。

右翼に対する視点は

右翼はそれ自身として危険ではないが、本質においては左翼と同じである、従って、左翼が対象となるという意味で危険なものは同じである。（警察公論）

現在、公安犯罪は犯してないが、潜在的に犯罪を起しそうなものを調査する。

日共の外部団体＝総評と考える。

旧憲法下の警察と同じに、政治警察が優遇されるようになる。

4　裁判所の態度

(1)　昭和三三年では市民の警察に対する暴行については厳格。

昭三三・九・一二最高裁判例、警察官に投石し公務執行妨害になるかが問題になる、下級審は、単純暴行、最高、公務執行妨害

昭三三・一一・二七福岡高裁、共産党地区細胞の集会の出入者の写真をとった。警察をこづき、写真機のフィルムを抜く。強盗罪となる。

(2)　警察官の権力に対しては甘い（職権濫用にならない）。

大分地裁、戸高巡査事件（控訴中）―無罪

昭三四・六・三一平事件、仙台高裁―有罪

昭三七・三・一一金沢地裁、公安調査官がスパイを放つ。

両者の話合いの時に共産党員がのりこんでつるしあげ三時間、暴力行為等処罰にひっかかる。

5　警察官のモラル

海野「人権の法律相談」

拷問の事件が一昨年あたりから判例として出てくる。

例　八海事件

八丈島警察、強姦殺人事件

岩手、花巻温泉事件

自白の任意性に疑ありということ。

拷問とまではいかないが鋭い追及が影を消してない。

◎おとり捜査

脅迫罪でつかまり放免、赤羽署でおとり捜査をする。銃砲刀剣、麻薬などに多い。

◎労働運動に対する警察干渉

組合集会、事務所の監視

予防的活動が盛んになれば、良心の自由、学問の自由に関連する。

警察が憲法に忠実に順うこと、国民の保護のためには行政法上の保護だけでは不足ではないか、警察組織は自治体化組織にすべきではないかと思う。

自治体化して、警察官の犯罪捜査の科学性の進捗、警察官の訓練に努めること。

政府のサーバントにならないようにしなければいけない。

警察は権力をもっているのだから政府の手元から離れねばならない。

## 〔討　議〕

真野　五、六年前の第二小法廷判決、差戻しの理由は、拷問の疑ありということだった。警察官をよんできいたら拷問しましたといったから。岐阜の事件だった。

戒能　日本の警察については松井茂が詳しい。田上穣治の警察法ではダメなんで、公安ハンドブックなど、警察実務の本などをみた方が警察の実態がわかる。

丸山　公安調査官が個人に謝礼を出して情報を提供させるということが多い。個人の機密費でやる。例えば、療養所で元日共党員等に頼む。

戒能　右翼は、左翼を助けるからいけないという。

宮沢　公安委の調査費は大したことはないかも知れないが、経費はどうなのか。自衛隊から廻っている証拠はないか。（ない）

丸山　一つの情報提供ごとに出すということになっている。チンピラの人まで手を拡げている。

戒能　福島大学の学生に出した例がある。一回五〇〇〇円位まとめて出す。

鵜飼　金額は知らないが、アメリカ非米活動委が行ったインテリの共産党活動の調査では、当人の三分の一がＦＢＩから金をもらってやったと陳述した、アメリカのテレビでの話だから、証言の効力はあると思う。

大内　昔の特高課だが、今は。

戒能　今、警備係がある、相当組織的。

昨年の警職法改正の時、それをもっとはっきりさせるということになって、静止、解散など今は隣りでみていてそれが中に入ってくるということになる可能性がある。

南原　公安調査庁はどうなのか。公安調査庁の調査官は強制権がないか。

戒能　警察官は強制権がある。直接に入ってくる可能性があるが、犯罪の可能性を立証しなければならない。マイクをつけたりはする。

丸山　占領中のＣＩＣのやり方をうけついだという話があるが。

戒能　警察がうけついだと思う。公安調査庁はまだ手ぶらである。予算は警察にくらべたら少ない（五―七億）。警察は全県予算の一〇％。

裁判所は警察のいっていることは信用するが、公安調査庁は信用しない。記者がニュースをかくとき警察が情報源だと名誉毀損にならないという。公安調査庁だと名誉毀損になる。毎年五億位の金でやっている。警察庁長官が事務的に最高。国家公安委員会の長は大臣で国家公安委員は、国会の承認が必要。

大内　政府のサーバントかどうかを決定する権限はないか。労組の代表は出ていないか。

戒能　例えば金正さん、外に、小浜、高野、安井。

佐藤　資格については政党制限がある。

今は官僚であった人はいけないというのは削除された。

宮沢　委員にはだんだん内務省の戦犯級が出てくる。

鵜飼　植村、委員長に大臣をあてることになって、政府のサーバントになるチャンスが出来る。浅尾新輔。

戒能　財界人が入ってきて労働運動に対し警察の腰が強くなる。

戒能　昭二九改正で大臣が委員長になる。

南原　今日の評価について、私は戒能説に賛成であるが、日本のデモクラシーの保障・実現の点からみて前に戻すのがいいか、それともほかに方法があるのか。

戒能　自治体警察の時は完全にサボっていたのではないかと思う。島田早大総長がなったが、警察に関心をもっていなかったから。選挙制（都道府県単位では）がいいのではないか。

真野　公安委員は地位は上で、週に一回集まる。でも、いくらも動いてない、月給は最高裁判事と同じだった、長い間。

南原　公安委は飾り物で下のものに使われている。公安委の組織を改替し、財政面からの調整が必要である。

戒能　財政は始末がつけられるのではないか。

自治体警察の中でも摩擦をおこしていた。

大内　一つは財政問題で、一つは、容疑者が事実捕まらなかった（技術的に）。

元に戻すとなると、この両方を考えないといけない

中央集権でないと犯人は捕まらないのか。

戒能　強盗事件だと全国に被害物件の調べがまわる。窃盗はごく周辺だけしかまわらない。

戒能　犯罪捜査も自治体警察でできると思うが、やる意味があるかどうかが問題。

真野　財政の問題は。府県財政はよくなった。国の補助もあるし、やれないことはないと思うが。

大内　国が金を出すと権力（人事権）をやらないということになる。

戒能　警察関係費一〇〇〇億～二〇〇〇億。

大内　社会保障関係費三〇〇億。

山形は五六億中五億の予算。

警察問題をやるとき使った資料について経験を話すと、安信源基の留学の感想をみたとき〝大内事件は俺がやったんだ〟と書いている。

鵜飼　田上の警察法によると、国民は警察命令に従う義務がある。

自然法上の、実定法上の何れにも。
宮沢　右翼、グレン隊と警察との関係は？
戒能　警察が対等につきあうのはグレン隊だという。
佐藤　警察にいわせると関係ないというが、情報をとる為に関係をもつという（スリなど）。経済的つながりは、新年の道場開きなどに祝酒をのむ時に酒をもってくるなどをやる。やめろといってもやめないからという。
戒能　防犯協会に一生懸命になるのはバクチ打ちの神経工作で、新年に酒をもってゆく。
宮沢　組親分就任式には警察署長がモーニングをきて演壇にならぶ、花輪などを贈って。
戒能　警察官の本では、ケース・スタディは問題にならない。書類の作り方のみ教えている印象がある、警察だけではないが。

## 第14回例会（昭和34年9月12日）

### 〔要　旨〕

―警察権について―

戒能通孝

〔報　告〕

1　英国の警察

(1)　警察史

一八〇〇年代の初めでは、労働運動が盛んであり、それに対する抑圧が興味をひくが、当時は警察がなく（一八〇〇年のcombination actでは二人以上の労働改善運動に対する処罰規定が見られる）、治安判事が、代人として警察官をやとい職務を行わせた。しかし、老人が多く、嫌疑者の調査や犯罪人の逮捕などできず、活動は私費によった。

一八一五年代警察創設の要望が起こったが、政治警察化する恐れがあるとの理由で、その創設は一八三〇年代まで延ばされた。

内務大臣、ロバート・ピールの改革により（一八二九年）、ロンドンに警視庁を設置し、治安判事二人を任命して、ここに国家警察ができ上った（田上穣治「警察法」一二頁参照）。

(2)　警察の五原則―守って今に及ぶ。

①　クラウンのサーバントではない。

住民の保護が目的で、政府の仕事はしなかった（但しロンドン警視庁の一部は例外である）―自治団体の警察であること。

②　武器を携帯しない。

一九世紀はデモの盛んな年であったが、警察官はなぐられても壁のようにじっとしておれというのが原則であった。

③　市民の中で生活せよ。

市民から監視される立場に立ち、市民から尊敬されるようにとの考慮のもとに、住宅・官舎は市民の中に建て、独身宿舎の設置を禁止した。

④　個人的行動に対して個人的責任を負うこと

過度の熱心のため職務を逸脱すれば損害賠償する。但し、警察官の給料から賠償金を払わせないようにとの考慮から、場合によりcountyが賠償金を贈与することがある。

⑤　単独で行動し、隊伍を組まないこと。

(3)　以上の原則より、警察官には教養と責任が要求された。又、仕事に対し臆病となり消極的になったが、一方科学的捜査が行われるようになる。

そのため、一ケ年は試用期間として犯罪博物館で犯罪発見の実物教育をされ、試験をうけてから街頭に出た。公共の福祉に対する積極的関与がその目的で、制度として警察権の制限が行われ、予防警察・政治警察はなかった。

(4)　ヨーロッパ行政法の警察権理論

ヨーロッパの警察は、考え方としては一八世紀終り頃から〝公安のため〟と主張されたが、実際は政治警察であり、隊伍をくんでデモの鎮圧が行われた。理論としては「制限」の理論が発達する（オットー・マイヤー）。

2　日本の警察

(1)　戦前の警察

イ　明治初年福沢に委嘱したフランス型、明治五年の警察制度の調査、何れも政府のサーバントとしての警察であった。そして、ドイツ、フランスの警察概念を継受した行政警察規則（明八太政官達二九号）が成立する。

ロ　警察官の任務

思想傾向、既往経歴の調査であり、戸口調査簿による身元調査が中心であった。特に、これに特高警察が結びつき、刑事警察に対する政治警察の優位を示した。特高警察は内務省警保局に直属し、署内でもその地位が高かった。

英国の五原則との比較でいえば、ここでは①政府のサーバントであり、②武器を携行し、③市民から孤立して官舎住いし、精神的にも市民から孤独であった。④警察官の行動は無責任で、損害賠償の義務はなく、⑤軍隊的に隊伍を組むというように正反対であった。

又、犯罪捜査は、安あがりのための見込捜査、拷問の方法による自白尊重であり、切捨処分が行われた。それは、刑事巡査が巡査部長までしか昇進できないことと相俟って、ひねくれ者が多く、それが、被疑者に対する爆発となって現れたからであった。

かような態度の最盛期は戦時中であり、それは、また、異常なほどであった。

⑵、戦後の警察

イ　昭和二二年の警察法では自治体中心となり住民の保護を目的としたが、例外として国家地方警察があり、これが反って上位である如き印象を与えた。

警察の監督者としての公安委員は、公務員非経歴者で、任命制をとったが、任命にサボタージュが行われ、警察に関心をもたないものが任命されて、その弱体化が行われた。警察は公安委員の眼のとどかないうちに独自に行動し・警察官の能力開発についても、彼等に教えられたものは調書の作製技術のみ（三ケ月の訓練で刑事になるが科学捜査は教えない）という状態であった。

ロ　この警察に公安・政治警察はなかったが、その前提だけは存在し、昭和二四年に復活の現象が現れた。定員法の施行により、警備警察が設けられる。労働運動に関連して・地方機関の責任者と連絡をとるなど。

昭和二五年には占領軍と共産党の冷戦により、共産党幹部の追及。例えば、新潟県十日町の地区委員の隣りに盗聴器が設置される（東京高裁は職権乱用にならないと判示した）。

ハ　昭二七・一二・二七の地裁判決では警察手帳をとりあげたのは公務執行妨害であるといい、昭二九・五・一一の東京地裁ではポポロ事件の判決があった。

これらのケースに関して現れた警察側の見解は、例えば、ポポロ事件では、場所（東大）が悪かったのであって、情報活動はやってもよいと考え、又、共産党員の個人の住宅で会合しているときに、隣りの店で監視することはかまわないということであった（警察公論）。

ニ　これらの警備・公安警察は三つの段階からなり①公安犯罪発生時の捜査、②犯罪発生の虞ある時の情報蒐集、③一般に、公安維持、犯罪防鎮のためにする平素からの情報蒐集があり、③が問題なのである。

どんな情報を蒐集するかといえば、昭和二五・二六年頃からは日共潜行八幹部の情報、昭和三〇年では共産党及びその外郭団体に対する情報（例えば、昭和三一年の警察の昇任試験に日共問題が多くみられた）であった。

この頃は、母親大会が警備の対象となり、左翼用語の知識を警察官にもたせる教育が行われる。

昭和三二年には、朝鮮人に関する外事警察の組織化が行われ（外事警察は謀略警察であると定義する）、又、総評が警備の対象となった。

そして、警備警察のなかで、鎮圧の実際的、具体的方法（指揮など）が問題となり、昭和三二年には日教組をめぐって一般情報活動・内偵活動が盛んになる。

ホ　右翼に対する視点は、警察公論によれば、右翼それ自身は危険ではないが、本質は左翼と同じであり、潜在的に犯罪を起しそうなものは調査するという角度である。

ヘ　以上の警察の観念は旧憲法下のそれと同じであり、政治警察が優遇されるようになってきている。

(3)　裁判所の態度

イ　昭和三三年では警察に対する市民の暴行については厳格である。

例えば、

昭三三・九・一二最高裁判例―警察官への投石を、下級審では単純暴行としたが、最高裁で公務執行妨害とした。

昭三三・一一・二七福岡高裁―共産党地区細胞の集会での出入者の写真撮影に対するフィルムの抜きとりに対して強盗罪を適用した。

ロ　警察官の行動に対しては甘い（職権乱用にならないとする）。例えば、戸高巡査事件の大分地裁判決は無罪であった。

ハ　その他、昭三三・三・一一金沢地裁では、公安調査官がスパイを放ち、両者が話しあっているときに共産党員がのりこんでつるしあげをした事件では、暴力行為等処罰法の適用があり、昭三四・六・三一平事件に関する仙台高裁判決では有罪が認められている。

(4)　警察官のモラル

イ　拷問

拷問事件が一昨年頃から判例として出てくる。例えば、八海事件、強姦殺人事件における八丈島警察、花巻温泉事件では、自白の任意性が疑われている。

何れにしても、拷問とはいかないまでも鋭い追及が影を消してはいない。

ロ　おとり捜査

脅迫罪でつかまり放任されたが、赤羽署でおとり捜査をしたケースがある。銃砲刀剣、麻薬の捜査に多い。

ハ　労働運動に対する警察干渉

組合の集会、事務所の監視が行われる。しかし、予防的活動が盛んになれば、良心の自由、学問の自由の問題に関連してくる。

(5)　若干の感想

日本の警察が憲法に忠実に行動して国民を保護するためには、行政法上の保護だけでは不足である。

警察組織を自治体化すること。そして、警察官の犯罪捜査の科学性を進捗させ、これを訓練することが必要である。更に、警察は権力を有するから、これを政府から離し政府のサーバントにしないようにしなければならないだろう。

〔討議における論点〕

1、警察活動について

(1)　実態の手引書としては、公安ハンドブックなど警察実務の本をみた方がよく理解できる。材料の例として、安倍源基の留学の感想によると、大内事件は自分がやったともらしている。

(2)　右翼に対する警察の視点は、左翼を助けるからいけないというところからである。

(3)　情報蒐集に関して

公安調査官が個人の機密費で個人に謝礼を出して情報を提供させるというケースが多い。例えば、療養所において元日共党員に頼む（日患同盟の場合）など。

公安調査庁の予算は警察にくらべて少なく（五—七億、警察は全県予算の一〇％）、謝礼は一つの情報提供毎に出すことになっている。福島大学の学生の場合は一回五〇〇〇円位であった。

アメリカの非米活動委員会では、証人の三分の一がＦＢＩから金をもらって提供したと陳述している。

(4)　拷問のケースとしては、五、六年前に第二小法廷で、警察官をよんできくと拷問したということで差し戻した岐阜のケースがある。

(5)　警察官の教育方針をみると、ケース・スタディは問題ではなく、書類の作製のみ教えているという印象をうける。

(6)　警察の予算

警察関係費は一〇〇〇億—二〇〇〇億にのぼる（社会保障費三〇〇億）。山形県を例にとると、五六億の予算中、五一億をしめる。

2、警察組織に関連して

(1)　公安警察—昔の特高課に当るものとして、現在、警備係があり、相当組織的である。昨年の警職法改正の時は、静止、解散などについて、もっと明確にさせるということであった。

(2)　公安調査庁

占領中のＣＩＣのやり方は公安調査庁にうけつがれず、警察がうけついでいる。調査官に強制権はなく（警察官にはある）、犯罪の可能性の立証のために、マイクをつけたりする。

しかも、裁判所の態度は、警察の言動は信用するが公安調査庁のそれは信用しないし、記者のニュース・ソースが警察の場合は名誉毀損にならないが、調査庁の場合は名誉毀損になる。

3、公安委員会をめぐって

(1)　組織について―公安委員の資格制限は同一政党の所属の人数だけで、公務員の前歴の制限は削除され、内務省の戦犯級が委員として出てきているし、委員長は、大臣をもってあてることとなって（昭二九年の改正）、政府のサーバントになる道が開けてきた。又、財界人が入って労働運動に対しても、警察の腰が強くなってきている。

(2)　委員会の活動―公安委員は週一回会合するが、いくらも活動していない（俸給は長い間、最高裁判事と同額であった）し、飾り物にすぎず、下のものに使われている傾向がある。

従って、公安委員会組織の改替の必要があると思われる。

4、警察制度民主化のために

(1)　自治体化について

デモクラシーの保障の上から、警察制度について、戒能説が支持され、自治体警察に対する反省と批判がなされた。

即ち、前の自治体警察の失敗は職務怠慢が原因ではないか。例えば、島田総長が委員になっても警察には関心を示さなかったし、犯人の逮捕率も悪かった。強盗事件だと被害物件の調査書が全国に廻るが、窃盗の場合は周辺だけしか廻らないことも事実であるが、中央集権でないと犯人が捕まらないということはなく、犯罪捜査はやる意思があるかどうかの問題であると思う。又、公安委員は都道府県単位では選挙制がよいと思う。

そのほかに、財政面があるが、府県財政も最近はよくなったし、国家の補助も考えられ、この面での支障はないように思う。ただ、国家は金をやった場合は、権力を与えないという考え方があるのが困る点である。

(2)　他の団体との関係

右翼・グレン隊との結びつきは、警察側にいわせると、ないといっているが、事実は、情報をとるために（スリなどの）関係をもち、親分の就任式に警察署長がモーニングを着て演壇に並び、花輪を贈ることなどが行われている。

経済的なつながりもあり、警察の新年の道場開きなどに酒を送ることなどが行われている。
(3) 田上穣治氏の警察法によれば、国民は自然法上も実定法上にも警察命令に従う義務があるといっているが。

# 第一五回例会（昭和三四年一〇月二四日）

―安保改定阻止の運動―

清水幾太郎

〔報告〕

1、改定阻止運動をしている人達からの報告を得てまとめるつもりであったが、旨く話がまとまらない（現在進行中のことなので問題全体に渉る信頼できる資料が乏しく、且、報告される客体側に私自身立っているから）ので、暫定的報告に終るかも知れないが、以下四点について

(1) 戦後の平和運動
(2) 基地反対運動
(3) 安保改定阻止の小史
(4) 一一・二七をめざしてゼネストを行うこと

2、戦後の平和運動

戦後一五年について幾つかの時期に分けられるが、便宜上、二期にわける。

① 昭二〇夏―昭二四
② 昭二四―今日までと

(1) 第一期は平和礼賛の時期であるが、平和については過ぎさった戦争との関係だけで考えられていたにすぎず（世界の大勢への信頼）、同時に、平和についても抽象的論議であり又それで充分であったのであるが、その形象化が昭二二・五の新憲法であった。

(2) 第二期は講和問題の登場によって始まる。平和問題が過去との関係を離れて抽象化してくる。将来との関係（日本民族、世界大勢との関係で把握される）で問題になる。

日米の権力者の政策・方向が現れてくる単独媾和の動向である。この動向との関係で自己の立場を定めるようになる。

一方、全面媾和論は純粋理論との関係で現れ、中立の問題が出てくる。軍事基地反対、憲法擁護の諸問題とからんで。この全面媾和論の考え方がその後の平和問題とからんでくるのであり、且、それは権力との結びつきの余りない弱い形をとってくる。

昭和二六年九月サンフランシスコ条約

全面・単独の違いは量的問題の違いだといわれるが、私は質的問題だと思っている。

かりにこれを量的とみても、全面・単独の差をとりもどす失地回復運動が戦後の平和運動の特質をなす。

① 単独媾和で結び得なかった諸国間との媾和を、後から全面媾和の形にしようとの動きが、招待外交の形でなされる。

日ソ国交回復運動・日中国交回復運動・東欧国交回復運動である。

昭二九・三　日中国交回復ニュース第一号

②　軍事基地反対運動

平和問題談話会として態度をきめようというとき、全面・単独に対する評価はまちまちだったが、経験からいって、単独を高くかった人も日本の基地化には一致して反対の態度を保った。これは日本全体の中で広くみられた事実のように思う。

この初期の山に当るものは、昭和二八年夏の内灘試射場設置反対運動である。

昭三〇・六・二三　全国軍事基地反対連絡会

昭三〇・六・二三　軍事基地反対闘争全国会議が東京で開かれた。一〇〇名が東京に集まり、先の連絡会が発足する。

これは高野実氏が総評事務局長の最後の段階でなした仕事の一つである（現在太田ラインに引きつがれる）。

③　原水爆禁止運動

広島・長崎などで前々からあった運動であったが、昭二九・三ビキニ事件で明確な運動の形とする。

昭二九・八　日本原水協が発足。

昭三〇・八　第一回原水爆禁止世界大会が広島で開かれる（現在第五回）。

④　憲法擁護運動

昭二九・一・五発足

以上からの特色。

①　昭二九—三〇にかけて出揃い、国民的運動として発足している。

②　凡ての形態はサンフランシスコ条約、就中安保条約批判を前提に生じている。

③　現在の憲法を支柱としてなされている。

権力との衝突を覚悟してなされたのは正に憲法の支えがあったからである。

3、基地反対運動

(1)　四つ山がある。

①　内灘村試射場設置反対運動（昭二八）

②　砂川町基地反対運動（昭三〇・五—昭三〇・八、九—実力行使、昭三一・一一—乱闘騒ぎ）

測量中止を決定（最初の勝利）

砂川判決

③　茨城百里ヶ原滑走路拡張問題

三七〇〇米（沖縄の長いのが三六〇〇m）基地問題だが、自衛隊の基地という点で異なる。

## 第15回例会（昭和34年10月24日）

三一・八・一〇　基地反対同盟

駐留軍の場合の基地収用は特別法によるが、これは異なり、現在滑走路はできていない。

④　外には昭三〇・四・一九日米共同声明、防衛分担金を削るかわり、五―六滑走路の延長をする―基地反対運動が出る

(2)

基地反対運動は他の運動と異なる形態のものである。

①　基地反対は平和の思想から始まったものではなく、地域人の生活とぶつかる社会問題として出てくる。従って闘争は実力的になってくる（小さな闘争の形をとる）。

②　農山漁村が舞台になる。日本社会の底の方に起る。

③　憲法擁護などの高級な問題を考えた人たちでない人の間に起るが（権現の森に座りこみをやる、智識・腹ができてくる、例―砂川大学）、闘争を通して知識を得る。成長してくる。

内灘と砂川を比較すると、

①　内灘では結果は敗北だったが、安保条約が重い軛として出てくる。左派社会党として懸命の活動をする。野溝勝「起き上る基地日本」の中で「軍事基地闘争が両条約に対する以上、日本のどこかに基礎が設定される。」

最後には負けるけれども、社会党支持者の組織ができれば上々であり、社会党員がふえて国会で条約を廃止すればよいというのが社会党の方向であった。

②　砂川では話が違い、昭三九・二・二八（行政協定調印の日、条約発効の日）に首相官邸におしかけ、安保条約破棄を唱える基地反対運動の発展の中からこの動きが出てきたことは大きい。

4、安保阻止運動小史

昭三二・二・二八に文化人の協力を得て、安保条約再検討の声明がでる（最初の態度の表明）。

声明書（砂川事件との関係で）「根源は安保条約にある。第二、第三の砂川が出てくるから、安保条約は再検討の必要がある。財政界人の中からも改廃の必要性を説くものがあり、国民的結集となるであろう。」

現行安保条約改定の立場でゆくか<br>
軍事基地撤廃（中立）の方向でゆくか }で議論が分れたのであるが、上の声明となる。

この声明に対して、岸首相は三月一二日に参議院予算委員会で「文化人の世論形成には耳をかさねばならない」。三・一五に「安保条約の再調整の時期にきている。」という。

安保改定の特集を各紙が始める。

四月二八日補足声明を出す。政府の声明とは異なり、憲法擁護の線なのだと補足する。

どこまで原則を出すか。原則を出さないで協力者を募るかの問題がある。この後は声明がとぎれる。

（警職法の問題などがあって、）今年の始めから、警職法問題の片がついて、「安保問題研究会」をつくり今日に至る。

最初は署名の運動である。研究会でいくつかの論点を出し、改定方針について「深い危惧の念を表明する」という声明を三月二七日に出し、賛成者の署名を募る。成績よし、もっぱら学術研究者にうったえる。

｛五・二九　六〇〇名
一〇・一七　二一九八名｝署名をいただく。

特に、地方学術研究者にも安保問題研究会支部が生まれている。

一〇・一七日に藤山外相に質問状を出す。八項目（朝日夕刊に出ている）、こちらの言分を徹底的に書いたものを出そうということになり、八項目の質問状に質問の内容を明らかにしたものを添附した（朝日ジャーナルにのる）。近藤シン一局長が藤山の返事を受けとるはず。

一〇日前、未来の同人（丸山ほか）で声明を出す。

一〇月九日安保批判の会、作家を中心として。

5、一一月二七日をめざして、―労働組合の動きをめぐって

(1) 労組の動きも砂川問題まで遡るのが普通の見方である。

何故なら昭三〇の総評大会で高野が退陣、岩井・太田ラインが始まるが、高野は統一戦線的の方向、対して岩井・太田は社会党本位の線で、三〇年の秋に太田の最初の仕事として砂川問題が始まる。

私の感想では、野溝勝氏の根本的方針の線で社会党は砂川にぶつかる（世界三一年一日号砂川の匿名時評によくでている）。

土地の人は土地をとられては困るというのが出発点であったが、外部団体に対して疑惑の念ももっており、社共を仲よくさせる試みをする。東京地評がまとめる側にまわり、三二年秋には全部旨くまとまる（全学連、社、共、中立組合）。砂川闘争を通じて団結する。

これが三三秋の警職法改正反対運動での統一行動の原因となる。労働組合の発展に対する砂川の寄与を見のがしてはいけない。

(2) 三四・三・二八発足した安保条約改定阻止国民会議、現在、社共が重要な地位をしめるが労働者側の包括的団体である。

国民会議の仕事―四・一五日統一行動の日（第一次）

四月二三日の都知事選挙の前で選挙期間中であるため、トラックに安保改訂のスローガンを掲げられなくなる。砂川判決支持を中心として行う。

第二次、五月二三日　東京中央集会は雨で流会

第三次、六月二五日　統一行動の最初の大きな動き

参加人員―一六〇万、集会場所―一〇〇ヶ所

第四次　七月二四日　二〇〇万参加、三〇〇ヶ所集会

大きな集会のみならず小集会の行われたことが特色、台東区

を除いて凡ての区でデモ等行われる。

第五次　八月六日広島原水爆禁止を中心として、

六〇単産、三〇〇万　後楽園への求心デモ

六次　九月四日　勤評問題を中心として

三〇〇ヶ所、一五〇万人

七次　一〇月二〇日　炭労問題を中心として

八次　一一月二七日　ゼネストにもって行こう

三次と八次とを比較してみると（東京に限定して）、六月二五日の統一行動の推進のエネルギーは（二〇―三〇中小企業のストライキがある。泥沼、長期化、類型的）中小企業ストに求められた。東京から出発したデモ隊がスト中の職場を訪問しながら日比谷に集まるという求心デモ、上の組合に向っての連帯デモの実施、松川事件などをまきこんで行われた。

八次ゼネストについてもこれに似た形式を考え、中小企業のみならず、炭労組織を守るエネルギーと結びつけて行われる。九州―北海道から東京への求心デモを計画している。これがどう進行するか分らないが、五次後は中だるみといわれているので（市民の立ちおくれ）、五次のことを考えないわけにはいかない。五次は全日本的規模のものであった。東京、新潟、与論島を出発点として広島に向う（一〇〇〇万人）、原水爆禁止と安保は一本に結びついていた。ところが、二つの運動を区別する動きが現れる（政府、地婦連、日本青年団協議会、共産党野坂参三、社会党曽根益、総評政治部長小山が反対）。

世界大会一七会場中、一〇会場が安保条約改定阻止の決議、五会場確認

大会宣言ではこの問題を盛りこまなかった。運動が進んでいるにも拘らず、改定が筋書通り行われると憲法に対する決定打となりかねないから。

理由は法的な条約優先との関係をめぐって、政治の現実からも条約優先の動きとなっており、憲法の生命を危ぶむ医者の集まりが我々の集りである、と。

〔討　議〕

辻　原水爆禁止と安保の両方をゴッチャにしちゃいかんといった者も反省しているか、社、共などどうか。

清水　正式の声明はないが、まずかったように思うといっているようだ。

原水禁運動は署名から始まったのだが、始めは署名に対して緊張して行ったが、次第に署名が普通になり、誰でもこれを利用しなければならないということになる。地方公務員、地方自民党有力者が旅費をもらって禁止運動に出てくる。ポストにつく人が出てくる、顔だけ出すということがある。野党的性格が

なくなってくる。

与党的性格が出てきていて安保問題を持ち出すと大変なので切り離してしまう。

原水爆禁止運動の基盤を考え直さねばならない。

辻　一緒にしようとする人にこの辺で転換を計ろうとする動きはなかったか。

清水　色んな動きがあったが、皆一緒にしちゃいけないという要求であった。

我妻　切り離したのが失敗だったという意見があったが。

清水　どっちともいえない状態と思う。失敗の発言はやり易いが、圧倒的かどうかは問題だ。

我妻　具体的問題から出発するか、一般的問題から出発するかの問題がここで出ているのではないか。

一般人はつきつめて考えもしないので一般的に原水爆禁止をいい、安保が出てくるとやめるということになるのだろう。

清水　二〇回スターリン批判（ソ共産党大会）・六全協の転換から、幅を広くしたことが方々へ影響を与えている。ソ連の方向転換がひびいてきたと思う。

又、日本の政治の中で政府権力が強く出て、組織が分断して思うようにいかず低姿勢の言葉がでてくる（低姿勢が正しい態度かどうかわからない）。

緊張緩和、国際的緊張がなく、戦争がないだろうとの諸要因がからみ運動が妥協的になり、心理的コンプレックスが出ている。

分けたことがいけないというので話をよくしようとの意見はない。

久野　地方大会からの選出者の幅が広いので、その弱さから空廻りになる（地方からの補助費一五万が自治体から出ることなどもからんで）。

自分達の代表を自分達の金で送ってやるということにならなければならない。この金の問題が一番大事だと思う。

中村　原水協と安保を切り離すという批評は実際の運動の立場からの意見であり、清水氏は理論上の問題として本質的に同じ問題だと考えた。

原水爆の問題は、事の本質の外に会場の中でその本質は実っているということで、原水協は二つをくっつけているということになる。切り離すという批評は自民から共産までの運動の便宜的方向からいわれている。

清水　ただ何のために広げているのかがあいまいになってきている。

久野　仲間が金を醸出して代表者を出し、議論をするんなら結合は強力になるだろう。

清水　年中行事化しつつある。すぐ来年の行事が問題になると、広範な人間を包括するといいながら、問題を啓発する運動（努力）が行われなくなる。

我妻　クリスマスを広げるために宗派を超越した目標をつくるというのと同じで、お祭りにしてはいけない。

辻　警職法の問題との比較は。

運動の中心者は何か考えておられるか。

清水　組合の方では今度は伸び方が弱いといわれている。

安保改定反対は一般婦人によびかけるのに改定は危いといえばわかってくれるということが前提にあるが、労働者は安保はいかんといっても解らないということが前提とされている。

安保と経済問題をくっつけないと安保の中に労働者が入らない。そこで中小企業、炭労の問題が出てくる。日本の危機感の中で浮いていなけりゃいける。危機感のある者の中には安保はよく入るが、日の入る職場の人の中には入らないものであるのではないか。

我妻　推進のエネルギーについて安保改定をやる人が意識的に何かを求めているのか。

清水　意識して結合点を求めている。それを求めて労組指導者が苦労している。

戒能　安保は軍需生産会社の中に入り易い。ところが中小企業は安保との関連性を認めず、何故結びついているのかの説明が必要な面があると思う。

清水　婦人運動家には安保改定すると豆腐五円上がるから運動をやろうという。だから論理的結合を求めないといけない。

豆腐が五円下がると賛成にするのか、身近なものとくっつけないといけないのだろう。

中村　警職法との関連の問題で、安保は労働組合内部では清水氏の話は適用があるが、労働者全体としては上からいわれてせいぜいやるという感じで、どれ程自覚されているか分らない。西尾氏は警職法は現在より悪くなることがはっきりしているが、安保で悪くなる程度がはっきりしないのでわかりにくく漠然としているという。

清水　憲法改正反対と安保反対との性格は異なるので、安保反対は望ましからぬ既成事実との関連で日本全体の革新の中で性格をうち出さないと、わからないのではないか。ところがその革新のビジョンがなく、警職法反対と同じ姿勢の中で行われている。

未来の眺望の代用が緊張緩和の状勢だと思う。世界が旨く動いているのでそう反対しなくてもいいのではないかということになっている。

フルシチョフ演説が実現すると考え、それを前提に運動方針を考えなけりゃいかんということを共産党がいう。現在を過去として取り扱っている。植民地支配があっても、軍備徹底が実現すれば、素手の支配関係が生まれるから、植民地支配はかまわないという。

戒能　六全協前後から共産党はビジョンを出さなくなった。グニャグニャになっている（向坂氏の例？）。

辻　楽観の映像をつくり、それによっかかっているのであろう。

憲法問題研究会としては安保についての態度をはっきり出すということで、何らかの声明を出したらどうかと思う。

我妻　何か実行するか。もう一辺何かやってみるか。

家永　専門の人で委員会をつくって検討してみてくれ。

我妻　やり方や時期を考えねばならぬ。

今やらなければいけないのか。前に入江の意見をきいたがもう一辺意見をきいてみたい。

小委員会といっても方々で検討しているので小委員会はいらない。論点を出せば議論ができると思う。

中村　個人としては賛成だが、会として声明を出すのは異論があるかどうかをもう少し考えてからしてはどうか。

辻　勇ましいものを出すのは疑問で、何らかの声明を出そうということをいっただけ。

戒能　一ヶ月ぐらい先に安保の条文が出ると思うが、朝日のは公式の発表ではない。

中村　新聞のは大体決った点だけ。

辻　正式に発表された時にすぐ声明を出せばよい、準備は新聞のものでいいだろう。

中村　調印前にやればいいだろう。

眞野　しかし調印はひそかにやって調印後発表するのだろう。

戒能　Japan Times 二〇日号に出ている英文がそうか。

久野　憲法にどういう影響を与えるかの問題にしぼって。

我妻　この次、その問題を白紙から討論してみよう。

## 〔要　旨〕

―安保改定阻止の運動―

清水幾太郎

〔報　告〕

I、序

この運動は現在進行中であり、問題全体にわたる信頼に足る資料が乏しいので、暫定的な報告としたい。四点について論ずる。

(1)　戦後の平和運動

(2)　基地反対運動

(3)　安保改定阻止運動小史

(4)　労働組合の動きをめぐって（二一・二七のゼネストまで）

Ⅱ、戦後の平和運動

戦後一五年について、便宜上二時期にわけて説明する。

①昭二〇夏—昭二四　②昭二四—今日まで

1、第一の時期

平和礼賛の時期であるが、それは世界の大勢への信頼から、過ぎ去った戦争との関係だけで考えていたにすぎず、従って、平和の論議は抽象的であり、また、それで充分であった。その形象化が昭二二・五の新憲法であった。

2、第二の時期

(1)　媾和の登場により、平和問題が過去との関係を離れて抽象化し、未来との関係（日本民族、世界大勢の）で問題になる。その方向は日米権力者の政策に支配され、単独媾和の動向である。

一方、全面媾和論は、純粋理論との関係で、軍事基地反対、憲法擁護の諸問題とからんで、中立の問題として現れてくる。この考え方が、その後の平和運動と関連し、権力との結びつきの薄い弱い形をとる。

(2)　全面媾和論と単独媾和論の違いは、単に量的なだけでなく質的なものである。かりに量的だとして、その差を取り戻す失地回復運動が平和運動の特質である。即ち、

①　日ソ・日中・東欧国交回復運動は、単独媾和で果し得なかった諸国間との媾話の問題を、接待外交の形で後から全面媾和の形にしようとの運動である。

②　軍事基地反対運動

この運動は、日本全体においても広く見られた事実であり、例えば、平和問題談話会において全面媾和・単独媾和に対する評価がまちまちであっても、そして、単独媾和をどんなに高くかった人も日本の基地化には一致して反対の態度をとった。

初期において山をなすものは、昭二八夏の内灘試射場設置反対運動であるが、その後、昭三〇・六・二三に一〇〇名が東京に集まり、軍事基地反対闘争全国会議が開かれ、全国軍事基地反対連絡会が発足する（これは高野実氏が、事務局長としての最後の仕事の一つであり、現在、太田ラインに引きつがれている）。

③　原水爆禁止運動

広島・長崎では前からあった運動だが、昭二九・三ビキニ事件で明確な運動の形をとり、昭二九・八に日本原水協が発足する。昭和三〇・八に第一回原水爆禁止大会が広島で開かれ、現在は第五回である。

④　憲法擁護運動（昭二九・一・一五発足）
(3)　以上の運動の特色といえるものは、
①　昭二九から三〇にかけて出揃い、国民的拡がりをもって発足していること。
②　凡ての形態が、サンフランシスコ条約、就中、安保条約批判を前提として生じてきたこと。
③　現行憲法がその運動の支柱であり、従って、権力との衝突を覚悟の上でなされたのは憲法の支えがあったからである。

Ⅲ、基地反対運動
1、経過について
(1)　内灘試射場設置反対運動（昭二八）
(2)　砂川基地反対運動（昭和三〇・五——）
昭三〇・八・九実力行使。昭三一・一一乱闘騒ぎ、測量中止を決定。砂川判決。
(3)　百里ヶ原滑走路拡張問題（三七〇〇メートル、比較・沖縄の最長三六〇〇メートル）
昭三一・八・一〇基地反対同盟。基地問題のうち、これが自衛隊の基地についてである点が、他のそれと異なる。現在、滑走路はできていない（駐留軍基地の土地収用が特別法によるものとは異なるから）。
(4)　昭三〇・四・一九日米共同声明、防衛分担金を削るかわりに五—六滑走路の延長をすることをきめる。
2、他の平和運動との比較上の特色
(1)　運動は平和の恩恵から始まるのでなく、地域人の生活とぶつかるところの社会問題として出てくる。従って、闘争は小さな革命—実力的になってくる。
(2)　日本社会の底の方、農・山・漁村が舞台となる。
(3)　憲法との関係などを考えない下層の人々の間に起るが、闘争を通して成長してくる姿が見られる（例、権現の森のすわりこみ、砂川大学）。
3、効果（内灘・砂川の比較を例として）
(1)　内灘では結果は敗北であったが、社会党支持者の組織ができ党員がふえて、国会で条約の廃止ができればよいというのが社会党の考え方である（野溝勝氏「たちあがる基地日本」）。
(2)　砂川では昭和三二・二・二八（行政協定調印・条約発効の日）に首相官邸におしかけ、安保条約破棄を唱える。基地反対運動の発展の中からこの主張の出てきたことは大きい。

Ⅳ、安保改定阻止運動小史
1、最初の態度の表明

昭三二・二・二八に文化人の協力を得て、安保条約再検討の声明が出る。声明書は砂川事件との関連から、砂川事件の根源が安保条約にあることより、その再検討と改廃の必要性を説き、運動の国民的結集となることを声明する（安保改訂の主張をとるか、軍事基地撤廃・中立の方向をとるかで意見が分れる）。

この声明に対し、岸首相は参院予算委（三・一二）で文化人の世論形成には耳をかさねばならぬことをいうが、三月一五日には、安保条約の再調整の時期にきていることを言明する。

2、昭三二・四・二八に憲法擁護の線からだとの補足声明を出し、各紙も安保改定の特集を始める。警職法の問題が起り、その後は声明がとぎれる。

3、昭三四初「安保問題研究会」結成

最初は署名運動―研究会で論点を出し、改訂方針に危惧の念を表明するとの声明書（三月二七日）と共に、専ら学術研究者に署名をつのる（五・二九―六〇〇名、一〇・一七―二一九八名）。

地方の学術研究者の間にも、安保問題研究会の支部が生れる。

4、昭三四・一〇・一七藤山外相に八項目にわたる質問状を出す。その他、一〇・七未来の同人の声明、一〇・九安保批判の会（作家中心）など。

V、労働組合の動き（一一月二七日をめざして）

1、砂川問題

昭三〇総評大会―高野退陣、岩井・太田ライン成立。三〇年秋の砂川問題は太田の最初の仕事であり、社会党としては野溝勝の方針でこの仕事に立ち向う（参照、世界三一年一月号時評）。

土地の人は外部団体に対して疑惑の念をもつが、社・共連携の試みをする。三二年秋には、社・共・全学連・中立組合など全部が協同し（東京地評がまとめ役）、闘争を通じて団結する（砂川問題の労働組合の発展に対する寄与は大きい。これが三三年秋の警職法改正反対運動での統一行動の原因となった）。

2、安保条約改定阻止国民会議

昭三四・三・二八に発足し、社・共が重要な地位をしめる。労働者側の包括的団体である。

(1) 国民会議の仕事

① 第一次統一行動（四月一五日）

四・二三の都知事選挙のため、トラックに運動のスローガンを掲げられず、砂川判決支持を中心として行う。

② 第二次（五月二三日）―東京中央集会は雨で流会

③ 第三次（六月二五日）―統一行動として最初の大きな動き。参加一六〇万、集会個所一〇〇ヶ所

④ 第四次（七月二四日）―至るところ（台東区を除く凡ての区）で小集会の行われたのが特色。参加二〇〇万、集会三〇〇ヶ所

⑤ 第五次（八月六日）―広島の原水爆禁止を中心として後楽園への求心デモ。六〇単産、三〇〇万参加

⑥ 第六次（九月四日）―勤評問題を中心として、一五〇万参加、三〇〇ケ所

⑦ 第七次（一〇月二〇日）―炭労問題を中心として

⑧ 第八次（一一月二七日）―ゼネストを行う。

(2) 行動の比較（東京に限定して三次と八次の）と反省

① 第三次行動推進のエネルギーは中小企業スト（二〇―三〇の中小企業ストがあり、泥沼化・長期化し、類型的）に求められ、スト中の職場を訪問しながら日比谷に集まるという求心デモで、連帯ストの実施。松川事件をまきこみながら行った。

② 八次ゼネストはこれに似た形式を考え、中小企業のみならず、炭労組織を守るエネルギーと結びつけて行われる。九州、北海道から東京への求心デモの計画である。

③ 第五次行動以後は中だるみといわれている。第五次は東京、新潟、与論島を出発点として広島に向い、参加一〇〇〇万の全日本的規模のもので、原水爆禁止と安保とが一本に結びついていた。ただ、この両者の運動を区別する動きが現れ（政府、地婦連、日青協、共産党野坂氏、社会党曽根氏、総評小山政治部長が反対）、世界大会一七会場中、一〇会場が安保条約改定阻止の決議、五会場が確認をしたが、大会宣言では、この問題を盛りこまなかった。

3、若干の感想

運動が進んでいるにもかかわらず改定が筋書通り行われると、憲法に対する決定打となりかねないし、政治の現実も条約優先の動きがあり、憲法の生命を危ぶむ。

〔討議における論点〕

1、安保改定反対運動と原水爆禁止運動

(1) 第五次統一行動において両運動を切り離して行ったのが失敗であるかどうかについては、色々の意見があってどっちともいえず、両運動がその性格から考えてなじまないものはあった。即ち、

① 原水禁運動は署名から始まったものだが、その最初の

段階では緊張感があったが、次第にルーズとなり、誰でもそれを利用しなければということで、地方公務員・地方自民党有力者が旅費をもらって出てくる（地方自治体から一五万の補助費が出る）というように、地方大会からの選出者の幅が広くなり、野党的性格が薄らいできた。それで安保問題を切り離すということになる。

② 又、一般人は一般的立場から原水爆禁止をいうのであって、そのため安保問題が出てきて、運動をやめるということにもなるのだから。

(2) これに対する反省としては、①に対しては、自分達の代表は自分達の金で送ってやるということで結合を強めると同時に、年中行事化しつつあるこの運動が、クリスマスを広げるために宗派を超越した目標を立てるということのないように、広範な人間を包括するということを反省し、問題啓発の努力を払わねばならないと思う。②については、原水爆禁止の基盤を考え直し、両運動を同時に行っていくためには運動の転換を考慮する必要がある。

(3) 何れにしても、両運動を切り離して行おうとする趣旨は、運動についての実際上の立場からの意見であり、両運動を一緒に行おうとする考えは、理論的に、両者がその本質を同じくすると考える理論的立場からの意見である。

(4) 運動が弱体化してきた理由としては、第二〇回ソビエト共産党大会における方向転換（又、六全協の転換も）の影響で幅を広くしたこと、日本の政府権力が強く出て、組織の分断が行われ、低姿勢をとったこと、国際間の緊張緩和から運動が妥協的となったことである。

2、安保改定運動推進のために

(1) よびかけの対象とその困難性について

警職法の場合との比較で問題となり、労働者にとっては、安保問題はそれを経済問題と結びつけないと理解されない（従って、中小企業や炭労にはこの点が問題である）。従って、労働者全体としては、上からいわれて、せいぜいやるという程度である。それは、警職法では、現在より悪くなることがはっきりしているが、安保改定では悪くなる程度が理解されにくいからである。

婦人にとっても、豆腐が五円あがるという形で結びつけば運動に参加するだろうから、身近な問題に結びつける必要がある。

(2) 推進の方法

以上のことから、推進のエネルギーを高めるためには、指導者層が意識して論理的結合点を求めねばならない。

ところが、未来の眺望として、国際間の緊張緩和状勢から

（フルシチョフ演説が実現すると考えて）、世界が旨く動くと考えて、その前提から、植民地支配があっても軍備撤廃が実現すれば素手の支配関係であるからかまわないということで、革新的ビジョンがグラグラしている（例えば、六全協前後の共産党など）。

これは、現在を過去として取り扱っているのであり、その点、安保反対は、日本全体の革新のなかで性格をうち出していかないといけない。警職法反対と同じ姿勢のなかで行われてはならないのである。

3、会として安保問題についてとるべき態度

会員より何かの声明を出したらどうかとの提案があり、この次の会で、この問題が憲法にどういう影響を与えるかの問題にしぼって、白紙の状態から討論してみることになる（Japan Times 二〇日号に英文が掲載されているとのこと）。

# 第一六回例会（昭和三四年一一月一四日）

## ―安保改定問題について―

佐藤　功

**〔資　料〕**

〈編者注　本〔資料〕中の〈　〉は、「報告」の際の編著者の加筆〉

〔一〕　安保条約改定案（昭三四・一〇・二七　毎日）

日本国とアメリカ合衆国との間の相互協力および安全保障に関する条約

前文　日本国およびアメリカ合衆国は、両国の主権の平等を認め両国の間に存在する伝統的な平和および友好関係を強化し、民主主義秩序の維持発展と個人の自由および法の支配の原則を擁護するため相互に協力することを確認し、かつ両国の国民の間の一層緊密な経済的および文化的関係を促進してその経済の安定と福祉の増進をはかることを希望し、

国際連合憲章に定められた目的および原則に対する信念を確認し、平和を破壊するに至るおそれのある国際的の紛争または事態の調整または解決を平和的手段によって実現し、この憲章に従って負っている義務を誠実に履行することを決意し、

国際連合憲章第五十一条に掲げる個別的または集団的固有の権利を有することを確認し、

極東における国際の平和と安全維持に対する決意を宣言することを希望し、

つぎのとおり協定した。

第一条　両締約国は、国際連合憲章の規定するところに従い自国が関係するいかなる国際紛争をも、国際の平和および安全と正義を危うくすることのない方法で平和的手段によって解決すること、ならびにその国際関係において武力による威かくまたは武力の行使をいかなる国の領土保全または政治的独立に対するものも、また、国際連合の目的と両立しない地のいかなる方法によるものも慎しむことを約束する。

両締約国は、他の平和愛好国と共同して、国際の平和および安全を維持する国際連合の任務が一層効果的に遂行されるよう国際連合を強化することに努力する。

第二条　両締約国は、自由な制度を強化し、またこの制度の基礎をなす原則の理解を促進し、更に経済の安定と福祉の条件を助長することにより、平和的かつ友好的な関係を一層発展させるため努力することを約束する。

両締約国はその国際経済政策上の摩擦を除去することに努め、かつ相互の経済的協力を促進するものとする。

第三条　両締約国は、個別的及び相互に協力して、継続的及び効果的な自助及び相互援助により、武力攻撃に抵抗するそれぞれの能力〈軍事力といわない〉を自国の憲法の規定に従うことを条件として維持し、かつ、発展させる。

第四条　両締約国は、この条約の実施に関して随時に、また、いずれか一方の締約国が極東または日本国における国際の平和と安全が脅かされていると認める時はいつでも協議する。

第五条　両締約国は、日本の施政下にある領域におけるいずれか一方の締約国に対する武力攻撃が自国の平和及び安全を危くするものと認め、自国の憲法の規定と手続に従って共通の危険に対処するため行動することを宣言する。

前項の武力攻撃及びその結果として執ったすべての措置は直ちに国際連合安全保障理事会に報告しなければならない。

この措置は、安全保障理事会が国際の平和及び安全を回復し、かつ維持するために必要な措置をとった時は終止しなければならない。

第六条　日本国は前条の目的に合致し、また日本国と極東における国際の平和と安全の維持に寄与するため、領域内にアメリカ合衆国の陸軍、空軍及び海軍を配備することを認め、これに必要な施設及び区域の使用を許与する。

日本国における合衆国の軍隊の地位、ならびに施設及び区域の使用については、一九五二年二月二八日東京で署名された日本国とアメリカ合衆国との間の安全保障条約第三条に基く行政協定に代る両国間の協定によって決定する。

第七条　この条約は、国際連合憲章に基く両国政府の権利及び義務、または国際の平和及び安全を維持する国際連合の責任に対してはいかなる影響を及ぼすものではなく、まだ及ぼすものと解釈してはならない。

第八条　この条約は、日本国及びアメリカ合衆国により、それぞれの憲法上の手続にしたがって批准されなければならない。この条約は両国が東京において批准書を交換した時に効力を生ずる。

第九条　この条約が効力を生ずると同時に、一九五一年九月八日サンフランシスコ市で署名された日本国とアメリカ合衆国との間の安全保障条約は効力を失う。

第十条　国際連合が日本区域における・国際の平和と安全を維持するため十分な措置をとったと、日本国及びアメリカ合衆国の政府が認めた時には、この条約を終了させる。

前項の規定にかかわらず、この条約が効力を生じてから十年を経過した後は、いずれか一方の締約国が他方の締約国に対し、文書による通告を行ってから一年後にこの条約を終了させることができる。

**交換公交一**

（事前協議に関するもの）アメリカ合衆国政府は、日本国の領域内にある合衆国軍隊の配備及び装備に関する重要な変更を行おうとする時、または、日本国の領域内における施設及び区域を日本防衛以外の目的で作戦行動に使用しようとする時は、それらに関して日本国政府と事前に協議するものとする。

**交換公文二**

（関連協定の改定に関するもの）この条約の効力発生にともなって、一九五四年二月一九日東京で署名された日本国における国際連合の軍隊の地位に関する協定、及び一九五四年三月八日東京で署名された日本国とアメリカ合衆国との間の相互防衛援助協定については所要の変更が加えられなければならないので、両国政府は当然行わねばならないその修正について合意する。

〔二〕　改定案の主要内容（高橋条約局長・ジュリスト一八八号）

一、国連憲章との関係〈一般的関係・前文、一条、七条　特別の関係・五条二項、三項〉

二、政治的・経済的協力の一般原則〈二条、前文〉

三、ヴァンデンバーグ決議の精神を体した条文〈三条〉

四、米国の日本防衛義務――日米両国の相互防衛義務〈五条〉

五、米軍に対する日本の施設・区域の使用の許可〈六条、交二〉

六、協　議〈四条、交一〉

七、期　限〈一〇条二項〉

〔三〕　安保問題研究会の藤山外務大臣への質問書（項目）（三四・一一・一　朝日ジャーナル）

一、最近の国際関係をどう考えられるか

二、日本は軍縮で世界をリードすべきではないか

三、改定の「期限一〇年」は時代逆行ではないか

四、ヴァンデンバーグ決議の趣旨の織込みは違憲ではないか

五、日本の中立化は「理想論」だろうか

六、改定は日中関係をさらに悪化させないか

七、改定のもたらす具体的利益は何か

八、核兵器拒否がなぜ条文にうたえぬか

〔四〕　改定案における憲法上の問題点

改定案の基本方向――中心――は、「片務性を双務性へ」〈対等性〉――相互防衛義務――軍事同盟的性格の強化――にある。これと憲法との関係が問題になる。

㈠　ヴァンデンバーグ決議の趣旨の織込みと憲法

1. 憲法における自衛権・戦争・戦力〈憲法九条の解釈論を含めて〉
2. ヴァンデンバーグ決議と現行安保条約
3. ヴァンデンバーグ決議の織込み
イ 軍事力の維持と発展（第三条）
ロ 相互援助（第五条）
ハ 「憲法の規定に従うことを条件として』（第三条）「憲法の規定と手続に従って」（第五条）の意味
a 再軍備問題（第三条）、（ＭＳＡ協定〈防衛力の増強を義務づけられていたから同じ問題があった〉との関係）〈日本が自主的に決めるので法的義務づけではなく訓示的、新たな義務を負わない〉
b 海外派兵問題（第五条）〈これが問題になっても前の条件がついているから違憲ではない〉
c 「協議」（第四条　交換公文一〈拒否を含むのかが問題である、外務省側はノーといえるという〉の効力）

(二) 憲法の予想する安全保障方式と安保条約
1. 憲法の本来予想した方式は、理念的には世界連邦的な方式、それに至るまでの過程における現実的方式としては、非武装中立主義の方式ではないか。
2. 国際連合による安全保障の方式〈1以外の方式では〉
イ 国際連合（の軍隊）による安全保障を憲法の承認する「最低線」である、とする解釈（砂川事件伊達判決）
ロ 憲法前文には国際連合の軍隊に頼るべきであるという趣旨は全く述べられておらず、また、国際連合の機能が不充分なときに、それを補充するため、他の外国の協力によってわが国の安全を守ることを少しも禁じていない、とする解釈（砂川事件上告審の検察側主張）
ハ 安保条約の性格は国連憲章の精神に一致するものであるか
a 「集団安全保障」の概念〈軍事同盟的なものも集団安全保障というがルーズな使い方である〉
b 国連憲章第五一条の集団的自衛権〈これと安保とは一致しない〉
3. 安保条約（改定）に代るべきものは何か
イ 永世中立の宣言
ロ いわゆるロカルノ方式〈社会党がいう〉
ハ 中立的な諸国の軍隊より成る国連警察軍の駐留（坂本義和「中立日本の防衛構想」世界・三四年八月号）
ニ 改定阻止の効果（改定は現行条約の暫定性をとり除いて安保体制を恒久化するものである〈安全性のため一〇年期限とする〉。それを阻止することの意義）〈阻止したときの対案がない

場合阻止の効果は、現行を暫定としておけば廃止へのステップとして効果があるのではないか〉

㈢　安保条約（改定）と憲法解釈の態度

「元来、憲法はわが国の国家としての存立を前提とする。憲法が国の安全を保持するため、予めその手段方法を定めることはもとより可能であるが、かかる手段方法を定めていないのは、むしろ憲法の英知である。しかも憲法は、国の安全保持を国際連合の集団安全保障に求めることを始め、中立方式をとること、または自衛戦力を保持することや、防衛のため外国軍隊を駐留させることは、いずれも禁じていない。しかし現実の環境と情勢に即して、どれを選ぶかは、もっぱら国会及び内閣が決定すべき政策問題とされているのであって、憲法の解釈問題ではない」という見解（砂川事件上告審の検察側主張）〈マーシャルの言葉「憲法の解釈は法律の解釈と異なり流動的に時代に応じて合目的的に解釈すべきである」を引用〉

〔五〕　西ドイツ憲法の場合との比較〈日本の場合と共通点あり〉

㈠　NATO――欧州防衛共同体条約（EDC）〈NATOをEDCの下部機関とする、フランスが反対し成立しない〉――パリー協定〈ブリュッセル条約の改定版、ドイツがパリー協定に加盟することでNATOの加盟国となる〉――基本法改正

㈡　西ドイツ基本法関係条項

第二四条⑴　連邦は、法律により、その高権（Hoheitsrechte）を国際機関に移譲することができる。

⑵　連邦は、平和を維持するために、相互集団安全保障制度に加入することができる。その場合、連邦は、ヨーロッパにおいて、ならびに世界各国民の間に平和で永続的な秩序をもたらし、且つ保障するところの高権の制限に同意する。

第二六条⑴　国際間の平和的共同生活をみだし、またその意図を以てなされる行動、特に侵略戦争の遂行の準備は、違憲である。これらの行為は処罰せられる。

⑵　戦争遂行のための一定の武器は、連邦政府の許可を得てのみ製造し、運搬し、取引することを要する。その細目は連邦法律でこれを定める。

第四条⑴　信仰及び良心の自由、宗教的ならびに世界観的告白の自由は侵されない。

⑶　何人もその良心に反して、武器を以てする軍務に強制されない。その細目は、連邦法律で定める。

㈢　EDC条約批准の際の憲法論争の主要論点

1.　基本法は、軍事高権の存在を認めていないのではないか〈NATO・EDCが仮に基本法第二四条二項の相互集団安全保障制度に核当するものであるとしても、移譲ないし制限さる

べき「高権」の中には軍事高権は本来含まれていないのではないか）〈政府は認めていると主張する〉

2. 第二四条二項の相互集団安全保障制度は、国際連会のごとき組織を予想するものであり、NATO・EDCのごとき軍事同盟条約はこれに属しないのではないか。

3. 基本法がワイマール憲法に見られたような軍事立法権・統帥権・兵役義務等についての規定を設けていないことは、軍事高権・軍隊等の存在を認めない趣旨ではないか。

4. 第四条三項の「良心」は、宗教的良心に限られるものではなく、従って徴兵制度は当然これと矛盾するのではないか。〈政府は絶対反戦論的宗教派のことをいっているという〉

(四) 一九五四年三月二六日の基本法改正

1. 軍事立法権を連邦の立法権に加えたこと（第七三条一号）

2. 平和・防衛に関する条約の合憲性を明らかにするための特別の基本法改正手続を設けたこと（第七九条一項）

3. 右の手続によりEDC条約の合憲性を認めたこと（第一四条A）〈パリー協定の合憲性を認めたもの〉

〈パリー協定承認五五年三月二五日、志願兵法五五年七月〉

(五) 一九五六年三月二二日の基本法改正〈本格的再軍備〉

1. 軍の命令指揮権（第六五条A）〈平時は国防大臣〉

2. 「防衛状態」の決定（第五九条A第一項）〈命令指揮権首相〉

3. 軍の兵量及び組織（第八七条A）

4. 国防委員会（第四五条A第三項）〈議会の常任委員会で軍のコントロール〉

## 〔報　告〕

I 安保問題をとりあげた理由——我妻より

1. 憲法上重要問題であるから

2. 議論の方法

結論を出すことは後まわしにして憲法の立場から検討する。まとまったならば、またその時に考える（発表のために討論するわけでもない）。

II 佐藤報告（〔資料〕参照）

1. 憲法を中心にして安保改定の問題点を提出する。

2. 安保条約改定案の資料

（毎日、一〇・二七　一番新しいもの
朝日、一〇・八以後の解説条文
読売、六・二七

3. 改定案の主要内容

① 藤山　一一月一〇日の中間報告（〔資料〕〔二〕について）

一般的関係（関係の一般的規定）

特別の関係

② 質問の全文―世界一二月号（〔資料〕〔三〕について）
一一月七日回答―八日の各紙に藤山回答のる。
四、
八、｝直接憲法に関係がある。
③ 改定案における憲法上の問題点（〔資料〕〔四〕について）
(一)1、自衛権―固有の自衛権があると学説も認める。
しかし、自衛のための戦争、戦力をもてると解するかどうか。
a 芦田・佐々木―もてる
b 伊達判決、学説―もてない
c 政府の解釈
吉田―近代戦争遂行の戦力はもてない。今のはそうでないから違憲ではない。
鳩山―芦田見解に近づく。
d 砂川上告審検察側の立場は自衛の戦力をもてるとはっきりいいきった（芦田説そのまま）。
2、ヴァンデンバーグ決議と現行安保条約
継続的効果的自助及び相互援助
現行安保条約は日本の防衛力がないから片務的（アメリカに日本防衛の義務があると明示しない）であり、外の安保条約とは変ったものとなる。前文で漸増を期待すると書かれてつながりをつけた。防衛力増強、片務性に対する非難をバックにして改訂がなされる。
3、ヴァンデンバーグ決議の織込み
a 能力（軍事力といわず）、条件を入れたのが、日本についての苦心である。
b 違憲ではないと主張するが果してそうか。
c 協議
日本国内法で協議といった時は拒否を含むと考えてよい。問題は英文（consultation）ではどうか（ノーといえないのではないか）。agreement ではない。
アメリカ側では公文は executive agreement であるので国会には出さない（日本では国会の承認が要る）。

〔討　議〕

真野　協議について和文と英文は違うというが、国内法の場合でも協議について同意を含んでいない。相談するということで協議がととのった時に同意がありうる。協議とは黙ってやっちゃいかんということである。協議は相談するというだけで同意しなくてやっても条約違反にはならないと思う。
日本のも、consultation と同じだと思われる。
佐藤　公法関係で「協議ととのわざる時」は「同意に達しない時」ということで、同意なくかってにできないということになる。

我妻　私法では相手が承知しなくてはいかんということを含む。協議とととのわざる時は家裁ということになる。公法では相手がいやだといってもだめだということもあるのではないか。私法では同意がないとダメだということである。公法では二段に考えるのか。

真野　協議すると書いてある時には疑問が残るだろう。同意がない時はどうするという規定がないと、協議するのみだから相談しろということだけではないか。

労働協約の「協議する」は会社が人事権を行使しているから、これとの比較ではどうなるのか。

戒能　ここでの協議は、山田次官の話だと、アメリカでは協議は同意ではなく、核兵器についていえば同意なんていっておれず、軍としては同意は考えていない。しかし、国防省の考え方は事実上の同意に変ってくるから心配なくとの返事でした。

佐藤　私はこれに同意というのではない、英文でいうと心配だというので。

戒能　同意という形をとると、アメリカはうけつけないから問題にならない。交換公文にする。

邦文でも同意でだめだろう？

真野　通告との違いはどうか。

峯村　労働法学界は真野意見と違う。同意なくしては解雇できないという風に使っている。

宮沢　協議の文字だけでそうはいえないと思う。問題は場合〳〵で違うので、この場合どうかの問題である。この場合、そういう意味になるといわれればしょうがないだろう。戦争の場合こうやっていられるか。法律上、この協議はこうだといい、守られなければどうするかを問題にすべきだろう。

中村　「協議する」と「協議をととのえる」は違うか。

真野　協議ということではととのえるかどうかわからない。黙ってやってはいかんということだけいえる。

戒能　交換公文一の重要な変更とは何か。外務省はわからんという。

都留　米軍の軍隊の施設を日本に知らせる義務はないのか。

佐藤　日米共同委員会で報告するということではないか。

都留　話したくなければしないのだろう。

戒能　行政協定でそれを明示してない。

都留　アメリカ側は詳しい事をいってないのだから協議すると書いてあっても意味はないだろう。

戒能　それは第四条の協議に入るのではないか。

中村　作戦行動についての協議で配備についての協議ではない。

佐藤　引揚げの場合を含むし、それが大きな処だろう。従来米軍の引揚げは一方的に行った。

中村　軍隊の引揚げ、駐留は統帥権の独立みたいなことになるので、そこが重要。

戒能　共同作戦参謀ができれば、そこで協議するのか。

我妻　台湾・中共は、日本では外国と思っているが、そこが襲われた時、四条で協議して派兵ということになった場合、向うの様子はよくわからないということになる。

日本の基地が攻撃された時（五条）日本も巻き込まれる。極東を入れたため日本が巻き込まれることが多くなるかどうか。

外務大臣の答は、台湾が襲われる時は日本も襲われるのだから、それでいいではないかというが。

家永　国際関係を悪玉善玉とわけて、それで判断している印象をうけた。

丸山　極東の安全と日本の安全は一致するという解釈にのっとっている。

大内　極東の中に朝鮮が入るか。

真野　沿海州も入るのだから朝鮮は入る。インドは入らない。中国の一部は入るという。

大内　Far Eastとは何か。

都留　アメリカ国務省では、極東アジア（North East Asia）日本、朝鮮、国民政府、千島で、東南アジア（South East Asia）と区別して考えている。

丸山　Far EastではChinaは当然入る。

インドは入らないだろう。ベトナム、ラオスは問題。

久野　戦力、自衛権、協議、極東の言葉について。

形式論理学では意味についてsharp meaningとunsharp meaningのものがある。

青年、老人の言葉は意味が曖昧である。曖昧な意味に使われているのではない。それで①戦力などはunsharp meaningの言葉か、本来の意味はsharpにして概念規定することができるのか。②客観的に意味がsharpにできなければ誰が決めるのか。政治的に決めるのか。政治的に決められると重大であり困る。

佐藤　国際法の原則では、固有の自衛権という時はsharpであると思う。

久野　拡張解釈がズルズルとなされて真理的になることがよく解らない。

佐藤　藤山は固有の自衛権は否定していないといっている。この場合、自然法、国際法一般原則としても、憲法がそれを制限することができるのか。この点が九条をどう考えるのかの決め手になる。

日本の場合、制限されるということになる。西独の場合はアデナウアーが自衛権あり抗弁権ありという。反対は自衛権があっても戦力の行使は抑えられているという。

我妻　ＥＤＣに入るのは違憲かの問題が出た。

佐藤　いろんな訴訟がおこされたので公布しなかった。判決が出ないうちにパリー協定となり基本法を改正した。

宮沢　久野さんの質問は急所をついた問題で、簡単にはいえないが、sharpについて色んな段階があり、法律にもある。unsharpな場合、誰が決めるか、finalな決め手はないが、実際は官庁、裁判所。

最後は何で決まるかといえば、力の関係、事実関係だと思う。これで歴史的に決まると思う。裁判で片づくのは比較的簡単だが、そうでないことが多い。それを決めるのが力に参加している市民であり、そこに法律学の役目がある。

久野　わかるようにするために、外延とつながっているとき、どこかで切らないといけないが、誰が切るのか。

我妻　最終的には宮沢説だが、決めれば決められるのではないか。

久野　老人といっても六〇歳以上といえればsharpになる。そういう規定をして使ってほしい。

宮沢　立法は闘争の結果だからsharpにしてない場合もある。意識的に、また不注意でも。

都留　条約をつくる時の疑問だが、五条で、一方の締約国だから日本の施政下に米国がありうるということだが、沖縄・小笠原などの施政権をもっている米国のことをいうのか、日本の基地の米軍をもいうのか。

佐藤　沖縄・小笠原は施政下にないということで除かれている。日本内地の米軍である。

都留　五条で、武力行動がいきなり出てくるのでは、米軍が日本にあることが前提となっているのか。

佐藤　駐留を認めるのはすでに前提になっている。

大内　双務だったら、五条でアメリカの施政下にあるという風に書かないと思う。相互じゃない。

中野　consultationだが、この言葉が条約に現れたことがあるのか。例があるとすれば、何故明示しないのか。ないとすれば、明示しない理由は何か。

佐藤　例は知らないが、agreementと書けないのは、同意なんてアメリカは考えていない、核兵器戦争の現段階で。

中野　マラヤとイギリスが安保条約を結ぶ。マラヤの同意が問題となりconsentの言葉が使われていた。力関係がconsentに出せるかどうかになる。

中村　極東以外に軍隊を出すかどうかについていっていない。紛争が極東に起った場合だけ。

協議は米韓で使っている。違うのは、日本の施政下と憲法の規定にあたる言葉がない。米比は合意があるが現行にはない。マラヤは個々の地域があげてあった。

辻　集団自衛権はいつ頃からか。
佐藤　九条は戦力論だから集団安保は講和条約の前後から。
辻　ヴァンデンバーグ決議が何かについてヴァンデンバーグの息子（一九四八）が書いているが、時代が大分異なり、当時の危機感からいっている。国連は機能を発揮せず、国連警察軍は無力。国連改組、拒否権をさけるため決議をしたのがヴァンデンバーグの意図。アメリカが日本の九条をどこまで重視しているか。又、日本の軍国主義をどう考えているかも疑問。危機感の相違があり、問題である。時代が違って、国連中心主義とヴァンデンバーグ決議とは一致していない。
国連が機能しないため地域的自衛権を作ろうということになった。
佐藤　国連憲章五一条は国連憲章からいえば異質であると思う。
憲法解釈の関係ではヴァンデンバーグ決議は違憲である。決議をとり入れることは不可能である。刑法の範囲内で殺人をするというのと同じである。だから反対。
日本政府の解釈がルーズだからというので反対するか、反対の根拠はこの二つである。
辻　国連の無力、攻守同盟的性格などを考慮に入れないで、中間報告で藤山がいっているのは問題、検察上告も同じである。
我妻　始めは西欧との関連で、ヴァンデンバーグは考えていた。日本では海外派兵はできないと思っている。日本の場合はどうしても外れるということはできる。
佐藤　双務的とはいえない。ただはっきりしていないのをはっきりするという。
我妻　アメリカの基地以外のところをやられた時、アメリカが出てくるという点がはっきりしただけである。
戒能　行動をとるというだけで武力行動をとるとはいっていない。
我妻　四条は「協議してしかるべき措置をとる」という感じがする。
戒能　軍事的協議は五条。
我妻　四条は五条よりゆとりのある状態。
鵜飼　ヴァンデンバーグ決議については上院で考えている。スカラピーノの書いたものには国際情勢が変ったので変えていこうという動きがあるという。
上院が考え直すということは既定の事実だ。
大内　この会では討論の上でどう行動するかを考えるのであるが、今日はどうするか。
真野　討論だけをもう一回やったらどうか。
大内　調印は一月だから。
辻　一ぺんは世の中に発言してもいいのではないか。
真野　何か具体案があれば出してほしい。

三条五条は憲法に関係があるのだから、条約にどんな問題があるかお願いできないか。
大内　問題点を辻、佐藤に出してもらったらどうか。
　この次もう一回やるか、やるとした場合の、注文を出してほしい。
戒能　反対の場合、二つやり方がある。
　①条約の憲法上の疑義について指摘する、②反対の決議をする、意見表示の仕方に二通りある。
　疑問のおきる理由をくわしく正確にして、党派に対する質問書を出したら。
辻　一人でも反対があったらやめるか。若干反対の人があってもやるか。
大内　今度のやり方で会の性格は決まってくる。私自身は決めたくない。そういうことを含んでこの次もう一回やり、会のつぶれる危険のないようにやりたい。今日の佐藤案を中心にして諸君にやってもらいたい。
丸山　少数意見をはっきりするということもある。
大内　少数の違いにより決議はしないということもある。
辻　原案の作成は佐藤、辻、鵜飼、中村、戒能でする。
戒能　決議案、問題案どちらで書くのか。
辻　論点を整理するのに精一杯で、審議した結果決めればいいだろう。
谷川　問題案をやりながら決議にもっていけばいいだろう。
丸山　今まで何か質問書を出したものを中心にして。
　佐藤、辻、鵜飼、中村の諸会員に原案を考えてもらう。

〔要旨〕

―安保問題を取り上げた理由の説明―

我妻　栄

Ⅰ　我妻氏より安保問題をとりあげた理由の説明
　1、憲法と非常に関連があり、本会の性格からみて、是非議論すべき問題であること。
　2、議論の方法として、その材料になるものを佐藤氏に作ってもらい、憲法の立場から検討する。発表のために討論するのではなく、又、結論を出すこともあとまわしにして、ただ、意見がまとまったならばまたその時に考えるということで、討議したい。
Ⅱ　佐藤氏より〝安保改定問題について〟報告
　1、態度―憲法を中心として安保改定の問題点を提出する。
　2、資料―安保条約改定案（三四・一〇・二七毎日新聞発表

の一番新しいもの）。ほかに、朝日一〇月八日以後の解説の条文、読売六月二七日がある。

3、改定案の主要内容―外務省高橋条約局長のジュリスト（一八八号）座談会での説明、藤山外相一一月一〇日の国会における中間報告の説明項目

(1) 国連憲章との関係

① 関係の一般的規定―前文、一条、七条

② 特別な関係の規定―五条二項・三項

(2) 政治的・経済的協力の一般原則―前文、二条

(3) ヴァンデンバーグ決議の精神を体した条文―三条

(4) 米国の日本防衛義務（日米両国の相互防衛義務）―五条

(5) 米軍に対する日本の施設・区域の使用の許可―六条、交換公文二、行政協定六条

(6) 協議―四条、交換公文一

(7) 期限―十条二項

4、安保問題研究会の藤山外相への質問書（三四・一一・一朝日ジャーナル）

一一月七日に藤山外相より回答あり、八日の各紙に掲載。八点について質問があり、全体が憲法に関係はあるが、比較的直接に関係のある項目は「ヴァンデンバーグ決議の趣旨の織込みは違憲ではないか」「核兵器拒否がなぜ条文にうたえぬか」である。これを次の話題に提供する。

5、改定案における憲法上の問題点

改定案の基本方向は、「片務性を双務性へ」（対等化）、即ち、相互防衛義務の明示であり、換言すれば、軍事同盟的性格の強化である。これと憲法との関係が問題となる。

〔第一の問題点〕ヴァンデンバーグ決議の趣旨の織込みと憲法

(1) 前提問題―憲法における自衛権・戦争・戦力

固有の自衛権があることは学説も認める。しかし、自衛のための戦争、戦力をもてるかどうかについて

① もてるとするもの―芦田・佐々木

② もてないとするもの―学説の大勢・伊達判決

政府解釈の変転

吉田内閣―戦力はもてないが、ここでの戦力とは近代戦争遂行能力のものであり、現在のものはそこに達し得ないから違憲ではない。

鳩山内閣―芦田説に近づく。

砂川上告審検察側の主張は自衛のための戦力、戦争を是認し、芦田説そのままである。

(2) ヴァンデンバーグ決議と現行安保条約

ヴァンデンバーグ決議―継続的・効果的自助及び相互援

助。しかし、現行安保条約は当時日本に防衛力なく片務的でありほかの安保条約とは異なったものとなる。そこで漸増を期待すると前文に掲げてつながりをつけたのであり、防衛力増強、片務性に対する批難をバックにしてヴァンデンバーグ決議の織込み（改定）がなされようとしているのである。それは次の面でである。

(3) ヴァンデンバーグ決議の織込み

① 軍事力の維持と発展（第三条）—軍事力といわず能力といい、条件を入れたのが、憲法との関係で苦心の存する点である。

② 相互援助（第五条）

③ 「憲法の規定に従うことを条件として」（第三条）「憲法の規定と手続に従って」（第五条）の用語により違憲ではないと主張するが果してそうか。

a、第三条は日本の再軍備を法的に義務づけるものではなく（訓示的）、日本が自主的に決めうると主張する。

b、第五条が海外派兵をもたらすのではないか。

c、第四条、交換公文一の「協議」について、日本国内法では拒否を含むと考えてよいし（協議とともわざる時は等の用例）、外務省の説明でも「ノー」といえるというが、英文（consultation）について agreement との対比において考えると「ノー」といえないのではないかと思う。

又、交換公文は日本では条約として国会の承認がいるが、アメリカでは executive agreement であり議会には出さない。

〔第二の問題点〕　憲法の予想する安全保障方式と安保条約

(1) 憲法の予想した方式は、理念的には世界連邦的方式、それに至るまでの過程の現実的方式としては非武装中立主義方式であり、この方式以外では国連による安全保障の方式がある。

(2) これについては、砂川事件伊達判決が駐留米軍と区別された国連そのものの軍隊による安全保障が憲法の保障する最低線であると考えるのに対し、検察側の上告審での主張は、国連の機能が不充分なときに、それを補充するため、他の外国の協力により我国の安全を守ることは禁じていないというにある。

もしそうなら、安保条約は国連憲章の精神に一致するかが問題である（世界一一月号一二月号参照）。この点、集団安全保障の概念が広く用いられて軍事同盟的なものもそうだとされルーズに考えられており、安保条約は集団安全保障とは性質を異にすると思われる。又、国連憲章五一条の集団的自衛権とも安保条約は一致しないと考える。

(3)　安保条約或いはその改定に代るべきものとして、①永世中立の宣言、②社会党のいうロカルノ方式、③中立的諸国の軍隊により構成される国連警察軍の駐留（世界八月号参照）がある。

尚、改定案を阻止したときの代案がないとしても、現行のものを暫定的たらしめておくことは将来の廃止へのステップとして効果がある。

〔第三の問題点〕　安保改定をめぐる憲法解釈の態度の対立砂川事件によく現れている（伊達判決、立法者の趣旨と検察側の主張）。

検察側の主張は、国の安全保障の方法を憲法が定めてないのは憲法の英知であり、それをどう定めるかは政策問題であって憲法解釈の問題ではないというのであり（基本的態度の対立のある点）、マーシャルの言を引いて、憲法の解釈は法律の解釈と異なり、流動的に時代に即応して、合目的的に解釈すべきであるという（弁護側はそれこそ政治的解釈であるという）。

6、西ドイツ憲法の場合との比較（日本の場合と共通点があり、考慮の実益がある）

(1)　ＥＤＣに西独を入れ、ＥＤＣの軍隊という形で西独の再軍備を計る計画に仏が反対、イーデンの働きでパリ協定（ブラッセル条約の改定版）に西独が加盟することにより、ＮＡＴＯの加盟国になる。五〇万の再軍備が要請され、再軍備は基本法と抵触しないとの見解を政府はとる（その後の総選挙でアデナウアーが三分の二を獲得し、基本法の改正をみる）。

(2)　ＥＤＣ条約批准の際の憲法論争の論点

①　二四条二項の相互集団安全保障制度は国連の如き組織を予想するもので（反対党の主張）、ＮＡＴＯ・ＥＤＣの如き軍事同盟条約はこれに属さないのではないか。

②　もし、属するとしても、移譲ないし制限さるべき「高権」の中に軍事高権は本来含まれないのではないか（反対党の主張）。

③　基本法が軍事立法権・統帥権・兵役義務等についての規定を設けていないのは、軍事高権・軍隊等の存在を認めない趣旨ではないか。

④　四条三項の「良心」は、絶対反戦論的宗派のことをいっていると政府は主張するが、これは、宗教的良心に限らず広く良心をさし、それに反する兵役義務は当然矛盾するのではないか。

(3)　一九五四・三・二六の基本法改正によりパリ協定の合

憲性承認、一九五五・七に志願兵法成立。

(4)　一九五五・三・二五パリー協定の承認、その結果、本格的な再軍備のため一九五六・三・二二基本法改正。

Ⅲ　討議における問題点

1、「協議」について

(1)　「協議」の意義

「協議」が同意を含むか否かについて、それぞれの専門家から意見が出された。私法の領域では（例えば離婚の場合の親権者の決定など）、むしろ、相手が承知しなければだめだということを含むもので、例外なしに、同意に到達しなければ協議は成立しないと考え、労働法の領域においても、人事権における協議について同意なくしては解雇できないというように使っているというのに対して、公法関係については二説に分れ、同意なくしてはできないの意であるというものと、私法とは違って相手がいやだといってもだめだということがあるのではないかとの意見が出された。

(2)　「協議」についての実際上の考慮

何れにしても協議については、同意を含むとするもの、含まないとするもの（特に、同意のない時の措置をきめる規定を欠くからとの理由で）の二説に分れたが、この問題は、「協議」の文字づらだけ考えても解決のつくものではなく、場合によって異なるのであるから、この場合はどうであるかの問題に焦点をしぼって考えると、ここではそういう意味になるのだといわれればしようがないのではないか。

特に、核兵器戦争の現段階において同意などといってはおれず、国防省の考えとしては同意は考えていないと思われる（もっとも事実上の同意にだんだん変ってくるといっているが）。従って、問題は、「協議」がまもられない時はどうするかという問題について考えるべきである。

(3)　「協議」の用例

consultation の文字が条約に現れたことがあるのか、例があるとすれば、何故明示しないのか、例がないとすれば明示しない理由は何かと問題が出され、マラヤとイギリス間の安保条約で駐マラヤのイギリス軍をマラヤ以外（地域の明示あり）に出す時に consent の言葉が使われていること（両国の力関係により consent がどうなるかの問題はある）、米比間ものには現行では consent にかえたこと、米韓間の条約で「協議」を使っていること（米日間と異なる点は、「日本の施政下」と「憲法の規定と手続に従って」の言葉がない）、改定案に agreement と書かないのは同意をアメリカは考えていないということであると説明された。

2、「極東」の領域

極東という時に、それが拡大される恐れがあるため、その領域がどこまでであるかについて色々意見が出た。アメリカ国務省では極東（north east）アジアを東南（south east）アジアと区別して考え、日本、朝鮮、台湾、千島までは入れて考えているといい、また、far east といった場合に、インド、チベットが入らないことは確かだが、沿海州と中国の一部は入るであろうし、ベトナム、ラオスについては問題であるとされた。

3、言葉の意義（協議、極東をめぐって）について

(1) ① 自衛権、協議、極東の言葉は sharp meaning の言葉か、unsharp meaning の言葉か（形式論理学では、unsharp meaning の言葉とは老人、青年という言葉で、これは曖昧に使われるのではなく、意味が曖昧なのであり、自衛権などの言葉は sharp meaning をもった言葉である筈）、sharp meaning として客観的に概念規定ができないのか。

② もし、客観的に意味を sharp にできないのなら、誰が決めるのか、政治的に決められるのか、砂川上告審検察側の主張によれば、政策の問題として政治的に決まる如くに読めるが、それが重大な問題ではないかとして、疑問が提出された。

(2) そして、例えば、固有の自衛権という場合、それは国際法の一般原則という意味では sharp であり、日本国憲法で自衛権があるとして、それが、自然法或いは国際法の一般原則であるとしても、憲法でその行使を制限できるのか、もし、できるとすれば、日本の場合はまさに制限されることになる。又、西独の場合も自衛権がかりにあるとしても基本法改正前はそれを一〇〇%行使することはそこで抑えられていることになると思うと、自衛権について解答があってから、一般論として、

(3) sharp であるにしても、そこには色々の段階があり、法律にも色々ある。いつ死んだか生れたかは、かなり sharp だが、unsharp なものの方が多く、それを誰が決めるのかについては最後の決め手はないと思うが、実際問題としては、やはり、官庁とか裁判所が決める。そして最後は結局、力の関係、事実関係で歴史的に決まると思われる。裁判所で片づくのは比較的簡単であるが、そうでないことが多く、それを決めるために力に参加して動くというところに市民としての役割があると思うとされ、

(4) 更に、例えば六〇歳以上を老人と規定すれば sharp になるのだから、そういう規定をして unsharp meaning を sharp にして使ってほしい。ただ、立法は闘争の結果で

あるから、sharpにしてない場合もある（意識的にも不注意でも）と論ぜられた。

4、集団安全保障について

(1) 交換公文一（事前協議に関するもの）

ここでの重要な変更とは核兵器の持込み、引揚げの場合などであるが、それを含めて米軍施設を日本に知らせる義務はあるかについて、報告は日米共同委員会でなされるだろうが、実際には報告したくなければしないであろうから（従来は米軍が一方的に行った）、事前協議の規定も意味がなくなるのではないか。従って、米軍の引揚げ、駐留が統帥権の独立の如きものとなり重要な問題を提供する。かりに話すとして、その場合、日本の政府にか、自衛隊の作戦幕僚にかの問題もある。

又、日本の米軍基地が攻撃された時は（五条により）、日本も巻き込まれるわけであり、この点、極東を入れたため、日本の巻き込まれる場合の方が多くなるのではないか（藤山外相は台湾が襲われれば日本も脅かされるのだからいいではないかというが）。かりに、台湾・中共が襲われたとき、協議・派兵となっても、当地の様子がよくわからないという事態がおこるが。

何れにしても、米国は無責任な軍事行動をとらぬという誤った前提があり、国際関係を善玉と悪玉とにわけて判断し行動してゆくという傾向があるように思われる。

(2) 五条について

五条の「日本の施政下にある領域におけるいずれか一方の締約国」の意味は、沖縄、小笠原の米国が現に施政権をもっている米国を指すのではなく、日本の地域内にある基地の米軍を指すと解せられ、それに対する攻撃が米国に対する攻撃と解せられることになる。

そして、五条でいきなり、基地の米軍が出てくるのは、この条約が駐留を認めることを前提としているからであり、又、今度の条約が双務的というのならば、第五条は「両締約国は、アメリカの施政下にある領域」としなければいけないのではないか。

(3) 集団自衛権について

① ヴァンデンバーグ決議の成立過程を考えてみると、当時の国連は拒否権のため機能を発揮せず、国連警察軍は無力であり、国際的危機感から、地域的自衛をはかるために成立したものであって、アメリカが日本国憲法九条をどの程度まで重視しているか、日本の軍国主義をどう考えていたかは疑問である。従って危機感の異なる現状において、あらためて日本との間の条約にその決議を盛

りこむことには問題がある。特に、スカラピーノの報告によると、国際状勢が変ったので、上院でも考え直そうとしている動きがある。

ヴァンデンバーグ決議は国連中心の考え方とは一致しないし（国連憲章五一条は憲章全体からみると異色である）、又、憲法との関係では違憲であろう。従って決議をとり入れることは不可能である（憲法の規定に従うことを条件としてというが、それは刑法の範囲内で殺人をするというのと同じである）。

従ってヴァンデンバーグ決議は違憲であるというか、そうだとして、憲法の規定に従うといっても、今までの憲法解釈は余りにもルーズであったから信用できないというか、反対の根拠はこの二つである。

② 双務的といっても、アメリカ本土に派兵することは九条で制限されているから、日本国内のアメリカ基地が攻撃されたらお手伝いするということであって、完全に双務的ではなく、現行条約の不明確な点を少しはっきりさせたということと、アメリカの基地以外がやられてもアメリカが出てくるという点が明確になったことである。

③ 四条で協議をして、現実に行動をとるのが五条であるが（四条の方がゆとりがある）、行動をとるというだけで

武力行動をとるとはいっていない。

5、安保改定問題について会としてとるべき態度

(1) 一度は世間に発言してもいいのではないかということで方法を考える。差し当っては、条約に以上のような憲法上の疑義があるということで、その問題点を指摘するか、又は決議にまでもってゆくかの二通りの意思表示の方法が考えられる。

(2) 若干反対があった時にどうするか。その場合は決議をしないということも考えられる。

(3) 何れにしても、今度の態度によって会の性格も決まってしまうから、もう一度討議の機会をもち、そして会がつぶれる危険のない方法でやって行きたい。

# 第一七回例会（昭和三四年一二月五日）

〔報　告〕

―安保条約改定について―

佐藤　功、辻　清明

1、今日の議事をどう進めるか――我妻氏より

(1)　声明を出すか

(2)　講演会を開くのか

行動方式を佐藤、辻会員から提案してもらい、諸氏に議論していただく。

2、佐藤報告

我妻、鵜飼、辻、中村、城戸、佐藤で相談し、鵜飼、辻、佐藤で覚書をしたためた。

(1)　会として何をするか。

①　声明を出す―憲法論よりは調子の高い、一般的内容のものとして出す。

②　質問書を政府に送る―憲法問題を中心として

③　講演会、その他の方法を考える。

(2)　憲法解釈論を中心として何らかの形で意思表示をする。何を中心とするか―例えば自衛権

①　概念

②　日本の場合の限度（ヴァンデンバーグ決議のとりこみ）

③　海外派兵

④　核兵器

⑤　「憲法の規定と手続に従って」の意味

この外に何か考えるのなら、この会で討論してもらいたい。

3、辻報告

(1)　会としての意思表示の形式

政治論よりは日本国憲法の解釈問題にふれるところがあるかないかというところにしぼって表示する。

最少限でも憲法学者の意見にふれるところがあるのではないかと思われ、例えば、

①　憲法の規定の意味から

②　自衛権の限界から

四、五条の侵略とみとめるときの言葉

集団的（これは日本にはないと従来考えられてきた。）・個別的自衛権

③　海外派兵はどの範囲までか。

極東の地域のアイマイ性

④　核兵器の持込み禁止の保障
　以上、中村・鵜飼氏などからの提案
(2)　行動方式
　(イ)　講演会
　(ロ)　声明―誰を対象とするか―国民か政府か。
　　対象によって、内容・調子が異なってくる。
　例、反対決議、要望書、疑点の指摘（意見発表）
(3)　憲法問題について種々御意見をいただくと同時に行動方式について討議していただきたい。
4、大内氏より
(1)　何をやったらいいか、①声明書、②質問書、③講演会、について

〔討　議〕

我妻　このまえの役員会のときと今日とでは、異なった状況がある。砂川判決が一六日にあるので判決について疑義を出すことにならないように、それをあわせて考えてもらいたい。
都留　安保は平和条約と同時に締結させられたのだから、駐留軍の基地所有について憲法上の答が出ているとしても、新条約は日本が独立人として対等の立場でつくる条約だから、米軍の基地問題はこれまでと別であると考える可能性があるか。
我妻　最高裁の態度がわからないが、安保条約が九条違反でないということになると、そこがどうかという意味である。
都留　判決は駐留軍の基地について新旧条約下では違うのではないか。
我妻　そういう論法を最高裁がとることはありうる。
都留　政治上の責任は大分違うと思う。前のは押しつけられたといえるが、今度は責任があると国際政治上でも考えられる可能性があると思うが、こういう解釈が憲法上も起こりうるか。
辻　今までも独立のつもりでやっているので、最高裁はそれを考えないだろう。
宮沢　国際道義的には違うと思うが、講和条約とは皆そんなもので法律論として違うことになるかどうかは疑問だ。
我妻　講和条約は憲法以上だということが極端にいえばいえる。抽象論として。
宮沢　憲法無効論まで出てくるのだから。
丸山　砂川判決は基地の問題で、極東のために出動するという実際問題で最高裁はいうのでないから最高裁のことは考える必要はないだろう。
宮沢　憲法の問題かどうかということは必要ではない。
　政治上どうなのかという問題であると思う。法的意見では法廷弁護的態度の細かい問題になって、正々堂々たる意見とはな

らない。

丸山　憲法的にどうするかということでなくてもよいと思う。色んな人の集りなのだから、全体としてこの研究会らしいものが出ればいい。

辻　色んな専門の人がいるので、最低限度一致できる線でまとめられるのではないかと思う。

宮沢　憲法上最低限度のものがあるかを疑う。法律解釈の特色でみんな同じということはありえないだろう。

佐藤　核兵器はもたないとはいえるだろう。

海外派兵も満州、フィリピンまで出ていけないということも一致するだろうし、政府はそこまで考えているからそれをチェックすることになるのではないかと思う。

戒能　砂川は満場一致で破棄差戻しらしい。

補足意見で分れるだけ、三一条だけで処理しようということか。

佐藤　二人少数意見との説もある。しかし九条にはふれない。

我妻　九条までいわせない方がいいだろう。

久野　正面から憲法問題をふせておいて、とりあげる公的な問題はあるか。

国民が憲法をどうみるかについて国民の憲法理解を深める機会であると思う。

憲法問題について個人ではなく団体の出したものがあればいいが、この観点を含めて議論してほしい。

大内　久野氏のいうようになると安保をやるべきでないと声明を出すということか。

久野　どういう行動をとるかは別として、憲法問題を中心としてやった方がよいと思う。

大内　色んな団体が反対をやっているが、その中に権威あるものがあるか。

久野　それらの団体は市民としてやっているので、我々がやるのなら学者でもあるし、学問の権威によって憲法を論ずるという特色を出して何らかの意見を表明したいということなのだが。

丸山　私のは角度の問題で、解釈学としてやる必要はないのでcontextualな角度からやればどうかという立場である。全体としての憲法ということから。

辻　最低限を指摘してもらって、その点の解釈が出ていないのでやったらどうかの積りなのであるが。

南原　声明、質問では最低限で一致しにくいので、各人がその責任について講演をやるのならまとまるだろう。私としては、世話人会で大体一致ができれば、会として任せてやってもらってもいいのではないかと思う。

大内　南原意見を中心として

第17回例会（昭和34年12月5日）

①　世話人が一致したら声明やるか

②　講演会はどうか

我妻　講演会は安保批判の会が主催で文芸家中心でやったが、共立講堂が一杯の盛会だった。

大内　憲法記念日の講演会は評判がよかったということを前提として考えてもいいのではないか。

南原　声明書で一致するのなら出す。一致しないのなら講演会をやろうということになる。

大内　声明は難しいと思う。講演会ということになると考えていた。

久野　講演会がいいと思う。

戒能　決議文にまとまるような講演会が出来ればなおいい。会としての声明はこうであるというものがあればいい。

我妻　声明をやるのなら、ここまでということをいってほしい。

丸山　講演会にもいろいろある。

①　題材が安保ということ。

②　ある方向をもたしてバックアップする。今回のはこれである。

竹内　この会が国民からもたれている期待があったと思う。

その後の活動が地味で期待がうすれているという感じがある。それでこの会ができた政治的意味を考えて行動をとるべきだと思う。つまり政治的意味をもつ行動をとりたいと思う。

意思表明をすること、国民的啓蒙活動はあっちこっちでやっているので海外に国際的に訴えかけて日本の安全保障に役立つような案を考えてもらいたい。例えば、安保体制はやめてゆく方向をとりたい。

中ソ同盟で対日条項を交換条件で削るという方向づけでやってゆく。言論活動の範囲で政治的効果をもつ方向にもう一歩進みたい。

声明を出すことになると思うが、今までの声明と違った形のものを考えてもらいたい。

丸山　外国政府の首脳に対して訴える。

竹内　海外言論界に声明書を出す。

大内　アピールの内容は、中ソ条約を破棄してくれ、安保条約に反対するからという方向か。

入江　安保条約は決定的であるから、議会討論の際、権威ある意見を出すということで、憲法上の解釈をわかり易くするため我々の立場をはっきりするということ。米国では無関心なので、承認の時に上院で審議される際、日本での解釈を相手方に納得させるということで、アメリカ人に理解されるような権威ある解釈を英文に直して上院に配布するということ。都留さんに批判していただきたい。日本語でパンフレットか解説書を、議会に送るか、英訳して説明をつけて送るか。
都留　米国民に対する啓蒙はかんで含めるようでないとダメだが、上院の外交委員会だと日本の大臣よりはよいと思う。
例えば台湾決議の例をみても、米華相互防衛条約でアメリカは出ていかなければいけない。
入江　相互防衛上地域がはっきりしてないということを啓蒙すればよい。憲法違反で条約を結ぶことでいいのかということを説明しなければいけないのではないかということだ。
大内　議会に対してということも重要だと思う。しかしパンフレットを書くことは難しいと思う。
宮沢　研究会のできた趣旨からいって、憲法調査会に対抗してできたものという点から考えると、今までの意見では平和問題懇談会と同じになってしまう。目前の問題としては講演会をやった方がいいと思う。その際、安保問題は政治観が主であって憲法との関係を考えるというだけではしようがないと思う。アメリカに日本の憲法解釈を示したってしようがないと思う。
家永　世話人で原案を出してほしい。
谷川　声明書・質問書を出した方がよいと思う。会にふさわしく憲法に関する問題をcontextualな立場から取り扱った方がよい。会の独自性を示すためには声明書・質問書を出せばよい。出して意味をもつようなもの、声明書はいくら出してもいいと思う。その方が一般人は重要性を認識するだろう。安保研究会の場合は一般的立場からのものであれ以上のものは難しい。だから憲法中心にしてほしい。講演会より質問書の方が必要と思う。
都留　アメリカで対外援助の金をヒモつきにしてアメリカの商品を買わせるといったので、プリンストンに四〇人の学者が集まり、半公開の討議をやった。議論が公にされたが、これを読むと、決議では一致してこの問題には疑義ありなど詳細に書いてあった。全体の印象からはこれは間違いであるとの感じがあり、弊害が多いということで政府が再考しなければいけないということになった。
それで、予め用意された見解書をシンポジウム的に討議して、反対意見を述べ整理して発表するというのはどうか。
大内　新聞社をよぶか、対立意見を公表した人をよんで半公開で討論するということを考えるということか。
丸山　このグループを結成したことの意味についての基本的な了解がはっきりしていない。そこで現象的なことから問題にしても、前のがはっきりしていないので意志の疎通がないと思う。私見では、戦争までの学者のあり方を考えて社会にそれを生かしていこうとの考え方がある。憲法をつくったことを消極的に考えたくないし、日本はどこへいこうとしているかの転換期に安保条約の問題が出てきたのであって、安保条約について国際的にどう扱った方がよいのかを表明するのは政治でも学問でもあるから、やらないのがおかしいのではないか。もっと底の問題としてそれを議論すれば会の根本方向が決まると思う。当面の問題としては、最低限度を基礎にした具体的プランを討議してゆく、講演会をやって行く、という風に考えるべきではないかと思う。会の性格が席上充分出されていないと思う。

我妻　最初に会の性格を云々すると抽象的になるので具体的問題にひっかけて考えればよいと思った。私は、調査会に対応して出来たものであるから、憲法改正案を調査会が出した時に争うべきであると思う。

その時がくるまで力を分散させないで蓄えておきたいと思う。特色をはっきりさせた強い声明を出せれば出せばよいが、それができないなら講演会をやればよい。

大内　世話人会としてどうするかをいってくれ。

辻　私個人として、我々の研究会で調査会に対立したこともわかるが、改正案が出るというはっきりした段階がいつかはわからない。したがって調査会が解消しても会としてあっていいと思う。

会としていろんな疑問があるので、純粋に研究した結果を解答を期待しないで意見を出してもいいと思う。大内氏の講演会の趣旨はよくわかるが、大変なので何かの研究の結果を出すことはどうかと思う。

戒能　一人でも反対があればとり下げようとの考え方があった。どこで全員一致になるのか。

宮沢　漫然と多数でいいと思う。

大内　個人的に迷惑なことがわかっていればやめなけりゃいかんが、多少は妥協して。

佐藤　研究の成果を会の名でする。そして講演会もする。

大内　研究の成果を発表する形では確実にやって行く。三二頁のパンフレットを出して行く。日本国憲法についての我々の解釈と研究の成果を出して行くのがいいのではないかと思う。

宮沢　憲法の問題といっても皆同じことを考えているのではないと思う。合憲はいいのだ、違憲は悪いのだという考え方はない。合憲といってもいいということではない。それを考えていかないと。

大内　講演会をやるのはやっかいか。声明はどうか。

辻　パンフレットに重要点を摘記して発表したい。

大内　案として、①講演会はやる、一二月中か新年早々（二〇日まで）に。誰にお願いするか、場所をどうするかを決めて世話人に打診する。

②　研究をレジメにして原文をつくり、ここで討議して発表する。

佐藤　発表するのは「世界」に長いものをのせるということを考えていた。短いものなら講演会の後でくっつければいいと思う。憲法の角度からこの問題を発表したものはないから。

大内　案について宮沢、我妻から意見を。

我妻　講演会をやる、声明書ははっきりしたものが出せればそれでいい。

宮沢　大内案でいいと思う。

矢内原　その都度研究の発表をして国民とともに考えたいが、私の思想としては、佐藤案を支持したい。ただ分量の問題があるが、国民に発表するのが一番よいと思う。来年一月まで小冊子にして、ナンバー・ワンとして（一六頁でいいから）。小冊子に執筆者の名を書き、はしがきに事情を書く。

我妻　憲法問題シリーズとして、執筆者の責任をはっきりして出す。

大内　声明だけを辻さんに、考えていることを書いてもらう。

①講演会はやる。条件は世話人に決めてもらう。

その時に公開意見書（会としての）を何らかの形で出すかどうかを決めて討議する。

②憲法問題シリーズは討議して決める。

〔要　旨〕

Ⅰ　世話人会における話合いの内容説明

１、我妻氏より―今日の議事をどう進めるか、①声明を出すか、②講演会を開くのか、会の行動方式を佐藤、辻会員から出してもらい、諸氏に議論していただきたい。

２、佐藤・辻両氏よりの説明

⑴　我妻、鵜飼、辻、中村、城戸、佐藤で相談し、鵜飼、辻、佐藤でメモをしたためたので、それを説明する。

⑵　意思表示の形式―政治論よりは、憲法の解釈問題にふれる点にしぼって表示する。憲法学者の論説において最低限でふれる点として、中村、鵜飼両氏の提案に従って例をあげると、

①　「憲法の規定と手続に従って」の意味

②　自衛権の限界と、ヴァンデンバーグ決議の内容を日本にとりこむことの限度

③　海外派兵の範囲

④　核兵器持込み禁止の保障

⑶　行動方式

①　声明を出す―出すとすれば憲法論よりは調子の高い一般的内容のものを出す。ただし、国民を対象とするか、

政府を対象とするかにより内容の調子は異なってくる。例えば、反対決議とするか、要望書とするか、意見発表或いは疑問点の指摘とするか。

② 政府に対して憲法問題を中心とした質問書を出す。

③ 講演会を行う。

3、大内氏より―何をやるかについて①声明書、②質問書、③講演会の三つを中心として議論していただきたい。

Ⅱ 討議の経過

1、会の行動と砂川判決との関係

(1) 会の態度の決め方によっては判決に対して疑義を出すことになりかねないので、その点を考慮しながら考えねばならないこと。しかしながら、

① 現行安保条約は平和条約と同時に締結せられたもので、抽象的にいえば、現行条約は憲法以上のものといえるが、新条約は日本が独立国として対等の立場でつくるものであるから、新・旧条約下において駐留軍の基地に関する考え方は異なるのではないか。②また、砂川判決は基地問題に関するものであり、他方、改定案は極東のための出動という点が憲法問題としてどうであるかという点から考えて、最高裁の態度は余り考慮せずともいいのではないか。

これに対して、①今まででも現行安保体制のもとに独立の積りでやって来たのであるから最高裁はその点を考慮しないであろう、②国際道義の上からは新・旧体制の下では確かに異なるかもしれないが、法律論としては違うかどうか疑問である。

そして、この問題は憲法上の問題としてどうかということよりも、政治上どうなのかという問題として重要なのであるとの意見がかわされた。

(2) その他、砂川判決の予想として、補足意見でわかれるだけで満場一致で破棄差戻しらしい、或いは二人の少数意見の説もあるといわれ、この際、九条問題について言及しない方が好ましいのではないかとの意見が出る。

2、会としての態度について

(1) 意思表示の方式

① 意見のまとめ方として、先に報告のあった憲法学者の諸意見の最低線について、法律解釈の特色としてみんな同じというところはありえないから、憲法上、最低限度のものがあるか否か疑わしいとの意見に対して、核兵器はもてない、海外派兵も満州、フィリピンには出ていけない等の点については学者の意見が一致するだろうし、政府はこの点も肯定的に考えているのであるから、最低

限度、一致の線についてそれを表明するのは意味があると述べられ、ともかく全体として研究会らしい意見が出ればいいのではないかと論ぜられた。

② 意思表示の内容については、国民の憲法理解を深める機会であり、他の諸団体の反対行動が市民の立場から一般的に論じたものであるのに対して、この会としては、学問の権威により憲法を論ずるという特色のある意見を出したい。或いは、解釈学の立場ではなくて全体としての憲法との関連から論じたいなど、何れも憲法を中心とした意見の表明の希望がある一方で、他方、安保問題は政治観の問題が主であり、憲法に関係をつけるというだけではしようがないのではないか。また、憲法の問題といっても、皆、同じことを考えているのではなく、しかも、合憲・違憲ということから事の善悪を直ちに結びつける態度は疑問であるから、このような点を考えながら論じてほしいとの意見が出た。

(2) 行動方式

① 会の方向

行動方式を決めるに当って、まず、会の結成の意味から活動の方向づけが論ぜられ、㋑この会の国民からもたれている期待がある筈だが、その後の活動が地味で期待が薄れている感じがある。それで会のできた政治的意味を考えて政治的意味をもった行動をとりたい。㋺新憲法のできたことを消極的に考えてはならず、しかも日本は今、どこへゆくかの曲り角に来ているのであって、それが安保問題に表現されているのであるから、安保についての表明は政治であると同時に学問であり、何かやらなければいけないのではないか等の積極的意見が出た。

又、一方、㋑本会は調査会に対抗してできたもので、憲法改正案を調査会が出した時に争うべきであって、それまでは力を分散させずに蓄えておかなければいけない。会として特色ある態度がとれればそれもいいが、それができないならば今回は地道に動くべきだ。㋺研究の成果を発表するという形態で確実な方法をとる。三二頁位のパンフレットで憲法についての我々の解釈と研究を表明するというのがいいのではないかとの意見もあった。

② 具体的な行動方式として世話人案のほかに、

㋑ 海外に国際的に訴えかけて、日本の安全保障に役立つ方式を考える（海外の言論界に対し声明書を出すなど）、例えば、中ソ同盟の対日条項を交換条件（安保に反対）で削ることを提案するなど、言論活動の範囲で政治的効果をもつ方向に一歩進める。

㋺　米国では安保改定に無関心であるから、上院審議の際に日本での解釈（相互防衛上地域の不明確なことなど）を納得させるために、アメリカ人に理解できるような権威ある解釈を、英文に直して上院に配布する。憲法違反で条約を結ぶことでいいのかについて相手方に説明する必要がある（アメリカで学者の意見のために政府が再考した前例がある）。

③　世話人案については、

㋑　会の独自性を示すために声明書・質問書を出す方がよい。声明書はいくど出してもよいし、その方が一般人が問題の重要性を認識するであろうから。

㋺　予め用意された見解書に対してシンポジュウム的に討議し、反対意見を整理して発表する（新聞社をよび対立意見を公表した人との討論を半公開でする）。

㋩　世話人会で意見が一致したら声明書を出す。一致しない場合は講演会をやる。しかも、決議文が読めるような講演会、或いは、ある方向をもたせてそれをバックアップするような講演会ならなおよい。

㋥　以上のほかに、会が国民と共にあることを示すために、会の研究の成果をパンフレットに重要点を摘記するという形で国民に発表することを考えるとの意見が出る。

④　以上、討議の結果、

㋑　講演会を一二月中か新春早々（二〇日まで）にする。講演者、場所は世話人に決めてもらう。会としての公開意見書を何らかの形で出すかどうかは討議して決める。

㋺　研究をレジメにして、ここで討議し発表する（執筆者明記、はしがきに事情を説明したものを憲法問題シリーズとして）。

# 第一八回例会（昭和三五年一月九日）

―安保問題講演会について―

〔メモ〕

Ⅰ　大内氏より、経過説明

Ⅱ　辻氏より

一・一五日　一時より千代田公会堂
講師、大内兵衛
田畑茂二郎
久野　収
矢内原忠雄

都内に看板を立てる（九日より）

〝安保問題講演会〟とし、「エコノミスト」にすでに知らせている。

Ⅲ　久野氏より

事前に学生に要所に入ってもらうことはどうか。

辻　前の憲法講演会の時は麹町署を通して警備にあたった。

久野　突然の暴行に対しての対策を考える必要はないか。

大内　ゼミナールを通してでも学生に頼みたい。

中村　極端なこと（ビラ配りなど）はしないと思うが、問題は入口である。中は大丈夫だろう。まあ万一のことを考えてもいいか。

Ⅳ　今日の議事進行

鵜飼、辻、佐藤を世話人として、辻氏草案が準備されている。

大内　①　辻氏の草案をきいて議論するか。
②　議論を先に進めるか。

鵜飼　三人世話人会では、辻氏が草案を書き、佐藤氏にもっと詳細なものを作ってもらうことにした。

辻　専門的な方向がよいと思い、中心点は佐藤報告をもとにして。

久野　新聞に限っていえば、何故、声明を出すかを個人見解として学芸欄にのせることは不可能ではない。そうすればこちらの意向はよく通ると思うが。

我妻　声明の中心点は何か、何をしろというのが重点か。

辻　新聞がとりあげれば、声明を出す以上に効果があるだろう。

丸山　調印されても問題は残るので（日本の運動は事前にのみ騒ぐ）、声明という形でなく、問題をみていたらどうか。

久野　後に残る問題についての警告については、国際的意味をからめて、アメリカ・中国政府に対し、国民の一部が条約についてこういう判断をしているということを警告することは可能であるか。

丸山　議会での討議の段階をいうのでなく、調印前後で騒ぐ必要はないだろうという意味である。現在の時点ではやらなくてもよいのではないか。

宮沢　声明も内容の問題だと思うが、諸団体の声明と同じでないものというと、憲法との関係になるが、それは賛成でない。

純然たる政治問題と考えるべきであるから、声明も文章によって外のものと同じものとならざるを得ないのではないかという気がする。

辻　憲法の解釈になると、どうしても無理が出てくる。戦力、出動範囲の問題となり、特に独創性がなくなる。

竹内　会として行動をとる必要があると思うが、時期をいつにするかは問題である。

①砂川判決、②駐留軍が国連軍として出動する、二点の問題が出ているので、この点を入れれば新しい問題提起ができる。

①駐日米軍が戦力でないとの考え方に納得できない。この点に焦点をしぼって、国民に対する啓蒙ということで何らかの行動をとるなら（声明に限らず）いいのではないかと思う。

辻　判決は戦力をもてるかどうかは言っていないので。

竹内　その点を折り込んで何かの意思表明をし次の用意に備えることはどうか。

大内　砂川判決をめぐって、在日米軍・自衛権について、憲法との関係で何かいうことはどうか。

この会としては、そこまで固まっていないのでむつかしいと思うが。

辻　条約と憲法の関係の点こそ、ここで全く議論されていない。

丸山　声明を別として、その点を議論することこそ必要である。

我妻　自衛権をどこまで認めるのかを、ここでやる必要がある。国連軍として協議して出動する点も議論しなければ声明の中に入れるのは難しいだろう。

辻　研究討論が熟してないので、今日の論点を一九日の調印までにまとめるのはむりで、調印までに声明を出すゆとりがないのではないかと思う。

会の意思表示を講演会の形でやってもいいのではないか。声明の形で出さなくてもいいと思う。マスコミが大きくとりあげてくれれば効果はあるのだから。

大内　講演の内容だが、田畑会員は自衛権について雑誌にのせている。久野氏は未定。大内はその後の研究会の報告について話す。

中公に西春彦が強い反対論を書いており、そこに憲法問題が出ている。

鵜飼　外にネーサンソンが一見明白に違憲無効、学問的に研究することに意味があるといっている。

大内　西さんの議論が研究されてよい。田尻さんの意見も。

　矢内原氏は平和と安全保障について。

久野　violence force などを論ずる積りであったが。安保に関係がないし、軍縮から安保を攻めるという考え方で、軍縮の意味（第一項、第二項の失敗が戦争を不可避のものとするから）を述べて、安保が逆行するのではないかという筋を考えている。

大内　①安保に会員は反対であるとして、それをどういう観点からとりあげるかはその人に任せていい。

　②竹内提案は未定にして、その時に考えていいのではないか。砂川判決の憲法問題を研究する。西、田尻の反対意見はどういう意味かを研究する。この研究をやるのはどうか。

久野　研究の成果をパンフレットにして訴えていく。

　「世界」にのせるのもいいが、講演の内容を議論して、それを文書にし終局的なものとして訴えてゆくのがよいと思う。

大内　毎月、三二頁、六四頁に決めて、パンフレットを出す。

　編集委員を作り、やってみてゆきづまったらやめればいい。

久野　会員からの批判を吟味したものをのせるということにすれば、又、議論がいろいろ出てくる。

我妻　憲法シリーズ中、安保問題特集みたいなものを出す。

中村　砂川判決に関連したもので意見が出されればよいが、砂川は合憲か違憲かの問題でなり、その結論を出すことは別の裁判となり、それはできないのではないか。討論することはいいが声明を出すことは難しくなる。

　どういう意味で安保にふれるのか。

大内　ここでやっているうちに皆の意見が決まる。それをどう利用するかは皆の自由だと思う。しかし皆に共通なのは、日本はいい憲法をもたねばならないということであり、憲法と安保はどっちがいいかということである。

中村　憲法典はあるが、人の理解する憲法は何かが人によって違う。

大内　違ってもいいと思う。

久野　憲法を機械とすれば、機械の運転もだが、機械の性質についても議論する必要がある。

丸山　議論の材料は沢山あり、議論する必要がある。

大内　憲法問題研究会で研究成果の発表をするが、出すのなら、次の国会討論の時と考えられるから、それまであたためて、もう一ぺんやる。それについてどういう準備をするか。

辻　研究成果の発表について、

　戦力・事前協議・期限・極東の安全と平和の問題や丸山氏の意見とは異なるが、条約と憲法の関係と西、田尻の条約の自主性の問題をとりあげたらどうか。

宮沢　将来の声明についての考え方として、もしやるのなら、会の統一的結論で出さず、講演会をやる。しゃべることは個人の責任である。従って、声明をやるのなら、その前提をくずしてはいけない。会の成立事情を考えると、まして憲法問題は意見がまとまる筈はないし、皆の一致した意見を出す必要もない。

中村　法解釈の点でいえば、宮沢説で分れてしまう。

丸山　問題を出して、trial and error でやればよい。

我妻　①砂川判決を中心として、既成事実云々の問題にもふれて、誰かが種をまいて議論する。

②政治的立場からの議論に決めてやるのはどうか。

大内　辻氏の問題はしばらくおき、①砂川判決と憲法との関係、②日本の政治的立場と安保条約の間の関係をやったらいい。

宗像　将来、研究の報告ではなく、国民に問題を指摘し、そのほかに、世界に向けて、こういうことを考えてはという声明を出してほしい。

大内　やれれば結構だが、やれるかどうか。

丸山　中国の人民日報が日本についてどう考えているかをうかがいたい。

大内　人を決めて注文しよう。

① 砂川と憲法との関係—佐藤、鵜飼

② 日本の外交的 situation と安保改定（殊に中国との関係）—竹内

③ 国際法からみた砂川判決—入江

来月は①③について、その次は竹内さんに。

久野氏のパンフレットの案について、編集委員を決める。戒能さんに—吉野さんと相談して少しずつやる。

〔要　旨〕

Ⅰ　大内、辻両氏より講演会案について報告

1.　1月15日1時より千代田公会堂において

講師：大内兵衛（研究会におけるその後の研究について）

田畑茂（自衛権について）

久野収（国際状勢における軍縮の傾向からみた安保体制）

矢内原忠雄（平和と安全保障について）

2.　9日より「安保問題講演会」として看板掲示をする。エコノミストにすでに講演会の予定を掲載。

3.　他の諸団体からの事前もしくは進行中における妨害についての対策に関し意見交換（楽観説が有力であるが、万一の場合を考慮して）。

Ⅱ　討議の経過

1. 声明をめぐって

(1) 講演会における声明文については、辻会員がその草案を準備したが、声明又を出すか否かにつき、

① 出すとすれば、憲法を中心とした問題にしぼって、しかも、砂川判決に対する疑義（特に在日米軍が戦力でないとする点）、及び、安保条約の駐留軍が国連軍として行動するの二点は、新しい問題提出となるから、この点を考慮して、声明に限らず会の行動をとることはどうか、②又、何故、声明を出すかについて、新聞に個人的見解として会員が学芸欄に書けば、会の意向も表明できるのではないか等の意見が出たが、

①については、会としての研究討論が熟しておらず、従って、結論も固まっていないし、しかも、砂川判決は合憲か、違憲かの問題であり、会の結論を出すことは別の裁判を意味するから、不可能である。又、一般的に憲法を中心とした問題提出については、無理に憲法問題に結びつけるという点があって好ましくない。安保問題はむしろ、政治問題であり、声明文もその内容によっては、他の諸団体のものとの比較で独創性のなくなる恐れが強いとの反対説があり、特に、講演会について新聞がとりあげてくれゝば、とりあげ方によっては声明を出す以上に効果があるとのことで、調印前後の段階での声明その他の行動は見合せるとの意見が支配的となった。

(2) そして、調印後においても、後に残る問題はあり、日本における政治問題についての運動が事後においては処女の如くなる点を反省して、事後の行動を考えてもよい（例えば、米中政府に対して、国民の一部が条約についてこういう判断をしているということを警告することも考えられる）と思われる。

2. 会の研究、行動様式

(1) 更に、今後の会の意思表示の態度としては、研究報告だけでなく、国民に問題を指摘し、そのほか、世界に向けて、研究結果の声明を出してはどうかの意見も出たが、講演会の形式のみをとりあげてゆくということでもいゝのではないかとの意見もあり、そして、その場合に、その問題に対する基本的態度が会において一致しているならば、どういう観点からそれを取りあげるかは講演者に任せてよいと思われる（今回も同様）。何故なら、憲法問題は、法解釈の点からみれば必ず意見はわかれるであろうし、又、皆の一致した意見を出

す必要もないのであるから、個人の責任においてしゃべればよいからであると述べられた。

(2) とにかく、会として、会員に共通なものは、日本はよい憲法をもたねばならないということであり、人の理解する憲法が人によって異なったとしても、それは一向に差し支えない。

従って、論議の材料があれば、大いに研究し、論議をする必要がある。

(3) そして、trial and error でよいから、研究の成果を発表すること、その場合、可能なら、報告の内容を議論して、会員で吟味したものを終局的な形のものとして文書にして（32頁～64頁）発表する―不可能との意見が支配的。戒能氏を編集委員として吉野氏と相談し、少しずつでもやっていこうということになった。

(4) 今後の研究の対象として先に指摘された砂川判決との関連から、①砂川判決と憲法問題との関係（特に条約と憲法との関係）、②西春彦・田尻愛義両氏が安保条約について自主性の観点から論じているので、両氏の議論を研究することを含めて、安保問題を政治的立場から議論すること。③中国の人民日報が日本についてどう考えているのかを知りたいということであった。

その結果、砂川判決と憲法との関係（佐藤 or 鵜飼）国際法からみた砂川判決（入江）を来月に、日本の外交的地位と安保改定、特に中国との関係（升内）はその次にということに決まった。

# 安保問題講演会（昭和三五年一月一五日）

於・千代田公会堂

# 第一九回例会（昭和三五年二月六日）

〔資　料〕

〈編者注　本〔資料〕中の〈　〉は「報告」の際の筆者の加筆〉

（一九六〇・二・六）

佐　藤　　功

## Ⅰ　砂川事件と憲法

### 砂川事件判決について

佐　藤　　功

| 伊達判決 | 最高裁判決 |
|---|---|
| (一)　刑事特別法二条と憲法三一条<br>「もし合衆国軍隊の駐留がわが憲法上許すべからざるものであるならば、刑特法二条は国民に対して何等正当な理由なく軽犯罪法に規定された一般の場合よりも特に重い刑罰を以て臨む不当な規定となり、何人も適正な手続によらなければ刑罰を科せられないとする憲怯三一条及び右憲法の規定に違反する結果となるものといわざるを得ない」 | (一)　刑事特別法二条と憲法三一条<br>「原判決が、合衆国軍隊の駐留が憲法九条二項前段に違反し許すべからざるものと判断したのは裁判所の司法審査権の範囲を逸脱し、同条項及び憲法前文の解釈を誤ったものであり、従って、これを前提として刑特法二条を違憲無効としたことも失当であって……破棄を免れない」 |
| (二)　憲法九条の解釈<br>(1)　憲法九条は自衛権を否定しないが、自衛の戦争及び自衛の戦力の保持も許さない趣旨である。 | (二)　憲法九条の解釈<br>(1)　憲法九条は、わが国が主権国として有する固有の自衛権を何等否定するものではなく、「憲法の平和主義は決して無防備・無抵抗を定めたものではない」。「必要な自衛のための措置をとりうることは当然である」。 |

(2)　九条から導かれる日本の安全保障の方式は「現実的にはいかに譲歩しても……国際連合の機関である安保理事会等のとる軍事的安全措置等を最低線」とする。

(3)　米軍の駐留は、もしも「国際連合の機関による勧告または命令に基いて、わが国に対する武力攻撃を防禦するために……駐留せしめるということであれば、あるいは九条二項前段によって禁止されている戦力の保持に該当しないかもしれない」。しかし、安保条約が極東の平和と安全の維持のためという米軍の広範囲な出動を認めていることは、わが国が自国と直接関係のない武力紛争の渦中にまきこまれる危険を包蔵し、憲法の精神に反する疑いがある。

(4)　米軍には日本の指揮・管理権はなく、また日本防衛の法的義務もないが、実質的に考慮すれば、わが国防衛のため米軍が使用される現実的可能性は大きく、従ってかゝる米軍の駐留を許容したことは、指揮権の有無・出動義務の有無にかゝわらず、九条二項前段の戦力不保持に違反し、米軍は憲法上許すべからざるものである。

(三)　司法審査権と安保条約（統治行為）

欠

(2)
(3)　わが国はいわゆる戦力は保持しないけれども「これによって生ずるわが国の防衛力の不足は、これを前文にいわゆる平和を愛好する諸国民の公正と信義に信頼することによって補い、もってわれらの安全と生存を保持しようと決意したのである。」そしてそれは、国際連合の安保理事会のとる措置等に限定されるものではなく、「わが国の平和と安全を維持するための安全保障であれば、その目的を達するにふさわしい方式または手段である限り、国際情勢の実情に照らして適当と認められるものを選ぶことができるのはもとよりであって、九条はわが国が、他国に安全保障を求めることを何ら禁ずるものではないのである」。

(4)　従って九条二項の法意は、わが国がみずからの戦力により侵略戦争を行うことを禁じたものであり、「いわゆる自衛のための戦力の保持をも禁じたものであるか否かは別として」、そこで禁ぜられているのはわが国自体の戦力を指し、米軍はそれに該当しない。

(三)　司法審査権と安保条約（統治行為）

(1)　安保条約は「主権国としてのわが国の存立の基礎に極めて重大な関係をもつ高度の政治性を有するものというべきで

あって、その内容が違憲なりや否やの法的判断は、……内閣及び……国会の高度の政治的ないし自由裁量的判断と表裏をなす点が少なくなく……純司法機能をその使命とする司法裁判所の審査には原則としてなじまないものであり、従って、一見極めて明白に違憲無効であると認められない限りは、司法審査権の範囲外のもの」であって、それは第一次的には内閣・国会、終局的には国民の政治的批判に委ねらるべきものである。そしてそのことは、安保条約の違憲なりや否やが前提問題となっている場合も同様である。

(2)　安保条約は、

(イ)　米軍は九条二項前段の「戦力」ではないこと

(ロ)　その目的が「わが国及びわが国を含めた極東の平和と安全を維持し、再び戦争の惨禍が起らないようにすることに存し……わが国がその防衛力の不足を平和を愛好する諸国民の公正と信義に信頼して補おうとしたものに外ならないこと。」

によってその駐留は、九条・九八条二項及び前文の趣旨に適合こそすれ、一見極めて、明日に違憲無効であるとは到底認められない。

最高裁判決の問題点

1．九条解釈を正面からとり上げたこと

2．九条解釈の基本的態度――主権国家論――九条はわが国の安全保障の方式を限定したものではないのか――「平和を愛する諸国民の公正と信義に信頼して」のことばの解釈

3．わが国の自衛戦力の保持に触れなかったこと――論理的に触れざるを得ないものではないのか。

4．国際連合による安全保障の方式〈国連軍と安保条約による安全保障の方式との性質上の相違にはふれていない〉――伊達判決における「最低線として」の意味

5．司法審査権の限界――統治行為〈を認めた〉――「一見極めて明日に違憲無効である場合」の意味――条約と憲法

6．全員一致の判決であったこと

7．今後の問題

(イ) 差戻し裁判では何が問題となるか

(ロ) 自衛隊違憲訴訟

(ハ) その他の駐留軍違憲訴訟

(ニ) 新安保条約の違憲性――ヴァンデンバーグ決議――事前協議

〔報　告〕

1　いわゆる伊達判決・最高裁判決の紹介（〔資料〕参照）

2　最高裁判決の問題点

(1)　刑特法二条の解釈による技術的解決方法によることもできたのだが。

(2)　主権国家論―防衛のためにはどんな措置をとってもよいのだという考え方

平和を愛する諸国民の公正と信義―伊達判決ではアメリカのみならず全世界の公正と信義と考えるのに対して、最高裁は公正と信義に信頼してアメリカとの安保方式を考え

るという。

(3)　防衛力を補うといっているのであり、つまり日本に防衛力がないと考えて安保で補うという論理であるから、日本の防衛力を認めないと論理的におかしい。

(4)

(5)　一見極めて明白に云々は統治行為肯定論者と否定論者の妥協としてこの文字が入ったのではないかとの印象をうける。伊達判決は一見極めて違憲との考え方をとったのであろう。条約と憲法の関係について、上告論旨では条約は司法審査の対象とならないというが判決は触れていない。

(6)　統治行為では反対意見を述べた裁判官も九条の解釈については全員一致―民衆と最高裁の遊離

(7)　六月から差戻裁判が東京地裁で行われる。

(イ)　差戻裁判の結果も予測される。

(ロ)

(ハ)　土地収用をめぐる駐留軍違憲訴訟が出ているが、それらについても結果は予測される。

(ニ)　事前協議によって日本の防衛力ということにならないか。

## II　国際法からみた砂川判決

入江　啓四郎

〔報　告〕

(序)　国際法上の問題というと、判決は憲法の中に吸収される。学説をみると、問題は広範にあるが、戦力の問題として自衛戦力と侵略戦力の区別がある。

1、戦力―自衛戦力とそうでないものとをわけるのは不可能ではないか。

戦力は自衛のためにのみ蓄えられるのであり、それが保持できるというのなら正規軍も合憲となる。

2、ヴァンデンバーグ決議と日本の防衛力の漸増

現行条約でも、ヴァンデンバーグ決議、相互安全保障法を引用してＭＳＡ協定を結んで、戦力の漸増をうたい、艦隊供与の協定もある。

条約に審査権が及ばないとして、ＭＳＡ協定はどうかの問題が残る。

3、国連軍は戦力ではないのか。

日本は国連の強制行動に協力するということをサンフランシスコ条約で決められている。この時は憲法との関係は問題にならなかった。

朝鮮動乱を背景として国連軍に協力し、アチソン書簡で再確認された。国連軍への協力は講和条約が合憲である以上、これを認めざるを得ない。

しかし、朝鮮動乱の国連軍と国連軍とは異なる。朝鮮動乱の場合は安保理事会の勧告で編成されたものであるから。

決議が勧告に留まる場合は、日本の自由意志で決定されるべきであった（但し占領中だから不可能）。従って国連軍への協力には日本の判断が及ぶ筈である。

憲章による国連軍は安保理事会と加盟国との特別協定に基づく加盟国の軍事義務である。その中には基地提供のみということもあり、軍事協力には段階による態様がある。

戦力は安保理事会の指揮に負うべきで責任は国連全体にある。世界平和と安全の維持は安保理事会が自ら指揮すべきものだから。この場合はただ日本への侵略のみを排除するということではない。

日本の防衛とは関係のないことで、国連軍が日本に基地をもつことは（特別協定を結び）どうか。そこまで憲法が規定しているかどうか。

国連規定によると特別協定のほか、安保理事会の命令に従わねばならないものがある（非軍事的措置として）。その行動を日本がとると中立のうちには入らず、従って国連憲章を導入したサンフランシスコ条約の下では、厳格な意味での中立はとれない。オーストリアは永世中立で国連に加盟したが、軍事的行動は回避できる筈である。

経済上、外交上の断絶措置をとれば厳格な意味での中立ではない。ハーグ条約に矛盾するとしても国連憲章が優先する。

4、アメリカの戦力、アメリカの防衛義務

現在の安保条約は日本の防衛を義務として制定したものではない。その点は判決がアメリカに頼るといっているのと一貫するか。

極東の安全のためにアメリカ戦力は使用されるから、そういう戦力を日本におくことは合憲かどうか。

〔討　議〕

我妻　政治的条約には審査権なし、といいながら駐留軍は九条合憲といっている点は矛盾するというが、上告論旨が二つあって両方の判断をしたのであって、判決はそれでいいのではないか。

真野　いわないでもいいことをいったのと内容の矛盾とは別だ。

我妻　私のいうのは二つのことを判断したことが矛盾するのじゃないかということである。

宮沢　予備的説明をすることは最高裁でしょっ中やっているのではないか。

戒能　一見明白に違憲無効かどうかの判断を後段でしたのではないかとの印象を受ける。

ただ違憲こそすれといっている点は矛盾くさい点もある。ポイントがはっきりしない。

宮沢　矛盾というのではなく、余計なことをしているというだけではないか。

我妻　余計なことをいったのは反ってまずいという点もある（刑特法だけでやらなくてよかったとは単純にいえない）。又、判決理由がまとまってないといっても、特にこれがそうだとはいえないと思う。

真野　九条二項についてだが、一項について自衛権の問題が国会などで論議されているのに、一項が侵略戦争を抛棄したということを前提として後の意見が出てくる。この前提は独断だと思う。報告の(二)(2)(3)の「決意した」というのは事実であり、かりに憲法制定の時に決意したというのであれば、決意した事実を知る材料があるか。

宮沢　根本の問題は、問題点の２・４だと思う。

安保条約は政治の問題だという見方である。どこまで憲法の問題かということが問題である。

我妻　事前協議について、駐留米軍は日本の戦力ではなく、control ができないからかまわんということだが、事前協議にすると control が及ぶからいかんということにならないか。

宮沢　自衛隊はいいとはならないが矛盾するという点が問題だと思う。戦力抛棄は日本が軍隊をもたない（反省より）ということであり、外国の軍隊もおかないということだが、限界は引けると思う。反対論として属国という意見は出てくるが、そういうことは現実の問題としても出てくるしようがないと思う。

大内　駐留軍は日本の戦力という意見か。

宮沢　いや反対だ。しかし、それは憲法にとって悪いと思う。

戒能　マッカーサーの意見は日本から軍事を絶滅して、俺がその間守ってやるということであった。それがサンフランシスコだった。趣旨は憲法に反する。だから最小限度に解すべき。女の人が暴力をうける、守ることは自分の憲法だ。しかし、犯されることは事実である、というのと比べて、サンフランシスコは事実だが、だから最小限度に解すべき、他人の戦力ではある。

佐藤　自分も守られているが、日本に軍隊をもたせると侵略的になるからもたせないという意味は始めにあったから、日本を守る力も侵略的なものであってはならないということにならざるを得ないし、国連による安保方式であった（対立的なそれでなくて）。しかし片方の戦力になり、くずれてきた。伊達判決に味方にする、最低線といってるのはそこだ。

宮沢　私と同じだと思う。九条の問題は国内民主化の問題も入っているんだということも考えたいと思う。言論、身体の自由も入っている。

入江　二つの要素がある。二つ目はサンフランシスコも日本軍隊の保有を禁じていないのは、アメリカの立場として太平洋防衛の一環にしたい。フィリッピン、オーストリアが脅威をうけたときなど、太平洋全体の安全のために日本の戦力を使うのは安心だという空気があった。

安保条約では戦力の漸増を期待しているが、その際アメリカは、

①　日本の軍備を恐れる

②　日本の軍備を太平洋の安全に使う

という矛盾した考え方があった。

出来てしまったら違憲でもしようがない。

鵜飼　新安保に対する反対には中国の反対もあるが、日本に軍備をもたせると危ないという考え方は東南アジアにもあることは事実だ。危ないから、駐留軍がいた方がよいという考えだ。

日本がもつことは危険だという場合、誰にもたせるか。日本は無能力者で後見人にもたせるという場合、一つの国にもたせることはおかしい。その考え方が判決で論ぜられていない。

判決の問題点は①条約は審査できる、②しかし高度に政治的なものはできない、③それでも一見明白なものはできる、という点にある。この点は

①　条約に審査権なし、

②　本件の安保条約は高度の政治性があり審査権なし、のどちらでもいけるが、一般の条約については何もいっていないし、高橋・奥野意見がどっちをいっているのか明らかでないといっているのだから、何も決めてないということだ。

我妻　条約一般の審査権は意見が分れたろうからいわなかったんだが、結論は同じであると思う。

大内　サンフランシスコ条約で日本の国内的秩序は俺が守ってやるということは合法だとしても、対外的攻撃力をもつかどうかとなれば、それは日本国民が決定すべき問題である。それが今もって問題になるのであり、法律家は事実認定をしてない。国民にとってその事実認定が必要。サンフランシスコは止むを得ずうけ入れたとして、対外的には憲法違反である。やむを得ないのは合憲であり、それはいいんだが、それが限界だという意味である。

戒能　法律的には安保は媾和と密接不可分の関係ということで、そこが高度に政治的ということだと思う。

真野　条約審査権について問題になったこともあり、この際も問題にされたかもしれないが、一般にはふれないでおこうということになった。今まで問題になったから、意見に出てきたのである。

宮沢　判決で重大なのは戦力の問題だ。

中村　上告論旨で条約と憲法との問題が余りくわしくいっていないからではないか。
真野　判決では法律問題だと何でもいうだろう。
家永　国内の人権保障が考慮されていたというが、外国軍隊の駐留によって人権保障が不完全になると思うが。
宮沢　アメリカ軍のいることは問題だ。
家永　太平洋戦争の反省は日独軍事同盟の経験から他国との同盟に対する反省もあると思うのだが。
真野　本件は国防上の安全に重点をおいて判決ができているので、人権の点も重大であるが、判決の中にこの点が出ていないと思う。

補足意見中に人権問題として、その点をつっつくつもりもあるようにいっているものがあるが。

アメリカの戦力を日本の承諾でおくことは戦力に当るということは法律上いえる。事実上はアメリカの軍隊だが。

銃砲刀剣所持禁止令で、用心棒がピストルをもっていることを知りつつ、護身のため連れてくるのは違反すると最高裁はいっている。それに当るのではないか。アメリカの軍隊だという形式的論理だけではだめだ。
宮沢　砂川判決はもっと実質的判断でピストルは皆いかんといっているのではなく、現段階を考えて、ピストルを認めている（国連軍など）。
大内　この次どうするか。
辻　次回、今日の続きと、竹内さんに。

## 〔要　旨〕

―砂川事件判決について―

佐藤功、入江啓四郎

I　佐藤功の報告

1.　伊達判決・最高裁判決の紹介（〔資料〕参照）。

2.　最高裁判決の問題点

⑴　刑特法2条を取り扱うという技術的方法によらず、九条解釈を正面からとりあげた。

⑵　九条解釈の基本的態度に、防衛のためにはどんな措置をとってもよいのだと考える主権国家論的な考え方がうかがえるが、九条はわが国の安全保障の方式を限定したものだと考えられる。そして、伊達判決では、安保方式をアメリカのみならず全世界の公正と信義に信頼して確保しようとする考え方であるのに対し、最高裁は公正と信義に信頼してわが国の防衛力をアメリ

力により補うという考え方であるが、「平和を愛する諸国民の公正と信義に信頼して」の言葉の解釈として何れが妥当であろうか。

(3)　日本に防衛力がないと考えてそれを安保条約で補うという論理であるから、わが国の防衛力、即ち、自衛隊について触れざるを得ない筈であるが、触れていない。

(4)　国際連合による安全保障方式と安保条約による安全保障方式はその性質が異なる筈であり、伊達判決では日本の安全保障方式として国際連合によるを最低線とすると述べているにもかかわらず、右の性質の相違には触れていない。

(5)　司法審査権の限界として、言葉は用いられていないが、統治行為論を採用している。そして、「一見極めて明白に違憲無効」の言葉は、統治行為に関する諸判事の意見の妥協的用語として用いられたのではないかとの印象をうける（伊達判決は、これに従えば一見極めて違憲との考え方をとったものであろう）。上告論旨で条約は司法審査権の対象とならないとのべているが、判決は条約と憲法との関係に触れていない。

(6)　統治行為では反対意見を述べた裁判官も九条の解釈については全員一致であり、国民のうちの相当の部分が反対であるのに比較して、民衆と最高裁との間には乖離の現象が見られる。

(7)　今後の問題

(イ)　６月から差戻裁判が東京地裁で行われるが、その結果も大凡予測されうるのではないか。

(ロ)　自衛隊違憲訴訟

(ハ)　土地収用をめぐって自衛隊の違憲訴訟が争われているが、それらについても結果は予測されうる。

(ニ)　新安保条約の「事前協議」により、或る程度、日本の管理権が認められるとすれば、駐留軍は日本の防衛力ということになるのではないか。

Ⅱ　入江啓四郎の報告

判決における諸問題は大部分が憲法問題に吸収されるので、国際法上の観点から戦力の問題を中心として見てゆきたい。

1.　自衛戦力と侵略戦力

自衛戦力と侵略戦力の区別は法的には不可能である。凡そ戦力は、自衛のためにのみ蓄えられるのであり、従って、もし、自衛のためなら戦力を保持できるというのであれば、自衛隊のみならず、それ以上の正規軍を装備することも合憲的となる。

2. 日本の防衛戦力の漸増

現行安保条約で期待されている防衛力の漸増が相互防衛援助協定で具体化し、協定の実施後、「日本国に対する合衆国艦艇の貸与に関する協定」も結ばれた。相互安全保障条約を援用して、日本の防衛力の増進のため必要な措置をとることを定める協定は、かりに安保条約に審査権が及ばないにしても、憲法の規定に抵触しないかの問題は残る。

3. 国連軍は戦力ではないのか。

(1) 日本は、サンフランシスコ条約で、国連の強制行動に協力することを決められているが、この時は憲法との関係は問題にされなかった。但し、媾和条約が合憲である以上は認めざるを得ないが。そして、朝鮮動乱を契機として国連軍に協力したが、この場合の国連軍は安保理事会の勧告で編成されたものであり、憲章が国際平和と安全の回復について特定した場合の軍事措置ではない。従って、この場合の日本の協力には日本の判断が及ぶ筈であった（但し、占領中であるから不可能）。

(2) 憲章による加盟国の軍事行動は、安保理事会と加盟国との特別協定に基づく加盟国の軍事義務であるが、それには基地提供のみということもあり、色々な段階による態様がある筈である。そして、それらの軍事行動は安保理事会が指揮し、責任は国連全体が負うべきものである。従って、日本の防衛と関係のないことで、特別協定により国連軍が日本に基地をもつことには問題がある。憲法の枠を超えるのではないか。

(3) 憲章によれば、この特別協定のほか、非軍事的措置により安保理事会の命令に従わねばならない場合があるが、日本がこの行動（経済上・外交上の断絶など）をとった場合でも、中立とはいえなくなる。オーストリヤは永世中立の立場に立ちながら、国連に加盟したが、この場合は軍事的行動は回避できる筈であり、日本の場合、サンフランシスコ条約で国連憲章を導入した以上、厳格な意味での中立はとれないと思われる。ハーグ条約に矛盾するとしても国連憲章が優先するからである。

4. アメリカの防衛義務

現行安保条約は、日本が防衛力をもたぬか、又は防衛力が不充分であると認められる間は、アメリカがその防衛にあたる責務があるように解されるが、他方、上院外交委員長コナ・リー氏によれば、駐兵はアメリカの権利であって義務ではないといっている点から考えれば、アメリカは政治的には日本を防衛する責務はあっても、法的義務はないということである。この点について、判決がアメリカに日本の安全保障を求めるといっているのは一貫しないのではないか。

又、アメリカの軍隊は、直接には日本の防衛と関係なく、アメリカの判断で極東の安全と平和のために使用されることになっているが、そういう戦力を日本におくことは合憲かどうか。

Ⅲ 討議における論点

1. 判決の論理的一貫性について

高度の政治性を有する条約については審査権なしとしながら、安保条約の合憲性を判断したのは矛盾ではないかの問題については、①安保条約が「一見極めて明白に違憲無効である」かどうかの判断をしたものとの印象をうけるが、憲法の趣旨に適合こそすれといっている点はやはり矛盾くさいところがある。ともかくポイントがはっきりしない。②矛盾というよりは、法的判断についての予備的説明をしたもので余計なことをしたということだけではないか。そして、余計なことをしたのは反ってまずかったという点もあり、この点、刑特法の問題だけで判断したからとて悪いとは必ずしもいえないのではないか、又、判決理由がまとまっていないとしても、特にこれがそうだとはいえないと考えられる、などの意見が出る。

2. 自衛権と戦力

(1) 国会では九条一項についても自衛権が問題とされ論議されたが、判決では、この点、一項は侵略戦争を抛棄しただけという前提にたって二項のみで自衛権を処理しているのはおかしいのではないか。

(2) 判決の考え方からすると日本のコントロールが及ばないから合憲だというが、新安保で事前協議条項が入ってくるとコントロールが及ぶことになるので、それはいかんということになるのではないか。

(3) 駐留軍は事実上は、たしかにアメリカの軍隊であるが、それを日本の領土中に日本の承諾の下で配置するとすれば、法律上は日本の戦力になると考えられる。そうだとすると判決の考え方はおかしい。アメリカの軍隊だから、戦力ではないという形式的論理だけでは不充分である。従って、判決で問題となるのは、九条はわが国の安全保障方式、即ち、国連軍によるそれに限定したものと考えられ、かつ、国連軍による安保方式と安保条約による安保方式とは性質上、相異があるのに、それに触れていないという点にあるのではないかと思う。

3. 日本の安全保障と平和主義

(1) 太平洋戦争に対する日本の反省が、戦力抛棄の条項となって現れたのであり、日本も軍隊をもたないが、他の諸外国も抛棄するのが理想であるという考え方であった。それが不可能としても、日本を守る力は絶対に侵略的方向をもってはならないし、最小限度、国連による保障（対立のない国連）ということであった。マッカーサーの考えも、日本から軍事力を絶滅して、その間はアメリカが守ってやるということにあったから、その後の事情によりサンフランシスコ条約が結ばれたとしても、軍備に関しては最小限度の線で考えるべきであったと思われる。即ち、サンフランシスコ条約は、事実上やむを得ないとして（従ってそこまでが限界点である）、対外的攻撃力を日本がもつかどうかの問題になれば、それは日本国民が自主的に決定すべき問題であり、法律家がこの点に関する事実認定をしていないのは遺憾である。国民にとって、その事実認定こそ必要と思われる。

それが、日本を守る力が片方の戦力になって理想的安保方式をくずしてしまったのは問題であり、この点伊達判決の考え方を支持しなければならない。

(2) 安保条約では日本の戦力の漸増に期待しているが、これには太平洋防衛の一環として日本の戦力を使おうとの意図がアメリカにあり、この考え方に対しては、フィリッピン、オーストラリヤ、東南アジア、中共が恐怖感を感じているのは事実である。この①日本の軍備を太平洋の安全保障に使うという考え方と②日本の軍備を恐れるという矛盾する考え方から、後見人をつけようという意見が生れ、アメリカがその地位に立っているわけであるが、後見人として一国のみが選ばれてよいという考え方がおかしいので、この点、判決が何もふれていないのは問題であると思われる。

4. 条約の審査と政治問題

(1) 条約の審査に関して上告をするとして、①条約に審査権なしというか、②本件の安保条約は高度の政治性があるから、それには審査権は及ばないとの二つの論法が考えられる。判決で一般の条約については、何もふれていない（高橋、奥野両意見参照）ので、何も決めていないと考えてよい。

一般の条約審査については、従来も、問題にされ、この際も問題になったことと思われる。だから意見のなかに現れたのであって、多数意見のなかで触れなかったのは、恐らく、意見も分れ、今回は触れないでおこうとの空気があり、かつ、上告論旨で条約と憲法の関係について、詳しく触れていないからではないかと思われる。

(2) 高度に政治的ということの法律的意味は、安保条約は媾和条約と密接不可分の関係にあるということだと思う。法律問題ということになれば、判決では大いに論じただろう。

5. 国内民主化の問題

九条の問題には、国内民主化（特に、言論・身体の自由）の問題も入っていると考えられるが、本件は国防、安全保障に重点をおいて判決ができており、この点が問題である。外国軍の駐留は、人権保障の面からみて障害になると思われるからである。

# 第二〇回例会（昭和三五年三月五日）

―日中関係と中国問題―

竹内　好

〔報　告〕

Ｉ　戦後の日中関係史

一九四九年一〇月二日、人民共和国発足

一二月、蒋介石台湾へ亡命

（五一年サンフランシスコ条約）

五二年六月、第一次貿易協定（積上げ貿易の出発点）

五三年、帰国援助―戦後における国交回復の最初の動き

同時に第二次貿易協定・中国の招待で議員学術文化団　周恩来と会見

五四年九月、毛・フルシチョフの中ソ共同声明

日本との国交正常化のよびかけ（公式の最初のもの）

（吉田内閣―この声明を相手にせずと声明）

五四年一二月、鳩山内閣―日中、中ソ関係の好転

1、平和五原則にのっとっての国交回復のよびかけ

2、相互不可侵（中ソ）条約の用意あり

3、自衛のための日本の武装を認める

五五年、日ソ国交回復の動き盛ん

日中第三次貿易協定

五五年一〇月、見本市開催

五六年、労組代表団に対し、中国と会見した際、鳩山首相の訪中を歓迎するという

北京では日本商品見本市（粗悪品で騒がれたもの）

暮れに日ソ戦争終結共同宣言、日本国連加盟

（石橋から岸へ）

五七年、中国関係の悪化

岸の第一回海外旅行の際、台湾に立ち寄り、台湾の大陸反攻を認めるとの声明（放言）

五七年、社会党・日教組代表の訪中

浅沼と毛会見―回復よびかけ―

第四次貿易協定の結成に当り問題が起る（指紋、国旗掲揚）

五八年、第四次調印、鉄鋼協定妥結

見通しが明るくなるが、これが峠で、その後五八年三月、四月、五月で一挙に暗くなる。即ち、

五八・二　鉄鋼協定

五八・三・五　第四次調印

国旗掲揚をのむが台湾から抗議あり

一四日　台湾から日台通商協定は中絶
五八・四・九　政府から貿易三団体に回答手交
愛知官房長官―日中関係変りなしとの談話、中国を刺激
五八・五・二　長崎の国旗事件
七　陳毅の強硬声明―一切の日中関係途絶
（日本は静観
（中国は態度変更せず
五九年に入ってから動きあり、春―社会党の訪中、秋―石橋、松村訪問
自民党にも反主流派で回復運動あり

Ⅱ　日中関係の問題点
中央公論三月号中に「日中関係のゆくえ」を執筆
（要点）１、国交回復運動を起すべき道義的責任あり。
２、不可能なのはなぜか。
日本側からみてまずいことが重なったから（歴史的経緯の叙述）。

今日は中国側からみた話をしてみよう。
１、日本は完全な独立国でない。
五四年の中ソ対日共同宣言に述べられており、その後も変っていない。

①　日本は半ば被占領国の地位におかれている。
基地が設けられているが、自主的防衛とは考えられず。

サンフランシスコ体制で占領状態が凍結している。
②　日本が独立したら対日相互不可侵条約を結ぶ。
日本国民の独立観が不安定なものであるというふうに中国には映っているので、回復などについての見方の違いはここにあると思われる。
２、中国では独立をどう考えているか
毛沢東は五四年「連合政府論」（第七回代表大会の政治報告の演説）の外交問題を論じたところで「平等な条約を締結しただけでは平等の地位を獲得したものとは考えない。他からの恩恵で与えられたものでなく、自分の努力でかちとった独立や平等でなければならないという。

「連合政府論」は、蒋介石が「中国の命運」の中で外国との不平等条約の撤廃を強調している点を念頭において、それに対する批判として行ったもの。

この考え方からすると、日本は独立国であるとは認められない。
３、今度の新安保について、昨年一一月一九日に、陳毅外相が声明を出す。
①　アメリカは日本をアメリカの侵略主義の道具にしようとしており、共同防衛の名において結ばれた不平等条約である。

② 共同防衛地図を西太平洋にまで及ぼそうとする。

③ 核兵器戦に日本をまきこむ。

として、日本が平和な中立国になることを期待すると。これは、初めて中国でいわれた日本の中立性についての声明である。

これに対し、一一月二〇日情報文化局長談で声明

① 内政干渉である。

② 一国で自国防衛を完全にすることはできない。

③ 中ソ間に軍事同盟があるではないか（中国側が先に日本を仮想敵国にしたではないか）。

この二つの異なる見方は独立観の差ではないのか。

中立化の希望は最近のもので、スターリンの時代は中立に対する評価が低かった。バンドン会議その他、平和五原則より変ったとの見方もあるが、日本についてはこの声明が最近のものである気がする。

日本に対する公式声明―三原則

① 中国を敵視しない―岸の主観的態度ではなく、事実上の敵視政策（ＮＥＡＴＯの結成、及び核武装＝沖縄など）をとらない。

② 二つの中国の隠謀に加担しない。

③ 国交正常化を政府が妨げない。

4、では中国は国連をどうみるか。

日本に浸透していない点は、中国は国連貿易を急いでいないということである（日本では国連加盟が独立を獲得することになるとの意識があったが、こういう心理は中国にはない）。

中国からみると、今日の国連は、人民共和国を排除していることで国連そのものが損害をうけているとの印象をもっている。

その例として、龔普成の論文に、「国際的団体に加盟しないことは中国にとって痛くもかゆくもない。それは反って―中国が加盟してないことは―団体の損害である。なぜなら六億の人民を有する中国の不加盟は団体にとって意味がないからである」というように、プライドがある。

国際関係については、（周恩来の言葉を引用して）国際的接触の一種にすぎず、団体から排斥されているからといって何でもない。中国の政治経済は、それから離れて、今後発展をとげるであろう。地域的活動、多角的交際によってそれを補える。国際関係は往き来の形式の一種にすぎないだろう（ここから積上げ外交による国交回復の是認がうかがえる―外務省役人との感覚の差がある）という。

5、ここから導き出される平和五原則、バンドン一〇原則に対する考えは中国の伝統から生れている。

〈例１〉

孫文は民族主義（三民主義中）の中で「中国が第一等の地位になった時に、中国は世界に対してどういう責任をもつことになるのか。それは列強の帝国主義を排し、弱い者を扶け、貧しいもの

を救う必要がある。」弱国での経験を生かして強くなった時は弱国を救うべきであるということで、西欧近代文明に対する批判が含まれている。自由平等は列強間の平等であってはならない。その意味で人類的規模での平等の達成は西欧国家間ではなされていない。

〈例２〉

毛沢東「人民民主主義専政論」一九四九年（中共二八周年記念論文）

一連の中国思想家の名前をあげたあとで、西欧ブルジョア・デモクラシーを学ぶために留学生を派遣した（新学派）。維新を行うためには西欧から学ぶ以外はないと考えた。

ロシヤから学ぼうとするものはいなかった。しかし帝国主義は、西欧から学ぼうとする態度に対して批判をもたらした。その結果、第一大戦のロシヤ革命によって、学ぶべき相手はロシア革命であるとなる。

中国民族主義革命の展開過程で西欧に学ぶことの誤りに気がついたことが日本と中国との差をもたらした。

６、結論

これらの考え方の差が過去の日中関係の不幸な結末を引き出したものであり、その後の国民の動きを結合できない大きな原因の一つであると考える。

今後の日中関係の是正という実践的課題については困難であるということしか今はいえない。

台湾問題という二つの中国への干渉廃止の問題については私は楽観的である。国交回復をするかしないかの結論を出すなら、台湾についての糸口がでてくると思うからである。

中ソ友好同盟条約ではダレス宛吉田書簡で日本を敵国視しているると述べているが、私は間違いであると考えている（中公に述べてある）。

## 〔討　議〕

竹内　入江氏が中公三月号で中国の承認問題についてのべている。日台和平条約を結んでいるから、自民党でもそれと同じ立場で日中和平ができるではないかといっているが、こちら側の提案に対して向うはうけつけるかどうか。

入江　それは問題であると思う。通常の国際関係では日本の立場を承認することはむつかしい。

領事交換協定でやることはやってみないとだめだが、それに応ずるという形式で可能ではないかと思う。

宮沢　二つの中国について、事実として中国を支配しているから中国として承認するが、一つであるといえば中国はどういうか。

竹内　日華和平条約で国交回復した。その連続で媾和しようというのが外務省の考え方だ。

宮沢　いま中華民国と条約はあるが、それは台湾との条約となってしまった。中共ともやるということか（中国は台湾は自分のものだというが）。事実上は二つの中国がある。

竹内　佐多忠隆がいった時も、社会党、石橋の時も出たが、日本が台湾を承認したのは止むをえないとの考え方をしていると思われる。そして、中共との媾和は別にやるというのなら、日台条約は不問に附すという考え方はある。ただ日台との連続で中共との媾和をなそうというのであれば通らないだろう。

我妻　連続として、台湾から変ったといえば台湾は承知しないだろう。

宮沢　たまたま二つで、新しく中共とやるという考え方はどうか。

竹内　吉田さんは台湾と限定して、それと媾和したというのであったが、岸になって大陸を含めて中国と媾和したんだと逆に考えている。

入江　これから台湾が大陸を支配することはあるとして、中共と戦争状態にあるというとおかしいので、戦争状態終結は全面的だとのおかしな考え方をしている。連続では、継続的に中共を認めるということを中共は認めないだろう。

大陸との条約を結べばよいというのは中国は常任理事国だから中共に変ったということに……。

我妻　中共を承認して外交権を回復しようとすれば、台湾との関係を清算してこいというか。

大内　そういうだろう。

入江　媾和、安保、日台をかえるということが問題になったか。それは不可能だからいわないか。

我妻　台湾の方は不問にして、外交交換しようといったら台湾は大さわぎだが、それをやって、後の問題は国際問題だから日本の知ったことじゃないというのはどうだろう。

久野　①日中間の関係は戦争が続いているので、新しく大陸に対して回復し直せという認証をさせる必要がある。

②二つの状態に対して、これをいいとはいわないで新中国を正当と認めることを要求するのではないか。

現実問題としては宮沢説をのむと思う。

宮沢　対外政権は異なる。

二つの中国は日本の問題ではないといって承認しない。

竹内　そうだが、新安保になると新しい問題がでてくる。アメリカとの関係で。

大内　新政権ができた時は国家承認をするという面からいえば宮沢説は正しいが、中国、日本からいうと、一つの戦争終結の事実がなければ日中間の話が進まないのではないか。

①　中国をはねのけてサンフランシスコ条約を結んでいる。

② 賠償はビルマ等には払っているが、中国には一言の挨拶もしていない。これで日本の賠償は終ったと声明している。ところが台湾は賠償を要求しないからいい国だといっている。戦争終結といっている。

そう考えると、日本は戦争をして尻をまくっていると感じている。

中共は昔の中国の正統者だという。

新しい国が出来たらそれを承認する。

宮沢　これから新しく国交回復をするんだ（台湾のは昔のことで）ということを認めるか。

大内　それは政治問題でそれには応じるが、形式的にはお辞儀しろというだろう。台湾とのことは清算しろとは政治的にはいわないだろう。

宮沢　台湾という小さい国があって、それを認めろとは日本にはいえないだろう。

我妻　手おくれになったことを更めるというやり方はどうか。

大内　中共が嫡子であることに傷をつけるようなことがあれば、ダメだ。

我妻　日中関係を進める政策はとるだろう。台湾を除いて、それを不問にして。

宮沢　北鮮と日本との条約の時はどうか。

久野　南鮮は強く自主性を主張し、北鮮は二つを認めているので、北鮮は清算を主張しない。

中国と朝鮮とは同じに考えられない。

大内　こっちが腰を低くしてお辞儀すれば問題は解決すると思う。

入江さんに尋ねたい。日米関係で free hand に中国を承認してもアメリカは叱らないか。

入江　スイスの中共承認と同じようにできると思う。

吉田宛ダレス書簡―中国を相手にしない（イーデンによればこの書簡はむりに押しつけられたのだ）という。

これは条約でないから、事情変更により変った意思表示をしても差し支えない。

実際問題としてアメリカは圧力を加えてくるだろう。台湾ロビイはもうなくなった（ノーランドが政界から脱落して）。MSAには中共が国連に入ることには反対だと条文に書いてある。

フェアバンク（ハーバードの中国研究家）が、アメリカでは進んだ考え方の人だが、二つの中国はやめなけりゃいかん、中国については我々の頭を切りかえて、China でないといっても大陸が正統の中国で台湾は Taiwan Republic とすればよいというところまで考えている。中国は本土のことで、台湾国という独立国と考えればよい、というのである。

台湾一つだけ中国という考え方は次第に修正されている。

我妻　台湾を否定しないということを中共はどう考えるか。
入江　領海一二海里説では台湾を含んでおり、台湾は俺のものだといっているが。
我妻　その意見には台湾の政治的地位その他も含むのか。
大内　正統化の考え方として中共は一貫して主張しているので、「我々は台湾を回復せよ」というのが国是である。
中村　片山氏との会見での声明について。
　台湾は中国の体の一部分（この考え方はある）でそれを押えられている。日本はアメリカから押えられている。これを同じだといっている。
大内　中国の独立は、アヘン戦争以来とられたところを回復するというのが中国のいう独立なのであるから。
　台湾は中国に行くしかない。
中村　中国自身もはっきり独立してないという考え方になるのであろう。
大内　日本から攻められたのは中国で、ソ連も旧領地を回復しているが、中国は何故回復できないのか。
竹内　台湾は一度は開放された、五〇年不干渉声明。
　朝鮮戦争以来干渉して開放ではなくなった。
中村　台湾関係を全部否定するのは自民党では不可能。ところが国連では向うが問題にするだろう。
久野　経済上、条約になくても、圧迫を加えてくれれば大変なことで、二つの政党が合法的革命でなければ解決しないとなればどうか。
大内　体験談をいう。台湾との経済関係をもっている人は沢山おり、中共と関係のある人は当時はなかった。台湾を失うことは大変なのだ。これを失うと又、アメリカとの関係で更に大きなものを失うので不可能である。国民的輿論として、今の政策はダメだという大きな力になれば自民党は動いてくるのであり、結局は国民の輿論による。
宮沢　訪中所見において、松村謙三・古井喜実の説では回復の方に行けというふうにいっている。
大内　経済的事実として、大阪財界は困っている。鉄、繊維等の関係で、早く回復してくれといっている。アメリカとの関係を失ってもバランスがとれるまでになっている。経済の自由化は急にやるとまいるが、世界的競争で不利益になるものは相当出てくる。世界市場の必要が近年起っており、経済界の要望になっている。それはアメリカでも同じで、日本にルーズにしてやれとの声が出ている。これからも金はやるのだから、日本はアメリカに対し不利益な関税をつくるなとのことである。
宮沢　問題はアメリカだが、アメリカが中共に対して回復に進んだという方向になればいいが、なるとは見てないか。

大内　アメリカ、ヨーロッパも景気がよくて、アジアなどがマーケットとして大切であり、アメリカ、ソ連両方にとってアジアなどが必要になってきている。

家永　台湾の土着人は中国人と違っていると思うが、調べる方法は。

竹内　日本の時代がよい、国連信託統治がよいなどわかれている。

　本省人と大陸人との仲が悪いが、これは相当続くであろう。

中村　親日的連中もいるが、少年・青年時代に日本の教育をうけたのは四〇代の人で発言力あり、新しい層は日本との関係はなく、発言力なし、反共意識強く、本土決戦を教えられている。

辻　台湾からの留学生には再び台湾に帰ろうというのはいない。

　大陸人・本省人の感情的対立は強いそうだ。

大内　台湾が内部から崩壊する様子はアメリカがいるからないと思う。

## 〔資　料〕

新安保調印時（一九六〇・一・一九）における各国新聞記事の意味論的内容分析

〈編者注　討議終了後、城戸又一氏より表題に関する資料説明があった。本〔資料〕中の〈　〉は編者の挿入〉

　この四つの表〈後掲〉は世界各国の代表的な新聞十三をえらび、十九日、二十日、二十一日の三日間の紙面にあらわれた「新安保」関係記事について「意味論的内容分析」（Symbol Analysis）を加えたものです。以下、表のみかたについて若干の説明をしておきます。

(1)　記事全体の傾向をなるべく客観的に表示出来るように、「岸首相」「事前協議」などから「アイク訪日」にいたる十四のことばをえらび、これらをキー・シンボルとしました。表の横軸に「シンボル」としてあがっていることばがそれです。

(2)　新聞記事を読んでいって、キー・シンボルが出て来るごとに、それが「好意的」（肯定的・賛成的）に使われているか、「批判的」（否定的・非難的）に使われているか、またはどちらでもない「中立的」（価値判断をふくまない）な使われかたかを判断して三つのグループに分け、各々の総計をとりました。

(3)　判断の仕方は「岸首相」のシンボルを例に上げると、

「勇敢な指導者として岸首相を歓迎した」（マニラ・タイムス、二十一日報道）……「好意的」

「亜流とはいえ戦犯の烙印をおされていた岸」（東亜日報、二十日コラム）……「批判的」

「岸首相到着」……「中立的」

というように判断して数えて行きました。

(4)　判断の基準は五人の調査参加者の間で一応統一のとれるよう

に心がけましたが、具体的には調査者の主観でどちらともとれるボーダー・ラインに位置するシンボルも若干あり、ある程度、判定者の主観が入って来ることは不可避でした。

(5)　ですから、これらの表が各新聞の内容・傾向を「客観的」に表示するといってもそれはあくまで単なる「印象批評」と比較してのことにしかすぎません。

(6)　また同時に、たとえば、「人民日報」と「朝日新聞」では、キー・シンボル「安保」に批判的に使われたシンボルが同数であったとしても、その一つずつの「重み」は大きく違っています。そうした単位量の「質」の違いは、この表の範囲外です。四つの表は各記事のもっている「質」の違いを一応捨象して、全体の概観、比較がきくように「数量化」してみたものにすぎません。

(7)　第４表は、十九日―二十一日までの三日間の新聞にかぎって「社説」をとり上げたため、たとえばこれ以前に長文の「社説」をかかげた「人民日報」などは、対象に入らず、三日のうちから個人署名の「論文」一つを抜いて代用してあります。これは期間を三日にかぎらず幅を広くとって、純「社説」にかぎってピック・アップしたならば、結果はまた幾分違ったものになったでしょう。

「註」を前提にして四つの表からひき出せる事実を大まかに箇条書にしておきます。

(1)　第一表―三表までの「報道」（論説、解説を除いた記事）について、三日間のシンボル総数のわかれ方をみると、「好意的」―十五％、「中立的」―五十％、「批判的」―三十一％の割合にわかれる。十三紙の記事を総体としてみれば「批判的」なシンボルが「好意的」なシンボルを、約二対一の割合でうわまわっている。十三紙のなかには、いわゆる「自由陣営」の新聞、「共産圏」の新聞も夫々入っているのだが、全体としては「安保」に批判的な記事が多いといってもよい。

(2)　しかし、この三日間の推移をみると、シンボル総数のわかれ方は次のようになる。

| | 「好意的」 | 「中立的」 | 「批判的」 |
|---|---|---|---|
| 19日 | 十％ | 四十七％ | 四十三％ |
| 20日 | 十七％ | 五十九％ | 二十四％ |
| 21日 | 十八％ | 四十五％ | 二十七％ |

即ち、調印前日の十九日には「批判的」シンボルと「好意的」シンボルとの比率が、ほぼ四対一になっていたが、調印の日二十日には、大きく「好意的」方向への揺れがおこり、二十一日に・至ってわずかに恢復したが（二対一にもならない）、まだ以前にはとうていもどっていない。調印式の報道に「好意的」シンボルの説明はいろいろにつけられる。

ボルが多くなるのは当然でもあるし、新聞の報道が既成事実に弱いこと、また媒体の報道に反映する現実の運動が一時弱まったためか等。総体としては、これら各要因の複合作用としてみられよう。

(3) 三日間の変動を主な新聞ごとにみると、朝日新聞の転形が目ざましい。十九日には「批判的」－七、対「好意的」－一の割合だったのが（八八％－一二％、批判的シンボル＋好意的シンボル＝百としてみたとき）、二十日には、「批判的」－五八％「好意的」－四二％に変動し、二十一日には「好意的」シンボルがわずかながら「批判的」シンボルをうわまわってしまう。十九日の朝日新聞が人民日報とならんで二つの有力な「批判的」シンボルの供給源だったこと（批判的シンボル総数百二十七のうち二紙だけで百三を占める、103/127）を考えると、朝日の変化は、全体の推移にかなり大きな影響をあたえている。

〈日本の新聞の傾向は既成事実による修正に傾く〉

外電の入り具合に左右されるがニューヨーク・タイムスは、朝日とは逆に十九日にはえらく「好意的」シンボルが多く、二十日は、「中立的」も増えるが、「好意的」－「批判的」の数量比は逆転し、二十一日にいたってほぼバランスがとれて来る（その差、実数三）。

ロンドン・タイムスはニューヨーク・タイムスとやや似た傾向を示し、十九日の「批判的」傾向が二十日には「好意的」になり、二十一日には再び「批判的」内容優勢となる。

(4) 同様にほかの各紙についても「傾向」の推移が続みとれるが、結局三日間を通じて一番「安保」に好意的な記事をのせたのは台湾の中央日報だということが出来る。

(5) 各シンボルの各紙面における扱い方は、表にみられる通りだが、一、二、三の点をあげてみると、「新安保」が、今後の日本のアジア、中国、ソ連との関係におよぼす影響を評価する「対中国、ソビエット、アジア関係」のシンボルでは、不人気な「岸」シンボルと並んで大きく「批判的」な傾向をみせている。

「日本国憲法」についての評価もマイナス点が多いが、朝日も含めて予想外に触れられていない。「新安保」が世界の平和にとってプラスか、マイナスかといった評価をはかる「世界平和」の項目では、各新聞の立場の違い、変化が最も典型的にバランスを保っている。各新聞がほぼ均等にとり上げる二十一日になると「批判的」－十五、「好意的」－十五の同数になる。

「期限十年」は当然の事でもあるが朝日以外は、ほとんど取上げない。

(6) 三日間を通じて各日のシンボル総数で（相互間の係数比は省略）「批判的」シンボル数が「好意的」シンボル数より三日とも（三日間の合計総数ではない）多いものは、－「岸」「安保条約」「軍事同盟・日本軍国主義」「対中国・ソビエット・アジア関係」であり、三日の各々において「好意的」シンボル総数が「批判的」シンボル総数よりも多いものは―「日米（経済）協力」「日米対等」の二つしかない。その他は「事前協議・日本の拒否権」のシンボルのように、十九日には「批判的」シンボル数が多くとも、二十日には反対になるといった風に変化している。各々の変化にどの新聞がきいてくるかは、表をみていただきたい。

(7) 報道はこの位にして第四表の「論説」シンボルについて簡単に触れよう。シンボル総数を百として各シンボルの全体としてのわかれ方をみると、次のようになる。

「好意的」シンボル　―　二十二%
「中立的」シンボル　―　三十二%
「批判的」シンボル　―　四十六%

「報道」記事の場合には全体の半分を占めていた「中立的」なものがほぼ三分ノ一に縮まり、「批判的」シンボルが「好意的」シンボルの倍以上になる。各新聞の意見の出るこの表では、「批判的」傾向がずっと前面に出ている。

(8) シンボルの割れ方からみれば、ル・モンドとニューヨーク・タイムスの二紙が非常によく似て来る。両者ともやや「好意的」にかたむいた「客観報道」といったところである。ロンドン・タイムスは・プラス、マイナスほぼ相殺して「中立性」のモデルを示している。

あきらかに「好意的」なのは、中央日報〈台湾〉とタイムス・オブ・インディアの二紙。

あきらかに「批判的」なのは、人民日報、プラウダ、朝日新聞の三紙。

東亜日報〈韓国〉は、「批判的」だが、これは論説よりも自由に書け、またテーマの一側面をとり上げるだけでもよい「コラム」という特殊性があるから一応除外しておく。

(9) 各シンボルについて検討すると、全体として「安保条約」は賛否同数（批判的―十四、好意的―十四）であり、「岸」「対中国・ソビエット・アジア関係」は、大きく「批判的」に傾き「事前協議」は朝日の「努力」でマイナスが多くなり、「軍事同盟」はプラウダ、人民日報の「供給」でやはり全体として圧倒的に「批判的」シンボルを多くしている。「世界平和」もこれと同様である。これをみていけば同じく「安保」に批判的な論調をとる新聞相互における論旨の相違がはっきりして来る。

(10) 全体として「好意的」にみられている論点は「日米対等」「日米（経済）協力」の二項であり、「世界・アジアでの日本の地位」は、ロンドン・タイムスの賛成「三票」が作用して、「好意的」傾向を示している。

「期限十年」には朝日とニューヨーク・タイムスが夫々一つ

### 第１表　各紙19日の報道（論説・解説を除いたもの）のシンボル

〔注＝好は好意的・中は中立・批は批判的〕

| シンボル／紙名 | 岸 | | | アイク | | | 安保改定・安保条約 | | | 事前協議・日本の拒否権 | | | 期限十年 | | | 日米対等 | | | 日米（経済）協力 | | | 日本軍事力増強・日本軍国主義・軍事同盟 | | | 世界・アジアでの日本の地位 | | | アジア（後進国）開発 | | | 対中国・ソビエト・アジア関係 | | | 世界平和 | | | 日本国憲法 | | | 皇太子訪米旅行・アイク訪日 | | | 合計 | | |
|---|---|---|---|---|---|---|---|---|---|---|---|---|---|---|---|---|---|---|---|---|---|---|---|---|---|---|---|---|---|---|---|---|---|---|---|---|---|---|---|---|---|---|---|---|---|---|---|---|
| | 好 | 中 | 批 | 好 | 中 | 批 | 好 | 中 | 批 | 好 | 中 | 批 | 好 | 中 | 批 | 好 | 中 | 批 | 好 | 中 | 批 | 好 | 中 | 批 | 好 | 中 | 批 | 好 | 中 | 批 | 好 | 中 | 批 | 好 | 中 | 批 | 好 | 中 | 批 | 好 | 中 | 批 | 好 | 中 | 批 | 好 | 中 | 批 |
| 朝日新聞 | | 23 | 5 | | 10 | | 3 | 15 | 11 | | 2 | 5 | | | 1 | 1 | | | | 1 | | | | 7 | 3 | | | | 2 | | | 1 | 20 | | | 6 | | | | | 1 | | 7 | 55 | 55 |
| ブルス・エジプチエンヌ | | | | | | | | | | | | | | | | | | | | | | | | | | | | | | | | | | | | | | | | | | | 0 | 0 | 0 |
| 中央日報 | | 2 | | | 3 | | | 4 | | 1 | | | | 1 | | 1 | | | | | | | | | | | | | | | | | | | | | | | | | 3 | | 2 | 13 | 0 |
| フランクフルター・アルゲマイネ | | | | | | | | | | | | | | | | | | | | | | | | | | | | | | | | | | | | | | | | | | | 0 | 0 | 0 |
| ロンドン・タイムス | | 2 | | | 1 | | | 2 | 1 | | | | | | | | | | | | | | | 2 | | | | | | | | | 1 | | | 1 | | | | | | | 0 | 5 | 5 |
| マニラ・タイムス | 1 | 6 | | | 3 | | | 3 | | | | | | | | | | | 1 | | | | | | | | | | | | | | | | | | | | | | 2 | | 2 | 14 | 0 |
| ル・モンド | | 2 | | | 1 | | 1 | 1 | | | | | | | | | | | 1 | | | | | | 1 | | | | | | | | | | | | | | | | | | 3 | 4 | 0 |
| ノイエ・チューリヒヤー・ツァイトゥング | | | | | | | | | | | | | | | | | | | | | | | | | | | | | | | | | | | | | | | | | | | 0 | 0 | 0 |
| ニューヨーク・タイムズ | | 5 | | | 3 | | 12 | 2 | 1 | 1 | 2 | | | | | | | | | 2 | | | | | 1 | | | | | | | 1 | | | | | | 1 | | | | | 14 | 16 | 1 |
| プラウダ | | 2 | 5 | | | | | | 3 | | | | | | | | | | | | | | | 1 | | | | | | | | | | | | 5 | | | | | | | 0 | 2 | 14 |
| 人民日報 | | 8 | 6 | | | | | | 23 | | | | | | | | | | | | | | 5 | 8 | | | | | | | | | 11 | | | | | | | | | | 0 | 13 | 48 |
| タイムズ・オブ・インディア | | | | | | | | | | | | | | | | | | | | | | | | | | | | | | | | | | | | | | | | | | | 0 | 0 | 0 |
| 東亜日報 | | 3 | 4 | | 3 | | | 2 | | | | | | | | | | | 1 | | | | | | | | | | | | | | | | | | | | | | 1 | | 1 | 9 | 4 |
| 合計 | 1 | 53 | 20 | 0 | 24 | 0 | 16 | 29 | 39 | 2 | 4 | 5 | 0 | 1 | 1 | 2 | 0 | 0 | 3 | 3 | 0 | 0 | 5 | 18 | 5 | 0 | 0 | 0 | 2 | 0 | 0 | 2 | 32 | 0 | 0 | 12 | 0 | 1 | 0 | 0 | 7 | 0 | 29 | 131 | 127 |

## 第２表　各紙20日の報道（論説・解説を除いたもの）のシンボル

〔注＝好は好意的・中は中立・批は批判的〕

| シンボル／紙名 | 岸 | | | アイク | | | 安保改定・安保条約 | | | 日本の拒否権・事前協議 | | | 期限十年 | | | 日米対等 | | |
|---|---|---|---|---|---|---|---|---|---|---|---|---|---|---|---|---|---|---|
| | 好 | 中 | 批 | 好 | 中 | 批 | 好 | 中 | 批 | 好 | 中 | 批 | 好 | 中 | 批 | 好 | 中 | 批 |
| 朝日新聞 | 10 | 59 | 14 | 1 | 47 | | 10 | 69 | 30 | 12 | 22 | 9 | 5 | 10 | 4 | 7 | 1 | |
| ブルス・エジプチエンヌ | | 6 | | | 3 | | | | | 1 | | | | | | | | |
| 中央日報 | 4 | 6 | | | 1 | | 9 | 13 | 1 | 1 | 1 | 1 | | | | | | |
| フランクフルター・アルゲマイネ | | 2 | | | 1 | | | | | 2 | | | | 1 | | 1 | | |
| ロンドン・タイムス | | 1 | | | 1 | | 2 | 2 | | 1 | | | | 1 | | | | |
| マニラ・タイムス | | | | | | | | 1 | | | | | | | | | | |
| ル・モンド | | 2 | | | 4 | | | 2 | | | | | | | | | | |
| ノイエ・チューリヒャー・ツァイトゥング | | | | | | | | | | | | | | | | | | |
| ニューヨーク・タイムズ | | 10 | | | 7 | | 1 | 5 | 4 | | 1 | | | | | | | |
| プラウダ | | | 1 | | | | | | 1 | | | | | | | | | |
| 人民日報 | | 1 | 10 | | | 3 | | 2 | 21 | | | 3 | | | | | | |
| タイムズ・オブ・インディア | | 2 | 1 | | 1 | | | 1 | | | 3 | | | | | | | |
| 東亜日報 | | 16 | | | 17 | | 3 | 9 | 1 | | 6 | | | 1 | | | | |
| 合計 | 14 | 105 | 26 | 1 | 82 | 3 | 25 | 104 | 58 | 17 | 33 | 13 | 5 | 13 | 4 | 8 | 1 | 0 |

| シンボル／紙名 | 日米（経済）協力 | | | 日本軍事力増強・日本軍国主義・軍事同盟 | | | 世界・アジアでの日本の地位 | | | アジア（後進国）開発 | | | 対アジア・中国・ソビエト関係 | | |
|---|---|---|---|---|---|---|---|---|---|---|---|---|---|---|---|
| | 好 | 中 | 批 | 好 | 中 | 批 | 好 | 中 | 批 | 好 | 中 | 批 | 好 | 中 | 批 |
| 朝日新聞 | 10 | 9 | 4 | 7 | 8 | 23 | 2 | 1 | 5 | | 1 | 1 | 7 | 9 | 17 |
| ブルス・エジプチエンヌ | 1 | 1 | | | | | | | | | | | | 6 | |
| 中央日報 | 4 | 8 | | | 3 | | 3 | | | | 2 | | 1 | 1 | |
| フランクフルター・アルゲマイネ | 1 | | | | | | | 1 | | | | | | | |
| ロンドン・タイムス | 1 | | | 3 | 1 | | 1 | | | | | | | | |
| マニラ・タイムス | | | | | | | 1 | | | | | | | | |
| ル・モンド | | | | | | | | | | | | | | | |
| ノイエ・チューリヒャー・ツァイトゥング | | | | | | | | | | | | | | | |
| ニューヨーク・タイムズ | | | | | | | | | | | | | | | 1 |
| プラウダ | | | | | | | | | | | | | | | |
| 人民日報 | | | | | 3 | 5 | | | 3 | | | | | | 4 |
| タイムズ・オブ・インディア | | | | | 1 | | | | | | | | | | 2 |
| 東亜日報 | | | | | | | | | | | 3 | | | 4 | |
| 合計 | 17 | 18 | 4 | 10 | 16 | 28 | 7 | 2 | 8 | 0 | 6 | 1 | 8 | 20 | 24 |

| シンボル／紙名 | 世界平和 | | | 日本国憲法 | | | 皇太子訪米旅行・アイク訪日 | | | 合計 | | |
|---|---|---|---|---|---|---|---|---|---|---|---|---|
| | 好 | 中 | 批 | 好 | 中 | 批 | 好 | 中 | 批 | 好 | 中 | 批 |
| 朝日新聞 | 11 | 6 | 8 | | 2 | 2 | | 12 | | 82 | 256 | 117 |
| ブルス・エジプチエンヌ | | | | | | | | 1 | | 2 | 17 | 0 |
| 中央日報 | 2 | 2 | | | | | | 3 | | 24 | 40 | 2 |
| フランクフルター・アルゲマイネ | | | | | | | | | | 4 | 5 | 0 |
| ロンドン・タイムス | 1 | | | 1 | 2 | | | | | 10 | 8 | 0 |
| マニラ・タイムス | | | | | | | | | | 1 | 1 | 0 |
| ル・モンド | | | | | | | | | | 0 | 8 | 0 |
| ノイエ・チューリヒャー・ツァイトゥング | | | | | | | | | | 0 | 0 | 0 |
| ニューヨーク・タイムズ | | | | | | | | 6 | | 1 | 29 | 5 |
| プラウダ | | | | | | | | | | 0 | 0 | 2 |
| 人民日報 | | | | | | | | 1 | | 0 | 7 | 49 |
| タイムズ・オブ・インディア | | | | | | | | | | 0 | 8 | 3 |
| 東亜日報 | | | | | | | | 3 | | 3 | 59 | 1 |
| 合計 | 14 | 8 | 8 | 1 | 4 | 2 | 0 | 26 | 0 | 127 | 438 | 179 |

**第３表　各紙21日の報道（論説・解説を除いたもの）のシンボル**

〔注＝好は好意的・中は中立・批は批判的〕

| シンボル／紙名 | 岸 | | | アイク | | | 安保改定 安保条約 | | | 日本の拒否権 事前協議 | | | 期限十年 | | | 日米対等 | | | 日米（経済）協力 | | | 日本軍事力増強 日本軍国主義 軍事同盟 | | | 世界・アジアでの日本の地位 | | | アジア（後進国）開発 | | | 対中国・ソビエト・アジア関係 | | | 世界平和 | | | 日本国憲法 | | | アイク訪日 皇太子訪米旅行 | | | 合計 | | |
|---|---|---|---|---|---|---|---|---|---|---|---|---|---|---|---|---|---|---|---|---|---|---|---|---|---|---|---|---|---|---|---|---|---|---|---|---|---|---|---|---|---|---|---|---|---|---|---|---|
| | 好 | 中 | 批 | 好 | 中 | 批 | 好 | 中 | 批 | 好 | 中 | 批 | 好 | 中 | 批 | 好 | 中 | 批 | 好 | 中 | 批 | 好 | 中 | 批 | 好 | 中 | 批 | 好 | 中 | 批 | 好 | 中 | 批 | 好 | 中 | 批 | 好 | 中 | 批 | 好 | 中 | 批 | 好 | 中 | 批 |
| 朝日新聞 | | 27 | 8 | 5 | 21 | | 7 | 25 | 12 | 6 | 18 | 6 | | 2 | | 4 | | 8 | 3 | 3 | | 1 | | 9 | 6 | 2 | | 4 | 3 | | 8 | 26 | 2 | 9 | 2 | 4 | | | 1 | 3 | 5 | | 56 | 134 | 50 |
| ブルス・エジプチエンヌ | | 6 | | | 3 | | | | | 1 | | | | | | | | | 1 | 1 | | | | | | | | | | | | 6 | | | | | | | | | 1 | | 2 | 17 | 0 |
| 中央日報 | | 5 | | | 6 | | | 1 | | 4 | 3 | | | | | | | | | | | 1 | | | | | | | | | 2 | 4 | | 2 | | | | | | | | | 9 | 19 | 0 |
| フランクフルター・アルゲマイネ | | | | | | | | | | | | | | | | | | | | | | | | | | | | | | | | | | | | | | | | | | | 0 | 0 | 0 |
| ロンドン・タイムス | | 2 | | | 1 | | 1 | 2 | 2 | | | 2 | | | | | | | 1 | | | | | 3 | 1 | | 1 | | | | | | | | | 1 | | | | | | | 3 | 5 | 9 |
| マニラ・タイムス | | 5 | 1 | | 6 | | 1 | 1 | 4 | 1 | | | | | | | | | | 1 | | | | 1 | | | | | 2 | | | | 1 | | | | | | | | | | 2 | 15 | 7 |
| ル・モンド | 2 | 7 | 2 | | 5 | | 3 | 5 | 5 | | | | | | | | | | | | | | | | | | | | | | | | | | | | | | | | | | 5 | 17 | 7 |
| ノイエ・チューリヒャー・ツァイトゥング | 3 | 11 | | 1 | 13 | 1 | 6 | 10 | 4 | 3 | 7 | 2 | | | 1 | 7 | | | 5 | | | 4 | 4 | 3 | 4 | | | | | | | | 2 | 4 | | 1 | | 1 | 1 | | | | 37 | 46 | 15 |
| ニューヨーク・タイムズ | 2 | 30 | 1 | | 31 | | 10 | 25 | 4 | 1 | 3 | 3 | | 1 | | 1 | 1 | | 6 | 7 | 1 | | | 3 | 1 | | 2 | | 3 | | | 2 | 1 | | 6 | 2 | | 1 | 1 | | 1 | | 21 | 111 | 18 |
| プラウダ | | 1 | 2 | | | | | 1 | 4 | | | | | | | | | | | | 3 | | | 6 | | | | | | | | | 1 | | 3 | 5 | | | | | | | 0 | 5 | 21 |
| 人民日報 | | 10 | 8 | | 8 | 2 | | | 28 | | 1 | 5 | | | | | | 1 | | 1 | 2 | | 1 | 8 | | | 2 | | | | | 4 | 19 | | | 2 | | | | | | 1 | 0 | 25 | 78 |
| タイムズ・オブ・インディア | | | | | 2 | | | | | | | | | | | | | | | | | | | | | | | | | | | | | | | | | | | | 2 | | 0 | 4 | 0 |
| 東亜日報 | 1 | 5 | | | | | 1 | 1 | | | | | | | | | 1 | | | | | | | | | | | | 2 | | | | | | | | | | | | | | 2 | 9 | 0 |
| 合計 | 8 | 109 | 22 | 6 | 96 | 3 | 29 | 71 | 63 | 16 | 32 | 18 | 0 | 3 | 1 | 12 | 2 | 9 | 16 | 13 | 6 | 6 | 5 | 33 | 12 | 2 | 5 | 4 | 10 | 0 | 10 | 42 | 26 | 15 | 11 | 15 | 0 | 2 | 3 | 3 | 9 | 1 | 137 | 407 | 205 |

**第4表　各紙論説のシンボル**

〔注＝好は好意的・中は中立・批は批判的〕

| 紙名＼シンボル | 岸 | | | アイク | | | 安保条約・安保改定 | | | 事前協議・日本の拒否権 | | | 期限十年 | | |
|---|---|---|---|---|---|---|---|---|---|---|---|---|---|---|---|
| | 好 | 中 | 批 | 好 | 中 | 批 | 好 | 中 | 批 | 好 | 中 | 批 | 好 | 中 | 批 |
| 朝日新聞21日社説 | | | 3 | | | | | 2 | 2 | 1 | 2 | 8 | | | 1 |
| 中央日報20日論説 | 1 | 2 | | | | | 9 | 11 | | | | | | | |
| 人民日報20日論文 | | 1 | 10 | | | | | | 4 | | | | | | |
| ロンドン・タイムス19日論説 | 1 | 2 | 1 | | | | 1 | 5 | | | | | | | |
| ル・モンド19日社説 | | 5 | | | | | 2 | 5 | 1 | 1 | 1 | 1 | | | |
| ニューヨーク・タイムズ21日社説 | 1 | 2 | | | 1 | | 1 | 4 | 1 | | 2 | | | 1 | |
| プラウダ20日論文 | | | 2 | | | | | | 5 | | | | | | |
| タイムズ・オブ・インディア21日論説 | 1 | | 1 | | | | 1 | | | 2 | | | | | |
| 東亜日報20日コラム | | 4 | 5 | | | | | 1 | 1 | | | | | | |
| 合計 | 4 | 16 | 22 | 0 | 1 | 0 | 14 | 28 | 14 | 4 | 5 | 9 | 0 | 1 | 1 |

| 紙名＼シンボル | 日米対等 | | | 日米（経済）協力 | | | 軍事同盟・日本軍国主義・日本軍事力増強 | | | 世界・アジアでの日本の地位 | | | アジア（後進国）開発 | | |
|---|---|---|---|---|---|---|---|---|---|---|---|---|---|---|---|
| | 好 | 中 | 批 | 好 | 中 | 批 | 好 | 中 | 批 | 好 | 中 | 批 | 好 | 中 | 批 |
| 朝日新聞21日社説 | | | | | | | | | 1 | | | | | | |
| 中央日報20日論説 | 2 | | | 3 | | | | | | 1 | | | | | |
| 人民日報20日論文 | | | | | | | | | 6 | | | 4 | | | |
| ロンドン・タイムス19日論説 | 2 | | | | | | | 1 | 1 | 3 | 1 | 2 | | | |
| ル・モンド19日社説 | | | | | | | | | | 1 | | | | | |
| ニューヨーク・タイムズ21日社説 | | | | | 2 | | 1 | | | 1 | | | | 1 | |
| プラウダ20日論文 | | | 3 | | | 1 | | | 4 | | | 1 | | | |
| タイムズ・オブ・インディア21日論説 | 1 | | | | | | | | | 3 | | | | | |
| 東亜日報20日コラム | | | | | | | | | | | | | | | |
| 合計 | 5 | 0 | 3 | 3 | 2 | 1 | 1 | 1 | 12 | 9 | 1 | 7 | 0 | 1 | 0 |

| 紙名＼シンボル | 対アジア・中国・ソビエト関係 | | | 世界平和 | | | 日本国憲法 | | | 皇太子訪米旅行・アイク訪日 | | | 合計 | | |
|---|---|---|---|---|---|---|---|---|---|---|---|---|---|---|---|
| | 好 | 中 | 批 | 好 | 中 | 批 | 好 | 中 | 批 | 好 | 中 | 批 | 好 | 中 | 批 |
| 朝日新聞21日社説 | | | | | | 1 | | | | | | | 1 | 4 | 16 |
| 中央日報20日論説 | | | | 1 | | | | | | | | | 17 | 13 | 0 |
| 人民日報20日論文 | | | 5 | | 2 | 5 | | | | | | | 0 | 3 | 34 |
| ロンドン・タイムス19日論説 | | 1 | 3 | | | 1 | | | | | | | 7 | 10 | 8 |
| ル・モンド19日社説 | | | | | | | | | | | | | 4 | 11 | 2 |
| ニューヨーク・タイムズ21日社説 | | | | | | | | | 1 | | | | 4 | 13 | 2 |
| プラウダ20日論文 | | 1 | 4 | | 3 | 3 | | | | | | | 0 | 4 | 23 |
| タイムズ・オブ・インディア21日論説 | 2 | | | | | | | | | | | | 10 | 0 | 1 |
| 東亜日報20日コラム | | | | | | | | | | | | | 0 | 5 | 6 |
| 合計 | 2 | 2 | 12 | 1 | 5 | 10 | 0 | 0 | 1 | 0 | 0 | 0 | 43 | 63 | 92 |

〈2月20日の朝日ジャーナルによる〉（ル・モンド19日社説、ニューヨーク・タイムズ21日社説）

ずつ触れたのみであり、「日本国憲法」についてはニューヨークタイムスがマイナス「一票」を投じただけで他の各紙は発言せず、予想と異なって「アジア（後進国）開発」も同様である。このかぎりでは論説シンボルの傾向と報道シンボルの傾向とは、大体対応している。

## 〔要　旨〕

—日中関係と中国問題—

竹内　好

〔報　告〕

Ⅰ　戦後の日中関係史

１９４９・10・１　中華人民共和国成立
12　蒋介石台湾へ亡命
１９５２・６　第一次貿易協定（積上げ貿易の出発点）
12　中国紅十字会、在華日本人帰国問題について三団体代表派遣を要請（国交回復の最初の動き）
１９５３・10　第二次貿易協定
中国からの招待で議員・学術文化団渡中
周恩来と会見

１９５４・９　毛沢東・フルシチョフ北京で会談、中ソ共同声明（日本との国交正常化の公式のよびかけの最初のもの）—吉田内閣、声明を相手にせずと声明
12　鳩山内閣、日中関係好転
(1)　平和五原則にのっとった国交回復のよびかけ
(2)　相互不可侵条約の用意あり（中ソ）
(3)　自衛のための日本の武装化承認
１９５５・４　日中漁業協定調印
5　第三次日中貿易協定、日ソ国交回復の動き盛ん
10　中国見本市東京で開催
１９５６・　訪中労組代表団に対し、鳩山首相の訪中を歓迎するとの意思表示
10　日本商品見本市北京で開催
（10月日ソ戦争終結共同宣言、12月日本の国連加盟）
１９５７・　中国関係の悪化（岸首相、台湾で、台湾の大陸反攻を認めるとの放言）
4　社会党・日教組代表の訪中、浅沼・毛会見し回復のよびかけ

１９５８・２　日中鉄鋼バーター協定
　　３・５　第四次貿易協定調印（国旗掲揚・指紋問題起る、国旗掲揚をのむが、台湾から抗議あり）
１９５８・３・14　台湾、日中貿易協定調印に抗議、日台通商会談の中止発表。
　　４・９　岸政府貿易三団体に回答手交、愛知官房長官、日中関係変りなしとの談話を発表し、台湾を刺戟する。
　　５・２　長崎で中国国旗侮辱事件おこる。
　　５・７　陳毅の強硬声明あり、一切の日中関係途絶

その後、日本は静観、中国は態度を変更せず、１９５９年に入り、３月社会党使節団中国訪問、自民党内で反主流派に回復運動の動きがあり、秋に石橋・松村訪中。

Ⅱ　日中関係の問題点（中央公論三月号竹内好氏「日中関係のゆくえ」参照）

1．中国の日本観（中国資料月報158号岩村三千夫「10年来の日中関係」参照）

(1)　１９５４年の中ソ対日共同宣言によれば、①日本は、なかば、被占領国の地位におかれている（完全な独立国ではない）。何故なら、サンフランシスコ体制で占領状態が凍結し、基地設定は自主的防衛とは考えられないから。②日本が独立したら対日相互不可侵条約を結ぶとの趣旨が述べられている。こういう考え方は現在も変化していない。

これは、中国には、日本国民の独立観が不安定なものであるというふうに映っており、国交回復その他の見方の相異はまさにこの独立観の相異に原因すると思われる。

(2)　では、中国では独立をどう考えているか。

蔣介石の「中国の命運」中、外国との不平等条約の撤廃を強調している個所を念頭において、それに対する批判の形でなされた、第七回代表大会における毛沢東の政治報告「連合政府論」（1954年）の中、外交問題を論じた個所に、平等条約を締結しただけでは平等の地位を獲得したものとはいえず、他からの恩恵でなく、自分の努力でかちとった独立や平等でなければならないとの趣旨の中に、それがよく現れている。この考え方からすると日本は独立国であるとは認められないことになろう。

(3)　新安保条約に対する中国の態度

１９５８・11・19に陳毅外相がこれについて声明を出した。即ち、

① アメリカは共同防衛の名において、日本をアメリカの侵略主義の道具にしようとしている。この条約はまさしく不平等条約である。

② 共同防衛地区を西太平洋にまで及ぼそうとしており、かつ、日本を核兵器戦争にまきこむ恐れがある。

中国は日本が平和な中立国になることを期待する。と述べられ、中国で初めて日本の中立化につき言及された。スターリン時代は中立に対する評価が低く、バンドン会議・平和五原則以来、見方が変ったとの意見があるが、日本の中立化についての声明として最初のものである。

これに対して、11月20日に情報文化局長談で反対声明を発表し、①これは内政干渉である。②日本一国で自国の防衛を完全にすることはできない。③中ソ間で軍事同盟を結んでおり、これは中国側が日本を仮想敵国視していることを意味すると述べた。

この二つの異なった見方が両国の独立観の差であると思われる。

⑷ 日本に対する公式の声明文として１９５７年に日中関係の悪化した時に打出した三原則がある（社会党代表に手交）

① 中国を敵視しないこと（岸の主観的態度としてではなく、ＮＥＡＴＯの結成、核武装など事実上も敵視政策をとったことに対して）

② 二つの中国の争いに加担しないこと

③ 国交正常化の動きを政府が妨害しないこと。

2．中国の国連観

日本では国連加盟が独立を保障することになるとの意識があったが、中国にはない。何故なら、中国からみて人民共和国を国連が排除していることで、国連そのものが損害をうけているとの印象をもっているから。中国が国連加盟を急いでいないという点が日本に浸透していない。

例えば、龔氏の論文に、中国が国際的団体に加盟できないからといって、少しも痛痒を感じない。何故なら、6億の人民を有する中国の不加盟はその団体にとって意味がないから、反って、中国の不可盟こそその団体の損害である筈であるという趣旨のプライドあふれる主張があり、更に周恩来の言葉を引用しながら、中国の政治経済は国際団体から離れて、地域的活動・多角的交際によ

り補いながら、今後発展をとげるであろう。国際関係は国際的接触の形式の一種にすぎないと述べている。

こゝから、積上げ外交による国交回復の是認がうかがえ、そこにまた日本外務省官僚との感覚の差があるといえるのではないか。

3．中国の使命

以上の考えから導き出される平和５原則、バンドン10原則の考え方は、また中国の伝統から生れたものである。

例えば、孫文は民族主義のなかで、中共が第一党になったときは、中国は世界に対してどういう責任をもつかという点に論及して、列強の帝国主義を排して、弱い者を扶け、貧しいものを救う必要があると述べている。これは、又、西欧文明に対する批判を含む。何故なら、自由平等は列強間の平等であってはならず、人類的規模で平等を達成しなければならない。この意味の平等は西欧国家間でなされていない。中国は弱国としての経験を生かして、強国になった時には弱国を救うべきであるとの主張であるからである。

また、例えぱ、毛沢東「人民民主主義専政論」（1949．中共28周年記念論文）のなかで、中国の維新のために西欧に学んだものは、結局、帝国主義に対する批判であり、学ぶべき相手はロシア革命でなければならないと述べられており、中国民族革命の展開過程で西欧に学ぶことの誤りに気がついたことが、日本と中国との差をもたらしたのだということがいえよう。

Ⅲ　結　論

1．以上の日中考え方の差が、過去の日中関係の不幸な結末を引き出したのであり、その後の国民の動きを結合できない原因の一つとなっていると考える。

2．今後の日中関係の是正という実践的課題については、今は大変困難であるということしかいえない。

3．台湾問題に関する中国への干渉廃止の問題については楽観的に考える。何故なら、国交回復をするかしないかの結論さえ出すなら、台湾問題解決の糸口が出てくると思うからである。

4．中ソ友好同盟条約について、ダレス宛吉田書簡は中ソは日本を敵国視していると述べているが、私は間違いであると考えている（中央公論三月号参照）

〔討議における論点〕

1．日中国交回復問題について

(1)　中共の態度をめぐって

対中共との国交回復について、その方式として考えら

れるものは

①　台湾と平和条約を結んでいるが、それと同じ立場で、その連続として中共と媾和しようという考え方、この考え方は外務省側のものであり、その場合でも、吉田氏の時は、台湾に限界してそれと媾和したという考え方であったが、岸氏の場合はそれは大陸をも含めて中国と媾和したのだという考え方が基盤にある。しかし、この考え方を中共は認めないと思われる。

②　では中共は、台湾との関係を清算しろという条件までも出すであろうか。岸氏の対中政策、新安保条約など最近中共側を刺戟する材料がそろっているが、又、台湾との媾和条約及び安保条約を含めてそれの廃棄を主張しても到底不可能であることは中共側も認識しており、社会党、石橋の訪中の際に出た話でも、日本が台湾を承認したのはやむを得ないと考えているふしがある。

③　結局、考えられる線は、日台間の条約は不問に附して中共との媾和を別に考えて行うというのであれば、話にのってくれるのではないか。但し、日中間には現在戦争状態は続いているので、それを回復するのだという認識と、二つの中国の現状について、新中国を正当と認めよという条件を要求するのではないかという点は考慮しなければならない。しかも、対中媾和が台湾から変っていった、或いは、台湾の方は不問にしても、対中共との外交交換について台湾が承知しないという態度に出ることは充分考えられる。

(2)　国交回復の諸条件

たゞ、その際の台湾の態度について、それは国際問題であって日本の知ったことではないという態度をとることはできるであろう。

戦争終結という事実がなければ、日中間の話合いは進まない（何故なら、①中共を除いてサンフランシスコ条約を結び、②賠償に関し中共には一言の挨拶もせず、対中関係で戦争は終結したといっているが）とも考えられるが、何れにしても、中共は昔の中国の正統者であるという意識があるから、新しい国家ができたのでそれを承認するという立場に立つにせよ（台湾関係は昔のことで、これから中国と新しく国交回復をするのだという考え方）、手おくれになったことをあらためるという考え方に立つにせよ、中共は嫡子であるという意識を傷つけないような形で交渉すれば（形式的には日本が腰を低くして礼を正せばよい）、問題は解決すると思う。

この場合の問題として、中国問題を朝鮮の場合と同様に考えることは出来ないが（南鮮は強く自主性を主張しているが、北鮮は二つの朝鮮を認めているので北鮮は清算を主張しない）、新安保条約が結ばれた現在、アメリカとの関係で新しい問題が生じてくるだろう。

(3)　対米関係

そこで、フリー・ハンドで中共を承認した場合にアメリカのとる態度として考えられるのは、①吉田宛ダレス書簡では中共を相手にしないといわれているが、この書簡はむりに押しつけられたもので（イーデン談）、しかも条約ではないから、事情変更により、変った意見表示をしても差し支えないと考えて、スイスが中共承認をした場合と同様に、可能なことと思われる。例えば、フェアバンクは、二つの中国の考え方をあらため、大陸が正統の中国であり、台湾は Taiwan-Republic であるといわれ、台湾のみが中国であるという考え方は次第に修正されてきているから。これに対し、②ノーランドが政界から脱落して台湾ロビイがいなくなり、M・S・Aには、中共が国連に入ることには反対であるとの規定もあるので、実際問題としてアメリカが相当に圧力を加えてくるだろうということも考えられる。

(4)　経済問題に関連して

そのアメリカからの圧迫の一つとして経済上の圧迫が考えられる。即ち、今までにも台湾との間に経済関係をもっていたが、これを失うことは、アメリカとの関係で更に大きなものを失う恐れがある。しかし日本の経済状態は、アメリカとの関係を失ってもバランスがとれるまでになっており（但し、経済の自由化を急に行えば世界的な競争の場で不利益をうけるものが出てくるかも知れぬが）、事実、関西財界は鉄・繊維の面で国交回復を待ち望む空気が強い。ことに、近年、世界市場の必要が起り経済界の要望になっているので、アメリカでも日本に対してルーズにしてやれとの声が出ている点を考えるべきである。米ソ何れの側からもアジアがマーケットとして必要なのである。

2．台湾問題について

(1)　台湾の地位と中国の独立観

中共の主張する領海12カイリ説では台湾が含まれる。この点から台湾は自分のものだと主張し、台湾回復が中共の国是であり一貫した主張である。例えば、片山氏との会見での声明のなかに、台湾は体の一部であると言及してある。この主張の背後には、アヘン戦争以来中国の独立観として取られた土地を回復するとの考え方があり、その意味で中国自身独立していないとの意識があることと思われる。このことは日本についても同様で、彼等は、アメリカから抑えられている日本を独立したものと考えてはいない。同じ日本を攻めたソ連が旧領地を回復しているのに、何故中国は回復できないのかの意識が潜在している。

(2) 二つの台湾人

本省人にも、日本の時代がよいと考えるもの、国連信託統治がよいと考えるものなど意見は分れるが、台湾からの留学生には再び台湾に戻ろうとするものがいない。一般に本省人については、40代以上が少年・青年時代に日本の教育をうけて現在発言力をもっているものであり、それ以下の層は日本とは無関係のもので反共意識が強く本土決戦を教えこまれており発言力は弱い。

本省人と大陸人との感情的対立は強いが、アメリカがいる限りは、台湾が内部から崩壊することは考えられない。

3. 城戸氏より新安保条約に関する世界各国代表紙の反響を分析した資料の説明がなされた。

# 第二一回例会（昭和三五年四月九日）

――日本における労働組合運動をめぐる問題――

大河内　一男

〔資　料〕

労働運動の前進のために

（昭三五・一・二三）

反動勢力が雪どけの情勢に逆行して安保条約を改定し、われわれに低賃金と権利剥奪の攻撃を強化してきている今日、全労働者はますます団結を強化し、全国民の先頭にたって闘争しなければならない。われわれ主要単産の幹部で構成する総評労働者同志会は、高野氏を中心とするかつての総評の指導に対して

① 労働者の基本的要求である経済闘争をじくにして組合権の確立をはかり平和を守る闘いに発展せしめる。

② 職場闘争を起点とし、地域共闘をひろめ、産業別統一闘争をもつて総資本と対決する。

③ 総評をじくとして労働戦線の統一を促進する。

を原則とする労働運動推進の見解を明らかにし、労働者多数の支持をえて、爾来、五年間総評の全労働者の闘争において指導的役割を果してきた。

そして今日迄労働運動はあきらかに前進して来た。中小企業労働者組織化のための五〇円カンパ、炭労に対する一〇〇円カンパ、筑豊の失業者の闘争組織等でわかるように連帯性はいちじるしく強化された。安保闘争では警職法闘争の経験を生かし、すでに十一次までの統一行動をつみ重ねて政治闘争を前進させ、政治意識昂揚の実を示した。民主主義闘争の経験に乏しく、また低賃金の中にいるためにきわめて困難な権利の闘争を、全逓は堂々と進めた。

また全電通は、同じく困難な時短の闘争で大きな成果をあげている。

労働者の闘争は大きく前進している。だが、なお労働者の低賃金の状態を改善できず、国会勢力が三分の一のカベを突破できず、さらに新党に関連して若干の組織動揺がみられるのはどこに原因があるのだろうか。

ここにわれわれは、日本労働運動を推進する責任のある立場のものとして、現在の労働運動に内在する弱点を克服し、労働運動を抜本的に前進させるための見解をあきらかにするものである。

一、日本的組合主義に徹しよう

われわれの労働運動の最大の弱点は、組織が弱いということである。

日本の労働組合は戦後いわば他力的にできたものである。労働者自身の苦難の闘争によってつくられたものでないために、多くの脆弱な要素をふくんでいる。

加うるに、近来とくに独占資本の弾圧がつよまり、これに対して組合幹部が抵抗することに性急になりすぎて、大衆のエネルギーをくみとることに不十分であったため幹部と大衆との間の断層が目立ってきた。また、われわれの組織が個人加入の組織ではなく、幹部依存、幹部請負の傾向がつよいから、大衆の大きなエネルギーを最大限に結集できていない。

したがって、現在、われわれが第一におこなわなければならないことは、組織づくりである。

日本の経営者は、労働組合を本来みとめようとはしていない。たとえば産業別組織の団交権をみとめなかったり、組合をつくろうとする者の首を切ったりする。そして現在職場に労働運動がないといわれているほどである。これに対して一部では活動困難な企業内での闘争を回避し、組合運動を企業外の政治闘争に代置させようとする傾向もつよくでている。だがわれわれはこれに同調しない。

日本の経営者の組合否認の思想に抵抗して、労働者全体の統一と団結を強めるためには、おれわれは労働者の身近な要求をとらえて、これを基礎として組織的団結をはかることがもっとも大切である。

労働者の身近な要求とは、すなわち賃金雇用等労働条件の向上であり、組合権の確立である。ここに労働組合結成の根拠がある。われわれは活動困難な職場において最大限の努力をつくし、労働者の賃金労働条件向上のためにたたかう。だが日本資本主義の不安定性と隷属性のために、経営者はきわめて兇暴性をおびている。資本は完全に国家権力と結びついて労働者をきびしく弾圧している。この中では、われわれは経済要求を実現しようとすればかならず、民主的権利を確立する必要にせまられ、また政治的なカベを打ち破らねば達成できないのである。したがってわれわれは、経済闘争を発展させる中で、民主的な自由や、権利などの社会的欲求を実現する闘争、軍事政策に反対し、日本の完全独立をのぞむ政治闘争などと結合し、基本要求の闘争を社会的要求の闘争や、政治闘争に発展させなければならないし、それはまた発展する必然性をもっている。

この方式は、社会的条件の全然ちがう日本で、西欧的な組合主義をとうしゅうしている全労の組合主義とは根本的に異る日本的の新組合主義である。全労の方式は、独占資本の組合否認、御用組合化の攻撃の中で資本にゆるされる範囲内で組合活動を行なおうとするものであって、これでは労働者の要求が達成されることはない。われわれは、低賃金、長時間労働、権利侵害等の攻撃の中で苦しんでいる労働者の身近な要求をどしどし提出してこの闘いをすすめる中で、組合に対する信頼をあつめ、教育活動を活発にし政治的啓発を通し社会的要求の闘争、政治闘争へと発展させてゆき、強固な組合組織をつくりあげる。われわれはこのような基本的態度にもとづいて、とくに以下の諸点に重点をおき活動する。

１、まず資本家の攻撃に対するわれわれの構えについてである。終戦直後においては、財界パージ等で無気力化した経営者側に対して、集団でつるしあげたり、人民裁判的な団交で要求をとおしてきたが、朝鮮戦争ブームや、神武景気を経過して勢いを回復した資本に対しても、以前とたいしてかわらぬやり方で要求をとおそうとする甘さがあった。

またわれわれは失業多発政策と過当な企業競争の中で、労働者に企業意識がつよくでて、産業別統一闘争に全労働者を結集できなかった。

労働者のストライキは企業を破壊するという意識がとれず、大巾賃上げや権利拡大をめざす闘争において、資本に強力な打撃をあたえるようなストライキを行うことができなかったのである。

したがってわれわれは日本的組合主義の原則にもとづいて、本来の労働組合としての組織づくりをすすめ、この活動をとおして企業意識を克服し、産業別統一闘争体制を強化し、強力なストライキが行えるように指導する。

２、次にわれわれは、いわゆる独占資本の最大の分裂支配である二重構造の問題に充分取りくみ得なかった。日本の労働者中、未組織の中小、零細企業の労働者は全体の三分の二の多数にのぼっている。これらの人たちの組織に、総評全体が効果的に取りくみ得なかったことは最大の欠陥であった。

したがって今後更に未組織労働者や失業者の組織化のためのオルグ団の活動を重視し、将来これを増加させるとともに、地域的に中小、零細企業の労働者を結集する方向をつよく推進する。

３、これまで総評は多種多様の要求が国民の間からでてそれをとりあげてたたかってきた。しかしそのときどきにおいて、何が総評の闘争の基調であるかが明確でなく、闘争が散発的におわった。

したがって今後、つねにわれわれの闘争の基調と、その時における中心要求を明らかにして闘争をすすめる。

二、政治闘争の強化

われわれは、以上のように労働者の基本要求にもとづいてたたかい、経済要求の闘争を政治闘争に発展強化してゆくが、政治闘争は、政党が前面にたち、労働組合がこれをバック・アップする姿勢が正しい。そしてこの関係は、今後ますます強化される必要がある。

われわれは、政党との関係を打ちたてるときに、現在の総評の労働者各層の意識をまず考えたい。

すなわち労働運動をすすめる層は、多数の組合員大衆の層と、職場の活動家層と、労働組合幹部とに大別される。このうちの組合員大衆の圧倒的多数は、意識するしないに関係なく、社会党を自分達の政治代表と考えている。そして、この人たちがもっとものぞんでいることは、政党がどのようになっているかでなくて、労働組合が信頼しうる方針をたてて、自分達の生活と権利平和を守り、これを向上させるために闘争することである。

個々の闘争の第一線にある職場活動家たちは、いろいろな意見に分れている。もちろん、われわれのこれまでの方針に賛成している人も多数あるが、一面、われわれがこれまで社会党との支持協力関係を結んできたことに対し、大きな反撥を感じている人も多数ある。この人達は、われわれが社会党支持を労働者に押しつけ、社会党のみを身びいきするといって非難してきた。そして、特定政党との支持協力関係を結ぶことに反対してきた人たちである。

また、共産党と明確な一線をかくし、社会党と民社党との支持協力関係を結ぶことをつよく主張する人たちも主としてこの層の人たちである。

現在政治意見の相異によって、労働運動の中に若干の混乱があるとみられているのは、主としてこの活動家層の人たちの意見が、つよく表面にでているのである。

総評の運動において指導的な立場にある幹部の大多数を占めている我々が、これまで社会党との支持協力関係のもとに労働運動を中心とし、全体的な国民運動をすゝめてきたのは、第一に圧倒的多数の労働者の意志を代表したためであり、第二に、民主化運動の歴史的な経過のなかにその理由がある。

われわれの今日までの指導の中で、本来社会党が担当すべき政治的任務の相当部分を総評が代行しなければならない条件にあったために、機関の決議によって性急に政治闘争全体の強化をはかろうとし、このために個人の政治活動の自由が拘束されるかのような印象をあたえたり、多くの優秀な党員を獲得することによって階級政党を強めるということが不十分であった。今後これらの点はあらためて、党と組合との正常な関係を発展させてゆかねばならない。

米日独占資本と岸内閣が結びついて、今日安保条約改定、中国敵視政策等をはじめとして労働者階級や全国民の平和と民主主義、生活安定の希望をふみにじっている状態の中では、これに対決する政党と組合の有機的結合関係はいよいよ強化されなければならない。

したがってわれわれ労働者同志会は、労働者大衆の圧倒的多数が社会党を支持しており、かつ組合民主主義を守る立場から、これまでの欠陥をあらためつつ、社会党支持を強化する方向をめざすとともに、多数の党員を獲得することによって、社会党を行動的に高めるために努力する。

だがいずれにしろ政治意見の相異によって労働組合内部の対立がふかまることは労働者にとっては大きな不幸である。今日、西尾新党に関連して若干の組織動揺がおこっているが、われわれは西尾新党に対しては次のように考える。すなわち

第一に、今日、日本独占資本が労働組合権を否認する考えでいるのに、西尾新党はこれと協調してその内外政策に妥協している。

第二に、労働者の闘争の単位は産業別組織であって、今日敵の攻撃が激化しているときにはますます産業別組織の強化が重要になっている。そして西尾新党は、これを破壊しようとしている。

これらの方向はわれわれの基本的な方向とことなり、労働者にとってためにならない。したがってわれわれは西尾新党をつよめてゆくことは、労働運動を前進させることにはならないと考える。

われわれはこの見解を明らかにして、すべての労働者諸君が、西尾新党の本質を正しく理解して、組織的動揺をおこさないよう期待するとともに、今日の組織動揺の現状に対してわれわれは、はげしい独占資本の攻撃の前では、労働者組織の統一と団結を守ることが第一義的に大切なことであるから、この立場から対処する。

## 〔報　告〕

１、総評労働者同志会（主流的）が三五・一・二三発表した文書を主題にして報告する。

総評主流の主な組合の委員長・書記長級の会が労働者同志会である（日教組、炭労、国鉄、全鉱、私鉄などの七世帯）。

この文書が色んな波紋をよんでいるので、これを主題にし組合をめぐる問題について報告したい。

論評、新聞論説では手きびしい批判をうけており、特に「日本的組合主義」に関していえば、ここに戦前・戦後を通しての労働運動の特徴が表れている。例えば、西尾氏の民社党の成立事情、それに対応する日教組の運動の転換、国鉄（六〇万）組合の動揺脱退など、総評内の大組合の不安が出てきている。

組合の分裂（第二組合の成立）、三池、苫小牧などの例が全国的に見られ、総評三〇〇万の上級組識が組織強化を念頭において、この資料がつくられ発表された。

総評に対立する全労会議が激しい批評をする。新聞では組織の動揺に対する対策とのみしかみていないが、私は、これを、昔からの労働運動の特徴をよく示した文章であると考える。

２、昭二五夏総評結成（高野事務局長）以後高野方式による組

合の運動方針―数年続く。

昭二一から二三、四年に主勢力であった産別に対して総評が作られたのだが、産別では政治闘争に重点がおかれていたのに対し、それに対立するものとして総評ができる。

高野氏の言によれば「鶏が家鴨になった」という。

運動の基本線においてより幅が広がり、例えば基地拡張反対運動、全面媾和、反政府、護憲運動など労働運動とはへだたりある、国の問題に対して参与するに至る。

そのため、運動方針として、地域、家族ぐるみ運動が行われる。それが、二七年秋～暮にかけて、炭労・電産という大所帯の二、三ヶ月スト（停電、保安要員の引あげ）により組合が敗退し、高野方式についていけないとする組合が全労をつくる（総同盟と合して）。

総決算と総評主導権の交替が今から五年前に行われる（太田・岩井ライン）この時の基調は、高野方式は本来の組合の機能をつくしえないものであり、労組本来の立場に戻って出なおせということになり、指導部のいれかえが行われたということを意味する。即ち、

① 労組は経済要求を基本にすえた組織である。従ってそれに不熱心なものは破綻するから、経済要求を一つずつこなしていく。

② 企業別組合の形態を脱却するため、末端組織で組合らしい動きをもたねばならない、下部の意見をまとめて上をつきあげるという職場活動中心的なものにする必要がある。

③ 職業別の横の統一がつくられねばならないとの考え方になろう。

この三原則に立って、労働運動の再建を五年前に行った。

ところが、いつのまにか以前の場面の広い国民運動に重点がおかれるようになってくる。

そのため、一昨年中間反省の意味で「組織綱領草案」を発表し、組合本来の形の見通しについて考えたが、これが固まらないままに「労働運動の前進のために」の文書となり、労働組合運動の本来の姿に立ち返るということになったのである。

かようなことは、第二組合結成など労働運動の不安な時に限っているわけだが。

３、第一の問題のは、「労働組合とは何か」についての再検討の態度にある。労組は社会主義政党の一翼ではなく、共通の利害をもつ団体の代表であるとの考えに立っており、どんなに大きな目的をもち出しても組合員の利益に結びつかないと破綻するとの考え方が流れているようである。

五ヶ年間に高野方式に戻って今日に至ったという反省をこの文書は示している。分裂脱退の経験に照らしてということで。

第二の問題は、日本的組合主義の言葉で問題を記しているが、

日本の組合は日常的な経済要求に腰をおろしていくのが本来だとしても、政治問題が間近な壁としてつきたっているので、日本の組合主義は西欧のそれと違って政治闘争に結びつくようになる。つまり、経済要求が第一、そのつみかさねの過程で、政治闘争に迫らざるをえないというのが日本的特色だと述べている。

それと並んで経営者団体（日経連など）に一般に特殊な態度があり（組合否定の考え）、労資関係は縦の関係（主人と下僕）とみており、西欧にみられる横の関係とは異なる。労組法ではどうにもならない障害がある。経営者の態度はこういう風につくりあげられているので、団体交渉権を拒否する。従業員との団体交渉、特に非従業員との交渉を強く拒否するという傾向がある。

かように経済問題はすぐ根本問題の壁にぶつかると、この文書は第二段で述べている。

第三の問題は、政治闘争に傾斜しているということは、総評三〇〇万の中の二三〇万は公務員、公企体職員であり、民間労働者は一〇〇万に満たないから、従って総評の運動が当局相手にならざるを得ない。これが政治闘争を強く促した大きな要因である。

この点、全労が対政治闘争に弱いのは民間労組の故によるのではないかと思われる。

総評が政治闘争方式に強かったのは社会党との関係である。下部の組合では党員が七～八万、例えば、英のＴＵＣ（八〇〇万）の六〇〇万は労働党党籍をもつのと顕著な違いがある。従って安保など国際政治問題について国内では運動の手足がない。総評は議会外政党の社会主義政党であり、大衆運動として社会党的方針により動くので手足となる。

それが自ら、総評の政治闘争として強く意識され、組合もそう考えるようになる。即ち、社会主義政党の代行機関となってしまい、それに対する反省が述べられている。

ここから政治運動は党が行い、総評はこれをバックアップすべきだとの考え方が中心となってきている。

４、以上が文書中心に考えられることだが、今これを離れて考えてみると、現在の労組全体としてみた場合他国のそれと異なるのは、労使関係の実体が雇傭関係として長期に固定されたことである。

この傾向は昭和初期から存在する。始めに勤めてから、ずっと職場が固定して働くのに対し、外国では、同種企業の他社に異動するという傾向があり、そこに非常な差があるからである。だから、賃労働という商品を売ったとの意識を日本労働者はもたない。特に、日本の賃金は年功序列によるから、採用の窓口からそれが身分化して年功昇給の賃銀の仕組みになり、技能や、時間を売ったという意識が低く、取引の意思が低い。

この形で今日に至ったと考えられる。以上が一つの特徴。

第二の特徴は、労働組合が産業社会の中に根をおろす機会が少なかった。明三二―三三年に早い時期の労組ができるが、治安警察法により壊滅状態になる。それで労組が大衆組織のないままに、片山潜、幸徳秋水を中心に社会主義を中心にしての団体が明治末期まで続いたが、大衆を基盤とするそれではない。

大正～昭和にかけて労組は息を吹きかえす機会はあったが、治警法ですぐに潰されて、社会主義運動に解体してしまい、或いは、日常的闘争はデモか争議団式の妨害を行う程度であった。傭主との間の団体闘争は少数の組合を除いては見られなかった。

そうすると、片山潜、高山房太郎の説いた労働組合主義は日本では育たず、会社内の親睦団体又は会社外での紛争グループの何れかに分解してしまった。

それで、団結の自由といっても、何のための自由かは意識されず、大衆組合の重要性の認識は低かった。

この対立する如き二つの面は、戦後でも長く尾を引き、二・一ストの場合も、労組運動としてつくられたものが占領軍との関係で、押し潰されてしまう。産別会議の解体もこの状況のもとで行われる。

二五年に民間の中から総評による労働組合主義の実るかにみえたのが潰れ、総評の太田・岩井による再建も前のものになってしまって、組織の動揺で、五年後、日本的組合主義をいわざるを得ないところに舞い戻ってきた。

賃労働の大衆組織の機能が熟さないで分解する。

出直しは
{ 未熟
御用団体
社会主義組織外郭団体 } のくり返しになると

私に思われてならない。

以上の視点よりこの文書をよんでみると興味がある。

もう一つ附加したいのは労組の弱さ―企業別組合では個々の組合を考えると、企業側の職制組織と密接な関係をもつ。

組合本部―支部―班（組合の内部組織）
本社―工場―課 } が対応する。

これが特殊な点で他国ではみられない。一言にしていえば、従業員組合といえるのではないかと思う。ここに組合の弱さがある。

もう一つの難点は、企業規模が組合の規模になる。しかもこの例外がないというのが誠に日本の顕著な例。しかも大企業の大組合では平均賃銀は高く、小さな組合では賃金平均ベースは低い。

一〇〇〇人の場合―賃銀一〇〇
二〇〇～三〇〇（中）　六五～七〇
五～　二九（小）　四〇～四五

これがまずいことには縮まらないのである。企業別組合の組織の力では解決できないという難点をかかえている。固定して解決する兆しがない。

第三に、組合の中の組合員の分布を類型的にみると、職員・年功序列の上級者（家付の常用工）が組合の中心部分で、全体の五〇％がこれに入る。

後の四〇％が同じ工場のものでも戦後派の三〇歳までの青年工、残り一〇％が臨時工、中途雇傭の外様労働者、社外工で親工場の職場で働く女子従業員で、第二グループをつくる。

これらが同一組合で運動しているが利害では大きな対立を示している。

一番大きな対立は賃銀で、職員・家付工（本社員）は、賃銀については勤続年数にスライドする賃銀の支持者であるが、青年工、女子、臨時工、外様工は年功序列に反感をもち、職種の格付、内容について賃銀を支払えとの動きを示す（同一労働同一賃銀の言葉はこの人達の発言）。

この二グループをどの労組でも抱えており、組合運動として一つに統制できなくなっているのが現状である。特に新しい技術による工員の導入により、この利害は益々対立し、事が起った場合の組合の分裂の基盤を提供している。

5、労組はどういう方向をとるのか―安定したかにみえた企業別組合が二つに分れてくるとの見通しがある。

家付常用工のグループ
青年工、外様工、中途雇傭工のグループ　｝である。

経済の二重構造の如く、二つの組織に分解して再編が行われるのではないかとの感じをもっている。

最近、官公労五現業の労組につき在籍専従の排除をILO八七号批准にひっかけて主張されている（日教組に対する文相のそれ）が、民間に対しても在籍専従は好ましくないとの考え方があり、使用者の発言力が強くなる傾向のものが第一。

生産阻害者の排除を条件にして、闘争の解決を見出すという傾向が三池などにみられるので、これが傾向化する危険を内蔵している。これが団結権を制約する問題と直結することになる。

以上の点を考えると、日本労組の団結権の中身の弱さを痛感し、結局、会社の親睦団体に変転してゆく。使用者側も暗にそれを求めている、ということを考えざるを得ない。

以上の点から、総評の文書は明治以来のジグザグコースの戦後版ともいえるが、大変興味があると思う。

**〔討議〕**

我妻　日本の家付工がないのが外国では普通といわれた。外国で昔は家付工が中心ということがあったか。

大河内　なかったと思う。ドイツで家付工中心が望ましいとの意

見は出てきてはいるが、古い時はなかった

我妻　日本でその特色が現れている理由。

大河内　常用工が一般的になったのは昭和になってから。昭和初の不景気時代に常用工が大企業で根を下している。それまでは家付工の観念は官民何れでもみられない。

それ以前は工員は動いていた。戦前では高小卒を傭い、徒弟学校に入れ、常用工にしたて、昇給制度にのっかっていくということで異動がなくなり、個別企業毎に家付工が根を下した。

家付工の募集も大企業では給源があり、給源固定、生涯雇用年金などが固定化を強化したと思う。中小企業ではこういう利益なく異動の傾向があった。年齢分布をみても

二〇歳前後の従業員が山をつくる
四〇～五〇歳の万能熟練者が山をつくる｝これが中小企業の傾向である。これは、若い年齢で傭われるが長続きしないでやめるから。大企業が一八～五五歳までのスロープがなだらかなのと比べると対照的である。

矢内原　日本では家族的温情主義をいった時代があるが、それとの関係は。企業別組合は日本的だと思うか。

大河内　温情主義は福利施設・年金がついており、経済的条件を考えて組合ができる場合、企業別に個別的にしか組合ができないということになるのだろう。

大企業では温情主義が看板になるのは不思議で、温情は看板で中身は福利施設その他と考える。

矢内原　産業別に組織されないで企業別になったのは使用者側も従業員側もか。

大河内　従業員についていえば、大企業では従業員の日常利益とくっついていたと思う。異動は賃銀が上る機会になる筈だが、日本ではそういうことはない。

菊池　鉱山で異動してよくなったというのは足止め制を出したことと関係があるか。

大河内　昭和初まで異動が激しかったが、これは鉱山だけではない。友愛会の会員の思い出話でも異動が多いことが見える。異動しながら賃銀が上っている。従って賃銀の格差は明治にさかのぼるほど企業別による差がない（一五％位しか開いていない）。それは異動があって地ならしが行われたことを意味する、イギリスでは一五％であり日本の昔に似ている。

菊池　賃銀が固定すると異動が少なくなるのではないか。

大河内　常用工も引抜きの後で出てくる。

制度も無理な点がある。五〇歳まで異動しないから人件費の固定からいえば圧力が強い、常用工と並んで臨時工ができたが、昭和初めに常用工ができてから現在まで会社別の労組の組合は常用工の組合員で、七〇〇万の組合の組合員は常用工の組合員

である。

菊池　臨時工が昭一〇年代で問題になったのは戦時景気で臨時工でまかなったからといわれているが、今のはこれと違うのだろう。

大内　小企業の労働者は異動は激しいのか。（yes）

大河内　労働のマーケットは大企業にはなく、小企業には多い。

小は同じ農村でも条件の悪い農村という風にマーケットが違うのだ。

給源ははっきり大小企業で別れ、交流がない。大労組がアップしたら小はあがるんだといわれたが、断層があって事実はそうでなかった。

日本全体の労組の発展を考えると、なかなか、方法が考えだせない。

久野　このシステムと生産力との関係は。

大河内　新しい生産技術が入ると熟練者の技術水準に早く到達するので、年功序列が意味をもたなくなる。年功は熟練に比例したから、従って二〇～三〇才とそれ以上との考え方は対立する。

企業別組合は生産技術の導入が契機となって崩れるのではないかとの感じをもつ。

年功序列を利益と考えるものが第二組合の主流をなす。

丸山　早くから採用して長く働くと社員意識が出てくるということは考えられないか。

大河内　そういう教育はやっているが、社員意識の教育は成功していない。それより、自分の年齢に応じた賃銀を早くもらって早く生活をエンジョイしようという考え方だろうと思う。

高齢者の技術に合わない高賃銀に対し、青年工は不満を持つ。

一（入社時）―六、七（退職時）

入江　家付工に株を分けて社内結束を計るということは。

大河内　大会社はない。歓迎されない。労組も拒否する傾向にある。小企業ではあるが。

戒能　熟練性は紡績などでは問題にされなくなったとの印象をうける。職場が異動できない機械にくっついたためということはどうか。

化学工業の失業者は目もあてられない。

菊池　炭鉱も土工以外に使いみちがないのと同様。明治三三年治警法で明治の組合運動がだめになった。その後大正八年にまた突き崩されたが、組合運動を崩すものは、その後は何か。

我妻　大正末期一時よくなる。そして治安維持法だろう。

大河内　治安警察法が組合運動に適用されたケースはない。争議である。集会の時にひっかける（治警法一七条）。

大内　第一次世界大戦の democracy の発展の時に、日本に労働市場（正式の意味）ができ、その時に今の家族的優遇法ができたのだろう。三菱、住友などでも労資協調会ができる。渋沢、床次が温情主義をいう。

この時に日本の労組が特殊性を与えられる。家族組織資本主義（純粋資本主義でなく）ということをいわれた。労働市場の関係でこれが障害となった。

矢内原　温情主義によって日本では労働運動をやめ常用工ができた。そのなかで経済的不平をいう根拠が弱いだろう。労働者の政治的解放などはそこではいえない。それで政治的運動が外に出てゆくことになる。

菊池　工場立法の画一主義をきらって、各企業毎に適当にやらしてくれというのが温情主義・家族主義の根拠だった（明治四〇年代）。

大内　工場法の実施下までの一〇年間の対策である。

菊池　渋沢栄一が商業会議所で出した意見が温情主義だ。

大内　組合法をつくったのが南原氏だね。

南原　農商務省の下で、工場法ができる。労資を同じ土俵でやらせようというのが組合法で、大内氏たちがバックアップした。

大正八年庄次内相のもと。

若年官僚は外国にいって急進的になり、それに反対したのは農商務省で、原さんが机の中にしまった。社会局が出来る前である。

三法の今から考えると幼稚だが、当時としては進歩的なものとして出来た。

庄次氏は頭が違う。労資協調は河原田氏主張。思想善導に儒教を。

丸山　友愛会の初期の文献では、資本家は労働者を犬と同じだ、温情をもって接しろということをいっている。初期ではポレミッシュな意味をもっていた。労働管理などはなかった。明治四四年、鈴木文治氏が主張、渋沢氏が金を出す。

久野　温情主義は物として労働を買うという。遅れた労働関係ではエモーションが人間関係に入ってきており、上では政策で温情をいうのだが、下の方では「愛の喝き」として上の方の温情主義と見合ったのではないかと思う。

〔議事〕

1、憲法記念講演会

演者は、大内・開会丸山・前芝・矢内原

2、安保について研究会として意見を出すか。

会の性質上制約はあるが、何かやろう。

案はないが、方法として温厚なものに。その場合急いで安保審議をする必要なしとの意見を出すならどうか。あるいは憲法問題研究会有志というのはどうか。

・このやり方だと外からどういう印象をうけるか、これで通れば一つの形ではあるが（我妻）。
・安保をゆっくりやれというのも知恵がない（矢内原）。
・五月三日は一機会だから、その時に声明を出す。会の決議として声明文をよむ。
　単独審議をさける
　憲法の精神に反する　}という声明はどうか。
・実行方法については世話人会に一任

〔要　旨〕

―日本における労働組合運動をめぐる問題―

大河内一男

〔報告〕

1　序

総評の労働者同志会（総評の主流をなす主な組合の委員長・書記長級の集まり、日教組・炭労・国鉄・全鉱・私鉄等）が、昭三五・一・二三に発表した『労働運動の前進のために』という文書が、色々の波紋をよび、そこに組合運動をめぐる問題が伏在しているので、これを主題にして報告する。

この文書は、新聞論説その他できびしい批判をうけ、特に「日本的組合主義…」の見出しが、言葉の雰囲気に関連して問題にされているが、ここには戦前戦後を通じての労働運動の日本的特徴が、かなりよく表現されている。当面の問題からいうと、例えば、西尾新党の成立に対応する、日教組の運動方針の転換、国鉄労組の分裂・脱退など、総評内の大組合の不安と組合の分裂・第二組合の成立（三池・苫小牧など全国的に見られる）を背景として、総評三〇〇万の組織強化を念頭においてつくられた資料である点である。

総評に対立する全労会議がてきびしい批判をし、新聞は組織の動揺に対する対策としてしか考えていないが、私はこれを昔からの労働運動の特徴をよく示した文書であると捉えている。

2　戦後の労働組合運動の展開

(1)　終戦直後から昭和二三、四年にかけて、組合運動の主勢力は産別であり、政治闘争に重点がかかっていた運動方針からの脱皮として、昭和二五年七月に総評が結成され、「高野方式」による運動方針をとる。即ち、組合費を払っている組合員の経済的利益をまもる団体というのが基調であった。

(2)　それが「鶏がアヒルになった」といわれたように、運動の基本線の幅がひろがり、基地拡張反対運動・全面講和運動・反政府闘争・護憲運動など、従来の運動とは隔たりのある国の問題に対してもかかわるようになる。
そのため、運動の方針として、地域・家族ぐるみ運動が行われ、組合の名における運動が企業内部に向けられず、外へ外へと流れ出してしまった。

(3) 昭二七年秋―暮れの、炭労・電産のスト（停電スト、保安要員の引揚げなど）の結果、組合が敗退し、「高野方式」についてゆけないとする組合が総同盟と合して全労をつくる。又、この組合運動のあり方に対する批判の積重ねの総決算として、総評指導権の交替が五年前に行われ、太田・岩井ラインができる。

この交替が、従来のものが本来の組合の機能をつくしえないものであり、組合本来の立場に戻って出直せという批判の結果だとすれば、運動の基調として、

① 労組は経済要求を基本にすえた組織であるという考え方をもととして、経済要求を一つずつこなしてゆく。

② 企業別組合の形態を脱却するため、末端組織で組合らしい動きをもたねばならない。職場活動を盛んにして下部の意見をまとめ、上部につきあげるという主張が企業別組合の狭さから脱却する有力な手がかりである。

③ 同時に、産業別の横の統一や単一組織をつくる。

この三原則に立って労働運動の再建が行われた（労働組合主義）。

(4) その後五年間の間に、いつのまにか、国の内外についての大きな政治問題にとりくむ広い国民運動的なものに労組活動の重点がおかれるようになった。そのため、一昨年、中間反省の意味で「組織綱領草案」を発表し、反省と今後の見通しをつけようとしたが、固まらないままに、前述の「労働運動の前進のために」の文書で、もう一度「労働組合主義」に立ち返るということになった。

3 「労働運動の前進のために」のなかにおける問題点

(1) 労働組合とは何かについての再検討

労組は社会主義政党の一翼ではなく、共通の利害をもつ大勢の組合員の代弁者であるから、調子の高い目的を持ちだしても、組合員の利益に結びつかないと破綻するとの考え方が流れている。

これは、五年間に高野方式に戻って今日に至ったという反省であり、組合の分裂・脱退の経験にかんがみ、企業別組合の弱さに関連してもう一度労組は何であるかを考え直してみるということである。

(2) 日本的組合主義の問題点

西洋の労働組合と異なり、日本の労働組合にとって、日常の経済要求を積み重ねてゆくうちに、政治問題が間近に壁と

して立ちはだかってくるので、日本の組合運動は政治闘争に結びつきがちである。従って、経済要求を第一に、そしてその積重ねの過程で政治闘争にのびていくのが日本的組合主義の特徴である。

それと並んで、経営者団体に特殊な態度、即ち、組合否定の考え方があるので、労働基本権の推進がなされなければならない。これは、労資関係を縦の関係（主人と下僕）とみるもので、西欧に見られる横の関係と異なり、団体交渉権拒否の傾向に陥り易く、労組法ではどうにもならない障害がある。かように経済問題は政治の壁、又は雇主の労組に対する強い偏見にぶつかりがちである。

(3) 政治闘争への傾斜の理由

総評三〇〇万中、二三〇万は、国家・地方公務員、公企体職員であり、従って、総評の闘争が政治相手の運動にならざるを得ず、他方、全労が民間企業中心ということからこの色彩が薄くなるのと対蹠的である。

もう一つの理由は、社会党と総評との関係である。社会党員はせいぜい七―八万位であり、大きな政治問題について運動するときに党員の手足がなく、大衆行動の場合にいきおい労組に依存することになる。その結果、労組の動きが政党まがいの政治闘争的なものとなり、組合自らも社会主義政党の代行機関たる意識をもつようになる。この点、英のＴＵＣ（八〇〇万）が六〇〇万の労働党党籍をもつものをかかえて、労働党はＴＵＣに頼らずに政党として大衆行動に党員を動員する力があるのと対比すべきである。

第三の反省は従って、政治闘争については社会党が前面にたち、総評はこれをバック・アップすべきだとの考え方になる。

4 日本の労働組合の特徴

(1) 雇用関係の長期的固定化

この傾向は昭和初期から強く、大・中企業では高小・中学を出たものが、本採用後は退職期まで他の企業に移動せず、生涯働きつづけるというルールが慣行となっている。日本の賃銀は年功序列によるから採用の窓口から身分化して、年功昇給の賃銀の仕組みになり、日本の労働者は賃労働を売った、技能なり時間を売ったという意識が低いのである。外国ではより高い賃金と地位を目指して、同種他企業に異動する慣行があるのと顕著な違いを見せている。

(2) 労働組合の大衆組織のなかにおける基盤

日本の労組は産業社会のなかに根をおろす機会が殆どなかった。明治三〇―三二年にかけて、鉄工組合、活版工組合ができたが、できたとたんに治安警察法の実施により壊滅状態になる。その後は、労組が大衆組織のないままに、片山潜・幸徳秋水・堺枯川を中心にした社会主義の啓蒙宣伝運動だけが明治末期まで続く。

大正から昭和にかけて、労組は息をふきかえす機会をもったが、治安警察法その他ですぐ潰されて、社会主義運動に解体してしまい、日常的闘争はデモか争議団式の妨害を行う程度で、雇主との間の団体闘争は少数の組合を除いては見られなかった。

そうすると、片山潜、高山房太郎の説いた労働組合主義は日本では育たず、会社内の親睦団体、又は会社外での紛争グループのいずれかに分解してしまう。従って団結の自由といっても何のための自由かは意識されず、大衆組織としての労働組合の重要さの認識は低かった。

このような傾向は、労組法ができた現在でも尾を引き、二・一ストも政治ストに姿を変えて押し潰され、産別もそのため解体せざるを得なかった。その反省として結成された総評も前述の如く、組織の動揺を生み、日本的組合主義という言葉で労働組合主義に立ち戻らなければならなかった。

こうして組合は、賃労働の売り手の大衆組織としてその機能が熟さないうちに、政治闘争に傾斜して分解するのであるが、自己批判を通しての出直しは、御用団体的なものに転落するか、社会主義組織の外郭団体のようなものに浮き上るということのくり返しになると思われる。

(3)　日本の労働組合の脆さ

(イ)　この脆さは益々強まる傾向にある。それは、日本の企業別組合の個々を拾ってみると、経営側の職制組織と密接な関係があることがわかる。即ち、

(組合の内部組織) 本部―支部―分会

(会社組織) 本社―工場―部・課に対応する。

この個別企業の職制組織と、個々の企業別組合の内部組織の一体化が、日本の組合にとって特殊な点であり、他国の労組に見られない点である。この意味で、日本の労組は一種の従業員組合であり、そこに組合の弱さがある。

(ロ)　もう一つ、組合組織上の難点は、企業の規模が組合の規模になること、即ち、組合が個別企業ごとにできるため、労働条件が何れも個々の企業の格差により決められてしまうことである。しかも、大企業の大組合では平均賃銀は高く、小さな組合は低い。例えば、

従業員一〇〇〇人―一〇〇とすると、全企業の平均は、二〇〇～三〇〇の中企業では六五～七〇、五～二九の小企業では四〇～四五である。

従って、企業別組合の組織の力では解決できず、格差は固

定して縮まない。

(ハ) 第三に、組合のなかの組合員の分布を類型的にみると、職員・年功序列の上級者（家付の常用工）が組合の中心部分で全体の五〇％（全産業平均）を占め第一グループ、後の四〇％が戦後派の三〇歳までの青年工、残りの一〇％が臨時工・中途雇用の従業員（他の資本主義国はこれが普通）と社外工、女子従業員で、これが第二グループ。

第一グループ、第二グループの間には非常な対立があり、なかでも一番大きなものは賃金である。職員、常用工は、長期雇用で安定し、退職手当も出る、従って勤続年数にスライドする賃金の支持者であり、組合員としても、ベース・アップの要求は年功賃金を引き上げることに向けられる。しかし、第二グループは年功序列に反感をもち、職種の格付・内容について賃金を支払えとの動きを示す。同一労働、同一賃金の言葉はこの人々の発言である。

この二グループはどの労組でもかかえており、組合運動として一つに統制できない大きな原因をつくる。特に、新しい技術による工員の導入は、この利害を益々対立させ、ことが起った場合の組合分裂の基盤を提供している。

5 労働組合の方向

(1) 戦後一五年、安定したかに見えた企業別労働組合が、先の第一グループ、第二グループで二つの組織の労組に分解して再編が行われるのではないかとの感じをもつ。

(2) 官公労、五現業関係の労組に対して、政府が、在籍専従を排除する声明を、ＩＬＯ条約八七号にひっかけてしており（例えば日教組に対する文相のそれ）、更に、民間労組の在籍専従も好ましくないとの考え方も強くなりそうで、使用者側の発言力が強くなる傾向がある。

もう一つ、生産阻害者の排除を条件にして、闘争の解決を見出すという傾向が三池争議の場合などに見られ、これが傾向化する危険がある。このことは、団結権を大きく制約したり、労働組合主義としての組合の正常な機能すら封じ込めてしまうということになりかねない。

(3) 以上の点を考慮すると、日本労組の団結権の脆さと、権利意識の微弱を痛感し、結局、会社の親睦団体に変転してゆくだろう。使用者側も暗にそれを求めていると考えざるを得ない。

「労働運動の前進のために」の文書は、明治以来の労働運動の辿るジグザグコースの戦後における一つの転回点を示すものではないか。その意味で、この中には、かすかながら、企業別組合にとっての一つの危機意識が潜んでいると言える。

〔討議報告〕

1、常用工について

(1)　常用工の成立

(イ)　日本の家付工と称するものは外国にはない。ドイツで家付工中心が望ましいとの意見が出てきつつあるが、今までは存在しない。

(ロ)　その家付工が日本で一般的になったのは昭和になってからである。それまでは家付工の観念は官民いずれにもみられず、工員は動いていた。昭和初までの工員の移動は、鉱山のみに限らず、激しく、友愛会会員の思い出話のなかにもそれがよくわかる。

そして移動しながら賃金が上るのであるから、賃金の格差は明治にさかのぼるほど企業別の差は少なくなる（一五％位しか開いてない）。それは移動によって地ならしの行われたことを意味する（イギリスで現在一五％、日本の当時がそうである）。

(ハ)　それが、昭和初の不景気時代に、賃金の固定とともに常用工が大企業で根をおろす。即ち、高小卒を採用して徒弟学校にいれ、昇給制度にのせていくということで移動がなくなり、個別企業毎に家付工が根をおろした。

(2)　常用工の給源とマーケット

大企業の家付工は給源があり、給源固定・生涯雇用・年金制などが常用工制度を強化した。

中小企業ではこういう利益はなく、移動は激しい。年齢分布をみると、二〇歳前後、四〇～五〇歳の万能熟練工がピークをつくっており、これは若い年齢で雇われても長続きしないことを意味する（大企業が一八～五五歳までなだらかな線を画くのとくらべ対照的である）。

しかも、給源は中小企業では同じ農村でも条件の悪いところというふうに、大企業とはっきりわかれ交流がない。また、労働市場は小には多く大にはない。従って、このような両者の断層は、大企業労組がベース・アップしても、事実上、小企業労組がアップすることはない。

(3)　常用工と温情主義

(イ)　日本では家族的温情主義をいった時代がある。友愛会の文献では、労働者は犬と同じ、温情をもって接しろとの言がみえる（明治四四年鈴木文治氏）。

渋沢栄一が商工会議所で出した意見が温情主義である。

(ロ)　温情主義は、日本の労働運動をやめさせ、組合ができる場合も、企業別に個別的にしかできない。常用工が経済的不平をいう場合も根拠が薄く、労働者の政治的解放などは主張しにくい。それで、政治的運動が外にはみ出してゆくことになる。しかし、大企業で温情主義が看板になるのは不思議で、温情の中身は労働管理ではなく、福利施設その他を考えていた。この点、企業別組合が、大企業では従業員の日常利益と結びついていたこととマッチする。

(ハ) エモーションが人間関係を支配するところでは、労働関係は遅れており、上部では政策として温情というのだが、下部では「愛の喝き」で、温情主義は上の方で見合っていたのではないか。

(4) 生産力との関係

(イ) 新しい生産技術が入ると、熟練者の技術水準に早く到達するので（紡績などでは、熟練性は殆ど問題でない）、熟練に比例する年功序列は意味をもたなくなる。従って、二〇～三〇歳とそれ以上の考え方は対立し、技術的に低いが高賃銀をはむ高齢者（入社時一が退職時で六、七）に対して青年工は反感をもつ。

(ロ) 従って、年功序列を利益と考えるものが第二組合の主流をなす。これは、早く採用して長く働いたから社員意識が旺盛であるというよりは（社員意識の教育は成功していない）、自分の年齢に応じた賃銀を早くもらって生活をエンジョイしたいという考え方からであり、このような傾向は、生産技術の導入を契機として企業別組合を崩してゆくのではないかと思う。

(ハ) 家付工に株を与えて社内結束をはかるということは小企業ではあるが、大会社では歓迎されず、労組も拒否する傾向がある。

2、臨時工と組合

企業別労組の組合員七〇〇万は常用工である。臨時工は昭和一〇年代に戦時景気からうまれたが、この当時の臨時工の問題と現在のそれとは異なる。何れにしても、日本全体の労組の発展を考えると、よい方法はなかなか見つからない。

3、労働組合運動の弾圧と労働立法

(1) 明治三三年、大正八年と労働運動はつきくずされたが、治安警察法が組合運動に適用されたケースはなく、争議になったとき集会にひっかけて（治警法一七条）弾圧された。大正末期一時運動は盛んとなるが、その後治安維持法により弾圧をくう。

(2) 第一次大戦時のデモクラシー発達のときに、日本に正式の意味の労働市場ができたが、三菱・住友などで労資協調会ができ（河原田氏が労資協調を主張）、家族優遇法が成立する（渋沢・床次の温情主義の主張）。

この時に日本の労組は特殊性を与えられ、家族組織資本主義といわれたが、労働市場にとってはこれが障害となった。

(3)

この温情主義・家族主義の根拠は、工場立法の画一主義をきらって、各企業毎にやらせてくれということで、工場法実施までの一〇年間の対策であった（農商務省の下で工場法成立）。

労働組合法は労資を同じ土俵でやらせようとの趣旨であり、大正八年床次内相のもと、急進官僚南原氏が作成、大内氏がバックアップした。若手官僚は外国にいって急進的となり、農商務省はそれに反対した。原氏が机のなかにしまいこみ、日の目をみなかった。社会局ができる前のことである。

三法の建前からいうと幼稚なものであったが、当時としては進歩的なものであった。

〔議事〕

1、憲法記念講演会を五月三日・一―四P.Mに研究会主催で開く。講師―大内・丸山・前芝・矢内原と内定。

2、安保について研究会としての意見を出すか。五月三日は一つの機会であるから、その時に会の決議として声明を出す。急いで審議をする必要はないとの意見を発表するのも知恵がない。単独審議をさけよ、憲法の精神に反するということで声明文をよむなどの意見が述べられ、実行方法については世話人会に一任された。

3、ほかに、憲法問題研究会有志ということで通れば、今後の一つの形ではあるが、外からどういう印象をうけるかが問題であるとの意見も述べられた。

# 第二回憲法記念講演会（昭和三五年五月三日）

於・虎ノ門共済会館

安保問題について声明する　大内兵衛
日本国憲法と中立主義　前芝確三
現代における態度決定　丸山真男
内村鑑三の非戦論　矢内原忠雄

〈編者注　声明文と講演記録は『世界』昭和三五年七月号に掲載〉

# 第二二回例会（昭和三五年五月一四日）

## 〔報　告〕

Ⅰ　声明の経過報告（辻会員）

１、世話人（大内、我妻、丸山、辻）で声明の案文作成

会員に承諾の有無を問合せ─全員賛成

五月三日講演会の最初に大内氏より声明文発表

２、茅氏難色を示す。会員を辞退したいとの申出、我妻氏交渉。学部長会議で意見打診したら研究会が政治行動をする以上、学長としての立場上、声明に加わらない方がよいだろうとの趣旨であり、声明文発表前に脱会。

青山氏（関西）─趣旨には賛成だが声明の賛同は留保させていただきたい。

毎日、朝日、産経（詳細）、東大新聞に掲載

３、会計報告

４、講演会の報告

開会（大内）、丸山、前芝、閉会（矢内原）

Ⅱ　宮沢氏報告

１、訪中の目的

文字改革視察学術代表団の一員として。

中島氏辺りで訪中の計画あり。文字改革の視察が話題にのぼっていたのが実現。土岐氏を団長として。宮沢は国語審議会の副会長をしたことがあり、シンパの立場で第三者的なものもいればとの観点から。三週間位、帰ってからの責任もないとの話なので。

反対論者は山本健吉氏、感情的悪口を東京新聞に掲載。

２、旅程

香港、広州、広東、北京（ここで主たる見学）、成都、武漢、上海、杭州

３、毎日新聞に全体の印象を掲載

４、文字改革の問題

社会主義建設の一面の問題であるから、本会としても無関係ではない。

・中国の文字改革は何のために。

①　文盲退治、最近まで国民の大部分は文盲であり、社会主義建設のために。

②　共通語の普及

その目的達成のために文字改革を考える。その方法に二面あり。

略字（簡体字）使用とローマ字（拼音）使用

①　略字は非常に多く、第一次・第二次、日本の漢字とは全く

異なることになりかねないだろう。

②　ローマ字─ローマ字の使用は表音文字の理論性に欠けるが現実的に国際性をもつ。

ローマ字のスペリング――中国語の発音に即して

中国語に即した発音であるが、あくまでローマ字を使用する。今までのローマ字の範囲内で中国語を表す。

比較的日本式ローマ字の基礎になっている考え方に似ている。中国語の立場から─拼音、日本語の立場から─日本式というように考え方としては似ているし、現実的であるし、妥協的である。

何のためにローマ字を使うか。

漢字を覚え易くするためである。丁度日本で仮名の助けをかりて漢字を覚えるのと同じで、ローマ字の助けをかりて漢字を覚えさせるという建前のようである。

・中国では左から横書き（かつての五四運動の時にもあったという記憶があるが）、ローマ字の振り仮名はこれができているからである。日本でも左横書になるかならないかはこの問題の山であると思う。｛縦書─小汀式<br>横書き

・我々の関心は漢字がなくなるのではないかということ。ローマ字の振り仮名をつけるということなら、ローマ字だけで用が足りてしまうのではないか。

現在の人の考えには漢字をなくする気持は毛頭ないのだが、横書き、ローマ字付ならばこの可能性は認められよう。

・見通しとして、漢字がなくなるとの論もあるが、疑問ありという人もある（分ち書きその他で）。

私としては、両方やらせて現実的要求からおのずから決まってしまうだろうと考えている。

5、日本における態度

文盲もない。共通語の普及も行われている。この点からの切実感はない。仮名があり、表音的目的はある程度達している。文字改革は日本では困難（中国では文字改革をやらないとどうにもならないとの切実感が強い）。

政治体制が異なるので実行力は遙かに中国が強い。我々が歩いた範囲では反対が目につかないほど実行力をもって行われている。

文字改革がマルクス・レーニン・毛沢東主義にのみ結びつくとすれば、日本では問題にならないが、そうではなく、漢字のみをもっている民族の直面すべき問題であるとすれば、これは日本人にも参考になる問題だと思われる。

左、横書、略字、wade 式不使用などは考えねばならない問題である。

・古典の保護から漢字を廃止するとの考え方はない。時枝氏が東

京新聞に昔のものが読めなくなるから文字改革はよくないと書いているがそうではない。

小汀氏が文藝春秋に「シャクの種、国語審議会」と書いている。

中国の大改革を理解することは大変必要である。

６、社会制度その他については、団体の性格上、特に研究することは無理であった。

〔討　議〕

１、電報は二本立てか→漢字電文もある。

ローマ字は子供に教えるだけで一般の人は使わない。ローマ字の新聞などというものはない。

看板はローマ字の振り仮名つき。

日本の略字は漢字の恰好から一部を抜いたものがある。発音のものがあるが、法則は日本の方がない。

略字をつくる原則が四、五ある。

新聞には表○（？）には仮名がついている。

五五年訪中の時は、ロシヤ語を使うか、ローマ字を使うかがいわれた（菊池）。

縦書の印刷物はもうないと思われる。

大人はどこで覚えるか→文盲の大人は識字運動をやっており、ローマ字を使ってやっているようだ。人民公社でも字を知らない者を集めてローマ字を使って教えている。

略字に対する抵抗は品が悪いというだけで、使用に困難はないのですぐ使われると思われる。

タイプは漢字のタイプがある。

文字改革の委員会があり、委員長は閣僚クラス（呉玉章）、国家機関である。意見の調整をどのレベルでやるか。

できるだけ略字でやるということはいえる。新聞がそうであるから。

可能性として漢字の廃されることは認めているが、積極的に廃止しようということではない。

ローマ字―ヘボン式、日本式のような争いはあったか。

争いは知らないが、中国側の立場から決めると決まっているので、それまでの争いは知らない。又、外国人がどんなスペルを書くかについてはどうか。

古典の破壊かについては、古典は大学にのみ残るであろうといっていた。略字やローマ字で書いたものが出るのではないか。

現代書きをやっているものはすでに多くある。

中国では正字というものはなく、康熙字典にのっとっている。

オーソドックスのものではない。日本でも幸田露伴がそういう意見をもっている。役人＝役人（正倉院文書）、日本でも時代によって異なる。

日本の憲法は旧仮名づかいだが、日本でできないというのは何故か。中国では直ちに代えられる（竹内）。

日本では正文の考えでそうするが、今の仮名づかいにしてもニセものではない。効力には関係ない。当用漢字は憲法の文に入れた。

法制局では文章が問題で、横書きでもかわらないが、仮名を直すと正文でないといわれるだろう。

公文で仮名遣いを更めるときの手続は、仮名遣いが変ったら憲法の規定もあらためていいという附則をつけたらどうかといったことがある。新仮名にするには憲法改正が必要だろう。

戦後のものでは労働組合法のみが片仮名。新憲法の前に出たから。

固有名詞も略字をつかう（人名・地名）。

文字改革は法律によるか↓法律以前だろう。

法的基礎はよくわからないが、人民公社法はない。大会決議あたりで決めるのだろう。土地改革法（既成事実として最初にやっておいて後で法律で整理したので）があるが。

どの程度まで強制しているのかはわからない。強制してやらなかったら罰するかということはない。どっかで決議するか、演説で決まることがあるのだろう。

横書きが読みにくいということはいわれていないか↓これは慣れの問題で、そういうことはないと思う。

博物館では日本軍の略奪のことが書いてある。

人民公社はうまくいっており、生活は向上しているが、画一的な点が気にならないではない。

南は華美で、北には革命の名残りがある。

土岐氏の安保反対演説は団体代表の資格でやったのではない、個人の資格で。

**〔要　旨〕**

Ｉ　議事

１、辻会員より声明の事情の報告

大内、我妻、辻、丸山の世話人間で声明書の案文を作製し、会員に承諾の有無を問い合せたところ、全員賛成。五月三日の講演会の最初に大内氏より発表した。

２、茅会員が学長という立場より、研究会が政治的行動を行う以上、声明に加わらない方がよいだろうとの意見で、会員を辞退したいとの申出をなし、我妻氏が交渉にあたって、声明文発表前に脱会したことを承認した。

又、宮沢会員には電文で問合せ、青山会員（関西）は、趣旨には賛成だが、声明書の賛同には態度を保留させてほしいとのことであった。

3、声明文は毎日、朝日、産経、東大新聞に掲載された。

4、講演会の報告

Ⅱ、宮沢俊義会員の訪中報告

1、訪中の目的

文字改革視察学術代表団の一員として。

最初中島氏あたりで訪中の計画があり、文字改革の視察についての話題が実現し、土岐氏を団長としてなされた。

宮沢会員は、国語審議会の副会長をしたことがあり、国語改革のシンパぐらいに考えられて参加要請がなされたのだろう。

2、旅程

香港―広州―北京（ここで主たる見学）―成都―武漢―上海―杭州

3、文字改革の問題

(1) 文字改革の趣旨

中国の文字改革は社会主義建設の一面であるが、何のために行われたか。

① 文盲退治―最近まで国民の大部分は文盲であり、社会主義建設の障害となっていた。

② 共通語の普及のため

(2) 文字改革の方法

① 略字（簡体字）使用

略字は非常に多く、第一次・第二次と発表される。これらの使用は、日本の漢字と全く異なることになりかねない。

② ローマ字（拼音）使用

ローマ字の使用―表音文字の理論性に欠けるが、現実的に国際性をもつ。

ローマ字のスペリング―今までのローマ字の範囲内で中国語の発音に即して中国語を表す。

の二方法が考えられた。

後者は、日本式ローマ字の基礎になっている考え方に比較的似ており、現実的・妥協的である。

ローマ字使用は、ちょうど日本で仮名の助けをかりて漢字を覚えられるのと同様に、ローマ字の助けをかりて漢字を覚えやすくするためである。

文字の配列が左横書（五四運動のときにもあったと記憶する）であるため、ローマ字の振り仮名がつけられる。

日本でも、左横書の可否が、この問題を決めるであろう。

(3) 文字改革の見通し

現在、漢字をなくする気持は中国人にはないが、横書、ローマ字付きだと、ローマ字だけで用が足りることになるかもしれず、漢字のなくなる可能性はある。

しかし、わかち書、その他の関係で疑問ありという考え方もある。私としては、両方やらせておいて、現実的要求からおのずから決まってしまうのではないかと考えている。

4、日本における文字改革の問題

(1) 中国では文字改革をやらないとどうにもならないとの切実感が強いのにくらべ、日本では文盲はなく、共通語の普及も行われ、仮名による表音的目的もある程度達しているということで切実感はない。

(2) 政治制度が異なるので、実行力に強く、我々の歩いた範囲では、反対が目につかぬほど実行力をもって行われている。

(3) 文字改革がマルクス・レーニン・毛沢東主義にのみ結びつくものだとすれば日本では問題にならないが、漢字のみをもっている共通民族の直面すべき問題ということで、日本にも参考になる点はあろう。例えば、左横書、略字、ウエイド式不使用などは考えるべき問題である。

古典を保護する必要から漢字を廃止するという考え方はない（時枝氏が東京新聞で、古典が読めなくなるから文字改革はよくないといっているが、そうではない。小汀氏が文藝春秋で〝しゃくのたね国語審議会〟といっている）。

ともかく、この大改革を理解することは大変必要である。

5、社会制度その他については、団体の性質上、特に研究することは無理であった。

Ⅲ　討議の問題点

1、文字改革の委員会と法的基礎

はじめ、中国文字改革研究委員会と称し、五四年一二月文字改革委員会となる。国務院に直属し、主席は呉玉章である。意見の調整はできるだけ略字でやるという方針に従う（新聞がそうである）。

文字改革の法的基礎はよくわからない。大会決議あたりで決めたのではないか。例えば、人民公社法はないし、土地改革法も、既成事実として最初にやっておいて後で法律で整理したものである（五六年一月漢字簡化法案が、五七年一二月修正漢語拼音法案が、国務院を通じて公表された）。

改革を人民にどの程度まで強制しているのかはわからないが、強制して実行しなくても罰するということはないようである。

文盲の大人には、人民公社などに集めて、ローマ字を使って識字運動をやっているようである。

2、略字と漢字をめぐって

(1)　日本の略字は、漢字から一部を抜いてつくったもの、発音を示したものなどあるが、簡体字では略字をつくる原則が若干あり、法則性は日本の方に少ない。固有名詞にも略字を用いている（人名・地名）。

略字に対する抵抗は品が悪いということだけで、使用に困難はないから、すぐ使われると思われる。

(2)　可能性からいって漢字のなくなることは認めているが、積極的に廃止しようということではない。電報も漢字電文との二本立である。

古典を破壊しないかという点については、古典を現代書きでしているものはすでに多く、略字やローマ字で書いたものも出てくるのではないか。結局、古典は大学のみに残るであろうと述べていた。

中国では正字というものはなく、康熙字典にのっとっているが。日本でも時代により漢字は異なる。例えば役人＝役人（正倉院文書）、タイプは漢字のものもある。

3、ローマ字と横書きについて

(1)　菊池会員が五五年に訪中したときは、ロシヤ語を使うか、ローマ字を使うかが問題になっていた。

ローマ字の使用について、ヘボン式か日本式かのような争いが、かつてあったかどうかはわからないが、中国語の発音に即して決めるということになっている（例えば、chin→ching）。

ローマ字は子供に教えているだけで一般の人は使わない。ローマ字の新聞というものはないが、看板はローマ字の振り仮名付きである。

(2)　横書きが読みにくくはないかとの点については、慣れの問題であり、また、縦書きの印刷物はもうないと思われる。

4、日本法における文字の問題

日本の憲法は旧仮名遣いであるが、これを新仮名にあらためられないのは、旧仮名が正文であるということ、法制局でも文章が問題であるから横書きでもかまわないが、仮名を直すと正文ではないというだろう。しかし、今の仮名遣いをしても、効力には関係がないと思われるが。仮名遣いが変ったら憲法の規定の文字もあらためるという附則をつけたらどうかという話もあった。法制局の考え方だと、今、新仮名に直すには憲法改正がいると思うが。

戦後のものでは労働組合法が、新憲法の前に出ているので、片仮名でかかれている。

5、訪中時におけるその他の印象

南中は一般に華美であり、革命の名残りは北中に強い。入民公社はうまく運用されており、生活は向上しているが、画一的な点が気になる。

博物館では、日本軍の略奪の模様が記され、印象をうけた。

土岐氏が安保反対の演説を行ったが、団体の代表の立場からではなく、個人の資格として行ったもの。

# 緊急集会（昭和三五年六月六日）

〔要　旨〕

五月一九日の政府の安保改定強行採決に対し、五月三日の当会声明との関連において、会として何らかの意思表示を表明するか否かについて協議した。その結果「民主政治を守る講演会」を六月一二日に都市センター・ホールで開くことを決定。その席上、衆議院は即時解散し、安保改定と強行採決に対する民意を問うべき旨の声明書を発表することに決定した。

# 第二三回例会（昭和三五年六月一〇日）

―天皇制―

谷川徹三

〔報　告〕

1、アプローチの方法

各神話は文化の比較につながる。

明治憲法の神勅主権説という神話、この神話解釈に基づいた国民感情は日本人の間に根をはっている。従って、合理主義の立場から神話をナンセンスといえば別だが、そうでない限り、面倒な問題を含む。伝説・物語は現在にまで新しく生かされている。

室町・戦国期にかけて物語がつくられているが（天皇制の弱い時期）、そこでは、天皇への郷愁が示されている。謡曲もまた同じ。

天皇の権威の低下した時代に、民衆の間に行きわたったということには意味がある。謡い本、これらは公卿・僧侶などのつくったものと考えられ、このことに不思議はないが、それを除いて考えてもここには何かがある。

今日の問題として関心があるのは大衆文学である。これは叙事詩の伝統、新聞講談に尾を引く。

太平記よみ（日本の伝統であるもの）―辻講釈―講談、大衆文学は国民文学としての叙事文学にその根がある。例えば大衆文学のなかに、義経の代りに鼠小僧を英雄にしたものがある。今日、太平記は新しい素材によって作品としてよまれるが、それによって古い神話伝説は新しい姿で国民の間に浸潤する可能性がある。新聞雑誌などマスメディアによって広く浸潤する。これは合理的に支持できないのだが。

機械の発達は人間を麻痺させ非合理性を助長しており、そこに神話が一定の政治の意思によって一定の方向に作動させられるとなると、又、元の木阿弥になりかねない。

この問題を重要視するのは、私自身のなかにあるからだ。天長節を懐かしい気持でふりかえるという気持がある。自分の中に原始人がおり、このことは凡ての人のなかにあるのではないか。これが何かのきっかけで表面に出る。

文明の運動の法則を考えて対策をたてる必要がある。ここから、この問題を引きうけたのである。

一九五二年六月号「思想」の特集号（天皇制）、鶴見俊輔の調査に関心をもった。

共産党員夫人の問題が記してある。二五歳、「天皇がいた方がよいと思う。伝統もあるが、何かを統一するときに必要なのではないかと思われる」。夫の共産党員が傍におり、夫が天皇への憎しみを述べているにも拘わらず……これが一般の考え方ではないかと鶴見氏はいっている。

ここに、この問題の理屈でわり切れない点があると思う。天皇制支援は私的な感情だが、そして、辻褄のあったものではないが。天皇は国のものだ、親だという如くに、本当の理由にならない譬えで正当化してゆく。それを正当化するのに国民感情をもってきて効果をあげている。

締めくくりとして、美的比喩の効果は無責任であり、美的比喩を正当な論理によっておきかえなければならない。山びこ学校の綴方運動の意味は天皇制変革に強く働きかけていることにある。美的比喩への根源の感情に対して働きかけるから。

以上、鶴見氏の意見だが、山びこ学校の点はよくわからないが、美的比喩の根源の感情に対して働きかけねばならないとの点に対しては、全面的に賛成である。

現在の歴史・道徳教育は大きな危険をはらむ。そこへもってきて、テレビ・映画が共同戦線をはるとゆゆしいことになりかねない。こういう問題を私自身の問題にしてみたいと思う。

2、天皇のあり方

歴史的にみた書物は多いが、現在、それらが到達している見解には、大体一致しているところがある。古くは民族連合国家におけるスメラミコトであった。この国家の成立がどうであったかは、まだまだ論争のあるところだが、日本の考古学的遺物の検証により、弥生式土器時代は、銅剣を祭具とする文化圏—筑紫と銅鐸のそれ—近畿—遠江、伯耆、土佐、讃岐とが紀伊を接触圏として対立していた。古墳時代になると対立がなくなり、鉄剣・鏡・玉の時代になると共通の遺物が出てくる。

この時代の古墳の大きなもので現存しているのが五世紀始の仁徳陵（ピラミッドに比較される）、この鉄の時代の民族連合国家（日本の初発的国家）がどうしてできたか、政府国家かどうかについては議論がある。

紀元三世紀の魏志倭人伝、ヤマト国が九州か大和か議論あり。井上光貞「日本国家の起源」は要領よくまとめてあるが、これによっても、最初の民族連合国家が政府国家かどうかについて一致した意見はないといっている。

江上波夫氏の騎馬民族説など新しい説は出てきたが、今後解明せられるべき問題があるように思う。

その起源は問わず、この時代の天皇がスメラミコト、統べる人であったという意味では primus im pales（イン・パレス）であり、オオキミの名称もこの形の上につけられたのである。

これが大化改新によって大きく変る。中国制度移入、中国式皇帝になり、アキツミカミ、天皇の言葉が一般化する。文献での古い天皇の使用例は、法隆寺薬師像（推古一五年—六〇七年につくられた）の光背銘（用明天皇）であり、このころから天皇・アキツミカミの言葉が一般化される。律令の全盛期、奈良時代に天皇の専政が行われる。この時期を除いては天皇親政はない。

やがて蔵人所の頭（文書を司る）などの側近が実際の勢力をもつようになる。そして摂政（妻の父が多い）、関白政治となる。これが天皇政治の正常な形態になる。やがて院政（天皇の父）が行われる。

鎌倉―幕府
室町―幕府｝実力をもって政権をとる。

江戸―幕府の末期では、政権委任の考え方をとる。

伊藤仁斎は天皇・将軍の二人の君主があるのはおかしい。天皇を大和侯に奉じろといったというが、これが不思議でないという考え方があった。

幕府時代の天皇は元号・暦の制定などの非国政的なことにだけかかわった。

王政復古は一時天皇親政が行われ、太政官制度にかえろうとする。やがてプロシア的立憲君主となり、敗戦―天皇は傀儡になる。

3、明治憲法↓新憲法への国体変更論について専門家に意見の対立あり（金森対宮沢）。

私見では、主権在民の考え方によれば国体は変更されたと考えるのが筋であろう。象徴という曖昧な言葉が意見の対立をうんでいるようだ。国民総意に基づいて象徴の地位を与えたとすれば、矛盾はないか。象徴自体が民主主義に反するのではないか。

象徴とは割符であり、物につかう場合にいわれるのであり、人につかったとしても、それは能動的作用を含むものではない筈である。

七条においては、象徴に反する作用が列記されているように思われる（国会の召集、衆議院解散など）。ここから天皇に元首的性格が与えられ、改正案では元首にしようとの意見も出ている。象徴の言葉の曖昧性からくるのではないか。自民党の改正案はパワーエリートが自分の利益のために利用しようとする意図がみえる。

日本の天皇制史では天皇の利用は歴史上一貫している。例えば、室町時代には伊勢神宮の有難みを民衆の間に説いてまわり、伊勢参りが行われた。信長も伊勢神宮の造営をする。このように武家政権は天皇の親政制を利用する。しかし、実際において、天皇の権威とか伊勢神宮などの権威が下層民衆の間に浸透していたかとなると問題があり反証もある。それが問題だ。

明治政府が親政制をもっとも利用した。

明治元年一〇月二〇日の奥羽人民告諭「天皇は天照の子孫……」は、奥羽の未開地方では天皇の権威の認識がないので示された告諭であると思われる。明治政府のやり方は賢明であった。

明治一〇年代は天皇親政は浸透していなかった。

明治一三年一一月一三日のベルツ日記「日本皇帝の誕生日に臣民の関心のないのは悲しい、国旗掲揚は警察の強制によったのであり自発的になすのは少ない。」

チェンバレンは明治政府が天皇の権威を表面におしだすのをみて、新宗教の発明といったのは正しい。伊藤公が教育勅語発布の時「西洋はキリスト教があったが、日本にはないから天皇は日本のキリスト教みたいな物だ」（はっきり確かめてないが）。

日本の留学生が、日本には天皇がありキリスト教はいらないんだと大見栄をきったという笑い話がある。

明治二〇年を境として天皇意識に大きな差が起る。理由としては、明一五年軍人勅諭・徴兵制、明一〇年代の天皇巡幸の効果、明二〇年日本主義運動、明二二年憲法発布、明二三年教育勅語。以上が一緒になり、明二〇年を境にして大変化が起る。

忠君愛国とは本来異なるものであるが、西欧の patriotism にあたる考えは日本にはなかった。この両者を結びつけたところに明治政府の和洋折衷があった。

これをその後の国定修身教科書によって国民に浸透させようとする。

明四一年修身教科書「忠孝」

幼いころからの教育のみならず、刑法の不敬罪など恐怖に訴えての働きかけも見逃してはいけない。

仏教も神国の伝統によって中国・インドにない形態をとってくる。そして日蓮宗などの宗派が日本に起る。

天皇制に対する抵抗の話を現代宗教講座六巻に武田清子が書いている。「天皇かキリストか、―天皇の人間宣言を大きな意味をもってうけとめている。これは特定の宗教信者のみならず、見せかけ、偽善をうんだのである。これは日本人の精神生活にとって大きな問題である」。

かように、これらは原始的なものを日本人がもっていることの証明になるが、柳田国男氏の話によれば、日本は、西洋がとっくに失ったプリミティブなものを習俗、精神のなかに未だ残している。

これが天皇制の支柱となっていたことも事実だが、天皇制の温存がその感情を支えているという相関関係にあることも事実である。

戦後教育をうけた人との層では差異が認められ、輿論調査にも明らかだが、今後のマスコミその他の動きによっては逆転しかねないと思われ、これが重大な問題となる。

教科書の問題で勇敢に闘っている人に敬意を表する。

４、この問題の根本的解決は教育以外にはないと思う。今日、この情勢のなかで戦後混乱時代に天皇制を廃止したらよかったという声をきく。高野岩三郎氏案に注目すべきである。

　昭和二一年二月号『新生』「とらわれた因襲」で高野氏は主権在民を確立し、人心の一新を図るべき、天皇制は一〇年先に反動の橋頭堡となろうという。この言葉、思い出さずにはいられない。しかし、国民の神話的感情は一朝にとり去られることはないだろう。現在の問題としても、国民の神話的感情を崩した方がよいか、天皇制をなくした方がよいかは慎重に考慮すべき問題であろう。しかし、自民党改正案をみると、その方向は阻止しなければならないということははっきりといえる。

## 〔討　議〕

谷川　佐々木（国体変革された）・和辻（政体の用語がいいのではないか）論争について伺いたい。

　佐々木氏がどうして国体の用語を用いたのか。

我妻　佐々木は国体政体の区別をした。

鵜飼　佐々木は言葉にとらわれる解釈をされる。

　制定法には国体の言葉があり、佐々木氏はそれを無視しようとはしていないと思われる。一条と四条。それで国体はかわったといわれた。

　佐々木、宮沢は、君主制から共和制に変ったといわれた。

我妻　家族制度が天皇制の問題とパラレルに出てきている。民法改正の時もっとすっきり改正しておけばよかったとの意見もある。

　民法は変ったが国民感情は変らないとの意見がある。家族制度は、天皇もそうだと思うが、それをやめた時に核はいらんのか。いらんとすると何になるのか。

　統合の象徴は何か。国の場合は天皇としても、何をおかれるべきか。夫婦親子の結合は何を中心にして行われるべきか。家でもない、祖先でもない筈だ。

鵜飼　象徴について、佐々木氏は天皇は象徴にはなれない。物をみることになるから、物ならいい。

我妻　生きている天皇を考えなくてもよいのではないか。

家永　無形の憲法、有形の天皇、これではおくれている、それに拘泥しているのがおかしい。明治一〇年代では天皇は必要だとの意見がある。現在共和主義の前の利用論がある。

大内　国体・政体の区別は外国でもあると、上杉さんがいっていたようだ。

鵜飼　Staatsform<br>Regierungsform ｝同じだと思う。

　主体は誰か　国体<br>
　誰が行使するか　政体 ｝これが上杉説。

矢内原　大化改新に中国の影響で天皇の言葉が使われた。

君主は推古朝。

谷川　アキツミカミはその頃から一般化した。

天―神聖なもの、生神様の意味を持つ。

氏族連合国家の頃からもっともsuperだとの考え方が生れ、道教の言葉から天皇が使われる。

〔議　事〕

１、前回緊急集会における提案についての説明（矢内原氏）

①　講演会開催、講演者（大内、南原、我妻、宮沢、竹内、鵜飼、丸山の七名）

②　声明書発表

③　英文で対外的意見表示

講演の内容について発表したいというものがある―朝日ジャーナル、みすず。

講演会についてパンフレットを出すとの意見が出たが、非公式に懇談して決めてほしい。

英文について高木氏に相談したところ、大統領に直接手紙を出すのはまずい。フルブライト（上野外交委員長）に出すのもまずい。アメリカの有力な人を通して出すのがよいだろう。この会の代表の方々の知人に出すのがよいだろう。

アイク訪日については電報で連絡。

２、一二日の講演会について一―四時

①　開会の辞（声明を出すに至った経緯）　大内

②　公正な議事運営とは何か　鵜飼

③　私達の憲法感覚　竹内

④　平和か戦争か　南原

⑤　復初の説　丸山

⑥　議会主義を守るために　宮沢

⑦　民主政治家の責任　我妻

３、パンフレットを

①　会として出す

②　朝日ジャーナル、みすず

中野　一一日の時点に合うよう考えねばならない。

ジャーナルはそれでいいか。

みすずには、その後の時点の変化をとり入れて問題をとりあげるようにしなければならない。

大内　ジャーナルはそれでいい。みすずには中野氏の提言のふくみで委せてほしい。

矢内原　単独のものとして憲法問題研究会のものだけのせる、という了解にする。

４、英文手紙

矢内原　アメリカは日本の事情に通じてないふしがあるのでアイ

ク訪日の問題だけでなく、説明書を書いて出す。
大内　延期する方が適当だと思うとの電報を出すことはどうか。
我妻　ただ延期してくれというだけではこの会として意味がない。
　電報は今日ではまにあわない。アイク訪日が岸政権に対するテコ入れとなることに対する不満と、状況分析をあやまっているとの旨を伝える。
大内　電報の効果は全くないと思う。
中野　アイクがきて一応ケリがつくが、評価の比重を低めるために、一連の動きを識者に訴えるという方がいいのではないか。
　電報論者なし。

５、日本語の声明
　去る五月三日の憲法記念日に、当研究会は安保条約の改正が憲法上危機を招くとの理由により慎重にとの要望を出した。
　しかるに、強行採決は我々の要望を無視するのみならず、議会政治を蹂躙した。
　この理不尽は日毎に増大している。
政治の空白を続けるならば、国内の不安と対立は激化し無用の摩擦を加えるだろう。
　解散を行って安保採決に対する民意を主張する。
矢内原　羽田事件について政府の正当化をはかることについて根本的原因を考えてくれ。
宮沢　この事件は日本政府の責任であるということをはっきりうたうべきだ。
南原　高木氏が羽田事件を肯定する形のものは気をつけた方がよいといっていた。
中野　連鎖反応でああなったということをいうくらいのことはした方がいいだろう。
大内　秩序を重んじよう / 憲法的民主主義を守れ ｝の趣旨

## 〔要　旨〕

―天皇制について―

谷川徹三

〔要　旨〕

１　序

(1)　明治憲法の神勅主権説は一種の神話であるが、合理主義的立場から、神話をナンセンスとして片附けられない国民感情が日本人の間に根をはっており、伝説・物語が現在にまで新しく生きているので、天皇制をめぐって面倒な問題を含むことになる。
「物語」は天皇制の弱い時期である室町から戦国時代にか

けてつくられているが、そこでは天皇への郷愁がよく示されており（謡曲についても同じ）、天皇の権威の低下した時代に民衆の間にゆきわたったということに意味があるように思われる。これらは、公卿・僧侶の手になるもので、天皇への郷愁があっても不思議ではないが、それを除いて考えても何かがあるようだ。

今日の問題としては、国民文学としての叙事文学の伝統を、新聞講談から尾をひくところの大衆文学がある。義経の代りに鼠小僧を英雄化したもので、太平記よみ、辻講釈が講談に姿をかえる。古い神話伝説が新しい素材を通して、マスコミにより国民の間に浸潤する可能性がある。しかも、機械の発達は人間を麻痺させ非合理性を助長しており、そこへ神話が一定の政治意思により一定の方向に作用を及ぼすとなると、旧態が復活する。

現在、日本人には天皇節を懐かしい気持でふりかえるという原始人的思考が存在するから、文明の法則を考えて対策をたてる必要があるのではないか。

(2)　一九五二年六月号「思想」における天皇制の調査（鶴見俊輔）によれば、共産党員の夫が傍で天皇への憎しみを述べているにもかかわらず、その夫人は何かを統一するために必要であるから天皇はいた方がよいと思うと述べており、これが一般の考え方ではないか。

ここに、この問題の理屈でわり切れない難しい点がある。即ち、天皇制支持は、私的な辻褄のあわない感情であるが、天皇は国のもので親であるという理由にならない譬えで正当化し、国民感情に訴えて効果をあげている点である。この美的比喩による効果は無責任であり、この美的比喩の根源的感情に対して働きかけ、それを正当な論理によっておきかえるように努めねばならないと示唆している。この考え方は全面的に賛成である。

(3)　現在の歴史・道徳教育は大きな危険をはらむものであり、かつ、テレビ、映画などが共同戦線をはるというゆゆしい事態になっていることを考えねばならない。

2　天皇制の歴史的展開

(1)　日本の考古学的遺物によれば、弥生式土器時代は銅剣を祭具とする文化圏（筑紫）と銅鐸をそれとするもの（近畿）が紀伊を接触圏として対立していた。

古墳時代になると対立がなくなり、鉄剣、鏡、玉などの共通の遺物が出てくる（この時代の古墳の大きなもので現存しているのがピラミッドと比較される仁徳陵—五世紀始め—である）。この鉄器時代の氏族連合国家がどうしてできたかについては論争のあるところで（紀元三世紀の魏志倭人伝にあるヤマトが九州か大和かについて議論あり）、井上光貞「日本国家の起源」によっても最初の民族国家が政府国家かどうかについて一致した意見はないと言っている（江上波夫氏の騎馬民族説など新説はあるが今後明らかにせらるべき問題である）。

この時代の天皇がスメラミコト、すべる人であり、オオキミの名称もこの時につくられた。

(2) 大化改新によって大きく変り、中国制度の輸入とともに、中国式皇帝となり、アキツミカミ、天皇の言葉が一般化した。文献での天皇の古い使用例は、法隆寺薬師如来像の光背銘である（紀元六〇七―推古一五年）。

律令の全盛期、奈良時代に天皇の親政が行われる。この時期を除いて天皇親政はない。

やがて、蔵人所の頭（文書を司る）などの側近が実際の勢力をもつ。関白政治が天皇政治の普通の形態になり、そして院政が行われる。

鎌倉・室町時代は幕府が実力をもって政権をにぎる。

江戸幕府末期で政権委任の考え方をとったが、それまでは天皇は元号・暦の制定などの非国政的なことだけをおこなった。伊藤仁斎は、天皇・将軍の二人の君主があるのはおかしく、天皇を大和侯に奉じろと述べたが、当時としてはこの考え方が不思議に思われなかった。

王政復古で一時天皇親政が行われた。太政官制度にかえり、プロシヤ的立憲君主制が行われる。敗戦で傀儡となる。

3　天皇制の精神構造

(1) 明治憲法から新憲法への転回のなかで、国体が変更したかについては専門家の問にも意見の対立があるが（例、金森対宮沢）、主権在民の考え方によれば、国体は変更されたと考えるのが筋であろう。象徴というあいまいな言葉が意見の対立を生んでいるようであり、民主主義に反するのではないか。

シンボルは割符であり、物に使うのが通常。人に使ったとしても能動的作用をふくむものではない筈である。ところが憲法七条では国会の召集・衆議院の解散など、象徴に反する国家作用が列記されており、ここから天皇に元首的性格が考えられるため、改正案で元首にしようとの意見もあるくらいである。しかし、日本の天皇制史では、天皇の地位が利用されたということは歴史上一貫している事実である。

(2) 室町幕府は伊勢神宮の有難みを説いてまわり、伊勢参りが盛んとなり、信長は伊勢神宮の造営をするというように、武家政権は天皇親政制を利用した。しかし、伊勢神宮や天皇の権威が下層民衆の間に浸透していたかとなると、問題があり、反証もあるので、その点が問題である。

親政制が最も利用されたのは明治になってからである。それでも、明治一〇年代までは天皇親政制は浸透していなかった。例えば、明治元年一〇月二〇日の奥羽人民告諭は、奥州の未開地方では天皇の権威の認識がないので、なされた告諭であり、明治一三年一一月三日のベルツ日記によれば、日本皇帝の誕生日に人民の関心がないのは悲しく、国旗の掲揚はただ警察の強制によったもので自発的なものではないとの言がみえる。

チェンバレンは、明治政府が天皇の権威を表面におしだすのをみて、新宗教の発明といったのは正しく、伊藤公が、教育勅語発布の際に、西洋にはキリスト教があったが、日本にはないから、天皇は日本のキリスト教であるともいっている。また、日本の留学生が、日本には天皇があるからキリスト教はいらないんだといって大見栄をきったという笑い話もある。

(3)　ところが、明治二〇年を境にして、天皇意識に大きな変化が起った。それは、明治一〇年代の天皇巡幸、明治一五年軍人勅諭、徴兵制、明治二〇年日本主義運動、明治二二年憲法発布、明治二三年教育勅語など一連の事実を通してである。そこでは、忠君と愛国という本来異質な両者を（西欧のpatriotismに当る考えは日本にはなかった）結びつけるという和洋折衷方式が明治政府によってなされた。

これはその後、国定の修身教科書により幼い頃の教育を通して国民に浸透させせられ（明治四一年修身教科書に「忠孝」あり）、かつ、刑法の不敬罪などにより、恐怖心に訴えて働きかけられた。

(4)　仏教も中国・インドにない形態のものがうまれ、日蓮宗などの宗派ができあがる。現代宗教講座六巻「天皇制と宗教」（武田清子）によれば、天皇制に対する日本プロテスタントの抵抗の話とともに、プロテスタントが天皇制との関係で、いかに飼いならされて宗教の本質を見失ってしまったかを論じ、我々の意識のなかに、社会生活のなかに、更に教団生活のなかにすら、その権威として存在する天皇制に警告を発している。と同時に、天皇の人間宣言を大きな意味をもってうけとり、その権威を超越する一機会と考えている。

これらは、日本人の精神生活のなかに原始的なものをいまだに所有していることの証明になるが、柳田国男氏によれば、日本は、西洋がとっくに失ったプリミティブなものを、習俗・精神のなかにいまだにもっていると述べている。

以上の日本人の精神構造が天皇制の支柱となっていたことは事実だが、天皇制の温存が、また、その感覚を支えていたという相関関係にあることも事実である。

それが戦後、教育をうけた人の層では大きな差異が認められ、そのことは輿論調査にも明らかであるが、今後、マスコミその他の動きによっては、以前に逆転しかねない懸念があり、これが重大である。

４　今後の対策

この問題の根本的解決は、教育による以外にはないと思うが、今日のこの情勢のなかで、戦後の混乱時代に天皇制を廃止したらよかったとの声について思い起されるのは、高野岩三郎氏の憲法草案である。彼は、昭和二一年二月号の「新生」誌上で「とらわれた因襲」と題して、主権在民を確立して人心の一新をはかるべきであり、天皇制の温存は一〇年先において反動の橋頭堡となろうと述べている。

しかし、国民の神話的感情は一朝にしてとり去られるべきものではないし、現在の問題としても、国民の神話的感情を崩した方がよいか、天皇制を廃止した方がよいかは、慎重に考慮すべき問題である。ただ、自民党の憲法改正案をみると、そこでの方向は阻止せねばならないということははっきりいえる。

〔討議における論点〕

１、国体と政体

佐々木・和辻論争から考えられる国体と政体の区別について、外国でもこの区別がある（Staatsform, Regierungsform）と上杉氏はいっているが、同じだと思われる。上杉氏は、国体について主体は誰か、政体について誰が行使するかの区別だとする。国体変更説は佐々木、宮沢。

２、天皇と象徴について

佐々木氏は、象徴は物をさしているのであり天皇が象徴というのはおかしいというが、生きている天皇を考えなくともよいのではないか。有形の象徴たる天皇を考えるところに人智のおくれがみられる。

明治一〇年代で天皇は必要であるとの意見があった。現在、その利用価値より、共和主義の前の利用論がある。

氏族連合国家の時代から super だとの考え方が生まれ、道教より天皇の言葉が引かれた。大化改新の頃には、中国の影響で天皇の言葉が使われており、君主の言葉は推古朝でいわれる。アキツミカミはその頃から一般化し、天―神聖なるの、生神様の意味をもった。

３、天皇制と民法

家族制度の問題が天皇制の問題とパラレルに出てきている。民法改正当時、もっと、すっきり改正しておけばよかったとの意見すらあるが、一方、民法は変ったが国民感情は変っていないとの意見があり、家族制度という核の廃止にともなって、何がそれに代置されるのか。夫婦・親子の結合の中心は何か。家でもなく、祖先でもなければ何か。統合の象徴はという議論となって出てくる。

〔議事〕

1　前回の緊急集会における提案に関して

1、前回の緊急集会において、①民主政治を守る講演会開催の件、②声明書発表の件、③英文による対外的意見の表示をきめる。

2、講演の内容について朝日ジャーナル・みすずが発表したいといっている。講演会についてのパンフレットを出したらどうかとの意見が出たが、非公式に懇談して決めてほしい。

3、英文による意見の表示について高木会員に相談したところ、大統領又はフルブライトに直接手紙を出すのはまずいと思う。この会の代表の方々の知人でアメリカの有力人を通じて出すのがよいと思うとのことであった。

2　六月一二日の講演について

1、平河町都市センターホールにおいて一時―四時まで

(1)　開会の辞　大内

(2)　公正な議事運営とは何か　鵜飼

(3)　私達の憲法感覚　竹内

(4)　平和か戦争か　南原

(5)　復初の説　丸山

(6)　議会主義を守るために　宮沢

(7)　民主政治家の責任　我妻

2、講演内容の発表について

会としてパンフレットを出すか、朝日ジャーナル・みすずにのせるか。ジャーナルは時点に間にあうからよいが、みすずはその後における変化をとり入れて問題をとりあげるようにしなければならない。

3　英文の意見発表について

アイク訪日を延期する方がよいとの電報を出すのは効果がないからやめた方がよい。ただアメリカは日本の事情に通じてないふしがあるから、国内の一連の動きをアメリカの識者に訴えて正しい状況分析をしてもらうのがよかろう。

4　日本語の声明書について

羽田事件は日本政府の責任であるということをはっきり訴えるが、羽田事件を会として肯定するという形を避けた方がよいというなら、連鎖反応でああなったのだということを間接的に述べるくらいのことはした方がよい。秩序を重んじよう、憲法的民主主義を守れの趣旨のものとなるだろう。

## 第二四回例会（昭和三五年七月一〇日）

―貿易為替自由化の問題―

有沢広巳

〔報　告〕

1、貿易為替自由化の動き

自由化の決意（経済関係懇談会）―社会党は外からの強制には反対であった。

・外圧論に関して報告する。

岸のアメリカへの出発前で、自由化は岸のアメリカへのおみやげというのが外圧説の根拠。

何故おみやげになったかといえば、

昨年のガットの提案により、低価格国（低賃金国）からの輸入が増大していること、差別待遇、つまりドルを支払う場合は割当制におきかえられ、アメリカからの対日輸出が制限されている。それを撤廃すべきであるとの議論が出る。

自由化は世界の大勢であり、自由世界の一員として、日本もそれに従わねば不利であるということ。

外圧論か世界大勢説である。

一九五九年末、欧州の通貨交換制の回復によって、対ドル貿易の制限が急速に展開することはなかろうというのが見通しだったが、昨年急速に自由化が行われ、統合の域内での対ドル貿易の増大は八〇％以上に及んでいる。

先進工業国内の欧州経済統合―分業関係の成立―相互に利益を与える。

労働力の不足（完全雇傭）―これを補うのは困難であるが、高い水準を保つために、生産性の高い産業に労働力を移し、低い生産性の産業は輸入するという方向をとる。こうして国際的自由化にきりかわってゆく。

これが世界の大勢というのはどういうわけであるか。

International Monetary Fund　一九五二年、Gatt　一九五五年加入。ここでは輸入制限は世界経済発展のために好ましくない、ただ過渡的に為替制限はやむをえないということになっている。

為替貿易の管理、輸入制限―国際収支の必要上―制限するということであった。従って国際収支の問題がなくなった時はＩＭＦが判定を下し、貿易自由化を要請する。その例が一九五七年にドイツは為替自由の判定をうけ、ガット総会では自由化原則を要望され、昨年春、承認される。

イタリーでは、この春に自由化が承認された。五、六月の総会でオーストリアに対し、自由化計画。

昨年秋の東京でのＧＡＴＴからみて、近く、日本に自由化の要請がくることであろう。この秋には自由化計画が行われるであろう。一九五二年ＩＭＦ加入以来自由化が義務づけられていた。従来までは、義務付けが免除されていたが、収支償い、①外貨もふえ、②輸出の状況が工業国として先進国から脅威とみなされるようになった。Tansiter繊維、カメラ（四〇%）、T・ラジオ（二〇%）。

これまで、輸出の七〇%―後進国、輸出の三〇%―先進工業国だったが、五〇%以上が先進工業国（アメリカ、欧州）に対してなされる（三六億ドル）。先進工業国自身が日本からの輸入に脅かされるようになる。ところが先進国からの輸入は制限しているということで、日本が速やかに自由化すべきだということになる。自由化が日本からの輸出を制限しようとしていることは明らかである。例えば雑貨、繊維等につき、Gatt§34を援用して、各国は日本商品輸入の制限を行ってきた。日本としても自由化をしなければ世界貿易の増大におくれてしまうようになってきている。そこで、自由化計画を自らたててそれを実行してゆく必要がある。以上、〈外からの圧力〉とはどういうことかの説明。

２、自由化は内部的要求から出てくることはないかについて考える。

自由化は日本経済にとっていいのか悪いのか。

日本の為替貿易の管理は昭和六年以来。

低為替
高関税 } 外から切り離されてきた（昭和二四年まで）。

昭和二四年、ドッジラインによる為替相場の定立（三六〇円）。三六〇円レートが固定化され、低為替ということはなくなる。世界経済へのチャンネルができあがった。

三五年に自由化が行われるとして、三年間（政府案で）世界経済への編入の完成は自由化の完成されたときである。

温室の中で日本経済は成長してきた。その温室の壁がとりはらわれた。その冷たい風は、金解禁の時のような衝撃をうけるだろう。

温室の中で高い成長率を持続することができたのがよい点である。国際収支の問題がうまくゆけば自由化の中で大いに伸びてゆく。

over loanの不健全さが減らないのは高い成長率のせいである。しかし、これは世界経済の中での保護の下にあることに留意せねばならぬし、産業活動が金融機関に高く依存しながら保たれたこと（会社も銀行もつぶれない、なれあいでやってきていることは、貿易制限の結果である）を忘れてはならない。

・貿易管理が産業政策の道具として行われている。為替割当を政府がもっていると、その権限に基づいて産業を統制してゆく。

新しい機械の導入にも外資法があって、対外的支払について統制してゆくということである。

・これと関連して、企業の運営にも問題をもたらす。

プレミアムの問題、綿花に対する外貨割当で一ポンド七〇円ついたこともある。

生産しないでプレミアムをつけている。

輸出量
紡錘量（これを増やす）｝によって割当を行う

製糖における輸入割当をめぐり、肥料における技術の導入をめぐり問題をつくる

・独占企業の国内市場の獲得競争の結果、日本の資本の効率は悪くなり、資本係数が低下する。

生産増加に対する資本の増加が大きい。

昭和三四年の一六〇〇億円はフランスなみ、昭和三五年では二、三〇〇〇億円（ドイツに近い）、翌年にはそれに見合う増加。フランス、イタリアではそれに見合う産出高の増加がみられるが、日本では資本の濫費がみられる。

これを一掃して、資本主義経済としてこの制限を徹底すべきであるということになる（自由化）。

しかし、衝撃は大きいだろう。

(1) 国際競争が及んだ場合、それに日本の商品がどのくらい堪えうるか。

国際競争力のある産業｛軽機械（弱電、カメラ）
繊維

しかし、重工業機械は充分競争力がない。

世界貿易の傾向として、重化学工業品が成長しているので肝心のこの点では不利であり、自由化をすすめるために産業構造の再検討が必要ということになる。

(2) 国内競争の激化

共倒れ的になり、カルテルを容認しなければならない。そこで自由化の下、カルテルを結んで価格を維持しようとしても、外国からそれより安い商品が入ってきた場合、カルテルを維持できるかの問題である。

ところで中小企業の打撃が大きいから、従ってカルテルは中小企業に必要であろうが、カルテル化が難しいのではないか。カルテル容認の動きはむしろ大企業である。

独禁法の原則はカルテル制限であり、自由化についてカルテルの話は出ていない。

自由化が行われても関税を設けることはできる。

四・三％　日本関税
六・五％　アメリカ
六・四％　フランス

綿花、鉄など無税のものがあるので、これを差し引いて有

税の輸入総額との比率は、一三・一％日本、一一・一％アメリカ、一六・一％カナダ

日本の関税はかなり高い方である。そこで、もし関税を引き上げるということになると、国内市場はカルテルを結ぶということになる。

(3) 企業の集中が行われるだろう。

自動車、鉄鋼、化学工業（cost down のため）

(4) 部分的には低賃金、対策として
　最低賃金法
　家内工業法
　中小企業法

以上自由化の衝撃は深刻なものがある。三〇年の温室状態に慣れたものとして、それに応じた対策を。

**〔討　議〕**

我妻　昭和六年からの三〇年間は温室、戦争があったが、戦争はどんな働きをしたのか。

有沢　①復興市場が多くあり、建直しができた、②戦後の新産業が生まれた。

アメリカ一九二〇年代の盛んな産業例である自動車が日本では戦後。

これらが日本の場合一緒に加わってきている。フランス、ドイツ、イタリアも。

我妻　戦争した方がよいということになる。

有沢　そうはならない。

大内　戦争では破壊が大きいから後の成長が大きい、ということだけであった。

はかり方によっては戦争によって得・損がある。全体としてみると、総生産額からいうと別に減っていないが、分配からいうと（破壊され方を計算すると）減っている。

日本の戦後の生産高三〇％が現在は二〇〇％。

だから戦争しなかったらどうなるかはわからない。ただ、土地制度、財閥は戦争がなければ、随分異なっただろう。

我妻　戦争中、兵器を生産したのがそっちにゆくということか。

大内　戦争がなければ富全体の生産は増え、緩やかだが、無駄なものもできる。

我妻説のようなのは非常に有力にある。

宮沢　得か損かは、国民一人が得したかどうかで、決まるのだろう。

大内　そういう考えはある。そのほかの資本主義経済学は総生産でゆく。富の分配がリッチにどれくらい寄ったかという考え方もある。宮沢説は厚生経済学。

少数の資本家に集まった方が蓄積が増えたということになる。この考え方と宮沢説の一人の衣食住がどうなったかの考え方とふたつある。

矢内原　素人には、目に映るところだけ変ってゆく。例えばビルの建築など、これはどういうことか。

有沢　国民の消費が減らないということ。景気が悪くとも、他に観光とか。

所得がふえると物のサービス／人のサービス｝の収入が増える。

例、農・工業　五〇％
サービス　五〇％｝アメリカ

日本の場合、デモンストレーション効果。誰でもやるから俺もやる。消費、貯蓄がふえ、宮沢説でいうと日本は万々歳。零細な貯蓄が増えているが、社会保障が不安だから貯蓄が増えているので、日本商品の値が悪いということ。

生活消費品
｛アメリカ一ドル
日本　一八六円

外国からみると、一八六円の商品を三六〇円で買うのだから外国は競争ができないという。

大内　昨年のソ連の七年計画　一九六五年　七〇％
一九七〇年一〇〇％
対アメリカ比

中共―一九六五年にイギリスに追いつくという。

アメリカで大論争になる。

サービス部門が問題になる。アメリカはこれを入れるとソ連に負けない。c（株）＋v（労）＋m（蓄）ソ連
m（サービス）アメリカ

サービスの増えていることに何の意味があるかというのがソ連の言い分。

矢内原　何がしあわせかは別で、現在、映画をみる方が将来の貯蓄よりしあわせと考えているのではないか。ソ連は少し楽になったので消費を増やした。

日本は消費量は世界一だが、policyとして考えると消費を抑制して、所得を貯蓄する。

有沢　所得の強制貯蓄は不可能。

生産力増加の担当者は企業なので、企業に投資を強制するか税を高くするしかない。

大内　所得が増えるとサービス、観光、奢侈が増える。完全な自由化でなく統制が望ましい。

この分には投資をしちゃいかんということにしないといけない。

矢内原　統制的傾向はだんだんなくなっている。池田通産相がアメリカに人気があるのは、日本をアメリカ独占資本の方向に集中しようとしているから。保護された軍需産業と金融措置。これに関係しないのが社会保障。

大内　緩慢なインフレ
　軍需産業の殷賑｝この二つだと国民は喜ぶ。景気はよくなるから。

我妻　戦後の復興で軍需産業がどのくらいウエイトを占めてきたか。

有沢　兵器産業をどこまで規制するか。

大内　鉄の増産（戦争の時に使う、一遍に儲ける）が行われる。政府の投融資の割当は戦争の予定をどう考えるかで異なるだろう。だんだん軍需産業的になってゆくということはいえる。

矢内原　ロッキード―国産に切りかえる。割当あり、生産計画。
　安保―防衛力増強。

有沢　アメリカ軍需産業の下請になる。計算の上からいって輸出という日本の利益になる。これをやっていると、いつでも日本でつくれるという方向だ。

大内　経済は満州事変以来の方向になる。軍需産業中心になる。

我妻　中小企業はどうなる。

有沢　分解が行われ、中企業が大企業の下請になる。親会社が下に指図するので中企業は工場らしくなるが、親会社に依存。しかし部品工場がストップすると全部狂ってくる。

機械産業が殷賑なのは第一次・第二次下請会社の近代化が進められているから。

第一次・第二次までは系統別労組があるが、第三次になると色んな会社の下請で系列化に入らない。

融資は親会社と同じ影響をうける。系列化がなければ弾力性があったが、だんだん弾力性がなくなってきている。

商品の投売りで不況をしのぐ。

〔議　事〕

大内　①　講演、雑誌の安保問題に関するものを、まとめて「安保問題」とし、岩波新書にする。

辻、丸山、鵜飼が編集委員―条文、注釈、年表をつける。

五〇％―会に寄付

五〇％―編集費

②　民主政治を守る講演会報告

六・一二　声明書発表

百数十名の聴衆が声明文

全国古書組合―声明文を印刷して古書店の前に貼付の申込みあり、定期的話合いの会をもつ（一二〇名）

③　若い学者が憲法問題研究会で研究発表してくれると有益だからとの意見あり。

〔要　旨〕

―貿易為替自由化の問題―

有沢広巳

〔報　告〕

1、貿易・為替自由化と外圧論

(1)　昨年暮れ、日本政府は自由化を決意し、本年早々経済閣僚懇談会でこれを決定―外からの圧力で行われたのだという批判があり、社会党では外圧による自由化に反対する。

(2)　経済閣僚懇談会の決定は岸総理の渡米前であり、アメリカへのおみやげ説が外圧論の理由になっているようである。

昨年秋のGATTの東京総会でのアメリカ代表の提案により、①低価格国からの輸入が増大しているので、自国経済の保護のための措置をとる必要がある、②日本の為替割当においては、一般的に自動承認制に含まれていても、ドルで支払う場合は制限される。その対ドル差別待遇を撤廃すべきであるという主張がなされた。その対ドル差別のおもな一〇品目の撤廃を早く行うという計画があり、それがアメリカへのおみやげであるといわれている。

こういう外圧論の根拠の信ぴょう性はともかくとして、これに対し、自由化は世界の大勢であり、自由世界の一国たる日本もそれに従わねば、世界経済の孤児になるという考え方、世界大勢説がある。

2、世界大勢説について

(1)　一昨年末、ヨーロッパ諸国では通貨交換制の回復を声明して、昨年急速に貿易為替の自由化が行われ、経済統合の域内で対ドル貿易の自由化率が高まり、八〇％以上に及んでいる。その理由は、ヨーロッパ諸国間に相互の分業関係が成立し（例、原子力機構に対する各国製品の提供）、相互に利益を提供しあうというように、経済統合の条件がととのい、かつ、労働力の不足の傾向に対しては、生産性の高い産業に労働力を移し、低い生産性の産業の製品は輸入するという方法で、完全雇用のなかで高い成長率を維持するために、国際的自由化の措置を行ったからである（域内貿易の増加）。

(2)　日本の場合はどうか

(a)　一九五二年 International Monetary Fund 加入、一九五五年GATT加盟。

ここでは、輸入制限は世界経済発展のために好ましくない。ただ、戦後の過渡的時期においては、国際収支の必要上やむをえないということで、ＩＭＦ、ＧＡＴＴの加盟国であっても貿易・為替の管理、輸入の制限を行ってきたが、国際収支の問題がなくなった時はＩＭＦが判定を下し、その判定に基づいて、ＧＡＴＴが貿易自由化計画をＧＡＴＴ総会に提出するよう要請する（例、ドイツ―一九五七年に為替貿易自由の判定をうけ、ＧＡＴＴ総会に自由化計画を提出するよう要望されて、その後ＧＡＴＴで、昨年春承認される。イタリア―昨年秋、判定をうけ、この春に自由化を承認。オーストリア―今年五、六月判定をうけ、自由化計画を求めることになった）。

(b)　日本では、昨年秋の東京でのＧＡＴＴ総会からみて、ＩＭＦが貿易為替管理の理由がなくなったとの判定を下すであろう。そうすれば、自由化計画を提出せねばならず、おそらく、この秋には判定が下されると思われる。現在、ＩＭＦの代表者が日本の外貨事情その他を検討しており、ＩＭＦ判定の基礎材料となる。

3、日本における自由化問題

(1)　一九五二年にＩＭＦに加入し、一九五五年にＧＡＴＴの加盟国になったときから、自由化問題は義務づけられていたわけである。

従来は、国際収支が不安定で外貨の保有も十分ではなかったから自由化の義務が免除されていたが、①外貨の保有がふえ、②輸出の状況が先進国から脅威とみなされるようになった（繊維は世界一、ミシン・カメラは輸出総額の四〇％、トランジスターラジオ二〇％、その他、玩具などの雑貨類が急速に伸びる）。

例えば、従来の日本の輸出市場は後進地域七〇％、先進工業国三〇％（三、四年前）であったが、一昨年以来、五〇％以上が、アメリカ・ヨーロッパの先進工業国に輸出され先進工業国自身が繊維、軽機械、雑貨の輸入に脅かされるに至り、しかも、先進国からの輸入は割当制をとって制限している。従って、日本も速やかに自由化すべしということであり、東京のＧＡＴＴ総会で市場攪乱問題が提議されたのも、現実には日本・香港からの輸入を対象にしていることは明らかである。

今までの各国は、ＧＡＴＴ三四条の援用・特別措置により、日本商品の輸入を防止してきたのであり、日本としても、自由化をしなければ世界貿易の増大におくれるという状態になってきている。従って、ＩＭＦやＧＡＴＴからの要求の前に、自主的に、自由化計画を自ら立てて、それを実行してゆくのがよいのではないかと思われる。

(2)　自由化の是非について

(a)　貿易・為替管理の功罪

管理は昭和六年以来のことであり、戦後まで（二四年）低為替・高関税により、外国の市場から切り離されてきた。昭二四年ドッジラインによる為替相場の決定（三六〇円）で低為替はなくなり、通貨の面で世界経済編入へのチャンネルができあがった。三五年に自由化が行われるとして、政府案で三年間で世界経済への編入が完成する。

①　日本経済は、貿易・為替の管理という温室のなかで育ったもので、その温室の壁が取り払われた時には、冷たい風が日本経済に衝撃を与えるであろうが、そのいい面は、比較的高い成長率を今日まで続けることができたことである。そのため、オーバー・ローンなどという不健全さは一向に改善されなかったが、高い成長率は管理のもとでの国内市場の保護によるものであることを忘れてはならず、また、日本の産業活動が金融機関に高く依存しながら発展してきた（会社も銀行もつぶれず、互いになれあいでやってきた）ことも管理の結果であることに留意する必要がある。

②　貿易管理が産業政策の道具として利用されている。為替割当を政府がもっていると、その権限に基づいて産業統制を容易に行うことができるし、また、新しい技術を導入する場合にも、外資法により、対外的支払について統制するということが行われる。

③　②の産業政策の道具に関連して、企業の運営に種々の不合理性をつくりあげている。例えば、プレミアムの問題。綿花についていえば、外貨の割当は紡錘量と前年の輸出総量によって行われるが、生産をしないで紡錘量をふやし、割当を多くしようとする。一ポンドにつき七〇円のプレミアムが付いたこともある。プレミアム付きの買手、中小紡は国内市場向けの綿布より高く売る。プレミアムが付いても引き合うのである。

右のほか、製糖会社が砂糖輸入の割当をめぐり、利益をあげ、利益は政界に。肥料会社が、技術の立ち遅れから新技術の導入を考えても、投下資本の回収の点を考えて技術の導入を抑えるということがある。

④　巨大産業の国内市場の獲得競争が行われる。設備拡張競争になって現れ（二重投資など）、その結果、資本の効率が悪くなり、一定の生産高の増加に対する所要の資本が大きくなる（昭和三四年の設備投資―一六、〇〇〇億、フランスなみ。昭三五年―二三、〇〇〇億、ドイツなみ）。普通は、翌年にはそれに見合う産出高の増加があるのだが、日本では半分しかない（資本の濫費）。

これを一掃して資本主義経済の合理性をもたらしめるためには、貿易制限を撤廃すべきと考える。もちろん自由化を行えば大きな衝撃をうけると思われるが。

(b) 自由化の影響と対策

① 自由化のため国際競争がなされたとして、日本の商品はどのくらい堪えうるか。繊維・軽機械は競争力あるが、重工業製品にはない。しかし、現在一番貿易増加を示している重化学工業品では外国に劣り、この点で不利を免れない。

従って、自由化を進めるためには、産業構造の高度化の再検討が必要である。

② 国内競争の激化

海外市場が狭められる結果、国内は一層競争が激しくなり、共倒れのおそれがある。そこでカルテルを容認したとしても、カルテル価格より安い商品が外国より入った場合、カルテルを維持できるかの問題がある。

共倒れ的競争は中小企業に見られ易いのであるが、中小企業がカルテル化することは難しい（カルテル容認の動きはむしろ大企業にある）。

独禁法は原則としてカルテルを認めず、自由化の提案が行われた際、独禁法改正がいわれたが、白書はカルテル問題に触れていない。これは、カルテルは自由化による衝撃を支えるものにはなりえないということか。

ただ、自由化が行われても、交渉により、関税を設けることはできる。日本の関税率―四・三％、アメリカ―六・五％、フランス―六・四％というように低い。しかし、綿花・鉄など無税のものがあり、これを引いて有税の輸入総額との比率は日本―一三・一％、アメリカ―一一・一％、カナダ―一六・一％。そこで、関税を引き上げて国内市場を保護し、カルテル・ダンピングの意味で、カルテルが大企業にとって有利になるということはありうる。

③ 企業の集中

自動車・鉄鋼・化学工業の会社規模は国際的には小さいから、国際競争のために（コスト・ダウンの必要から、月産一万台で一五％～二〇％、三万台～五万台で三〇％のダウン）集中合併が行われよう。

④ 部分的には一層低賃金になる。そこで、最低賃金法・家内工業法・中小企業法などの対策を考えねばならない。

以上、自由化の衝撃はかなり深刻なものと思われ、これは三〇年の温室に慣れてきたせいでもあるが、又、それだけに相応した対策が講ぜらるべきである。

〔討議における論点〕

1、戦争と産業

(1) 昭和六年より三〇年来の管理時代に戦争があったが、

戦争は日本産業にとってどんな影響を与えたのだろうか。

日本における特徴は、①戦後、復興市場が多くあり、それによって産業の建直しができたこと、②戦後、新産業が出てきたこと（例えば、アメリカで一九二〇年代の産業である自動車工業が日本では戦後に盛んになる）。この両者が同時に起った。このことは戦争をした方がよいということを意味しない。戦争による破壊が大きいので、その後の成長が急速に伸びたということだけであり、単純に戦争による損得を決めることはできない（数字からいえば、戦後の生産高は戦前の三〇％にすぎなかったが、現在は二〇〇％に及ぶ）。総生産額からいえば余り減ってはいないが、分配からいうと（破壊を計算に入れて）減っている。

戦争がなければ生産は緩やかだが増加するだろう。しかし無駄なものもできる。したがって戦争した方がよいとする考え方も有力である（しかし、土地制度、財閥のあり方は戦争によって随分と異なったといえよう）。

(2) 戦後の復興において軍需産業はどのくらいのウエイトを占めてきたか。

戦争の予想をどうたてるかによって政府投融資の割当は異なるが、傾向としては軍需産業的になっている。例えば、鉄の増産が行われ、ストックして、戦争の時に一度につかわれる。また、ロッキードが国産に切り変ったときに、投融資の割当がある。安保体制に伴い、防衛力増強の線に沿って、生産計画がなされるという具合である。この場合、日本の産業がアメリカ軍需産業の下請化するということが考えられるが、計算上、日本の利益になり、兵器産業の継続は、いつでも日本で自給自足できる利点があるということで、この方向は消えず、経済の方向は軍需産業中心ということで、満州事変以後の方向に似てきた。

2、景気をめぐって

(1) 所得が増えると、サービス・観光・奢侈品（人のサービス・物のサービス）などの消費面が増え、又、貯蓄も増えて、国民一人の生活が向上したように見えるが、貯蓄が増えているのは、社会保障に不安があるので、個人が老後のため貯蓄せざるを得ないということから、貯蓄も零細である。サービス収入の増加（消費の数では日本は世界一）も政策から考えると問題はある。

(2) 昨年のソ連の七年計画によれば、対アメリカ比は一九六五年で七〇％、一九七〇年で一〇〇％となっているし、中共も一九六五年にはイギリスに追いつくといっている。サービス部門を入れるとソ連に負けないが、c＋v＋mでソ連はmがvにくりこまれていくのに対し、アメリカではmがサービスであり、アメリカで論争が起っている（ソ連の言分によれば、サービスが増えても何の意味もないというのだが、ソ連でも消費面が増えていく傾向がある）。現在、アメリカで農工業が五〇％に対し、サービスが五〇％を占める。

(3) 日本における対策としても、消費を抑制して所得を蓄積する方向が望ましいが、所得の強制貯蓄は不可能である（しかし国民は何をしあわせと考えているかは別だ。現在、映画をみる方が、将来の貯蓄より幸福と考える傾向がある）。したがって生産力増強の直接の担当者たる企業に投資を強制するか、ほかに税を高くするかしかないのだが、何れにしても完全な企業の自由化より、統制が望ましいと思われる。しかし、現在の傾向は統制的方向はだんだん少なくなってきている。

池田首相の方向はアメリカ独占資本の方向であり（それは、軍需産業と金融措置の保護であるが）、軍需産業の殷賑と緩慢なインフレ政策である。これで、確かに景気はよくなり、国民は喜ぶのだろうが、社会保障の行方はどうなるのか。

3、中小企業のゆくえ

分解が行われて中企業は大企業の下請をするようになり、親会社の指図に従って中企業は近代化されるが（第一次・第二次下請会社の近代化が進められて機械産業は殷賑となる）、親会社への依存度は高くなろう。しかし、部品工場がストップすると全体も狂ってくるということが考えられ、又、融資についても親会社と同じ影響をうけるだろう。この点、系列化は弾力性を次第に失わしめるに至っている（系列化のない時は弾力性があった）。商品の投げ売りなどで不況を凌ぐという状態も出てくる。

労組は、第一次・第二次下請までは系列化されるが、第三次になると色々の会社の下請をうけるようになり、この系列化には入らない。

〔議事〕

1、安保問題に関する講演、雑誌論文をまとめて、岩波新書で「安保問題」を発刊する。辻・丸山・鵜飼会員を編集委員として、条文・注釈・年表を付す。

2、民主政治を守る講演会において百数十名の聴衆が声明文を発表した。全国古書組合が研究会の声明文を印刷して、古書店の店頭に貼付するとの申込みがあり、又、定期的に話合いの会（一二〇名）をもつとの報告があった。

# 民主政治を守る講演会（昭和三五年六月一二日）

於・都市センター・ホール



〈編者注　大内・南原・宮沢・我妻については『朝日ジャーナル』二巻二六号、竹内・丸山については『みすず』一九六〇年八月号に掲載。なお『世界』昭和三五年八月号に大内・宮沢・我妻の別稿あり〉

# 第二五回例会（昭和三五年九月一七日）

峯　村　光　郎

―三池争議の調整と労働法―

## 〔報　告〕

序

1、三池争議の経過

労働法上の問題として、全労働と全資本の対決

直接には一九五九年　八・二八　会社の第二次合理化案を提示

一九六〇年　一・二五　会社のロックアウト

八・二〇　藤林、中山によるあっ旋的調停

争議の発生は、三二末～三三になべ底景気。本来、不景気の時は貯炭していたのだが、三三・七　四〇〇万トン、三四・五　五〇〇万トンの貯炭量となる。

一般産業の停滞のみならず、エネルギー革命・消費構造の変動に対して、合理化計画がなかったので、こんな状態になる。

長期計画を会社側で始める。

三三・五―三八を目標にして、増炭により炭価を下げようとの考え方だが、これが誤算を来す。

増炭・人員減少の線で炭価を下げる。

労働者数　二八万人――一一万四五〇〇人の縮小。

三三・九末、三井鉱山の決算　一九億七、〇〇〇万の赤字

原因――三鉱連の英雄なき闘争で、完全雇傭など経営者として経営権を抛棄した如き態度をとり、労働者は自信をもつ。

労務費を思い切って引き下げるため、

三四・一・一九　第一次合理化案提示

三・一八　六、八〇〇名の整理

この原因は低能率高賃金のためといっているが、太平洋炭鉱と比べそうはいえない。経営の不計画と石炭産業の不況が原因。

希望退職者は一九一〇名

四、五八〇名の減少を中心とする第二次合理化案。一〇・一三二四時間スト突入。

一一・二一　中山前会長があっ旋案を出す。

あっ旋案の三原則

①生産阻害の排除、②一〇日間の希望退職者を募集し、③予定数に達しない場合も会社・三鉱連で協議し中山会長に提示する。

会社側はける。炭労は一二月一日以降三池だけがスト。

一二〇〇名に対し指名解雇

三五・一・二五　三池全山ロックアウト

第25回例会（昭和35年９月17日）

大手各社が支援態勢確立

組合側〝石炭産業はのびが多くないというだけで消費量は増大している、会社の経営が悪いのだ〟という形で、会社と対立。

この対立の原因は石炭事情か。

一二月の貯炭量は三七〇万トン―貯蔵量が減ってきており斜陽産業ではないということの証拠だとする。指名解雇撤回をいう。

総評は一二回大会の臨時大会で、〝安保反対勢力に対する集中攻撃である〟として一人一、〇〇〇円の預金運動、労働金庫への集中、カンパ方針を決め、炭労に対して一億円の融資をする。

三鉱連の中で分裂（五次合理化案提示後）

{三池、美唄―三池独走
田川、砂川、芦別、山野―希望退職者予定に達する。

中山会長の三者構成で結論を待ったらという。

生産阻害者三〇〇名の解雇

一一・一三　中山あっ旋―労資からけられる。

一二・四　三井新労組、三鉱連―三池分裂

三五・一・二五　ロックアウト―を契機として組合の無期限スト

二・一五　炭労臨時大会―長期闘争（一〇日の）から賃金闘争を含む短期決戦へ

三月一五日の中央委員会の方針（無記名挙手）で闘争継続。四・一以後、時限スト―この指令をうけた五山が指令返上の動きを明らかにする。

三月二六日の炭労指令は五山はダメということで戦術転換、三池の独走とならざるをえない。

三月二八日にロックアウトを第二組合（八〇〇人）に解いて、就労させる。

こうして第一、第二組合が激突、刺殺事件おこる。

中労委会長の交代（中山―藤林）

藤林会長は要望にかかわらず動かない。刺殺事件を契機として、四・六に職権あっ旋―中山会長にくらべると、きびしいもの。（指名解雇者は自発退職としてやめていけ、一万円加給）

組合拒否、会社受諾―収拾できず。

炭労は組織再建のためにも受諾できないとする。

炭労の中でも、なぜ三井のみが争わねばならないか。第一組合がみじめな立場にならないか（第二組合がふえて）などの悲観的材料がもちよられ、拒否。

この直後に刺殺事件。

三五・八・二〇　藤林、中山のあっ旋的仲裁

（青森県甲南バスの時の例あり、アメリカでは広く採用されている制度）賃金問題をあっ旋的仲裁で行うのはいいが、組合解雇をこの形でするのは少し割り切りすぎている。

①　指名解雇は好ましくないが石炭産業の現況からみてやむを得ない。
②　職場闘争のあり方そのものに問題がある。
職場闘争を逸脱している傾向あり。

すべての職場闘争が生産阻害とみる向きあり。
③　仮処分の執行の阻害
問題をしぼっておりながら、問題の処理を誤る。

その処理案は
①　不当労働行為となる解雇は会社で調整し、一ヶ月の再考期間を設ける。
②　この期間で自発退職したものに二万円加給し、勇退者に五万円加給する。
一ヶ月を再考期間として会社の修正期間とする。

解雇という事実をつくって後で救済しようとする考え方だが、日本の不当労働行為の救済は実なし。

会社受諾、
指名解雇についても、生産阻害者（職場活動家）から切る。

希望退職者であとは足らなくてももとのまま。

到達闘争（組合のスト権を現場に下げてきたもの）

生産能率、会社、施設投資をしたが能率が上らない。

組合、管理の拙劣さから抛棄してある。


このような対立点が問題となっている闘争であっ旋仲裁の手続をとるのは不思議ではないが、組合側は、藤林あっ旋案より有利になるだろうと考えた。

炭労の考えた線よりズレがあったのではないか。

原委員長にだまされたと考えている。

私の考えるところでは、組合活動家三〇〇人の解雇という事実をつくって不当労働行為で救済するという案を出したことが問題である。中労委の問題として。

有沢さんの指摘する如き、割り切りすぎた問題
中山さんが日本労働協会雑誌に労働法学者はあげて反対するだろうといっている。
２、労働法上の問題としてみた三池争議
争議中、組合を脱退すると脱退者に就労権はあるか。労働者の団結権には組織強制が認められねばならない。正当の理由なくして脱退しない。

団結権をみとめられた労働者相互の依頼関係から、組織強制が義務づけられていると考えるべき。脱退した第二組合には就労権があるというが、これは危険。これを強く保護する必要はない。

ピケと争議継続―スト要員を雇って。

労務を提供しないということだけでなく
ロックアウト――就労拒否と賃金を払わない。それなのに明渡

し請求という仮処分申請をするのか。職場に人がいても金を払わなければよい。それは、明渡しさせて第二組合員を入れて就労させることを考えているようだ。それなのに、仮処分が濫発されているところに問題がある。集団的労働関係に仮処分を認めることは問題だ。本案訴訟でいけばよいのに、仮処分決定をし、執行吏を入れて、労資関係に警察権介入ということになる。

職場闘争―｛ＩＷＷ／戦後｝は同時に組合闘争である。二八年以後慣行として行われる。

原則として就業規則の適用はない、争議時にはないと思う。本来の組合活動をこえたものは就業規則の適用はある。

平時の就業規則を争議中の職場闘争に適用するのには問題がある。

特に中小企業で組合活動家は生産阻害者であるということをいう傾向があるのは問題である。

〔討　議〕

宮沢　組織強制についての労働法の考え方は。

峯村　組織強制を認めている。

ドイツは認めない。二条違反。ユニオン・ショップは認めない。

石井さんは消極的団結権を認めドイツ流。これは問題だと思う。組織が個人の自由を阻害してはいけない。他人の人格の自由を妨げてはいけない。

戒能　争議中は脱退できないということはいえると思うが。

峯村　自由労連が第一組合にカンパを送った。全労は怒った。第一組合は総評に通じ世界労連に通じるのだから。仮処分、脱退―就業

企業内組合が脱退の誘惑になる。労働争議に仮処分の適用があるのはまれだと。

ロックアウトを勝手に解けるかどうかは問題、第二組合員を入れるために解くのだから。

我妻　ロックアウトを一部解き就労できるとなると仮処分はいらない。

本案なら妨害排除が成り立つとしても、現状を維持するだけではない。

仮処分の濫用が多い。

峯村　刑法者の中にはホッパ周辺で家を沢山たてるのは、財産侵奪罪だといっている。

不動産侵奪罪―家屋に対するものは危険、濫用の危険がある。

家永　組合員がピケをはるのはいいが、応援がピケをするのはいけない。

峯村　それはおかしいと労働法学者はいわない。企業内組合の考

え方があるのだろう。
我妻　就業規則、別の標準からというが。
峯村　継続的労働契約を認めない地盤―不信
　囚人炭鉱、職場闘争
　山川が議員立候補―組合の要求のむ。
我妻　脱退しないという契約はできる。しなければ脱退してもいいか。しかし、団体を組織した以上脱退できないというのはどうか。ユニオン・ショップ
峯村　組合員の家付きとそうでないもの（第一、第二）の傾向はある。強制貯金―足どめ
　三池では与論島から労働力を得、三井は親代々の主人であるとの感覚（第二組合）がある。
大内　中労委の強制力は資本家に対しても労働者に対しても義務を生ずるのか、外国立法例ではどうか。
峯村　仲裁裁定で両当事者が一致すれば拘束する。仲裁は当事者が拒否できない。
大内　中労委では解決できない。争議は深いところに理由があるが、中労委という制度ではどうか。
峯村　この期におよんで政府に要求出したので。
　長期計画の失敗―経済行政が悪い。
　大内先生の線で動いているのはドイツ。
　一九五四年、五〇万常備軍―余ってきたら、政府が処理すべき。
　中山さんが第一次あっ旋の時にこれを提示したら旨く行ったかもしれない。
　労働者側の中労委に対する不信が強くなっている。
　それでプライベイトな調停員を決めておいたらどうか。調停といっても、第三者の信用できる人がいたら、その人に頼めばよい。政府が決めるなんておかしい。第三者の理性で、フォードの場合のイエール大学。報酬として労使から一〇〇〇ドルいただいて公正を期している。
　東京海上の野村、峯村、大河内、三年目に会社側でけられる。一〇ヶ月賞与でこっそりやりたいらしい。
　住友石炭、年内生産再開というがシコリがあってどうか。
大内　中労委は動かなくなってしまう。
我妻　あっ旋的仲裁というが、どこがあっ旋的。
峯村　行政委員会は官僚に自由にされてしまう。圧力でなく潜行して入ってくる。公益委員がそうだ。
　使用者側があっ旋調停を申請したことなし。管理者としての責任をとっていない。
我妻　借地借家で仲裁制度をおこうとしているが、始めから仲裁にかけられるかどうかが問題だ。何か圧力がないとだめだ。

フォードの場合、仲裁には両方から一、〇〇〇ドルとるというところに意味がある。会社から賞与をもらうのはおかしい。

大内　資本家側二、〇〇〇ドル、労組側一、〇〇〇ドルという方がいいだろう。

三池―七〇億

炭労―七億

丸山　第二組合の人達のなかに年金職種で（組織強制ではなく）特色あるか。

峯村　与論島の土着子飼いが一つ、山川時代の前からの炭鉱労働者。

戦後労働者―教育高い

佐藤　池田内閣にかわった時がきっかけだが、そうでないときっかけがなかったのか。

膳立てができたのだから誰がなってもしただろう。

政変がなかったらだめだったかという意味で、中労委の自主性が問題になるのではないか。

峯村　それはたしかに問題であり、政変がなくても中労委としてやるべきだったと思う。率直にいえば藤林会長は内務官僚たる労働官僚に牛耳られていたと思う。

刺殺事件は予測できた。

第25回例会（昭和35年９月17日）

〔議　事〕

１、憲法問題研究会として新書を出したらどうか。

案として

(1)①　安保問題にのみ中心をおくべきか。

②　今日の問題のみにしぼらないで、広く憲法問題に関するもの。

(2)　何を入れて、何を入れないか。

丸山　安保問題に限定すると、加筆の点で問題あり。最初のシリーズの積りで、安保をそのなかに含ませながら、今までの報告を中心としてⅣの中に安保も入れる。

歴史的なもの、外国憲法のものは除く。

Ⅰ　言論

Ⅱ　九条

Ⅲ　総論と人権

Ⅳ　安保

Ⅴ　各論

Ⅵ

（小川岩波編集部）

憲法問題研究会としては、四―五万点ある新書をつかった方がよいだろう。二、三年は売れる。講演のみならず報告―全体を含めて。パンフレットはやめる。

二〇〇頁―一〇〇円　各々―三〇枚
二八〇頁―三〇〇頁―一三〇円　（一頁―五〇〇字）
関西支部の方はどうする―東京本部が中心となったというのでよい。
今回はシリーズのナンバーワンで今後ナンバーツーとして出せばよい。
城戸　当時の記録散逸、新種で書かなけりゃいけないが、〆切りは。
一〇月一杯、一月中旬発行。
原稿料―半分個人収入
半分寄付
日評新社の法律時報資料版に報告の要旨をのせてもらえないかとの申入れがある。
「憲法を守るために」（仮題）

憲法問題研究会編

Ⅰ　大内兵衛　憲法問題研究会の意義…新稿（20枚）
―声明もふくめて―
佐藤　功　戦後の憲法問題…報告に加筆
中野好夫　憲法意識に関する調査について…報告（速記あり）
城戸又一　国民の憲法意識の変遷…報告（速記なし）
Ⅱ　南原　繁　戦争か平和か…講演に加筆
Ⅲ　矢内原忠雄　内村鑑三の非戦論…講演
田畑茂二郎　自衛権の陥穽…講演
宮沢俊義　「うまれ」による差別…講演
久野　収　日本国憲法の論理学…報告（速記なし）
Ⅳ　鵜飼信成　強行採決の問題点…思想のに加筆
辻　清明　新稿
Ⅴ　我妻　栄　家族制度と憲法改正…世界
野村平爾　ＩＬＯ条約批准と憲法問題…世界
有沢広巳　貿易自由化と日本経済…報告（速記あり）に加筆
Ⅵ　丸山真男　現代における態度決定…講演に加筆
◎二八〇頁一三〇円

## 第25回例会（昭和35年９月17日）

## 〔要　旨〕

―三池争議の調整と労働法―

峯村光郎

〔報　告〕
1、　三池争議の経過
(1)　三池争議の発端
総労働対総資本の戦いといわれた三池争議の経過について
一九五九　八・一八―人員縮小四五八〇を中心とする第二次

合理化案提示

一一・六—一一・一二—労使トップ会談（決裂）

一一・二一—中山会長あっ旋案を労使拒否

一二・一〇—三池労組員一二七八に指名解雇通告

一九六〇　一・二五—三池全山のロックアウト（無期限全面スト）

八・一〇—藤林、中山にあるあっ旋的仲裁

昭和三二年末—三三年にかけてのナベ底景気は石炭需要量を減少させる（三三・七—四〇〇万トン、三四・五—五〇〇万トンの貯炭を数える）。一般産業の停滞のみならず、エネルギー革命、消費構造の変動に対して業界に合理化計画なく、長期計画を会社側で立てざるを得なくなった。三三・五—三八を目標にして増炭、人員縮小により炭価をさげようとしたが（二八万人から二一万四五〇〇人の縮小）、これが誤算を来したのである。

三井鉱山は三三・九決算で、一九億七〇〇〇万円の赤字を出し（原因は三鉱連の英雄なき闘争で完全雇傭など経営者として経営権を抛棄したような態度をとったことにあるとした。それが労働者に自信をもたせている）、労務費の引下げのため、三四・一・一九第一次合理化案提示、三四・三・一八に六〇〇〇名の希望退職者募集を提示する（低能率・高賃金が原因というが、経営の非計画性と石炭産業の不況が原因である）。希望退職期間を二ヶ月とし、六〇〇〇名に達しなくとも再募集は行わないとのことで一応妥結。

しかし、希望退職者は一九一〇名で、会社は四五八〇名の人員縮小を中心とする第二次合理化案を改めて組合に提示した（三四・八・二八）。

(2) 中山あっ旋案と労使の主張

三鉱連は炭労の方針に従って第二次合理化案の撤回を要求。一〇月一三日から傘下六山が二四時間スト突入。

一一月六日から労使トップ会談。会社側は業務阻害者三〇〇名の退職を主張し、交渉決裂。中山前中労委会長が一一月一三日にあっ旋にのりだし、一一月二一日に①生産阻害者の排除、②一〇日間の期限で希望退職者の募集を行う、③予定数に達しない場合には会社の炭労・三鉱連で協議し、中山会長に提示する、の三原則を内容とするあっ旋案を提示した。まず会社側が、次いで組合側がこれを拒否。

田川、山野、砂川、芦別は希望退職者がほぼ定数に達し、炭労は一二月一日以降三池だけのストに切りかえる。会社側は一二月一〇日に一二七八名に対し指名解雇を通告。翌年一月二五日に三池全山にロックアウトを行い、組合は指名解雇撤回の主張のもと無期限ストに入った。組合側の主張は、三四年一二月には貯炭量が三七〇万トンを割るという石炭事情からみて、石炭産業の伸びは多くないが消費量は増大しており、斜陽産業ではなく、経営が悪いのだとして、石炭危機を宣伝してなされる経営者側の主張に対立したのである。こうして三池の独走が始まる。

(3)　第二組合結成と藤林あっせん案

大手各社は支援態勢を確立（総評は一二回臨時大会で一人一〇〇〇円の預金運動、労働金庫への集中を決め、炭労に対して一億円の融資をする）、二月一五日からの炭労大会で三池支援六〇〇円カンパを決定し、長期闘争から賃金闘争を含む短期決戦に転換する。

一方、三池各山の批判勢力によって開催を要請された三月一五日の中央委員会で、炭労幹部・中央委員による闘争継続が挙手によって採択されたため（批判勢力は、スト中止・団交再開、希望退職者の募集と就職あっ旋、非退職者の法廷闘争、無記名による決定を主張）、批判勢力は「刷新同盟」を結成し、これが三月一七日に第二組合となって、三池労組は分裂した。

他方、炭労中闘は、中闘の四月一日以後の期限ストに関する指令が三月二六日の三鉱連中闘において返上の動きが明らかとなることにより、戦術転換を余儀なくされた（三月二七日）。

こうして、三月二八日には会社側はロックアウトを解いて第二組合に就労させたが、第一・第二組合員の衝突、第一組合員久保清氏の刺殺事件と、労使紛争の域を超え、治安問題にまで発展するに至った。

藤林中労委会長は（三月一六日中山前会長に代る）、刺殺事件を契機として（要望あったがこれまで動かず）、四月六日に職権あっ旋に入り、①指名解雇を撤回し、自発的に退職したものとする、②退職金一万円の加給を内容とするあっ旋案（中山案にくらべるときびしいもの）を提示した。会社側は受諾したが、組合側は拒否した。即ち、炭労は、そのなかで、なぜ三池のみが闘わねばならないのか、第二組合員がふえて第一組合がみじめな立場にならないか、などの悲観的材料がもちよられたが、組織再建のためにも受諾できないとして、これを拒否したのである。

(4)　藤林・中山のあっ旋的仲裁

炭労は四月一九日の決定に基づいて闘争強化の態勢を確立し、一方会社側も強硬方針をもって臨む態度をとり、三川鉱事件・宮浦鉱事件を引きおこす。その間警察権が介入し、福岡地裁は、三月二八日―就労妨害排除の仮処分決定、六月四日―ホッパー周辺への立入禁止命令、七月七日―立入禁止について執行吏保管の仮処分決定をする。

組合側は実力によってホッパーを守ろうとし、警察は権力発動を組合に通告するというように、仮処分の執行に際しては一触即発の状態となった。七月一九日池田内閣成立、石田労相は二〇日に中労委に職権あっ旋を要請した。

第三次あっ旋は藤林、中山両委員によって開始され、八月一〇日最終的あっ旋案を提示した。即ち、①指名解雇は好ましくないが、石炭産業の現況からみてやむを得ない。②職場闘争のあり方に問題があり、その範囲を逸脱している向きがある、③暴力による仮処分執行の阻害は社会秩序のために考慮すべきである、と前文で問題点をしぼって、その処理方法として、①一ヶ月を再考期間として、会社は指名解雇を撤回し、該当者は自発退職に修正する。②自発退職者には二万円を加給し、勇退者には五万円を加給する。③不当労働行為となる指名解雇は争うことができるとした。

このあっ旋は当事者を拘束するあっ旋的仲裁であるから（アメリカでは広く採用されている制度で、青森県甲南バスの前例もあるが、賃金問題がこの制度になじむもので、解雇問題をこの形式で処理するのは少し割り切りすぎる憾みがある）、案の内容が問題である。案は、組合活動家三〇〇人の解雇という事実をつくってから、その後で救済しようという考え方をとるが、不当労働行為の救済の実益があまりない点からみて、中労委の問題の処理には誤りがある。指名解雇は会社からみた生産阻害者からなされるであろうが、それは組合からみれば職場活動家であり、組合のスト権を現場にさげた到達闘争の結果であると考える。又、生産能率について会社側は施設投資をしても能率が上らないといい、組合側は管理の拙劣さからだといって対立している時、あっ旋的仲裁の手続をとるのは不思議である。組合側は藤林あっ旋案より有利になるだろうと考えて、あっ旋の申入れを受諾したのであり、炭労の考えた線との間にズレがあったようである。

中山委員は、この仲裁については労働法学者はあげて反対するだろうと書いているが、労働法上の問題点をいくつか指摘してみよう。

2、労働法上の問題からみた三池争議

(1)　争議中における組合分裂と脱退組合員の就労権

憲法二一条で保障する団結権では、単なる結社の自由と異なる組織強制が認められる。即ち、団結権を認められた労働者相互の信頼関係から正当な理由なしには脱退しないという組織強制が義務づけられていると考えるべきである。従って、脱退した第二組合員の就労権を強く保護する必要はないと考える。

(2)　ロックアウトと立入禁止仮処分

ロックアウトは使用者に賃金支払義務を免除する効果をもつから、明渡し請求の仮処分申請をする必要はない筈である。職場に人がいても金を払わなければよいのだ。従って、仮処分は明渡しをさせて第二組合員に就労させることに目的があるようである。ところが、仮処分は本案訴訟の前提的な法手続であり、集団的労働関係について組合の実力を排除するのに仮処分を使うことは、その限度をこえるもので不適当であるのに、仮処分が濫発されているところに問題がある。いわんや一万余の組合員が滞留する状態で、これを執行吏の保管に移すといっても不可能で、警察権が介入することとなる。

(3)　職場闘争と就業規則

職場闘争は組合闘争として昭和二八年以後慣行化したが、争議時の職場闘争に対して就業規則の適用はない筈であるが、それを適用するところに問題がある（本来の組合活動をこえた場合は別だ）。特に中小企業で組合活動家が生産阻害者であるといわれる傾向があり、問題であろう。

〔討議における論点〕

1、団結権について

ドイツではユニオン・ショップを認めず、日本でも消極的団結論を支持する有力な学説がある。たしかに、組織が個人の人格の自由を阻害することに問題はあり、団体を組織した以上脱退できないというのはどうであろうか。しかし、争議中は脱退できないということはいえるように思う。日本の場合、企業内組合が脱退の誘惑になっているようである。

2、ロックアウトと仮処分

(1)　労働争議に、仮処分濫用のきみがあるが、かりに本案で妨害排除がなりたつとしても、それは現状の維持のみを意味していない。就労が目的である。第二組合員を入れるためにロックアウトを解くこと自体に問題がある。

(2)　当該組合員がピケをはるのはよいが、応援組合員がピケをはるのはいけないとの考え方は、企業内組合的考え方であり、賛成できない。

(3)　刑法学者のなかで、ホッパー周辺に家をたてるのは不動産侵奪罪にあたるという意見があるが、こういう見解は濫用の危険を引きおこすもとのように思われる。

3、三池労組について

(1)　自由労連が第一組合にカンパを送ったが、全労はこれを、第一組合は総評を通じて世界労連につながるものだからとの理由で憤慨したとの話が伝わっている。

(2)　三池では、従来、与論島より労働力を仰いでおり、子飼いの組合員がいて、三井は親代々の主人であるとの感覚をもっており、第二組合結成の基盤を形づくっていた。

４、中労委のあっ旋をめぐって

(1)　中労委の強制力について、その仲裁裁定の場合には、両当事者が一致すれば拘束力があり拒否できないことになっている。仲裁には何か圧力がなければだめである。借地借家の関係で仲裁制度を設けようとしているが、仲裁にかけられるかどうか問題である。

三池争議は、中山第一次あっ旋の際に解決の契機があったのであり、政府の適当な処理があってしかるべきであった。池田内閣による一段落は、すでに膳立てがととのっていたのであり、誰が出てきてもまとまったと思われる。それよりも、政変をきっかけにして中労委が動いたところに問題があり、その自主性が疑われても仕方があるまい。刺殺事件は予測できたのであり、率直にいえば藤林会長は内務官僚たる労働官僚に牛耳られていた。

(2)　争議の原因は深いところ、即ち、長期計画の失敗など経済行政の貧困にあり、中労委では解決できない面があった。中労委に対する労働者側の不信感は最近、特に強く、中労委制度について若干の反省が必要であろう。

現在のままでは中労委は動かなくなってしまう。一般に行政委員会は官僚により自由にされてしまう傾向があるが、労働委員会の公益委員がそうである。もっとも、圧力をかけるというやり方でなく、その影響は潜行して入ってくるのであるが。調停者を政府が決めるということがおかしいので、アメリカのフォード会社で、私的な調停者を第三者から労使で選んでおくということが行われている。報酬は労使からいただく（一〇〇〇ドル）ということで公正を期し、大変うまく運用されている例がある。もっとも日本でも、東京海上で峯村・大河内がその私的委員に選ばれた前例があるが、この場合は一〇ヶ月賞与をこっそり決めたいという特殊の事情があったからである（会社から報酬が出たが、これはおかしいと思う）。

５、議事

(1)　憲法問題研究会の今までの成果に関して、これを岩波新書で出すことはどうか。パンフレットはとりやめ、シリーズの最初のものとして出す。内容は、安保問題中心というように今日の問題だけにしぼらず、それを含ませながら、今までの報告・講演を中心に、広く憲法問題に関して編集する方がベターである。但し、歴史的なもの、外国憲法関係は今回は除く。

（案）「憲法を守るために」（仮題）

Ⅰ　大内　兵衛・憲法問題研究会の意義

佐藤　功：戦後の憲法問題
中野好夫：憲法意識に関する調査について
城戸又一：国民の憲法意識の変遷
Ⅱ　南原　繁：戦争か平和か
矢内原忠雄：内村鑑三の非戦論
田畑茂二郎：自衛権の陥穽
Ⅲ　宮沢俊義：「うまれ」による差別
久野　収：日本国憲法の論理学
Ⅳ　鵜飼信成：強行採決の問題点
辻　清明：
Ⅴ　我妻　学：家族制度と憲法改正
野村平爾：ＩＬＯ条約批准と憲法問題
有沢広巳：貿易自由化と日本経済
Ⅵ　丸山真男：現代における態度決定
原稿料は個人、会の折半
⑵　日本評論新社から法律時報資料版を出すが、それに例会報告の要旨をのせてもらえないかとの申入れがあり、会として承認。

# 第二六回例会（昭和三五年一〇月八日）

―最近におけるアメリカの労働組合―

大河内　一男

〔報　告〕

１、計画ではアメリカ労組の動きを具体的に調査したいと思っていたが、夏休みで思う人に連絡とれず、ＩＣＡは向うの選択基準があり、希望通りいかなかった。また数名同行者あり、手違いのため、予定が若干狂った。

五、六年前、訪米したが、その後、事情の変化あり、組合の動きに関してそれを具体的につきとめてみたいと考えた。

① 一つの変化（五、六年間の）はＣＩＯとＡＦＬの合同（三五年来の問題がピリオゥドをうつ）

② 労働組合の活動の仕方が私の考えたような産業別の組合から日本に近い組合に重点が移ってきているのではないか。生産技術の導入とからんでである。

組合の政治活動についてどう考えているかについて。

③ 安保運動について労働組合がどう考えているか。

④ アメリカからヨーロッパを廻るつもりであったが、総評傘下大組合の若干名がアメリカからヨーロッパを廻る計画あり、その仲間入りをしようと思っていたが、安保の運動あり、今時期が悪かろうとの想像がアメリカ側にあって、総評と一緒に廻ることは悪いだろうとの判断がなされ、来年にでもなったら又やり直そうとのことで、今回はアメリカだけで私だけの問題として廻ってきた。

２、労働組合自体の最近の問題に関する印象

(1) 現在、アメリカ労組の総数は一八〇〇万と急激に増えている。動きのなかで印象に残るのは、組合自身の management というか個々の事業所中心に組合の動きが固まってきている。

従来の日本の労組は会社毎にでき、これは変則で、弱体の原因だから横断的産業別にもってゆくのが望ましいと考えてきた。アメリカの労働組合の基本組織は産業別（形の上）だが、日常の活動・運営は一年毎に個々のプラント・レベルの運動の形をとってきている。これはアメリカの組合が日本の企業別に近よってくるという気配すら感じられる。そのため支部組合の研究が盛んになる。今までの研究は支部の動きについて関心がなかったが、今はローカルの研究が組合研究の中心だとする動きが見られるに至った。

古い産業別の national な組合組織がにぎっているのは作業時間・有給休暇など労働条件の基本問題であり、national の体制の

下にローカルはそれに倣うのである。しかしその他の問題はローカルが決めてゆくという傾向になっている。

(2) その原因は、

(イ) 高能率高賃銀の傾向が難しくなって高賃銀一本で運動が進められなくなり、その他の労働条件で実をとろうとの動きに変り（福利施設や休暇などの要求）、fringe benefit と称する、これが重要性をもってきて、その要求を出す。

医療保障が手薄となり組合の力でよくしようとする。こういうことは national で行うことはできず、ローカルの力でやるということになり、その力が重要性をもってくるに至る。

(ロ) 賃銀（年間保証賃銀＝一種の失業手当・退職手当をコミにしたもの）

この問題も個別企業（自動車、鉄鋼）の事情で異なり、各個バラバラに行われるに至る。ローカルな組合運動のなかでの実現度が大きくなる。

(ハ) もう一つ、ローカルの力の大きくなった理由――年功序列（seniority）

再雇用では古いもの順
くびでは新参ものから } プラント毎の問題なので、全国一本でできず、個々の division 毎に seniority が決められるに至る。

以上のことで本部の影が薄くなってきている。

アメリカ、日本でそれぞれ近よりつつある動きが見られる。

(ニ) 組合の会計から見ると、支部に金が溜ってくる傾向がある。

本部→支部に金が流れる
支部→本部に金が入る } こう今まで考えてきたが、

例、男子服会社―三ドルの組合費 { 一、七五ドル―支部におく
一、二五ドル―本部に送る

金の上で本部のコントロールがきかなくなる。

しかし同じローカルでも、古いところ、事業体の小さいところは、いくつかの企業を集めて地域ローカルをつくる。ここでは本部の統制力強く、三ドルを全部本部がとる。

こういうようにローカルによっても異なる。これは地域ローカルが昔は多かったのが、企業が大きくなるに従ってプラント毎の組合となり、本部の統制が弱まってくるということ。

こういう二つのタイプがみられる。

(3) こうして全体として日本の企業別の動きに近くなってくる。反対に本部組合の統制力が弱まるので、本部の存在理由を強化する必要ありと考えるようになり、本部組合では、専ら、支部の仕事としてできない仕事、例えば、診療所・病院など或いは銀行を運営する（組合員の金のみならず、一般の人からも金をとり、組合員の働いている経営者に金を貸す）、教育活動・スカラシップの用

意など支部組合の活動範囲外の問題について行い、或いは政治活動などの分野の動きが活発になる。

本部も、従来の支部の上であぐらをかいていたのが、バランス・オブ・パワーが反対になって、本部が押されぎみ。日本の、大企業の中でできた企業別組合の発言が強く、小さい組合の産業別より強いというのと同じで、日本に近くなる。

⑷　従来、アメリカ組合では、経営のことは経営者にまかせ組合は労働条件だけ要求するとの考え方が強かったが、技術革新が伸びると組合の考え方が変って、組合自身が自己の考えをもつようになり、技術革新に対して反対はしないが、休暇の数を増やせなどと取引をやる。

サンフランシスコの左翼的組合では、技術導入を認め、fringe benefit をどうするというように談合で話を決めた。これがアメリカ組合の共通の考え方である。

⑸　産業の種類によっては、生産設備の老朽化したものが多く、従ってそういう産業、例えばシカゴ中心の缶詰工場では、閉鎖して新設備を建設し、組合もない安い賃銀の労働者をやとって始める。組合があって、高賃銀の古い工場を閉鎖。

高賃→低賃
組合→非組合 ｝と工場が移動する

一般に南部が低賃銀で南部に工場が移動する。

反対しようにも決め手の policy が出ない。

斜陽産業では、修理を安いコストで別の会社に引きうけさせる。そうすると、その工場の高賃銀の修理工がいらなくなる。

会社が組合の組織と高賃銀をさけて事態を収拾しようとする。こういう例はいたるところにあり、工場全体の動きに対応する策をもっていない。

３、ＡＦＬ、ＣＩＯの合同で何が起ったか。

今までの労組では政治的動きを示さない。是々非々でやってきたのであるが（政治の外に立っていた）、合同以後はタフトハートレー法を契機としてと思われるが、合同体が全体として政治的動きを示すようになってきている。

例えば、大統領選挙でもケネディを支持するというようにいう。

ケネディはカソリック
組合の指導者の過半数がカソリック ｝とのつながりで説明する

人もいるが、それと離れても、政党活動に対して自分自身のものをもってくるようになる。

政治的中立主義が支えきれなくなってきた。

なぜ日本では総評と全労が対立するのかとよくきかれた。

これに対して、アメリカの大きな経営団体で組合に対する考え方が変ってきた。これまで日本の経営者は労組に理解がないといわれてきたが、最近はアメリカでも、経営者は労働組合に対して徹底した反感をもってきている。従って例えば、ＩＣＡで日本から視察に行った人を案内する会社があるが、ＩＢＭは、組合がなく、経営者は組合がなくてよいといっていた。ＩＢＭは拡張産業で高賃金であり組合がなくともよいとの考えかもしれない。又、ダグラスも上昇産業の一つで組合がなくともよいと考えているようだ。そういうところを案内されるのでよくないなと感じた。大学でも研究所があるが、それらのなかでの傾向は、財界から資金を得て、財界の意向をくんで労資関係の望ましい関係を研究するものが増えてくる気配がある。特にシカゴのロックフェラーでは労資関係研究所を拡充した。ウィスコンシン大学でも財界の寄付で研究所を去年から店開きした。こういうところでは財界の考え方が入り易く、特に会社の部長などが研究所に招かれて入るということがあり、計画金をもち、右傾した研究・会議が中心になっている。特にシカゴでその感を強くした。そこでの中心は実務家教授・心理学者など。

４、組合におけるホワイトカラー

日本のホワイトカラーの比重が強いといわれていた。アメリカではホワイトカラーが問題にならなかったが、これが増えてきている。従来はホワイトカラーは例外であったが、現在話題をまく。銀行その他の金融機関の下級職員、学校教員の一部、労働組合なり、団体の書記局につとめるもの。映画関係、テレビ・ラジオの関係者（俳優を含めて）。

雑多なものが広がり、二系統が現在一つにまとまっている。従来、ホワイトカラーが給与の面で高かったが、戦後これが取り残され（工員の方は回復）、回復の格差があり、ホワイトカラーは組合組織の刺激になった、とアメリカ労働省は説明する。

fringe はホワイトカラーに固有のものだった（従来）。戦中から賃銀と並んで福利施設が工員でも職員と同じくうるおったので職員層は何の特権もなくなり、これが、この種の組合の抬頭した大きな理由と思われる。アメリカの新しい問題で重要な問題である。経営者団体が注目してあれこれ調べているようである。

５、日本に関する労組観

見当違いの情報をアメリカに提供していたということになる。アメリカ人の頭にある国会デモは国際共産党の指導によるものであるという。学生・総評もこれに指導されたと信じて疑わないことが顕著であり、反アメリカ運動を背後であやつっているのは、これであるというシンプルな考え方であった。

占領政策が始まったとき、民主主義を教えたのはアメリカであり、それによってその後の運動がおこったのであったので、そう説明したかったが、うまく説明できなかった。しかし、こんな説明はアメリカ人の頭の中にうまく入らないのではないかと感じた。

特に一般の人の場合はよいのだが、組合のトップの人の場合、特にそれが激しい。ＡＦＬ等の人にそれが強い。それについて組合指導者間に論争があり、スケーゲンの見解が比較的まちがいなく日本の状態を伝えている。

マチニストの新聞上で述べたことに対してレブストンが真正面から反対し、共産党に指導され、中国で相談したと反駁した。スケーゲンは、総評は共産党と一線を画しており、それの影響をうけずに行動したのであり、それを共産党の指導によったものとする認識がある以上日米関係はうまくいかないといっていた。

こういう二つの考えが組合の中にあり、レブストンの考えが主流となって総評はけしからんとの考えがある。

占領政策で日本の面倒をみてきたアメリカからみて、総評などけしからんというシンプルな考え方であった。長年在米の日本人に対しジャップなどという言葉が耳に入るようになってきた。こういうことは、夏前にライフにロックフェラー四世が書いた学生デモの感想（正しい見方）があり、それが余り読まれていない。

６、これと並んで日本ブームは、かなり根強く、いい意味で広がっている。数年前から日本的なものが浸透してこなれかかっているようにとれる。中年から若年のものまで日本愛好心が広がっている。その一例は住宅関係雑誌の二回の特集号で、日本のシブイ、イキをとりあげて、日本庭園・家具調度を写真入りで紹介している。忽ち売り切れ、日本ブームを支える雰囲気を表す出来事だと思う。これは特派員が日本にきて写真をとったりしてできあがったものである。アメリカの日本的雰囲気に応ずる態勢がこちら側にはないのじゃないかとの印象をうける。

こういう日本ブームと共に安保の動きについての日本に対する疑念が消えない。調整できない感情が平行して出ている。

７、アメリカの景気を支えた消費ブーム

自動車ブームはもうない。超小型車計画あり。
テレビは行きわたり、カラーで消費ブーム。
ボート産業のブーム。
プールのブーム―大抵の家庭にある。

何れにしても、こういう現実の下で、アメリカの経済学者の中では消費的なものは生産の刺激になるとの考え方になっており（従来は生産があるから消費があるとの考え）、こういう逆転の考え方の学者が現れてきている。

消費をかきたてる動きがみられている。ただ現実がどこまでついてゆくかは疑問だが。

普通の労働者でも時間が余ってきて、それをどう使ってよいかもて余しているという雰囲気である。アメリカ人自身が時間短縮で余ったものをどう使うかで苦労する。これを上手にどう使うかを組合で慎重に考えている。

〔討　議〕

大河内　老齢者がかなり第一線で働いている、売場で働く。

菊池　失業者はどれくらい。

大河内　三％以下、二〇〇万は何でもないといっているが。

菊池　ローカル中心といっているのは日本の職場闘争と同じか。

大河内　職場闘争はもっと狭いと思われる。

　アメリカの組合がローカルからもっと下に行くかどうかわからない。ローカルには地域ローカルと工場別ローカルと両方ある。

　普通、本部から応援に行く。支部の交渉では本部から出てゆくというのが普通。

　ストライキ手当（四〇～六〇％）が出るから、本部のＯＫをもらうことは必要。だから本部のいうことをきく。しかし、支部が金を貯えてくると資金は支部でやってゆくという形になり、本部のいうことをきかなくなる。

　支部では本部なんかなくともよいという。本部では支部は本部がなければ動けないといい、どっちが本当かわからない。

城戸　支部中心は経営者の圧力があるからか。

大河内　私は気づかなかったが、経営者は全国組合の方が安全だという気持でいると思う。

　支部中心でガッチリ固まると経営が強くないと手が出ないから、本部があれば、本部と談合すれば支部を納得させられると考えている。支部の中心は支部コントロールがむつかしい。石炭、鉄鋼では支部強化の傾向が強い。

菊池　ＡＦＬ、ＣＩＯの合同は末端まで調整がついているか。

大河内　ついてない。本部でもゴタゴタしている。ＡＦＬで調査部門あり、ＣＩＯではリサーチあり、ＩＣＡの同じ建物で名前がちょっと違った二つのものがある。組織が二重になったところがあり、うまく動いていない。制度上も、ＣＩＯ系の組合（缶詰―シカゴ）ではＣＩＯの名称をつけている。下に行けば行くほど、ＣＩＯ、ＡＦＬをつけている。

　ただ専従役員が余っているのでそれをどう捌いたかはわからない。

菊池　五六年に合同した時きいたのでは、末端はそうとう時間がかかるといっていた。

野村　団体交渉で、ローカルが強くなると、本部の外にもう一つ団交がもたれるのか。共同交渉がなされるのか。

大河内　共同交渉が普通である。従って、協約は二重にできる。

　署名は national の President が副署する。

　訪ねたのはごく限られていたから。見学の申込みをして落とされたものがあり、理由はいろいろだが（財政など）。

我妻　ロックフェラー四世の文章が感銘を与えたといわれたが。
大河内　大学関係の若い人では読まれていなかったという。
宗像　ケネディ支持は労組の考え方が民主党に近いということか。
大河内　形の上ではその都度といったが民主党支持ははっきりしていた。

この前の時もそうだった。その都度と組合ではいうが、私は変ってきていると思う。宗教的繋がりで説明する人もいたが、それだけでもないと思われる。
我妻　同じ質問を両候補に出して決めると何かで読んだがどうか。
大河内　そういうことは余りきかない。

組合のロビイストが本部に集まって、それだけのための会を開いていたが、別に世論調査をしたとは思わない。事前に政策を出しているので、それを見て決めるのだろう。しかし私がみても、その違いはよくわからない。
辻　ホワイトカラー云々にちなんで階層意識があるか。
大河内　あまりないと思われる。ホワイトカラーの動きが強くなったのは、工員との格差がちぢまると、格差をつけようとしてホワイトカラーが動き出したということ。
大内　一九二〇年代、ドイツ・イギリスのホワイトカラーの中心は。
大河内　学校教員が組合の中心。

小学校の先生で組合に入っているのはユダヤ人が多い。ホワイトカラーはホワイトだけで組合をつくる。二つあったのが一つになった。地域ローカルができる。
大内　日本のように役人が組合に入っているということがあるか。
大河内　各州の公務員、連邦政府の公務員の二本立てである。数は少ないし、弱体で、日本の公務員組合とは大分異なる。弱体の組合の感じがするが、人種的にどういう経歴かを調べないと、特質はわからない。

各州組合員が横の関係でつくっているのだと想像しているが、よくわからない。
大内　アメリカでも社会主義者がいるか。組合の幹部でそういう人をよんでいるか。
大河内　Monthly Review すら知らなかった。アメリカで社会主義に同情をもったものは少ない。
辻　最近の技術革新は、従来ホワイトカラーに頼ったものを労働者にも要求しているので、両者の格差は減ってくると思う。
大河内　作業服がネクタイに変る。オートメーションで。ＩＢＭの現場で働いている作業員は少したつと職員扱いにかえる。日給から週給になり、ホワイトカラー意識が強くなる。修理工がエンジニヤになり、管理上よろしい。そうなると組合もいらない。そういう傾向が強いと思われる。

宮沢　ユダヤ人とは何を標準にしてか。宗教上のユダヤ教によって調べるのか。
大河内　大学の研究所で宗教的バックが問題になったとき、皆よく知っている。イリノイ大学でたまたまぶつかったのだが、関係あるグループなら的確に知っている。何をもとに知っているのかよくわからないが。
宮沢　ナチでは１／３ユダヤ人の血があればユダヤ人といった。
大河内　黒人とホワイトの区別も物差しがわからない。
　不明確なのが相当増えてきている。
宮沢　ユダヤ人はなかなか宗教をかえない人がいて、ユダヤ教であることを宣言する人がある。

〔要　旨〕

―最近におけるアメリカの労働組合―

大河内一男

〔報告〕（朝日ジャーナル一一月一三日号に掲載される）

1、アメリカ労組視察の要点
　五、六年前の訪米後、アメリカ労組について事情の変化があり、次の点について、その動きをつきとめてみたいと考えた。

(1)　ＣＩＯとＡＦＬの合同について。
(2)　労組の活動の仕方が、生産技術の導入とからんで、産業別組合から、日本に近い組合に重点が移っているのではないか。
(3)　組合の政治活動についてどう考えているか。特に、日本における安保反対運動に対するアメリカ労組の見解について。
　尚、総評組合幹部と一緒にヨーロッパをも視察するつもりでいたが、安保の時期に当り、諸般の状勢を考えてとりやめた。

2、最近のアメリカ労組における変化と動き
(1)　産業別からプラント・レベルの運動へ
ａ　従来の日本の企業別労組は変則であり、弱体の原因をなすものであるから、横断的な産業別にもってゆくのが望ましいといわれた。しかし、一八〇〇万人と急激にふくれあがったアメリカの労組では、その基本組織は形の上で産業別をとるが、日常活動・運営は、年毎に、個々のプラント・レベルの運動の形をとりつつあり、日本の企業別に近よってくるという気配すら感じられる。
　従って、労組に関する研究の対象も、従来関心のもたれなかった支部組合に移り、それが組合研究の中心であるとの動

きすら見られるに至った。ただ、作業時間・有給休暇など労働条件の基本問題については、本部の組織がこれをにぎり、その統制のもとで支部がこれに倣うのである。しかし、その他の問題は支部が決めてゆくという傾向になってきている。

ｂ　その原因は、

①　労働条件改善について、高賃銀一本で運動が進められなくなったため、その他の労働条件について実をとろうとの動きに変ってくる。例えば医療保障が手薄であるので、こういうものを含めたフリンジ・ベネフィットの要求を出すわけであるが、これはローカルでやった方がよく、そのためローカルの重要度が増してくるわけである。

②　年間保障賃銀（退職手当や私的年金など）の問題も個別企業の事情で異なるので、各個バラバラに行われるようになり、ローカルな組合運動のなかでの実現を期することになる。

③　技術革新のなかで年功序列（シニオリティ）がくずれはじめ、これをどうするかの問題はプラント毎の問題であるので、本部がタッチしにくく、その影響が薄くなってきている。

④　組合の会計からみて、支部に金が溜ってくる傾向がある。例えば、男子服工組合において、三ドルの組合費については、一・二五ドルを本部に送り、一・七五ドルを支部におくということが行われている。こうして、金の上で本部のコントロールがきかなくなる。

ただ、古いローカル、小さいローカルでは、いくつかの企業を集めて地域ローカルをつくり、ここでは三ドルを本部が全部吸収するので本部の統制が強い。こういうようにローカルによって異なるが、近時、企業の拡大化につれ、プラント毎の組合となり、本部の統制が弱ってくる傾向にはある。

ｃ　こうして全体として、日本の企業別の動きに近づく（小さい組合の企業別組織より大企業のなかでできた企業別組合の発言が強い）と同時に、本部組合の統制が弱まりつつあるので、本部組合の存在理由の強化のために、支部組合の活動範囲外の仕事、例えば、診療所その他の医療施設、銀行（組合員のみならず一般をも対象とした）の運営、教育活動（スカラシップの用意など）について、或いは、政治活動の分野において活発な動きを示すようになる。

(2)　技術革新に伴う組合の動き

従来は、経営は経営者にまかせ、組合は労働条件の改善要求のみ考慮するという考え方が強かったが、技術革新により、組合が自己の考え方をもち、技術の導入はこれを認める代り、フリンジ・ベネフィットについて取引をするという傾向が現れており、これがアメリカ労組の共通の考え方になってきている。

(3)　非組合化低賃銀への動き

産業の種類によっては設備の老朽化したものがあり、それらは組合をもち高い賃銀であるので閉鎖して、新しい設備を建設し、安い賃銀の労働者を雇う（例えばシカゴの缶詰工場など、一般に南部が低賃銀であるので南部への異動が多い）という方法がとられ、或いは、斜陽産業のなかで、修理を安いコストの別の会社に引きうけさせて、その工場の高賃銀の修理工を整理するなどの動きがみられる。

こうして、組合の組織と高賃銀を避けて事態を収拾しようとする会社はいたるところにあるが、それに反対する決め手がなく、対応する政策をもっていないというのが現状である。

(4)　ＡＦＬ、ＣＩＯの合同と政治的活動

従来のアメリカ労組は、政治に対しては是々非々主義で、どちらかといえば政治の外に立っていたが、合同以後、タフト・ハートレー法を契機として、政治的中立主義を支えきれなくなり、合同体が政治的動きを示すようになる。例えば、大統領選挙戦ではケネディ支持を表明した（ケネディはカソリックであり、組合の指導者の過半数がカソリックであるからとの説明をする人もいるが、政党活動に対しては組合自身の意見をもつようになっている）。

これに対して、アメリカの大きな経営者団体では組合に対する考え方が変ってきて、徹底した反感をもつものがある（例えば、ＩＢＭ、ダグラスなどの上昇産業は高賃銀で組合がなくともよいと考えており、日本からの視察団に対して、こういう会社を案内する）。こうして、大学の研究所においても、財界から資金を得て、望ましい労資関係のための研究というテーマが増えてくる気配がある（例えば、ロックフェラーの労資関係研究所の拡充、ウイスコンシン大学での研究所設立）。こういうところでは財界の考え方が入り易く、会社の部課長が研究所に招かれて入るというケースが増えている。

(5)　ホワイトカラーの動き

日本では、組合におけるホワイトカラーの比重が強いといわれてきたが、同じ問題がアメリカでも起りつつある。従来、ホワイトカラーは高給与であり、フリンジ・ベネフィットもホワイトカラー固有のものであったが、戦後、工員側の給与が上昇し、かつ、福利施設が工員にもうるおうに及んで、両者の格差がなくなってきたので、銀行その他金融機関の下級職員、学校教員の一部、労働組合書記局員、映画・テレビ・ラジオ関係者などの間で彼らの属する組合が抬頭してきたものである。

これはアメリカにおける重要な新しい問題の提起であり、経営団体がいろいろ調査しているようである。

3、最近におけるアメリカの日本観

(1)　アメリカの日本労組観（安保運動に関連して）

組合幹部、特にＡＦＬ系の人には、日本の国会デモについて、それは国際共産主義の指導のもとに行われたもので、反アメリカ運動である。長い占領時期において日本の面倒をみてきたアメリカにとって、反アメリカ運動を指導する総評はけしからんとのシンプルな考え方がある。

これに対して、スケーゲンの見解は比較的正確に日本の状態を伝えているが（総評は共産党と一線を画して、その影響なく行動したもので、共産党の指導があるとの認識は日米関係を悪化させるだろうと述べる）、レブストンが真向から反対して、中国で相談され共産党によって指導されたものであると反駁している。これがアメリカ組合主流の考え方で、在米日系人に対してジャップという言葉が耳に入るようにさえなった。

ライフにかかれたロックフェラー四世の感想文などは余り読まれていないようである。

(2)　日本ブームの内容

上述の空気と並んで、日本ブームはかなり根強く広がり、数年前から日本的なものが浸透して消化されつつある。例えば、住宅関係の雑誌に二回の特集を行って、日本の「シブイ」「イキ」などをとりあげて庭園・家具・調度類を紹介し、それが忽ち売り切れるといった状態である。この日本愛好心は若年から中年にまで及ぶものであるが、これに応ずる態勢が日本側に十分でないとの印象をうけた。

このように、日本ブームと日本に対する疑念という、調整できない二つの感情が平行して出てきていることに注目すべきであろう。

4、アメリカの消費ブーム

アメリカでは在来の自動車・テレビに代って、超小型車・カラーテレビがブームを起しそうであり、又、ボート産業・プールのブームが起りつつあるが、これらの消費ブームについて、従来は、生産があるから消費があるとの考え方であったのが、最近は、消費ブームが生産の刺激になるのだとの反対の考え方が現れてきている。こうしてアメリカの景気は消費をかきたてることによって、動いているが、現実がどこまでついてゆくかに関して疑問も残されている。

この消費ブームについては、通常の労働者の組合でも、労働時間の短縮で時間が余ってきており、これをどう使うかについては、組合でも、慎重に考慮中というのが現状である。

〔討議における論点〕

１、失業者

アメリカでは老齢者が、売場などの第一線でかなり働いている。失業率は三％以下、二〇〇万ぐらいは何でもないといっている。

２、ローカル組合をめぐって

(1)　ローカル中心の活動といっても、日本でいう職場闘争とは異なり、後者の方がもっと狭いと思われる。ローカルには地域ローカルと工場別ローカルとあるが、アメリカの組合がローカルからもっと下に行くかどうかについてはわからない。

(2)　支部の団体交渉に当っては、本部から応援に行くのが普通である。その場合、ストライキ手当（四〇―六〇％）が出るので本部のＯＫをもらうことが必要だ。こういう場合は本部のいうことをきくが、支部が金を貯えてくると、資金ぐりは支部でやってゆけるので本部の統制はとれなくなる。支部は本部はなくともよいといい、本部では、本部がなければ支部は動けないといいあうが、どちらが本当かよくわからない。

いずれにしても、ローカルが強くなると、団体交渉に当って、本部の外に、もう一つの団交がもたれ、共同交渉になるのが普通である。従って協約が二重に成立し、本部のプレジデントが副署している。

(3)　ローカル中心になったことについて経営者の圧力があったのかの点については、経営者は全国組合のほうが安全だという気持でいると思われる。なぜなら、支部中心でガッチリ固められると、支部をコントロールすることが困難で、経営が強くなければ手が出ないし、又、本部があれば本部と談合することにより支部を納得させることができると考えているからである。支部強化の傾向は石炭・鉄鋼の関係にみられる。

３、ＡＦＬ、ＣＩＯの合同をめぐって

合同は本部でも調整がついていない。例えば、ＩＣＡの建物のなかで、ＡＦＬの調査部門とＣＩＯのそれが、名前をちょっと違えて二つあるというように、組織が二重になっているものがある。制度上も、ＣＩＯ系の組合がＣＩＯの名称をつける（シカゴの缶詰工場など）というように、このことは末端に行けば行くほど強くなっている。ただ合同により専従職員が余ってきているのでそれをどう捌くのか。

４、組合と大統領選挙

労組がケネディ支持を決めたことについて、労組の方では表面上、その都度支持候補を決めているというが、この前の選挙以来、民主党支持を決めているようだ。これは労組の考え方が民主党に近いということかどうかわからぬが、ともかく、考え方が変ってきていると思われる。それを宗教的つながりで説明する人もいたが、それだけではないようである。又、同じ質問事項を両候補に出して決めるということは、余りきいてないし、組合のロビイストが本部に集まって会を開いていたが、別に世論調査をしたとは思われない。それより、候補が事前に政策を発表しているから、やはりそれを見て決めるのだろうと思われるが、両候補のその差異はどうもよくわからない。

５、ホワイトカラーについて

(1)　ホワイトカラーの動きの激しくなったのは、工員との格差をつけるための動きである。階層意識は余りないと思われる。最近の技術革新は作業服をネクタイにかえた。例えばＩＢＭでは、現場従業員は少したつと職員扱いとなる。日給は週給となり、修理工もエンジニヤとなる。彼等の間でもホワイトカラー意識が強くなる。そうなると組合もいらないということになる。こういう傾向が強く出てきている。

(2)　ホワイトカラーの組合は、ホワイトだけで組合をつくり、その中心は小学校教員であり、加入者にユダヤ人が多い。従来二つの組合があったが、地域ローカルができて一つになった。

公務員の組合は、連邦・州の公務員の二本立てであるが、日本の公務員組合と異なり、数は少なく弱体である。州の組合はおそらく横の関係を保っているものと想像される。ただ、人種的にどういう経歴の人が入っているかはよくわからない。

(3)　ユダヤ人というとき、何を標準でそういうのかよくわからないが、イリノイ大学で宗教的バックが問題になったとき、関係グループの人達は誰がユダヤ人であるかを的確に知っていた。ユダヤ教を信ずることを隠さないし、自ら宣言する人もいる。

しかし、黒人・白人の区別など、その物差しはだんだんはっきりしなくなってきている（ナチでは三分の一ユダヤ人の血があればユダヤ人といった）。なぜなら、人種的区別の不明確なものが相当増えてきているからだ。

６、ニューヨーク・タイムズ掲載のロックフェラー四世の文章が感銘を与えたといわれたが、大学関係の若い人のなかでよく読まれていないのではないかとの印象もうけた。

# 第二七回例会（昭和三五年一一月一二日）

―現行社会保障制度の諸問題―

大内兵衛

〔報　告〕

Ｉ　議事

１、報告者の長期計画を立ててほしい。

さしあたって一二月から、高木―民主党の対日政策の傾向

宗像―教育基本法改正の論点

２、岩波新書の第一集

二月発行、内容を現在のタイミングに合わすか。

II　報告

社会保障制度審議会会長として戦後の社会保障の発展を大体承知している。

１、憲二五条と社会保障の意義

一項「―権利を有する」

二項「国は―に努めなければならない」

この条文についてわかっていることは少なく、特殊な地位を占める。

社会保障とは何かがよくわからない。

西洋の言葉として social security（マ草案で）は、すべての法が social welfare, security や public health のそれぞれとどういう関係にあるかははっきりしない。

アメリカでは Social Security Act があり、凡そわかってきつつある。

○その内容は何か？

健康でない、文化的でない生活をさせないように。貧乏でない、貧乏にしないという。

貧乏は社会不安であり、それを防ぐ意味で社会保障の意味になるのであろう。そうすると古い概念となり昔からの問題。例えば仏像崇拝―貧乏と病気に対して（古くからある）。

それと異なるとすると、どういう意味か。資本主義をふり返ってみて、貧乏・経済生活は彼自身の責任であって誰の責任でもないという基本的原理である。

しかしすがたまって貧乏の問題が出てくる。即ち、資本主義では、救貧制（イギリス）や社会保険制度（ドイツ）が成立する。社会不安の対策として、その後変化し発達したが、終局でどういう形をとるか明確でなかった。

日本でも旧憲法において明確でなかった。

貧乏をどうするかを決めたのが新憲法の二五条。

二五条をどういう位置におくのかが法解釈として問題になる。
人権保障規定のなかでの位置
宮沢説の人権の歴史

社会主義人権宣言 ｝が交差する時点での社会国家作用による
古典主義人権宣言 ｝同化

社会権—個人的人権｛生存権
　　　　　　　　　　教育をうける権利
　　　社会的人権｛勤労の権利
　　　　　　　　　労働に関する原則

　世界憲法のなかで日本憲法をみると、個人的人権だけでは人権にならず、社会的人権が入らねばだめ。国家がいろいろせねばならない。その基準が与えられねばならないが、基準が明確かどうか。
　社会的人権の三つのタイプには古い歴史のものと、新しいものとある。社会的に確定しているものと確定しないものとある。

2、日本の社会保障制度
　昭二四年に社会保障制度審議会がこの条文に基づいてできた。
その前は社会政策の観念でドイツのまねをしていた。
(1)　即ち、①貧乏人に対する救貧制（日本にあった）
　②各種保険（ドイツ）—これが社会政策として成立した。
　健康に関しないものもあった。
　健康に関するものが保険（失業保険、健康保険）
　政治的にはSocial Interestをどう決めるのかの意味をもっていた。国家は恩恵的にやるというのが思想的特色で政治の恩恵で憲法的根拠がなかった。相互経済が発展せず、協同組合などの発達のもと隣保制度が入ってきていた。戦時中は妙な形で入って例えば、町会ということにも憲法的根拠がなかった。したがって、戦争前は、組織されたものはなくfunctionとしては（インフレのため）、破壊されていた。
　それが福祉国家の考えで。

社会主義—ワイマール ｝
アメリカの戦時中の発達 ｝
イギリス労働党の政策 ｝

(2)　昭和二四年に審議会ができる。
答申、昭和二五年まで八月一〇日に一年以上かかって保険をしていた。
科学者—公衆衛生の人に集まってもらい答申を書いた。
その時の問題は、基本的にはイギリスの社会保険のまねをしよう（ビバレジの案）。

　厚生行政における進駐軍の専横は著しかったが効果は大変あった。特に公衆衛生、アメリカの社会保障は日本と異なる。公衆衛生、薬事的、又、英と異なり失業保険はぜいたくであるが、会社の金で一週二〇―三〇ドルもらえる。資本主義のなかで完全雇用と失業手当が充分実現できた。

　進駐軍の帰るまでまねをしたが金もないし、項目をあげるだけで止まった。それが今日まで基本的線となった。社会保障の大体は健康に対する保険制度である。

①　保険制度―国営でない。個人と国家の負担で病気に対する対策をたてよう。

　つまり、社会保障の思想において、資本主義の下では個人の責任であったものが、国と社会で保障しようとした。失業救済すべてそうである。

　ドイツとイギリスの折衷である。

②　国家扶助

　個人の力で手におえないもの、一番下の階層の扶助は国家がやる。

③　公衆衛生

　結核、薬―病院の普及、薬をよくする。国家が費用をある程度まで。

　全部を国家がやるとすべき。

④　社会福祉

それが、日本憲法の線でも一致するのだろうということであった。問題はもっと具体的に、

各省、官吏にとってはどんな病院を、どんな設備か、国家がどのくらい払うかの問題であった。戦争中のゴチャゴチャしたのを整理したり、増加したりした。発達すればするほど混乱する。

今日到達した線は、

一般国民に対しては、国民健保（任意が昨年から強制、市町村単位）

　生活保護法―資金の poor

　結核保護法―金さえあれば予防検診。隔離すればすくなくなる。それを中途半端にやっている。二〇〇前後しか保菌者いない。

民間労働者　健康保険<br>厚生年金保険<br>失業保険<br>労災保険<br>珪肺保険
}　個人と会社<br>国家が一〇〜二〇%保護

船員<br>日傭 }　程度異なる。

第27回例会（昭和35年11月12日）

全体として進歩したといえる。

国家公務員　共済組合

災害保障法

恩給（軍人、民間）―何百億という厖大な額

生活保障とメリットに対する思想がくっついて複雑多岐にわたる。

地方公務員

私学教職員

農村漁業共済組合

日本国民の　健康

最低生活｝カテゴリーがいろいろ

全体としてないのとあるのとは随分異なる。全体で、生活費の三―四％はこれを通して医療に使われる。これが安全をどう保障するかはメリットにより異なる。国家がどう保障しているかは又異なる。

貧乏は、国家扶助、生活保護法

最低の生活とは何ぞや―経済学的には、（医学的にはカロリー）何も行われていないといった方がよい。昭二六年―二八年には、バスケット法（人間が最低で食っていくのはどの位でいいか。）

一人でいえば、五〇〇〇円に足りない額、一家族一万円（三人）でミニマム、それを生活保護法でやる。

それをバスケットで入れて、マーケットに出してからという計算当時の家計調査と比較すると、東京の低いところの五二％

その個人が一七〇万　部分的に受ける人一七〇万（医療その他）、

純粋 poor　二〇〇万―これが少しずつ、あげて、今でも一万一〇〇〇円ぐらい。生活保護委員がやるがいくらでもやるというのでなく、県の予算で何人でやるかで決められ、事実として充分ではない。

額―物価につれて上げるが生活保護費は上がらない。

労賃はあげる。

五二％～三五％（生活費が下がる）

以上貧乏（第一が病気）

そこで岡山の朝日訴訟

朝日　一五〇〇円兄から支給をうける。

五〇〇円を病院でとりあげる。―最低生活できるというので訴訟を起す。

行政訴訟に対し、違憲の判決下す。

厚生省、三五％～二六％増すという。

それが日本の細貧者に対する日本の進歩。

第三―人間の世において、老年

老について社会保障の考えはなかった。それを敬老の形で表現した。

老齢年金。戦時中、社会政策として政府が二〇%~三〇%
出して老齢年金制度をつくった。

労働者の厚生年金として労働者の賃銀から取りあげた。この金がたまると軍事費につかった。戦争で勝てば後で払えばよいと考えた。従って厚生年金制度が大問題になっている。軍人恩給についてこの問題が起った。

階級的差別をもったまま年寄に対する対策はあるか。国民皆保険が到達すると敬老が問題となる。民法改正により家族制度が崩壊する。

公衆衛生・健保で年金が伸びる（戦後二〇年）。

子供が増えなくなる。中年もあんまり増えない。生産年齢者が一人で沢山の老人を養わねばならなくなる。

養老年金をつくれと審議会でいい、昨年つくった。

（老齢年金）―七〇以上は直ちに―ただもらえる
　七〇未満は四〇年一〇〇円／一五〇円　三五八〇円
　の年金がもらえる

我々としては、せいぜい、保険積立てしかない。

主人―一〇〇円
被扶養者五〇円 }といったが

一五〇円
一〇〇円 }と政府であげる。

自民党調査会で値切る。

前の岸内閣が年金がスローガンであった。

今は反対、一〇〇（家族）―一五〇円（主人）を納める。―三五〇〇円もらうために。

国民健康　一〇〇~二〇〇円

健康、老齢のため七〇〇~八〇〇円払わねばならない。

それを今選挙で争っている。総評は第一回目は加入しない。といっているが本当は、五〇~一〇〇円で政府がよけい出してくれればよいとの考えでそれには根拠がある。

掛け捨てはこまる
貧乏人はこまる }などの問題があり実行できるとは思うが

どう修正するか。

積立金は数年で一兆円を超えるから、社会保障をめぐって国家財政上の諸問題がある。

社会保障は基本的な面からいえば、国家がやるということ、国家が金を出して健康を維持し、文化的生活をさせる。

ところが今の制度は自分にもやらせるという折衷がみられる。

巨額の金が集まるが、それがどんな意味をもつか。日本の財政は世界財政のなかでの特色をもつ。日本政府は巨大な銀行である。外国では、政府の金が余ったら将来足りないときに減税につかうとか足りないところに使うなどする。

## 第27回例会（昭和35年11月12日）

政府資金は又郵便局による貯蓄銀行がある—外国では市町村管理である

　貯金—何千億に達する

郵便貯金を基礎として観光事業をする。

戦後ドッジがきた時、政府事業としてやるのに反するというので銀行にやっちゃえといったが、資金運用部・投融資（財政投融資）一緒にした。

こうしてGHQの許可を得た。

これをどう分けるかによって政治のボスが決定される。

その金がどこに行くか（現在六〇〇〇億）。

源泉｛郵便貯金・厚生保険・予算で

五七％郵便貯金
三一％厚生保険
一二％
｝に支出

どこで使うか。三五年度でいうと、

貿易産業の開発五七〇〇億（三四％）

産業国民生活基盤関係（道路、輸送、通信）一七〇〇〇億

中小農林関係一〇〇〇億（一九％）

住宅・上下水道・文教一四〇〇億（二五％）

｛輸出・造船・電気開発

この分配が問題になる。それが大蔵省の権限になっている。

厚生年金どころではない、金額が。

老齢年金。日本全国の程度の低い家族から、一〇〇〜一五〇円から預かっている金が誰のものか、の問題である。

大蔵省は預金資金運用部審議会（大蔵省）でやるといい、厚生省は年金に関する資金の運用についての審議会でやる、今までの大蔵省の運用のやり方では大蔵省に渡せないという。

社会保障制度審議会では、半分租税の性質があり年金制度に使うべきである。

これをどう扱うかは大蔵省、厚生省、自民党の三者での懸案になっている。

大蔵省のいうところによると、すべての金は日本全体の立場で（産業の急速な伸張）運用すべきだ。

私は生活安定のことをやらないと、社会保障はないといいたい。この二つが理論的争点であり、これが日本の財政の立て方および経済政策の立て方の中心問題である。

これが憲法問題になると、二五条の条文はどういう意味をもつ

かが変ってこよう。

〔討　議〕

我妻　養老年金の金だけの問題か、あなたの審議会は。

大内　それが中心だが自分に課しているものは、今までの保険制度の調整をするということ。制度の調整の言葉の理解は人によって異なり、私は、二重構造の問題だと思う。即ち、所得階層が分れており、それを拡大するように保障されているのが政府のやり方だということなのである。私はそれを縮小したいと思っている。

真野　貸出利率は同じか。

六分五厘でなければいけないというところまでできた。民間で一割以下のところはないから。

久野　運用の審議だけを規制する審議会はないから、それを止めるのが大内さんですね。

公共の金のはっきりしたものは、なんとか規制することはできないか。

大内　一九二〇年代にドイツでやったことがある。そういう時代をもっと拡大してやらねばならない時代だと思うが。

それが政治資金に化ける可能性はある。

我妻　法律でいうと、郵便の金をどこにやるかを決める制度をつくれるかというと予算に関するから、予算を動かすことを決定する委員会をつくることに問題がある。

久野　政府が株式会社みたいなことをやっているから監査係みたいなものがあってもよいだろう。

大内　審議会があるが、議を経なければならないというが、委員は各省大臣で学者が一人か二人、慣例だといって未だかつて発言しない。秘密出版で運用部記録をみたが阪谷芳郎が一人でいっている。

我妻　朝日訴訟について。

行政処分を争ってもっとやれと判決したとしても、予算がないので入れてくれないものが入ってくるから、それで入れてくれという訴訟が起きないだろう。

宮沢　食管法の時の考えでいけばできないだろう。

我妻　困っている連中が皆訴えて入れろというと、入れなければいけない。そうして、判決でそこまで決められるか。訴訟をしない人とのアンバランスをどうするかを二五条でどう考えるか。

丸山　憲法は｛社会的事実の確認／国の方向の指示｝―二五条は宣言的条文であるの二つあり、と療養所で話したことがあるが。

宮沢　裁判所で判決しても実現できないものがある。しかし、国が損害賠償・刑事補償を払わねばならないものがある。

## 第27回例会（昭和35年11月12日）

真野　今の時点を基準にして、最低生活は経済の上で基準が出ると思うし、その基準で国家から出してくれる金を差額の金として出すということを考えてよいのではないか。

宮沢　権利を認めた時、予算がない時は払えないということになるが、損害賠償なら巨大でも払わねばならない。

有沢　生活保護法では六〇〇〇円が最低と決めている。

我妻　｛すべてのものに向かってやれ／収容されたものだけやれ／政治の問題｝の三つの考え方がある。

どれにするか難しい。

丸山　実際生保スレスレで切られるのが多い。

そうかといって全部にやれというのも困る。

久野　税金の差押えで法律の実施ということで徹底的にやるのに、逆の場合にもやってもらいたいと思う。

我妻　税の取り方は滅茶だ、それは二五条に違反するという形で争うことはできる。

有沢　久野説はたしかにいえると思うが、失業保険が切れたとき登録をするか。失対事業に出るために日傭労務者として登録する。ところが失対事業は予算があり、増えちゃ困るので登録した人に、こういう条件がととのっていないからとして受付をしない。人数を減らす。予算の枠内におさめる。法律を使う余地なし。

大内　日本では法律を使う習慣が少ない。

人権の法律化が少ない。

我妻　訴えてみればよい。訴えられないということになれば政治的批判が出る。権利のための闘争を知らない。

佐藤　闘争をしても、二五条違反にならない。法律に政府が違反したら、その法律違反をいえるが、二五条については違反にならないと裁判所で意味づけられてそのままということになる。

我妻　裁判ではそうだろうが、判決があったら、それを政治的に争うということでやれる。

佐藤　生保（三条）でも二五条と同じように書いてあるだけで、厚生省の上告は、あの療養所の生活は二五条にあうという。

大内　最低限度がわかるかというとわからない。平均しか出せない。

人間生活は個人の問題である。それで法律は何を決めているのかということになる。

**〔要　旨〕**

—現行社会保障制度の諸問題—

大内兵衛

Ⅰ　社会保障制度審議会の役割

現在、厚生年金保険の問題が中心になっているが、同時に今までの保障制度の調整をどうするかの問題が重要である。特に、政府のやり方は、所得階層の二重構造を更に拡大することになりかねないので、それを縮小してゆくのが、ここでの課題だと思われる。しかし、審議会は運用の会であって、規制するための審議会ではないので、政府のやり方をどこまでくいとめることができるか問題である。その点、政府資金など公共の金の運用については、何とか規制できるような方策を講ずべきであるが、目下のところは委員の政治力によって解決するほかはない。

Ⅱ　給付行政の規制

(1)　政府資金の運用　政府資金は運用を誤ると、政治資金に化ける可能性があるから、規制のやり方を考えるべきだと思う。例えば、政府が株式会社のようなことをやっているのであるから、監査役があってもいいわけである。現在審議会の議を経なければならないとなっている点で、審議会がそれに該当するが、今までの慣例によると、特定の委員しか発言せず、その実効があがっていない。そのほか、運用のための委員会をつくることも考えられるが、ことは予算に関係してくるから、このような予算を決定する委員会がつくれるかとなると問題が残る。

(2)　裁判による規制　現在、いわゆる朝日行政訴訟が問題となっているが、食管法に関する最高裁判決の考え方からすれば、判決でいくらいくら払えということはできないように思われる。もしできたとしても、予算の関係で実現できない場合があるかもしれないし、また、訴訟を起した人のみが利益にあずかることになって、訴訟を起さない人との間にアンバランスが生じよう。

しかし、次のような考え方もある。国の損害賠償や刑事補償の場合には国の支払義務が肯定されることを考えると、最低生活費（それはカロリー。経済の面で計算が可能である）との差額を国が支払えということも可能だと思う。損害賠償の時は、金額が巨大でも払わねばならないのに、権利（その内容は別として）を承認された者が、予算がないといってはねられるのはおかしい。また、税金滞納の場合は、法律に従って徹底的に差押えがなされるのであるから、金をとりあげるときと同様に、金銭を給付する場合もどしどしやるということが、バランス論からいえるのではないか。

（この場合、税の取り方が無茶だから、25条に違反するという形で争うことは可能だとの意見があった）。

生活保護に関して裁判所のとりうる態度は、①それは政治の問題だからタッチできない、②訴訟を起した者だけに給付せよという、③保護基準をみたさぬすべての人にやれという、の3つがある。政策運用の実際は、最低基準すれすれで切られるものが多いので、全部の人にやれというのだが、それも困る、どれにすればよいのか判断に苦しむ問題だと思う。

(3) 規制の方法　日本では人権の法律化が少なく、例えば、失業保険が切れて、失対事業に出るため、日傭労務者として登録するときに、失対事業には予算があるので、登録者の増加を防ぐために、条件を云為して受付をしないということがある。こうして予算の枠内におさめるため、人数を減らすのであるが、その場合、法律適用の余地がない。人間生活は国家の根本問題であり、法案による明確化が推進されなければならない。

法律のある場合は、政府の違反行為の違法性を主張すればよいが、直接25条違反を主張すると、はねられて、そのままという事態が起る。従って、この場合をも含めて、予算にからむ給付行政の規制は、ともかく訴えてみること、そしてはねられたら、その却下判決を政治的に争うことである。権利のための闘争が必要である。

## III　議　題

「こんどの総選挙にあたって、選挙人団からなされる候補者へのアンケートは、公選法違反の恐れあり」とする自治庁の通達が出されたが、果たして公選法違反になるのか、この通達に対してどう対処すべきかとの問題が久野会員より提出された（解説は「ジュリスト216号61頁参照）。

# 第二八回例会（昭和三五年一二月一〇日）

―アメリカの新政権と対日政策―

入江　啓四郎
高　木　八　尺

## 〔報　告〕

Ｉ　入江啓四郎の報告

１、アメリカ大統領候補の外交政策のうちのある部分をとり出して報告する。

両党綱領の外交項目をみる。―そうとりあげるものもないが、その後の両候補の放送討論上に問題が展開されているので、それをとりあげる。特に民主党のそれについて。

２、民主党の外交政策

両党とも国防と外交と区別して論じているが、関連性があるので、両方をみながら話を述べたい。

(1)　国防強化策

それに対する競争場で、アメリカの判断には見劣りを感ずる。アメリカの国防は強化されたが、ソ連とくらべると劣ってきたという。ミサイルギャップその他、―立直しの必要あり。共和党なら力の立場だが、強化策の提唱については民主党とて同じ。

(2)　国際情勢の変化に即応する政策を。

(3)　Ｕ２機の取扱いが間違えていた。日本の世論に対する判断を間違えていた、という。

３、共和党の政策

対中国政策はケネディ政策との比較で意味があるが、従来のそれを再確認しただけ。中国の国連加盟の反対を続ける。

４、討論を通して両党首のやり方をみると、外交の権威がおちたことを主張している（到るところでみられるが）。即ち、アメリカの対外的力が相対的には強い段階から弱くなったのであって、キューバ問題、アフリカについても一九四七年アフリカ局をつくったが準備たらず、赤色中国の加盟を認めるかについて、イベリア、南ア連邦がアメリカに賛成しただけで、他のものは棄権か反対―これは現政府のアフリカ対策が不充分であることの証明になるという。ここでも最後の討論において力がおちて、コミュニストにくらべ遜色ありとのこと。

第一回放送討論会は大したことはないが、第二回から論戦をまじえた。

(1)　その中で問題になったのは、両巨頭会談の失敗であり、Ｕ２機の取扱いが間違っていた。―今年五月始め、パワーズの乗ったアメリカの航空機がソ連邦内に入りこんで撃墜された事件（五月一日）、トルコ→ノルウェーへの途中でおとされた。

アメリカ連邦航空宇宙局（NASA）に属した航空機だった。

ケネディはフルシチョフに遺憾の意を表した方がよいといっている。「自分は巨頭会談を救うのなら遺憾の意を表するのが当然と考えている。U2事件は我国の安全を保護するという点からいえば適当であるが、それは国際法に合致しない。今まで幾つかの事件があってその場合に処理されたところによれば、カストロに対しても（国境侵入）遺憾の意を表したし、一九五八年南ロシアの上空侵入に対しても遺憾の意を表した。ベーリング上空、中国共産党は一九五六年事件で我国に遺憾の意を表した。

強い態度をとることと、やわらかい話をすることと別である。巨頭会談を成功させるのと力を混同させてはならない。

国際民間航空条約、ソ連邦の航空法、もしU2がNASAに属しているから、条約によれば、国の航空機とみなすとあるから、一国の国家機関に属する航空機は国際責任からいえば国有機になるから、（ソ連は条約の当事国ではないが）航空機の性質からいってU2は条約を適用すれば……民間 civil の意味でロッキードの航空機でも国際責任は免れない。ソ連は軍用機と主張する。

ケネディはソ連の情報をさぐることは必要であり、やり方がまずかったのでそれを率直に認めて、陳謝するのなら、巨頭会談が開けるのならそうすべきであった。陳謝問題についてニクソンは一歩も譲っていない。正しかったといっている。それを除いて巨頭会談を開くべきか、どう準備すべきかについて、殆ど相違はない。もし巨頭会談をやるのなら、それについては平和のために必要なら、いずれの指導者にも会うべきである。条件として、会議について充分準備すべきだし、見通しとして成功の見通しがなければだめだとニクソンがいい、ケネディはそれに異論なしといい、そのためには軍力が必要といい、そこにゆくまでには、準備が必要だという。この点見解の相異はないと思われる。そのままでは原子力を有する国は増えてくるおそれあり。一九六四年まで中国を含む一五ケ国〜二〇ケ国になるであろう。世界の破壊力が大きくなるから原子力の保有について規制する必要あり、と繰り返す。一〇ケ国軍縮委員会で決定すべきである。しかし、ケネディのこの主張が矛盾あり。ミサイルギャップを埋めなければいかんと（ニクソン）いっているのと同じようにケネディも強力兵器の増強と合せて、ポラレスの増強をいっている。

ポラレス潜水艦（核弾頭装備）

この矛盾を含みながら、ケネディは軍備の規制を述べ東西の話合いを主張する。ルーズベルトをたえず引き合いに出す（ニューディールに対する、ケネディのニューフロンティア）。一九三三年ルーズベルト、リトピノフとの交換公文でアメリカがソ連邦を承認した。しかし当時と異なるので、昔のように歴史的懐古趣味にひたっていてもしょうがない。別の必要から、共存をうち出さねばならない。一五回国連総会でナセル、エンクルマ、チトー、その他の中立国が両巨頭会談を実現させようとしたが、この案は実現せず（フルシチョフは、アイク不信任票をたたきつける）。しかし現在は選挙交代であるし、ケネディも巨頭会談の必要性を感じているので、多少は今までのトゲトゲしさはなくなっている。しかし、東西の歩み寄りかどうかはわからない。

⑵　中国問題

両候補の討論で最も対立したのは中国問題であり、民主党は共和党にくらべ弾力性が出ているように思われる。党綱領によれば、現状では、米中間に外交交渉を開くことは不可能だが、中国政府が新たに関係を相互の国際義務を（捕虜の釈放を含め）尊重するというなら、それを基礎として外交を開く用意があるなら、我々としては歓迎するといっている。共産国家の何れであろうと、かまわないといっていた。

両候補者の討論では、金門、馬祖の問題でケネディはニクソンと正面から対立する。共和党は金門、馬祖問題で、あくまで守るというのに対し、ケネディは、これらの島はほんの数マイル本国から離れているのに対し、台湾は一〇〇マイルも離れている。我々が金門が攻撃された時に、これを防禦しようということはいっていない。ただ台湾の攻撃の一部になるのなら初めて防禦する、と述べている。そして、ハーターその他の名をあげ、金門は防衛上重要ではないし、又、防衛できない。台湾防衛にとって必要なものではない。ケネディはアイク声明を引用してアメリカに防衛の義務なしといっている。米台相互防衛条約に賛成投票したが、金門はこの条約地域に含まれていない。他の討論会でも同じことを繰り返す。台湾と結びつきがない以上防衛すべきではない。

熱戦の演ぜられた点である。米台条約（一九四五・一二・一一署名）の批准前、第一次台湾海峡、大陳島方面での衝突であり、ピアソン、イーデンが台湾海峡に一線をかくして台湾に手を引かせようとした。イーデンは下院で文書声明を行ったが、それによると、カイロ、ポツダム宣言でかかげた条項が台湾については、実現しなかった。―台湾の帰属については決定していない。中国の主権下に移転されたのではなく、この地域の法的主権は不明確であるのに対し、大陳島は紛うかたなく、中華の一部である、台湾とは別である。

アメリカも大陳島で国民政府が闘うことを不当として撤退させた。アイクは一九五五・一に議会に特別権限の承認を求め、大陳、澎湖島の防衛上の必要から軍隊使用権の当否についての認定権を大統領に与えることを求めた。米台条約、台湾の防衛責任は台湾澎湖島、その他相互の必要から加えられるものは大陸周辺の地域だが、建前は、澎湖、台湾。

第二次衝突として、金門・馬祖事件起る。ダレスは軍隊の使用だけでなく、軍備援助で金門・馬祖の防衛に協力した。ケネディはそれは無用のことであると述べた。それに対し、ニクソンは反対したのは勿論である。

ここいらが両巨頭の外交政策に関連してとりあげられた問題である。

5、対日本外交政策についてはわずかながら触れ、日本の判断を誤ったとか、国際経済における日本の動向程度で（スパーク民主党上院議員）、アメリカの政治家に対してじかに知識をもっていないので高木先生の話を伺いたいと思う。

Ⅱ　高木八尺の報告

1、主として雑誌に掲載されたケネディの伝記などに目を通したので、その話をする。

アメリカの日本に対する態度がどう変るかについてはむつかしくてボールスなどがその回答を出すかもしれぬが、材料がそろわず、想像した点を断想としてのべる。

日本に対する言及は殆どない。比較的関係のあるのは金門・馬祖のなかにいくらかある程度、又、経済援助について、自由諸国の一員として、インドとの関係で考慮する必要があろうという。インドと日本が二つの重要な国としてうけとられている。将来の考え方にもそれが背景となるように思われる。

J. M. Burns "J. Kennedy: Political Profile" 伝記を書きたいからとて未公表のものを調べインタヴューをして本屋の要求を入れて書いたもの。

The New Republic 一九五〇・一〇・三一日号、James M. Burns "Kennedy on the Exe"

この二つに従ってケネディの人物経歴を我々の材料となる程度で簡単に述べる。

マサチューセッツのアイルランド人のカソリック、五三年セネター、五七年 Foreign Affairs に論文 "Democrat and Foreign Policy" を書き、ナショナリズムの研究。上院外交委員となり、アメリカ問題の chairman になる。デモクラトのリベラルの伝統をうけついで、ウィルソン・ルーズベルトの流れを強く代表する立場。一九五六の選挙のあとで、スティヴンソンがケネディに礼を述べた手紙は意味があると思うが、誰よりもあなたに敬意を表さねばならないと、デモクラトの政策をすすめてもらうために自重してくれとの期待をこめた手紙を書いている。

エネルギッシュな勉強をする人で、アドヴァイザーたるなかでは、すぐれた人が集まっている。外交―ロストウ、シュレジンガー、経済法―ガルブレイス、その他、ロースクールの関係の人々がいろいろの意味で助けている。人柄として人の意見を熱心にきく人で、例えば、civil liberty に関する立法の時の態度に批判をうけるものがあるが、最後まで良心的に問題を検討して最後にハーバードのLaw Schoolのフロインドとか、政治家ではハウの意見をたしかめた上で検討している。

ここで彼の将来を占う目安は、彼の閣僚と周囲の人々である。これまでの傾向をみると、予想された人々が任命されつつあるように思われる。国務長官（一番問題になる）としてスティヴンソンだが、国連大使に任命されてみると、次にフルブライトが浮んでくると思う。

ウイリアムス（ミシガンのガバナー）がアメリカの国務次官補に選ばれたことでフルブライトの選ばれる可能性があると思う。フルブライトのマイナスの一つは黒人問題に対する態度が妥協的でアフリカ問題を考えると一つの重要な問題にされる。

それを補う意味で婦人、労働問題、殊に黒人のadviserとしてのウイリアムスが組み合わせられるのかとも思う。ジン、ラスクが最近長く話合いをしているところから国務長官かとも考えられる。いずれにしても、今までより一層、小さい世界の問題よりも遙かに深い人がポストを占めると思われ、日本の問題もそのなかに含まれ、傾向としてその方に向かうと思われる。

デモクラトの綱領のなかで現地の外交官がその国の人々の世論を誤解しているという欠陥があるとして改められなけりゃいかんといっているので具体的にとりあげられると思われる。チェスターゴールはスチブンソンと並んで民主党の長老でリベラルな政治家の筆頭と目されている。

スチブンソンかボールスかといわれたのかはっきりしないところをみると、余りにリベラルであるということが問題にされるのかも知れない。

2、この間の選挙の問題の一つとして辛うじてケネディが勝った力として、①南部、②東北部都市の四つの力の大きな州、ニューヨーク、フィラデルフィア、デトロイト、シカゴ（三〇〇中一二四を含む）の支持をうける。南部はリベラルとはいえず、東北部も政治的に、たやすくリベラルとはいえない。ケネディの前途は議会をどう引っ張ってゆくかで実現の当否を決めるものと思われる。その外のポストについては、はっきりとした情報を知らない。今月の終りか来月早々には、重要なポスト（国務、国防、大蔵、国連大使、NATO大使のほか）、厚生、教育、商務の任命が済む。

先程の話にあった通り、大きな点は対日問題とは関係がないが、東西の緩和、冷戦終結が大きな目安だと思われる。

ケネディの言葉の一つに一九三〇年代の終りの情勢と五〇年代の終りの情勢は似たものがあり、危険は同じように大きい。今日まだ減っていないといっている。大体において彼の方向はウィルソン・ルーズベルトが就任後、戦争に入っていったから、今後は絶対にしたくないというのが第一の目標と思われる。人柄に関連して、外交の一般的なものとして軍備の問題と後進国に対する援助の問題がいつも大きく重要な決定を求められるわけであるが、軍事的に援助するということではなく、経済的な援助に優位を認めなければならないというのが根底にあるようだ。例えばNatoの核兵器装備に反対し、考え方として、軍備の競争の方向になって、戦争の契機を目安にするか、negotiationを目安にするのかが別れ道になるか、バーンズのいうところによれば、話合いに重点をおいているように思われる。

始めはどちらが出ても安心できないという気が強かったが、書いたものをみると、彼のnationalist、つとめて多くのadviserの意見を入れるという態度、人柄というか、今日のアメリカにとって現実的な強いリーダーシップをつくりあげてきていると思われる。それに大統領の地位（ルーズベルトの時はリップマンは、きびしくその人物を非難したことがあったが）がルーズベルトを育てたが、また彼を育ててゆくのではないかと私も考える。

先程の本のほかに、五六〜五七年の“Profile in Courage”論文集をみると悪い意味のpoliticianだけではないとの印象をうける。

カトリックであることがどんな結果をもったか。彼とカトリックとの関係をバーンスからみると、アイリッシュの強い背景があるが、彼自身の立場は合理的でヴァティカンに使節をおくるかという時に彼のとった態度は、憲法の支持を違った人間として国教分離を主張しなけりゃいかんといっている。カトリックを法人としてみる彼の態度ははっきりしている。その意味でカトリック神父は支持できないとしているのが今日の大きな流れである。ユダヤ、カトリック、プロテスタント、以外の人もしりぞけないという彼の傾向からいえば、すべての宗派から離れた政教分離の正しい方向への第一歩であるとの印象をもてる。従ってカトリックであったことがマイナスの面との通常のいい方は正しくないことになると思われる。

〔討　議〕

家永　学者をアドヴァイザーとして意見をきくのは珍しいことか。

高木　ルーズヴェルト以来行われているが、ケネディは常時、そうである。上院のライブラリーで勉強し、学者の意見をきいている。ルーズベルトより一層真剣に学者の意見を論ずるという態度があらわれていると思う。人柄としてルーズベルトほど円熟でないし、人気取り的な傾向が強いとの面もある。

実際はまじめな人間。

矢内原　ミシガンのウイリアムスは、南部の黒人はアフリカの黒人に対し共通の民族意識があるか。

高木　Racesの言葉を人種観念としてもっているといわれるから、

黒人問題に対しては差別する。学校の discrimination については racist だといわれている。

矢内原　コンゴのナショナリズムに対しアメリカとして援助しない。

抑えるとの方向をとると南部はどんな態度をとるか。

高木　黒人については人権的意味で同情的だと思う。

黒人意識として平等の権利の主張は強い。

共同意識というより新しい人権憲法となって問題が生れている。

フルブライトは南部からは歓迎されない。

最高裁の判決（segregation 違憲判決）を貫徹させようという時にフルブライトの態度は極めてあいまいで、その点だけで保守的。

南部をコントロールする政治家たちはかなりコンサーバティブでそのためにジョンソンを入れたんだといわれるが、ジョンソン以外のコンサーバティブがいるので議会の操縦は困難であろう。

宮沢　コングレスのライブラリィをまわして国会図書館をもうけており、図書館長が全国の図書館をおさえているが、どんな長所があるのか。図書館と議会と議員がくっつくのはどんな利益があるか。

高木　最初は議会の利用のためだったが、一九世紀半ばだが、あれを中心として図書館制度を考えた。

大内　議会中心で大統領を別にし、具体的にいえば、アメリカの図書館のカード番号はアメリカ議会図書館の番号と同じ。

宮沢　ニューヨーク市立図書館は別である。国立という意味で国立図書館は国会にくっつくのではないか。

辻　民主党ではリベラルというが、アメリカ人がリベラルという時に国内問題か国際問題か。

高木　国内問題でシビルライツというときは黒人問題などがそのテストになると思われる。彼はモデレイトという要件をケネディにあてはめて使っている。プログレッシヴと大分違う。もっと漠然として抽象的。

家永　学者が大統領の人物をとりあげるが、それはどうか。

高木　アメリカでも珍しいがそれが大事だという。ジェームス・レストンがいうには、これから先の人の研究が重要だといっていた。

家永　歴史では現代史の取扱いが問題なので、その点から。

我妻　日本でも吉田茂がとりあげられた。

高木　学者と政治家との提携の機運が醸成されないかといわれた。

宮沢　自然科学では行われていた。―科学会議の例がある。

大内　この問題は重要で、この会で考えねばならない。

憲法調査会に学者が入らない。安保問題でも、知識階級の何％しか自民党、社会党に奉仕していない。何のために学問しているのかわからない。憲法問題研究会として考えてみよう。

矢内原　日本の政治家は進歩的学者が思うほど軽蔑していないと書いたものがあった。政府の委員会に学識経験者が入っているが、利用の仕方が悪い。

高木　オッペンハイマーの代弁をすれば、話合いだというので。

大内　いや利用するんだが、尊重しないんだ。

矢内原　床次内相の宗教家は評判になったが政治に貢献しているとは思われない。顧問などを通じて利用すべき。

大内　昔は山縣・伊藤は使ったし、喜んで貢献した人は多い。日露戦争までは多い。大戦までは中位。その後は使わない。

家永　昔は政府の仕事をするのは重要だとして委員を歴任し、というのが名誉だった。公用休講の話がある。

矢内原　上杉がなくなった時、公職についた経歴がないので勲章をやれない。功績がない。

宮沢　軍はある。震災の時の憲兵隊顧問、寺内内閣顧問、しかしこれは影の顧問で、表向きはない。

我妻　学者の性格はかわったが、高橋、美濃部、岡崎などは法制局長官の仕事をやった。

法律的知識は今の法制局で充分だ。

大内　何で政府委員にならないかと先生に文句をいわれたことがある。

矢内原　学者の地位はどうか。プライベートな顧問か、公の職につかせるのか。従来のつきあいは友達である。

大内　ルーズベルトのは、私的顧問だ。

予算局長に任命したのは別だが。

我妻　教科書検定に学者を使う。

宮沢　アメリカの学者は実際の役に立つ。

矢内原　法律行政（田中二郎）、科学などにはよく使う。

大内　社会保険は誰もやらず始めてから、僕がやっている。

我妻　学者を委員に選ぶときには、リストに賛成と反対について賛成を○○○○と。農地非買収者制度調査会の例。

矢内原　後藤新平、吉田茂は学者の意見をきこうとした。

大内　伊藤博文の憲法、山縣もそう。しかし、そういう人はおくれてくる。

丸山　敗戦後、方向感覚がよくわからず、パターンが決まっちゃうと、今と同じに考えられない。

大内　吉田が家にきたのは、農相に誰か民間有力人を入れたら、小麦を入れてやるという（ＧＨＱが）。

鳩山首相が美濃部を法務大臣に、大内を蔵相にということであった（第一次鳩山）。

高木　ケネディが時代の急変の実感が強く、platformにも出ているのではないかと思われる。そこで全く新しい構想が必要だと考えた。リンカーンがむつかしい問題にぶつかった時に新しい考え（新しく行う）が必要だと強調した。それが一〇年前日本の問題に該当する。それがニューフロンティアの言葉に現れる。ニューディール以上の世界大の問題として扱おうとの問題意識になっている。キャンペーンの際、スティヴンソンがカリフォルニヤで紹介した時、彼は夢をつくるが、ケネディは考えてactする人間だといっていた。

バーンスは政治学の教授でありながら政治にも出たいと思ったが、本当の研究は自分の努力した結果を書くべきではないかといい、ひいきかもしれないが、外見的にも、graduate student級のものではない。

家永　現代史は五〇年前のものでないと研究の対象にならないといわれたので。

矢内原　ケネディのはアイクとの対照でいわれるのだが、アイクは学者の意見をきかなかったのか。

高木　比較的意味できかないと思う。リストンなどとは話合いをやっているが比較的にいえば少なかったと思われる。

ダレス自身は人と相談することの少なかった人である。

我妻　マッカーサーの調査団をどう考えるか。

高木　関係はfar easter〜だが任命は政府がしたと思う。

我妻　中国に学校をつくるなどは政府によってやらされたが、reportを書かせてやらせるなどアメリカではするが、日本では違う。

大内　アメリカでは専門は当然使うものだと思っている。

ハーバードは学問的だが（実用的という点では）？

〔要　旨〕

―アメリカの新政権とその外交政策―

入江啓四郎
高木八尺

I　政治家と学者の提携

(1)　アメリカの場合　学者をアドバイザーにするというやり方は、アメリカではルーズベルト以来、行われている。アメリカの学者は実際の役にもたち、政治家自身、専門家は使うべきだと当然に考えているので、彼の場合、役職に正式に任命したのは予算局長だけだが、あとは私的顧問として利用した。アイクの場合は、ダレスが人と相談することを好まなかったせいもあり、比較的意味では、学者と話合いをすることは少なかったようである。

また、日本の占領時代、学者を構成メンバーとする調査団がアメリカから日本に派遣されたが、いずれも政府の任命によるものであった（関係は極東委員会がもつ）。

ところが、ケネディは、ルーズベルトより一層真剣に常時、学者の意見をきくという態度を持している（上院議員時代からそうであった）。これについては、ケネディが、人柄からいってルーズベルトほど円熟していないし、人気取りのためだとの意見も出ているが、実際はまじめな人物であり、彼の場合、時代の変化に敏感であるから、新しい時代のための新しい考え（リンカーンが強調した）をうちたてる必要がある（ちょうど10年前の日本の場合の状態に相当する）として、学者の意見をきこうとしたのである。それは「ニューフロンティア」の言葉にも現れているが、とくに、キャンペーンに当ってカリフォルニアでスティヴンソンが述べた「自分は夢をつくるが、ケネディは考えて実行する人物だ」という言葉が思い当る。

⑵　日本の場合　日本におけるこのような傾向は古くからあり、伊藤、山県が学者を利用しており、学者も喜んで貢献したという経験がある。日露戦争までが多く行われ、第1次世界大戦までは大分減っているが（後藤新平の例が顕著）、その後は殆ど事例がない、という傾向をたどっている。

戦後では、吉田茂氏が学者を大いに利用して、政治家・学者提携の機運が醸成された。これは敗戦後、政治家にとって政治の方向がよくわからないため、それに利用しようとしたからであるが、それが、その後政治のパターンが定まってからは、利用することが少なくなった。現在は、法律行政面、科学技術行政面で、委員会に学者が入り、よく利用されている程度である（教科省検定にも学者が使われている。又、委員の選択に当っては、政府の政策に賛成する学者を、反対の意見をもつ学者より若干名多くいれるということが行われ（例えば、農地買収制度調査会など）、利用の仕方が健全でない。利用しているとしても尊重しないので、問題である。委員会だけで利用するだけでなく、顧問などの形を通じてもっと利用すべきである。一方、学者の側にも、自民党の憲法調査会には学者が入らず、安保問題について学識経験者の何%が自民党・社会党に奉仕したか、などの点を考えると、その態度に問題がある。進歩的学者が政治家を軽蔑している点について、政治家はそれほど問題にしていないと書かれたものがあり、研究会として考えるべき点が多く存する。

実例のなかで面白いのは、上杉慎吉氏の場合である。彼には公職としての経験がなかったので贈位の時に問題になったが、震災時の憲兵隊顧問、寺内内閣の軍顧問の経験があり、ただ私的顧問にすぎなかった。ほかに、高橋、美濃部、岡野氏が法制局長官になった事例があり、西園寺、床次が利用した宗教家は当時評判になったものである。

吉田首相が大内にあったのは、農相に民間人をあてたら小麦を入れてやろうと、GHQからいわれて、その相談にのったものである（彼は、科学会議で自然科学者を利用している）。また、鳩山氏が第一次の組閣に当って、美濃部氏を法務、大内氏を大蔵に擬した例がある。

Ⅱ　ケネディ氏とその周辺

(1)　アメリカでリベラルというときは、プログレッシブといわれる時と異なり、もっと抽象的な漠然とした表現で、国内問題でいえば、シビルライツ、黒人問題がそのテストケースになる。ケネディはモデレイトといわれている。

(2)　黒人問題について　南部の黒人は、アフリカの黒人に対して共通の民族意識をもち、それは人種的共通意識をこえて、平等権の主張としての人権意識にまで高まっている。従って、コンゴのナショナリズムには同情的だし、彼等の動きを考えると、その意思を無視することはできない。ところが南部をコントロールする政治家は、かなり保守的なので、民主党としては、議会の操縦には困難がともなう。例えば、最高裁がセグリゲーション違憲の判決を実行しようという時、フルブライトの態度があいまいであったので、彼は南部からは歓迎されておらず、それらの事情を考慮してジョンソンを入れたといわれている。

Ⅲ　在任の大統領が研究の対象となることについて

現代史は50年たたないと研究対象にはならないと、日本でいわれているが、ケネディを研究したバーンズの例が（大した研究とは思えないが）アメリカにはある。こういうことはアメリカでも珍しいことであるが、これからの人物についての研究は重要だと述べる意見がアメリカでは出ている。

Ⅳ　アメリカ連邦議会図書館について

最初は、議会が利用するものとして設けられたが、19世紀半ばから、これを中心として図書館制度を考えるようになった。例えば、どの図書館のカード番号も議会図書館のそれと同一であり、何よりも、議会図書館長が全国の国立図書館の支配権をもつようになった（従ってニューヨーク市立図書館は別である）。

# 第二九回例会（昭和三六年一月一四日）

―自衛隊論争について―

中　野　好　夫

## 〔報　告〕

1、まえおき

週刊公論一一月八日号に、臼井吉見氏が「自衛隊員二十三万の屈辱感」という注目すべき自衛隊論をかいており、そのなかに、私自身のことが一ケ所引合いに出されていた。私もこのころ自衛隊の問題をいろいろ考えていたので、何か書くことにより、この問題に関する議論を進めてみたいと考えて、中公一二月号に「自衛隊に関する試行的提案」を発表した。幸か不幸か、朝日新聞がこの問題をとりあげて「自衛隊をみつめる」と題してシリーズものとし、臼井吉見・成田知巳・堀田善衛・江崎真澄・入江啓四郎・美濃部亮吉・吉村正の各氏が批評を書いて下さった。又、宮沢俊義氏も判例時報（二月一日号）に批評を書いて下さっている。

こういった事情の下で今日話をするわけであるが、大体、試行的提案に関する、動機・要点については中公のそれを中心に、それに対する批判は、前記所掲のものと、私信としていただいたもののなかから拾って報告したいと思う。

2、動機

中央公論二月号に福島新吾氏が「自衛隊のはらむ危機は何か」と題して、自衛隊のはらむ危機はもはや屈辱感に根ざすものではなく、むしろ屈辱感をのぞこうとして憲法九条の制約を廃止しようとすれば国土防衛の欲求は無制限に膨張するものであるから、今日の危機は政治指導喪失による危機ということができよう、と述べた。新安保体制は核武装一歩手前までいっているし、社会党が三分の一の壁を大きく破ることができないとすれば安保解消は不可能である。一方、自衛隊は大きく成長しつつある現状を考えると、ただ、個人的信念に基いて自衛隊に反対々々といっても、さして効果はない。しかも多くの若い人が職を求めて入隊するという事情を考えると、問題をこのままましておくことはできない。現に高校生のなかで、非武装中立だけでは納得しない人が増えていることは認めなくちゃいかん。こういった問題をとらえて中央公論に書いてみたのである。

3、要点

臼井氏は私が制度と個人（犠牲者）の問題を混同していると述べているが、それはおかしいので、むしろ、制度の問題ばかりを攻撃していても、個人の問題が片づかないから、中公の提案をしたものである。私の基本的態度は非武装中立は幻想だとは思っていないし、したがって再軍備反対との態度をかえてはいないのであるが、何といっても、現状は、こんな基本的態度のみでは片づかないのが事実である。そこで、試行的提案にすぎないのだが、今の自衛隊の歴史をふりかえってみると、それは外圧的力のもとでつくられ発展してきたもので．国民が自主的に定めたものではない。江崎前長官は外圧によっていないといっているけれども、日本国憲法をなしくずしにしてでき上ってきたものであることは認めねばならないから、そういう自衛隊については、過去の因縁を断ちきって、この際、この問題を自主的に考える必要があるという意味での提案なのであった。即ち、誕生はマッカーサー指令によって生れた警察予備隊であり、その後、サンフランシスコ条約と同時に発効した安保条約の自衛力漸増の期待という条項に応じて保安隊に発展し、更にＭＳＡ協定がキッカケで自衛隊に成長したものであることは、何人も疑うことができない。そして、本提案が安保体制の破棄を前提としての意味をもつものであったが、どうも現安保体制のままでとうけとられてしまったところもあったようで、その点からの反論（例えば、成田氏）もあったが、決してそうではなく、ただ私自身としては、安保の破棄は今すぐはむりと考えていたので、しかも、そうかといって、このままほうっておいたならば、事実が全く出来上ってしまうおそれもあり、破棄に近い状態でという前提のもとでの議論であった。

自主的決定の方法については私は国民投票でと書いたが、辻氏がいう国民投票法をつくらねばできないのではないか、或いは吉村正氏は国民投票は違憲だとの主張をしており、私自身憲法のことはよく知らないのだが、選挙でこの問題を争っても、それが純粋な争点とはならないので、国民投票という言葉をつかったのである。選挙で争点になって出てくるのなら選挙でもよいと思われるが、それは不可能と思われるからである。

それで、国民全体の多数が自主的自衛力をもたねばならないと決定した場合は、憲法をかえねばならないのだろう。しかしその場合に憲法改正には絶対反対といえるかどうか。

以上が中心部で、後半は自衛隊は生活困窮者の就職先となっていることは、自衛隊員の希望者を出身別にみると九州、東北地方に多いことからも、窺われるとの趣旨のものである。そうすると、われわれ国民としては、これらの個人的事実をふまえて、もう一度自衛隊の問題を考えなければならないのではないかということなのである。

４、論点の補足と批判

(1)　批判はいろいろとあったが、変説したのかとの批判はなかった。何故なら、私は自衛力をもたなけりゃいかんといったわけでなく、非武装中立の信念の上で、それを強調しただけでは、自分の信念は貫けても、問題は片づかないとの考えに立ってのことだからである。

次に、私は安保解決が前提でと書かなかったのは、そんなことを書いても現状の問題としては何の効果もないので、未来のことを考えての議論はこの際さけるとの意味で抽象的に表現したのにすぎず、私の抽象的ないい方がまずかったと思うのだが、しかし、革新的勢力が政権の座からは遠い位置にあり、そうすると安保破棄はむりな注文であるし、その間に自衛力は益々展開してゆくであろうと思われる。しかも、社会党が理論闘争で右だ左だといっている間に、保守党の政策面で、財政投融資に社会保障的観点が増加するということで、社会党的政策が保守党のなかに組み入れられ、社会党が政権の座におどり出るチャンスは益々なくなってきつつある。こうして、自衛隊の処理をする政党は政権をとることが益々不可能となり、既成事実は益々拡大する。

ところが、自民党に投票した人にも自衛隊には反対の人もいようし、また、非武装中立だといえば、投票しない人も多いと思われる。そうすると、改良主義だといわれるかも知れぬが、自衛隊に批判的な人が自衛隊をどうするかについて現実的な提案をする必要ありと考えて、非武装中立でなくても革新政党が三分の一の壁を破るのにプラスになるよう、その実現の可能性を考えて、自衛隊は困ると思っている人をこっちに引きこむために、プログラムとしては、自衛隊問題を考えて安保破棄に近づけるのが先決問題だと考えたわけである。理論的には安保破棄、そして自衛隊解消が筋であることは充分すぎるほどわかっているのだが。

その他にも、坂本氏がいう国連軍の駐留も一案だがこの国連軍の駐留の考え方は一般の人の頭に入っていきにくいであろうし、そうだとすれば自衛隊の処理の問題を考えてもよいのではないか。

(2) 批判は

① 今の安保体制のままでのものかとの論旨のもの

② 美濃部亮吉氏の批判は、自衛隊をどうするかとの観点というよりは、経済面から眺めたそれで、今まで高度成長を維持してきた日本経済は、又、池田内閣において、財政の意思を反映して、防衛費を増大して景気を振興し、公共投資とともに高度成長政策をとろうとしている。そうでないと、日本経済は生きてゆけないのだろう。自転車操業のように、成長率の維持のために設備投資がなされ、防衛生産が続けられてゆくだろうというものである。

③ 江崎長官が外圧でないといっている点は、先ほど述べたとおりで、自衛隊法、防衛庁設置法は外圧の力によるものである。

④ 私信のなかで一番痛かったのは、安保破棄して国民投票にかければ自主的な軍隊になるだろうとの私の提案に対して、資本主義社会では国民の軍隊だといっても市民兵などできる

筈はない。結局、それは支配層の利益を守る道具にすぎないのではないかとの点をついたものであった。

〔討　議〕

中野　宮沢先生の書いたものの趣旨は。

宮沢　朝日の連載の後、書いてくれといわれたが、判例時報で前に書いたことのあることを書いたのである。

家永　率直にいって考えが非常にちがったと思う。高度な政治的批判が加わったと思うが、それについて反論したい。それは、九条があるから牽制力があり、それを変えるというなら反って都合がよい。非合法にして屈辱感を与えておいた方がよいから。それを解放すると、問題がある。自衛隊肯定論者には反ってそれを利用しているものがあるから。

論理的にいって九条に自衛隊が反するなら安保を解消しても自衛隊は残る。満州事変の林軍司令長官出兵（？）の際、事実を認めて予算を与え、その既成事実の下に拡大された。出兵が理想だからといって正当化された。それを参考にすると、既成事実肯認の大きな前提をつくることにならないか。

自衛隊は希望して行っているので徴兵制と異なり、隊員個人に責任があり、又、幹部にも責任がある。従って国民投票で合法化することにも反対。

中野　①　憲法改正をしてもよいという点についていえば、今の憲法を改正して自衛隊を認めようというのではない。安保廃棄後、軍隊はいらないと思うが、そう考えない人が多くなってきているのではないかとの懸念があり、国民投票の結果、自主的軍隊をもてとの意見が出た場合、憲法を正さなけりゃいかんのじゃないかと思われる、ということである。

この国民の意見は好ましいとは思わないが、無視することはできないと思われるからである。

今の自衛隊を合法化する必要はないと今でも思う。

②　林軍司令官の話で、私の郷里では軍人が多く、徴兵でもなければ個人の責任だというが、事実上の自由があるかどうか問題である。生活困窮から自衛隊に入るものがあることは認めねばならず、従って隊に入った者の責任とはいいきれない。日教組で自衛隊に入るのは敵だぞといっているとの事例もあるが、個人の責任とはいいきれないものがある。ただ憲法改正をして自衛隊をよくしてやる必要はないと思うが、幹部の責任は問われるべきだろう。

③　安保破棄だけが前提ではなく、安保を破棄したとしても、自衛隊問題は残る。この点については、革新政権が出た時どうなるかを考えると、今の自衛隊を四年間でどんなプログラムで国土建設隊にかえてゆくのかがはっきりせず、むつかし

いと思われる（何十万人もいるし）。カストロ演説集をみると、ギャングに反対といっているが、それによって生活しているのをみると、全面的に廃止できず、国民に了解を求めている点がある。それを考えると、四年で国土建設隊はできない。美濃部さんの理由もあり、保守政権の続く限り、安保が解消しても、防衛生産は増え、それをどう処理するかについてもっとよい方法があればどうするとよいのか、いい案があれば国民投票をいつでも撤回する。

家永　若い人のなかで自衛力を必要だと考える人がいるということが中野さんの説に心理的影響を与えていると思われる。それは自衛隊が存在し、宣伝するものがあるからだと思う。このままの状態に従って非武装中立といっている方がより高度に政治的なのではないかと思われる。

中野　若い人の心理的原因についてよく考えていないという家永さんの主張は認めるとしても、そればかりではないと思う。

家永　マスコミが強調し、自衛隊は違憲といえない、教科書にも書けないという点などの間接的なものが心理的原因と思う。

それをくいとめるものは、その反対勢力による違憲説の主張なのではないかと思われる。

中野　一つは、私だけが違憲論を貫くことになるという問題（抑制力になってゆくことは認める）、二つには、違憲のまま自衛隊の存在が強大化していくなかで、反対的発言には積極的効果がないだろうという、この二重の発想があり、それが矛盾して困惑している。

今の国際間の安全方式についての発想は家永さんと同じ。

戒能　安保反対闘争は軍事闘争―日本人の米軍基地に対する軍事行動―をしなければならないと中国ではいっている。その点で私の意見は分れるが、そうすれば安保体制破棄のための新しい軍事力が生れてくるということになる。それは新しい社会主義体制の軍隊かもしれないが、中野さんの論文では安保体制破棄の方法については書いていないが。

宮沢　中野さんの苦慮は私も根本的に同感だが、困難な問題で簡単にいえないが、次のことは考えてよかろう。違憲論も結局は政治問題で、自衛隊は、今のままという家永説も理由はあるが、形の上では国民が認めたものということになっている。そうすると屈辱感をもっている者も多数になるということもあり、屈辱感が大きくなるととんでもないことになる可能性はある。従って、一つは屈辱感を与えておくと同時に国民から隔離した考え方のグループを沢山つくると、その連中に天下をとられる恐れもある。

自衛隊の教育の問題は誰もタッチしないので自衛隊の教育が国民から隔離することには反対で、自衛隊の連中にも何らか国民の考えが及ぶように一般社会との風通しをつけておく必要はあると思う。但しそれを認めるということではない。

我妻　一つは自衛隊を何とかしようとの情熱、二つには社会党が多数にならなければこの状態は何ともならないとのあせりの二つがあると中野氏は思っていられる。第一の点は私も同感であり、どうするかの問題はむつかしい。

①　中野氏案は安保体制破棄に近いものをつくることを選挙という方法を通さないでできるのか。

②　中野氏の国民投票案は憲法九条の解釈を国民にきくという形になるのだが、それができるのか。それは経済と結びつき、すべての体制のなかで一部の問題を国民にきくことができないのではないかと思われる。

中野　安保破棄に近い体制をどうするかについては、軍事行動がないと廃棄できないだろうとの意見はそうだと思うが、正木ひろし氏の革命がなければダメであるといっているのも同じで、社会党一党独裁なら別だが、軍事行動が今すぐここでできる要求があるかというと問題である。国民に軍事行動を支持するメンタリティがないとその行動は失敗すると思われる。

革新勢力が政権をとって安保破棄を支持する勢力がふえてきた時に軍事行動ができるのではないか。

我妻　そうなると先の選挙を通じてやると色んな問題が出てきて困るといわれることと矛盾しないのか。

革新政党が出来上っても自衛隊の問題だけは国民投票すべきだということではないか。

中野　革新政党ができても、それに近い状勢なら選挙でやってもよいが、保守党は奪回を考えるから、この一本でしぼることは考えられない。その時のことを考えて、むしろ国民投票の過程で考えたいということである。

戒能　平和条約でリップマンの意見は、米軍は撤退して、日本に対する攻撃を米国に対する攻撃とみなすとの一文で充分だといっている。達見だが。

久野　問題は中野論文の内容でなく、政治・法律の次元の問題と思想（国民のよって立つ）の問題とにわけると、思想の点で国内部の運営にしろ外交にしろ、persuasive power と coercive power のいずれを重んずるかの争いである。

①　八・一五において、その精神が徹底しないので労働者階級が奪いとるということ、朝鮮のように支配階級が武器を配るということを思想の問題として出さねばならないと思う。

②　coercive power を必要悪としてみとめるとして、それをつくる方法として自衛隊の問題がある。

③　政策の次元で自衛隊員の気持ちを政策的に我々の側でどう処置するか。

④　権力・強制力を説得力でコントロールする方法を考えないで、自衛隊をほうっておけばとの前提で、所属する人の気持ちの必然性だけを論じている。

⑤　具体的にいえば、自衛隊の個人の気持ちと隊の通念という風にわけて議論して、八・一五でかわったとして、わけて議論するとはっきりすると思う。

自衛隊員を村八分にしたことを教育者が日教組に対して文句をいってもよいのではないか。個人としてはこうだが客観的にどうするかとわけていうのではなく、説得力という点から具体的に提起しなければならないのではないかと思う。そうすると国民の方もよくわかってくれるのではないか。

中野　私はこの時期に考えぬいていたが、覚悟の上で出した点もあり、イデー、政治、次元の問題で足りない点のあることも認めるが。

南原　憲法問題研究会としては当面する問題だと思われる。

我妻　憲法調査会が案をつくるとして、自衛力を認めると条文をつくった時に、この会としての意見を出すことは考えておかなければいけないと思われる。それが大問題だと思う。

中野　可哀想だというだけでなく、個人の人間に頭がいくので、その地位におかれた人間の問題も考えて書いたものであって、研究会で異見が出てきたとしてもいい、考える場として。

宮沢　九条の問題として非武装中立もあるから、現実的に今の段階でということも考えたい。軍人は変ったといっても、そう違わないと思う。できたから決めるということではなく、out lawとして自衛隊が大きくなった時にそれをこわしてしまうのは不可能であり、現段階では、自衛隊を公認するのではなく、教育の面で善導することの必要があるのではないか。何か国民とちがったグループが沢山あった時に、persuasive power では力がないということを心配する。

戒能　自衛隊の幹部は自分たちだけが国を守るんだと、特殊な人間であるように書いたものが見られる。

宮沢　そういう人が多くなることを心配しているので、国民にそれに対する抵抗力が強いかというと心配だというのである。教育制度も改革して隊員が普通の人間になるように指導してゆく。幹部は別として、善導・軟化することが必要。屈辱感だけで反対の方向においやることは問題だとの意味である。自衛隊の支持者がかなりあるので、自衛隊を中核としてそれの周りに集ったらどうにもならなくなることを心配しているのである。

大内　卑屈感をもって可哀想だから何とかしなけりゃいかん、是認か憲法が反対しているというか二つのことがあると思われるが、同じ問題が満州事変当時のすべての教育者の胸にあった。当時、喜んで兵隊にいった人に protest しなかったが、現実問題として満州事変をおこすことはいかんと思ってはいた。

この問題では非情の立場を徹底するのが、偉大な人道主義だと思う。八・一五で戦争をしないと決心することが大事だと思ったが、そうするとそこだけが監獄みたいになると宮沢はいわれたが別個に考えるべき。

カストロのギャンブルの問題は売春・麻薬の問題と同じで、資本主義のなかではやむをえないのでそれに同情したらしょうがないのではないかと思う。身近の一人に同情するのはいいが、制度に同情するのはいかんと思う。

中野　『中公』では制度の問題だけをいったので、家永さんは個人の責任云々の問題から述べており、中公のなかではそうではない。

我妻　資本主義のなかで麻薬・売春は同じだといったが、宮沢氏のいったように、自衛隊の周りの人が云々は違う。

大内　社会の力（教育その他）で直してゆく以外にはないので、個人的にどうしたってしようがないとの意味で資本主義下では同じだといったわけだ。国家である以上は軍隊がないという意見には賛成できない。ただそれをチェックする組織が必要だということと連関して考えねばならず、チェックする組織が先だと思われる。

中野　①　条約（？）でソ連は軍事力を認めるといっているのは、どんな発想からか具体的にどの程度のものを考えていたか。

②　日本に革命が起り、社会主義政権は非武装でゆくか。

久野　現実的存在は、存在の根拠が別のところにあるので理想的存在としてはだめで、人間の場合は存在の根拠がはっきりした上で存在が許されるということでなければならない。ところが八・一五で軍隊なしとした。存在の根拠がないのに、軍隊がなんとなくできてしまった。その行き方はまずいので、軍隊をつくった人に対して憤慨している。事実主義はどうにも困る。存在の根拠をはっきりして、存在をつくるということはなかなかできない。八・一五で chance があったが、coercive power は闇取引でなんなくできてしまったので。

矢内原　心理的二重構造について、自分としては反対だが世の中をみれば考えねばならない。国民投票として解決しようというのだが、自衛隊を正当化するという形で出されると思われる。それが、人情論にも合致する。しかし、自衛隊の正当化論については全体の空気は自衛隊是認論に傾いていると思われるから、その時に自衛隊是認論に力をかすことは、むしろ危険が大きくて悪用されるのではないか、その心配はある。

我妻　国民投票の前提の革新政党ができてからだというのはどうか。

中野　どうもあせりがある。

第29回例会（昭和36年１月14日）

大内　①　武装をもつということを是認する社会党をつくるか、断然安保はいかんという社会党をつくるかの問題は、前者から出発すると危険だと思う。

②　四年でどうするかの点は社会党はするかと思うが、それをうけとって四年で考えるというのもおかしい。プログラムと精神がしっかりしていればよいのだ。

中野　前者の社会党には育成するなんていう問題はムリだ。

大内　いやそれが問題で、社会党のなかにそれが非常に大きくあると思う。

中野　レファレンダムに固執はしない。他の方法があればいい。

〔議　事〕

1、新書、四月二〇日発売にしたい。

2、関西会員の上京時にこの会に出席してもらいたい。

3、会計報告。

4、報告のテーマの件―教科書問題を家永に。外部の人にも報告、若干の evidence を必要とするものについて当事者にきく必要もある。

5、憲法記念講演会開催の件。

## 〔要　旨〕

### ―自衛隊論争について―

中野好夫

Ⅰ　中野意見に対する政治論的考察

(1)　「日蔭者」強制論の立場から〔反対〕　憲法９条のもつ規範力が政治的事実を制約しているのであるから、それを解放してしまうと、自衛隊肯定論者は反ってそれを利用するだろう。例えば、満州事変に際して林軍司令官が出兵したとき、出兵に対し予算を与えることによって、既成事実を承認し、その事実の下で出兵が拡大されたという経験がある。それを考えると、既成事実をくいとめるものは反対勢力による違憲論の主張であり、従って、自衛隊は非合法のままにして屈辱感を与えておいた方がよいと思われる。中野会員は政治的考慮から意見を述べたとのことだが、自衛隊をはっきり違憲だと教科書にも書けないし、そこから少年のなかには自衛隊は必要だと考えているものがあるという事実が、中野会員に心理的影響を与えていると思われるので、そうだとすれば、そういう者のためにも、自衛隊が存在しているが、理念は非武装中立なんだぞといっている方が、反って高度に政治的な配慮だと思われる。また、自衛隊は徴兵制をとっていないから、隊員個人にも責任がないとはいえないと思う。

中野氏――違憲論の主張がある程度抑制力になることは認めるが、積極的効果がないように思われる。私自身の問題としても、違憲論の主張を貫けば私自身の立場は一貫することになるが、安保体制をたちきった場合でも自衛隊問題は残るし、かりに革新政権が生れた場合でも、今の自衛隊をどんなプログラムによって4年間のうちに国土建設隊に組みかえてゆくかが明確ではない（カストロの前例をみても一挙に廃止することは困難だと思われる）。それ以上に、保守政権が続く限り、防衛生産はふえ、処理できないようになる。こういう事情が、若い人にどんな心理的影響を与えるかを考えると、私の立場の一貫性だけを考えていられず、それを離れて、「意見」を述べたものである。私の主張は、憲法を改正して自衛隊を認めようという趣旨ではない。国民投票で自衛隊をもてとの意見が多数をしめるのなら、それは好ましくないが無理することはできないから、憲法は改正しなけりゃいかんだろうということである。また徴兵制でないから個人の責任だとの点については、事実上の自由があるかどうかが問題であり、生活困窮から自衛隊に入るものがあることを考えると一概に個人の責任といいえないものがある（幹部の責任は問われるべきであるが）。国際間の安全方式については私も同意見である。

(2)「風通し」論の立場から（賛成）　法律的に違憲だとの主張も、結局政治の問題に密着してゆくのであるから、その立場から考えたい。そうすると、日蔭者のままにおいて屈辱感を与えておくというのも一つの考え方ではあるが、屈辱感が大きくなり、アウト・ロウのままその人数もふえてくると、それをこわしてしまうことは不可能になる。しかも自衛隊の支持者がかなりあるから、自衛隊を中核としてその周りに集合し、その力は大変なものになる。しかも国民の考え方から隔離したグループの集合体であるから、国民の側にそれに対する強い抵抗力があるか、説得力に力があれば別だが、その点が問題であり、それが爆発した場合、とんでもないことになる。自衛隊の幹部のなかには、日本を守るのは自分達だけなのだという特殊な感覚があるので一層こわい。屈辱感だけで、国民と反対の方向においてやることには反対だ。従って、自衛隊の教育が国民から隔離することには反対で、幹部は別としても、隊員には国民の考えが何らかの形で及ぶようにし、一般社会との風通しをよくしておく必要がある。即ち、自衛隊を公認するということではなくて、教育の面で善導・軟化し、普通の人間にする必要があると思われる。

Ⅱ　中野意見に対する法律論上の批判

社会党が多数をしめなければ、自衛隊問題はどうにもならない。しかし、それは望み薄だから早く何とかしようという情熱とあせりが、中野意見の動機だと思われるが、どうするかの問題は大変難しいと思う。中野氏は自衛隊に対する意見の決定という焦点がぼけるので選挙という形を通さないできめるというが、自衛隊問題は国際関係の経済問題その他と密接な関係をもっているのであって、その一部を切り離して国民にきくということが可能なのかどうか。可能だとして、憲法９条の解釈を国民投票で決定することが法律論からいってできるのかどうか。また、革新政党ができ上っても、自衛隊問題だけは国民投票で決めるべきだとの考え方なのか。その辺が問題だ。

中野氏――選挙で決めるということであれば、革新政権ができても、又、次の選挙でひっくり返るかもしれないし、それを考えるとむしろ国民投票の形で決定した方がすっきりするのではないかとの意見である。

Ⅲ　自衛隊問題の思想上からの考察

(1)　存在の根拠がはっきりしているから存在が許されるのであって、事実主義は困る。ところが、８月15日で軍備を拋棄したにも拘らず、その精神が徹底しないままに、存在の根拠なくして自衛隊がやみ取引としてできたのである。その場合、労働者階級が武器をすてさせる強制力を必要悪として認めるとしても、自衛隊をつくることが、その方法であるか。強制力を説得力でコントロールする方法がないか。自衛隊員の屈辱感を政策的にどう処置するか。風通しをよくするということでよいのか、などの点を考えてこの問題を処理すべきであろう。従って、個人的感情はこうだが、制度として客観的に考察すればこう、という風にわけて考えることは好ましくない。説得力をどうしなければならないか、という点から具体的に問題を提起しなければならない。

その点、中野意見は考察の足りない点もあるが、考慮の末にそれらの不満な点を覚悟の上で、提起された意見である。また「個人」の問題については、文学者としてその立場におかれた人間の問題にどうしても頭が働いてしまったからである。但し「中公」論文は制度の問題としてのみふれている。

(2)　心理的二重構造の点については、人情論としては頷ける面もあるが、国民全体の空気が自衛隊是認論に傾いているおりから、是認論に力をかすような結果になる立論は危険が大きく、悪用される恐れがあるから、いましむべきである。満州事変当時、兵隊にいった人に対しては、人情としてプロテストしなかったが、制度として満州事変をおこすことはいけないと考えていた当時の教育者のことを想起すべきで、同じことをくり返してはならないと思う。この際、個人的感情を離れて非情の立場に徹底するのが、偉大な人道主義だと思う。

Ⅳ　自衛隊問題と革新政権との関係

(1)　安保体制破棄の方法について　　中野意見には、安保体制破棄の方法について述べられていない。この点の参考として、安保反対闘争は日本人の米軍基地に対する軍事行動を通して達成されると、中国ではいわれている。そうすると、それは新しい社会主義体制の軍隊かもしれないが、新しい軍事力の成立を意味することになる。なお、リップマンは平和条約に関する意見として、米軍が撤退しても、日本に対する攻撃は米国に対する攻撃とみなされる、との一文を挿入するだけで充分だといっていた。けだし達見である。

中野氏――安保破棄については、正木ひろしが革命がなければだめだといっており、その点はたしかにそうだが、軍事行動を支持するメンタリティが国民にないと失敗する。そのような条件は現在は存在していない。従って、安保破棄は、革新勢力が政権をとり、かつ安保破棄を支持する勢力がふえてきたとき、あるいは社会党による一党独裁のときのみに可能である。

(2)　日本に社会主義政権が成立した場合、武装をもつことを是認する社会党をつくるか、安保絶対反対の社会党をつくるかの問題は、前者を育成するなどということは問題にならないはずであるが、現在社会党のなかに、そういう意見が大きくあることは事実であり、それから出発することは大変危険であると思う。また、自衛隊の処理をどうするかの点について、４年でどうするかと考えるのはおかしいので、プログラムと精神がしっかりしていれば問題はないはずである。

Ⅴ　自衛隊と経済構造の関係

自衛隊問題は、売春、麻薬と同じく、資本主義のもとではやむをえないので、身近の個人に同情するをことは別として、制度に同情すべきではない。個人的に同情しても資本主義のもとでは、完全に解決しない。しかし、国家である以上は軍隊がなければいけないという意見には賛成できず、教育、その他、社会の力によって直してゆく以外に方法はないので、その意味で、それをチェックする組織が必要である。その組織をつくることを考えることが先決問題だと思われる。

Ⅵ　本研究会の態度

憲法調査会が、自衛力を認める条項を作成したとき、この会としてどういう案を提示するかは重要であり、当面の問題として充分に考えておかなければならない。

Ⅶ　議　事

(1)　会計報告

(2)　憲法記念講演会を例年のように、５月３日に開催する。

(3)　岩波新書は４月20日頃に発売したい。

(4)　関西支部会員は、上京時に例会があるときは出席してもよい。

(5)　報告について、若干の証拠を必要とするときは、その当事者の話をきく必要があるから、外部の人に報告を頼むことがある。

# 第三〇回例会（昭和三六年二月一一日）

## ―教科書検定制度について―

家永三郎

〔資料〕

家永三郎「教科書検定について」資料

一　昭和二十七年検定申請高校用日本史教科書原稿に対する一調査員の意見（出版社員が文部省事務官より口頭で聴取したメモに拠る）の実例

(1)　原稿「男尊女卑の精神が強く、男はめかけを持つのが少しも悪いこととされていないのに、妻は堅くひとりの夫に仕えなければならないとされた。妻の方から離婚を請求できないのに、夫の一方的な意思で妻を去ることができたばかりでなく、しうと去りといってしうと・しうとめが嫁を追い出すことさえできたのである」（江戸時代の家族制度の頃）

意見「日本の家族制度に対し悪意にみちた記述をしている」

(2)　原稿「農民の負担は次第に重くなり、はなはだしい場合には八公二民の年貢などという例さえ見られるにいたった。（中略）領主の誅求や高利貸の貪欲に追いつめられた農民が最後にとったのは、逃散・越訴・強訴などの非合法手段であった。百姓一揆がすなわちこれである。江戸時代を通じて知られる一揆の件数は千三百回にのぼるが、（下略）」

意見「これは非合法行動を是認するかの如き記述である」

二　昭和三十年検定申請高校用日本史教科書原稿に対する一調査員の意見（出版社員が文部省係官より聴取し答弁を附して文部省に提出した文書の記載に拠る）の実例

(1)　原稿「この二院（貴族院・枢密院）は後々まで貴族・官僚の根城として民主主義の発達をくい止める役目をつとめたのである」

意見「表現不適切」

(2)　原稿「南方の中国民族資本の経営する新興工業の中でも最も重要なものは綿糸紡績の軽工業であったが、不幸にして日本の軽工業と競争する地位に立ち、日本の進出と衝突せざるをえない運命にあった。しかも日本はこうした中国の近代化を助けて、平和のうちに利害の調整を行うことを忘れ、武力をもって圧迫することだけを考えた」

意見「一方的な記述である。修正すること」

(3)　原稿「しかし、こうした一連の政策（アメリカへの全面協力、破防法制定、再軍備推進、アメリカとの軍事協力等）は、必ずしも国民のすべてによって支持されてきたのではない」

意見「表現不適当。『国民のすべてが支持する』ということは可能か。特に強調した感をうける」

(4)　原稿「『近代国家の発達』の編の研究問題」

意見『労働組合や農民組合の中に組合の本質からはなれて、一部の指導者に利用されているようなものがないか、調べてみよう』を追加する」

右の意見に対する答弁書提出後、重ねて文部省係官より出された修正意見の実例

(1)　原稿「図。日清戦争の戦死軍人の遺族。はなばなしい勝利のかげには、こうした痛ましい犠牲者のあったことを忘れてはならない。松井昇の作品」

意見「少なくとも写真の説明だけはとってほしい」

(2)　原稿「議会政治の発展は必ずしも国民に真正の自由と平等とをもたらさなかったが、それにはいろいろな理由があった。資本主義経済が進んで、有産階級と無産階級の対立が険しくなると、政治上だけの自由と平等は、現実に国民の全体に恩恵を与えることにはならないのである。事実、帝国議会に登場した政党は、いずれも財閥・資本家や地主の利益を代表するものであったから、政党政治の成長は無産階級の生活向上を促すはたらきをしなかったのである。無産階級は、自分たち自身の手で自分たちの運命を切り開いて行くほか道がなかった。ここに社会運動の発生する原因があったのである」

意見「この見解は教科書としては認めがたい」

(3)　原稿「日本軍は北京・南京・漢口・広東などを次々と占領し、中国全土に戦線を広げたが、(下略)」

意見「中国全土に戦線が広がったと訂正せよ」

(4)　原稿「社会運動は徹底的に弾圧され、労働者は組合を解体して産業報国会に参加することを余儀なくされた」

意見「余儀なくされた、という叙述は、当時の国民感情からして全部がそう思っていたので、労働者だけが余儀なくされた、というのは一方的である」

三　昭和三十二年四月九日付高校用日本史教科書検定不合格理由書

「この原稿は、構成・記述・表現等において特色があるが、高等学校社会科日本史の教科書としては、下記のような欠陥が認められる。

第一に、事実の取捨選択に妥当を欠いているところが少なくない。すなわち日本史にあっては『常に具体的な史実を重んじ、実証的、客観的方法に基づいて、日本史の発展を科学的に理解しようとする能力と態度とを養う』(検定基準、絶対条件(三)の3の(1))ことが求められているのであるが、この原稿では、特に第四編第四章(二七四ページ―二九六ページ)などにおいて

史実選択の上に妥当を欠くものがある。（中略）

第二に、記述が往々評論に流れ表現や語調に教科書として適当でないところが認められる。

第三に、過去の史実により反省を求めようとする熱意のあまり、学習活動を通じて祖先の努力を認識し日本人としての自覚を高め、民族に対する豊かな愛情を育てるという日本史の教育目標から遠ざかっている感が深い。

以上のような事由を勘案し、総合的にみて、この原稿は高等学校社会科日本史の教科書として適当とは認め難い」

四　同年度小学校社会科教科書（歴史の部）検定不合格理由書の一節

「歴史の推移についての取扱い方、問題のとりあげ方などは実力抗争関係を強く印象づけるものとなり、全般的に明るさを欠いている。

上述の欠陥は、郷土及び国家の現状と伝統について正しい理解に導き、国を愛する心と広く世界に学ぶ心、ほこりをもって自ら処する意欲と態度の涵養とを困難にしていると認められる」

五　昭和三十五年における教科書検定をめぐる論争での検定関係官の発言の実例（活字となっているものから）

(1)「小、中、高校の教科書を自説の発表機関と考えられては困る。奈良の大仏は銀が何百貫で銅が何百貫、人足何万人を要して人民搾取の実をあげたとか、寺子屋や藩校は身分制度の見本にすぎず、明治憲法は非民主的政治の原動力であり、日清日露の戦役は日本の侵略主義の好例で、やがてこの道は太平洋戦争につらなる、というふうにならべ立てられると、子どもたちは日本に生まれたふしあわせを、ただ嘆くほかはあるまい。

国史の流れを、支配階級罪悪史としてのみ捉えるくせは、一派の歴史観にはあるにしても、子ども相手の教科書では遠慮すべきではあるまいか。特定の主張は教科書なり、論文なりで論じてもらいたい。（中略）言論自由の原則を教科書のうえにふりかざすのはお門違いであろう」（太田和彦主任調査官「朝日ジャーナル」投書）

(2)「歴史を述べる場合に、戦争がいいとか悪いとかいうことは一がいには言えないと思うのです」「日清、日露の戦争と大東亜戦争とはだいぶ違う」（内藤誉三郎局長参議院文教委員会答弁速記録）

(3)「その当時反戦論も多少あった。反戦論とか厭戦的な気分が、与謝野晶子の『君死にたまふことなかれ』、ああいったようなものが多少あったけれども、これを特に大きく取り扱っていくということは、その当時の時代史として見ると、やはり比重として掲げられているほど大きくはなかったのである。

いわゆる今の平和の思想から考えるならば、それを特に大きく取り上げるんだというような御意見も、前にはございましたのですが、今度は（指導要領が）時代の特色を描くという、そういう立場に変わりましたので、その立場からいいますと、その当時は比重のあまり大きくなかったものは、小学校の教科書ぐらいでは取り上げても、ほかが犠牲にならないならばいいけれども、そのためにほかが犠牲になるような書き方であっては慎しむべきであろう、そういう意見が合議の結果として出てきております」（太田調査官参議院文教委員会答弁速記録）

(4)　「本書（上原専祿氏編世界史教科書原稿）のような著者独自の考えだけを強調したのでは、戦争中の教科書の裏がえしではないかとのそしりをまぬがれることはできまい」「最近『学校では日本は悪い国だと教えられてきたが、世の中に出てからしだいに日本を見直すようになった』という意味の一学生の新聞投書が評判になった。このような嘆きをくりかえさせないためにも、当分は検定が必要のように思われるのである」（安村欣次調査官「日本歴史」寄書）

## 〔報　告〕

1．教育行政についての理解がないと問題の把握が完全ではないが、教科書検定について。

(1) 教科書検定の運用の実際

あったとかないとか水かけ論が行われているので、物的証拠のあるものに限って報告する。従って歴史教科書に限られる。これがまた、一番問題を残している。

(2) 制度についての問題点、特に憲法、行政法との関連で。

（昭二三）学校教育法一七条―教科の内容は監督庁できめる。

二一条―高、中にも準用、監督庁の検定、認可を経た教科書を用いる。

二六条―監督庁―文部大臣（当分の間）

最初は文部大臣ではなかったようだ。

教育委員会法　五〇条―都道府県教育委員会が行う。

八六条―用紙割当制の廃止されるまで文部大臣。

用紙不足の一時的措置として文部大臣が行う。したがって文部大臣が行うことは変則であった。

（昭二三）教科用図書検定調査会令（昭二四・七・五―昭二五廃）

―調査会の答申に基いて文部大臣から（告示においても同じ）

(3) 検定基準昭二四（告示）教科用図書検定基準

① 絶対条件　① 我国の教育の目的に一致するか、教育基本法と一致するか。

②　立場は公正であるか。

③　社会科指導目標と一致するか。

②　必要条件　①　教材内容は教科課程に基いているか、学習指導要領がはめこまれる。

②　生徒の理解。

③　配列が適切か。

④　表現が適切か。

この基準が忠実に守られているとはいえず、解釈に問題あり。問題を明らかにすべきになったのは昭二七で、講和条約と一致するのは注目すべき。

２．　私の場合、高等学校日本史教科書について出頭命令。五名の調査員が採点し、平均点が合格点になったら―第一回不合格（一人悪い点をつけたものがある）

その調査員についていえば、昭二七年朝日にのせた歴史教育論では廻れ右するべきだとか（口頭できいたもの―出版社のものか）、教科書検定問題が重要な曲り角にきたことを知った。

次第に注目すべきとなり、昭三〇日本史主査がうれうべき教科書として次の四教科書をあげる。

（宗像　社会のしくみ
宮原　一般社会
周郷博　あかるい社会
（長田　模範中学社会

昭三一始にこの動きに刺激されて教育委員会法改正により検定のための教科書法案が提出される。一〇学長の反対声明のほか、文化人連署による国家統制をまねくとの政策反対があって、法案は流産。

教科書利用について全専門調査会が昭三四から関与。

文部時報にのる文部当局者の記すところによると、しくみ―教科書検定審議会（文部大臣任命）の答申に基いて文部大臣が答申をうけ入れて決定する。

総数は調査官四〇人。二人以上で調査に当り、全員の一致による。

検定基準―絶対条件
1、教育目的に一致
2、教科―学習指導要領
3、立場の公正

必要条件
1、取扱内容―学習指導
2、正確性
3、内容の選択
4、内容の程度
5、配列

６、表現の適切

一

10

こうして検定調査官がおかれ、検定が強化された。この頃から教科書の不合格が多くなった。文部省の意図を明示した形ではないが、出版社に印象づけるようになり、文部省の意図に合致するように変更するようになる。

昭三一・九、中教出版

尾形憲氏（？）

日高六郎（関係をたつ声明を出す）、長洲、がはずされ木村剛輔を加える。

出版社の教科書執筆者に対する態度は、三省堂は無条件に私に賛成。

東大坂本教授、教学社、著者に対し問題多く、

私は監修者―検定を通過するまで原稿をみせない。

神武天皇、民主主義諸国―自由主義・資本主義と訂正しろ

共産主義諸国、

検定の通ったあとで訂正できないことになる。

著者の意志に反して抜けがけ的にやる出版社がある。

共著者を通じて私に変更を求めてきた―水爆被爆。

マッカーサーを天皇が訪問した写真をとれという―自発的に同意したが無断で検定。

教科書検定強化されたので、

昭三一・一　灘尾文相あて要望書を出す。

１、不合格―理由を示せ。

２、監修者の意見を聞く機関を設置しろ。

安達教科書課長回答

１、承諾

２、苦情処理機関はつくれないが、意見は伝える。

３、不合格の場合だけ不合格理由書は交付。

この前後に私は二回検定の実情を体験。

教科書調査官の設置前の昭三〇の合格、昭二七は不合格になったが、出版社から、調査官をかえてやって合格すればよいということになった。資料１のものは内容をかえなくとも合格し、実害はなかった。

指導要領の改正で改訂。教科書も改訂して検定をうけなおす必要あり。

昭三〇版に大幅の改訂をして提出。一調査官から意見を加えられ不合格となる。調査官をかえて行うことは不可能。

文部省係官が出版社に伝達―回答を書いて文部省に提出―調査官の意見は証拠として残る。

白表紙に著者の名前を書かないで提出。

原子爆弾の惨状を削除しろとの意見が出る。

反対意見を書いて提出したら、再度、次のような修正意見が出る。

戦争中の服装の変遷について、「戦時色にぬりつぶされた」―あの当時、便利な服装だったのではないか。

何度も修正を求められ、表現をやわらげた例は、満州を傀儡政権と書いたのを傀儡をとり、検定を通った。基本的な線はかえないまでも表現はかえた。実害あり。

昭三二・三訂
不合格理由書がついたので文部省の考えていることをつかむことができた。

そこで異議申立てをしようとし、教科書課長に会ったが検定申請者は出版社であるということで三省堂が申立書をつくり、やっと受理してもらう。

その時の主張、
一、三箇条の不合格理由は具体的に示されていないので、
二、それについて包括的に述べられるとすると、恣意的に何でも強制できることになる。憲法・教育基本法にそむく処分であり納得できない。
三、実質的にも納得できない。過去の史実により反省を求めようという態度は日本国憲法の前文から当然要請されると考えられる。民族の愛情を育てることは憲法の前文の趣旨を考えて行うことによって可能となるからである。これが第三の理由書に対するこちらの態度である。
七月六日　内務局長の回答
先の不合格理由書につけくわえるものはない。

不合格は動かせなくなった―心ならずも若干の修正を加えて提出したが、やはり不合格。

その理由は前と異なり、間違いが多いとの理由で不合格になった。ここに問題があると思う（昭三二年版について）。

ここでは昭三〇にくらべると更に修正を余儀なくされ、三度目の検定でやっと合格になる。

私個人としては、信念を貫くべきかどうかで苦慮したが、基本的な線はまげないということで合格にこぎつけた。

この時は四割の不合格が出た。日高六郎・あかるい社会が不合格。

これまでは私の体験である。その後私は改訂していないから。
3.　昨年から、日教組・日高組―教研集会
教科書検定が提出され（小学校教科書）、この頃から文部省が反駁を展開し、朝日ジャーナルに投書する。文部省が積極的に発言しているのでその態度がつかめた。

―参議院文部委員会で問答、内藤、太田

これに対しては専門家の間では問題となる。

五・九。大塚史学会等九学会の共同声明

口頭指導をやめる。事実の認識にとどめなし―内藤局長に面会を求める―内藤局長と論争する。メモをとっておいた。

「明治憲法・新憲法は社会でやればよい。明憲は画期的であったのだ」という。

４．　以上確実な証拠に基いて述べたが、この事実についてどんな問題があるかについて述べた。

(1)　教育行政権が教育内容に入りこむことは許されるか。教育基本法の教育行政権の限界の問題だと思う。

(2)　内藤局長、教科書検定と学問の自由について。

公権的に教科書内容を決定するのはどうかについて、教科書は学問ではないとの意見を、図書新聞に高山岩男氏が述べている（教科書を学問と考えるのはおかしい）。

(3)　これに対し、家永は納得できない意見で、教科書は学問を教育的な配慮によって塩梅せねばならぬが、素材は学問的に決定されねばならない。例えば

神武天皇をのせないのは津田左右吉の総記の研究によるもの。旧石器時代の表記が入ってきたのは考古学的理由による。

５．　検定に関係する、審議会、調査会の委員は文部省任命、検定は非公開で、hearing なしに行われている。

不利益処分の救済制度がないのは憲法三一条に抵触しないか。

６．　指導要綱が行政上の手続として決定されているが、法律上の根拠なく行われるのはどうか。

学習指導要領が告示で決定されているが、拘束力があるといえるのか。

以上、制度についてである。

７．　実質上の運用について。

１、憲法上の精神に基いて行われるべきであるが、

過去の非民主的なものに対し、批判的にけずらせる態度をとることはできないか。

検定官の趣旨がはっきり出ているのはよいが、検定官の理念がはっきり明示されず、外の理由で不合格となることについてはどうか。

文部省の意図に従って執筆しなければならなくなるとすれば学問の統制になるのではないか。

結

１、文部権力が入ってくる必要はあるだろうか。

文部省が入りこまなくともよいのではないか。

検定手続の改訂が教科書の改訂に結びつくなら常に改訂せねばならない。

まちがいの訂正より、検定のマイナスの方が多い。

文部省が間違いといっても見解の相違によるものが多い。―これでは歴史の大筋がゆがめられるとの実害の方が多いと思われる。

自由発行が望ましいと思われる。

2、検定より採択の方が重要であり、教委で一括的に採択したい（読売の昨日の記事）。

採択を通じて統制を行うことになる。

3、学習指導要領の拘束力について。

かつては例示をしたが、現在はただ一つの例をあげてこの通りやれということになってきた。

指導要領が次第に改悪されている。

4、教科書を使用する上での教育の自主性の問題について、実際には教科書が権限をもち、教科書にひきずられてゆく。

「教科書に書いてあることなら父兄は納得する」という例があり、教科書だけが権威をもつことは望ましくない。

それに勤評が教育の自主性を失わせている。

〔討　議〕

大内　教科書の出版部教、出版社の利益について。

家永　調査した例はあるが私は知らない。天皇が昭三五年度検定より大きく取り扱われるようになった。

小学校社会科教科書上、この国の中心をつくりあげたのは天皇の祖先の神武天皇であると。

戒能　昭和三三・一〇・一、中学校指導要領で、記紀民族信仰について書けといわれているだろう。

家永　私は過去の思想として書くことはいいが、年代の中に入れるのはどうかと思っている。

戒能　日清、日露戦争のことを書けといっている。

入江　三回目の検定でどう修正したのか。

家永　文部省はそこを気にしたと思われる。

とくに戦後史のところで破防法、自衛隊についてである。

これらの政策は国民のすべてに支持されたのではなく、社会党、労組は反対だった。

文化人の人達も反対の態度で述べた。中立の態度をとるべきだといった人もいた。アメリカの趣旨に反対して述べた。

基地反対、内灘・砂川の反対闘争についてである。

これに対して修正要求が出ており、国民の全部が支持するということは可能かと述べており、ここをかえた。文化人その他にも反対するものがあった。

圧縮して出したら合格した。殆ど異ならない。詳しすぎたということらしい。

我妻　他の国で小、中の教科書に検定の枠をはめるのはあるか。

家永　外国のことは知らないが、共産では国定、自由主義国では後進国に多い。

宮沢　イギリスでは全くなく自由。

大陸、フランスは若干ある。

アメリカ、州によってまちまち。行政当局がリコメンドはするが。

久野　いい教科書と迎合した教科書の距離はどうか。

家永　問題のある箇所ではそうとう距離がある。

悪い教科書がよく売れるのか。

売れる売れないは内容上の要素がある。高校は大学受験向にできているのは売れる。

大学が難しい問題を出すので、詳しく書いてあるのはよく売れる。

我妻　法律的質問について。

検定をやめてよいかどうかについて。

大内　日本では完全な自由だと大変な混乱を起す。検定がいいかどうかわからんが、基準をつくることは日本の現状からいえば必要と思う。

基準をどういう組織でつくるかが問題。

実際にしばられるだろう。

自主的という家永意見には疑問がある。

長い間国定教科書の歴史があって、明治三〇年教科書事件、出版社の腐敗の前提から考えると教育界全体として自主性は望ましいが難しい。とくに義務教育については。

宮沢　完全に自由にして教育委員会が採択することになれば物をいうから、教育委員にどんなのが出てくるかもわからないが、自由の方がよいと思う。

佐藤　執筆者は進歩的な人も入れて書いているが、文部省がそれに反発している。右の教科書はあるか。

家永　検定では右の主張をはっきり出していない。

佐藤　審議会にかけるのは、学識経験者に意見をきくというが、実際の検定は調査官がやる。戦時中の教学局にいた人がいるし、政治経済だと大蔵・通産から文部省に移って調査官になった人もいるので、社会科学の専門家はいない。

歴史のような専門的なものになると専門家がいないといけないが、そんな人はいるか。

家永　色んな人がいるとおもうが、調査官は自主性がなく文部行政の末端にすぎないと思う。

大きな文教政策の中で動いてゆく。

調査官をかえるというのは、別のグループが審査するということでこちらで選定をするのでなく、再提出すると、向こうでやり直す。

匿名の五名のグループで、現場教員などから非常勤でなる。

我妻　指導要領の枠が大きいと、土俵の中だけに入ればいいということになる。

チェックだけするものが狭くなると問題で、そうなると指導要領が問題。

審議会委員は閣僚が御膳立てするので、決めたことでyesといってしまう、実際の拒否力は余りない。

大内　後の審議会は長い沿革で政府のいうことをきかないということになっている。一般的には自由主義と官僚主義の争いで、資本、共産の争いという風には感じない。官僚が権力を握ろうとして、それに迎合する審査官を選ぶところに問題がある。

保守的官僚が保守的自民党を、保守的文部大臣が安保体制を意識して統制が強くなる。

統一して国家意志をつくることが一般に悪いとはいわれない。審査員が公正で力があればそれでいいと思う。

我妻　抽象的にそういえばいいが、実際が集めてくる人がどうかこうかということで問題だ。政治でこの一般原則を実現することは不可能かもしれない。

法務省の借地借家の改正案を一生懸命つくったが、それが棚上げされてしまう。なぜか新聞が第二の農地改革だという。選挙の時にいうと大変だというのでいわない。法務省首脳部が棚上げすると政府の意向にかなうとしておさえてしまう。法務省から離れたところで立案して通すということでなければならない。

文部省には戦前の文部官僚の国体意識があって、それまでもって行こうというところに問題がある。自民党の中にそれがあるから。

矢内原　文部省は政党に対して弱くなったので、自民党の国体意識も強く出てくる。

家永　合格、不合格の差があまりないのは、私ががんばったからである。

そこに制度の問題がある。昭二七にかえた時に通ったのは、現実として害はなくとも制度として考えねばならない。

戦争直後は国定で新しいのをつくる。「国のあゆみ」（家永）、それが二年位でつぶれて検定制度、学校教育法が昭二二にできてから問題となる。ＣＩＥがうるさくて問題にのぼる。

ＣＩＥはやかましい検定をした。

今のと全然逆で、連合軍への批判が問題とされた。学習指導要領で、検定基準を調査官が一方的に解釈する。その時に執筆者に来いというがいかず、出版社がゆく、そこにずれもある。

大内　絶対条件のなかに政党に中立と書いてあったが、歴史として可能か。絶対条件は許されるか。歴史は政治だから、できないことをいっていると思われるが。

矢内原　教科書問題は文部省中央教育審議会で。審議会、調査官はやり方の問題で、なるべく自由の立場で検定するようにといった。当時問題となったのは調査官が手薄で扱いきれないということであり、売込みが大変で、校長が出版社の agent になり、採択をすすめる。教科書事件になりかねない。採用の決定意見を教育委員長がもつか校長がもつか。

家永　今は県の教委が決める。

それを校長が決めた方がよいという。

東京は校長がもっているが、外では県教委が決める。

矢内原　校長がいいという理由では、転校する度に教科書が変わり、内容が変わり、手続が困ることになる。

広い単位で決めた方がよい。

家永　1、提出
2、答申
3、採択
｝教科書法案に盛られた―調査官をふやす。

その背景に「うれうるべき教科書」―文部省はしらず、文部省は答弁できず、実物をとりよせて審議会にみせろといったが、文部省はその権限がないという。

言葉と同様に教委はノータッチで、文部大臣がしっかりつかむ必要ありとして、検定、要領で、中央集権的になる。日本における特殊事情である。

要するに、思想問題では自民党―安倍源基（山口県）が中心である。

新日本教育協議会会長安倍会長に対し、山口日教組が摘発しても、中央教育審議会はある程度枠があり、それ以外の法律家・実業家の任命で問題ある人物がでてくる。

その論で、文部大臣が安倍氏をよんで事情をきこうという話があったが、それは通らなかった。

宮沢　そんな問題に文部大臣をわずらわすのはおかしい。それを国務と考えるのがおかしい。教育は国務ではない。

そう考えるのが明治以来。

矢内原　教育の中立性は結局人選の問題である。それは内閣がやらねばならない。

大内　戦後なった数人の文部大臣では希望する人選にはならない。

家永　日本教育学会では文部省の外局をつくり、その人選を学術会議でやったらどうかといったことがある。中教審も同じ。

大内　学術会議がそれに権力をもてばよいと思うが、それが不可能である。

矢内原　議案では、枠をつけて審議会委員は現場教師、中学教員から推薦、小学校、高校も教員―日本教育学会・学術会議が推薦。

財界（を入れるなら日教組から入れる）から入れてはいけない。
中教審では財界から入っている。教育専門家、学者で審議会をつくり、そこで調査官を任命する。
辻　政治学者は審議会に入っていない。
官僚ばかり入っているので易しい言葉で書くと難しく直す。
家永　平和主義について書いておくと、正確に条文通り書けという注文が調査員から出てきた。
大内　文部省に教科書審議の委員会があると文部大臣もそれを正せということはあるか。
我妻　あるとする意見が強い。
大内　医者の問題だが。
医師会と厚生大臣の問題だが、医者の点数でいうと、一点単価一〇円（現在）だが、医者は三〇円にしろ（医師会―個人）という。
病院と個人医は異なる。経済的要素が違う。
医療協議会に医者が出てこない。改訂もできない。一点三〇円でないと出てこない。
厚生大臣が平均一割増の予算をとった。厚生省はもっと病院をよくした方がよいという。個人はよくしなくてもよいという。
個人　一〇円→一一円
厚生省は病院によくやって個人はよくならなくてよいという。
国民からいうと四〇〇〇億―病気にかかる。
保険制度は料金を上げると保険料も上げる。個人負担と政府負担の問題もある。政府は七〇億しかとっていない。個人はその分け前を余計とろうというが、その通りである。これは教科書と同じでどうわけるのが、正しいかの原則である。
矢内原　文部行政と厚生行政は戦後の二大ゴタゴタの問題。
医療審議会（二〇名委員―医者二名、歯医一名）、これでは医者は絶対負ける。
大内　いやもっといる。それは医師会代表が二名。
健保代表、病院もいるが医師会が出さないから欠員がある。
矢内原　医師は労働者意識で、相手は日経連、厚生省。
大内　労働者かどうか問題だが、医療企業は中小企業の親方だ。
矢内原　健保連合会が目の仇にするのは蓄財何億もあるのに金を出さない。
宮沢　武見会長は医療国営の下心だといっている。
大内　病院に行き教授する医者がいる。それが国営を主張するという理由になっている。
今の医学で町医者は負けだということを見通せない。いい医者は貧乏すると。
我妻　大先生が診察しても、若僧がやっても、点数が同じというところにも問題がある。

大内　全体として北里派、青山派の学閥がある。医師会は非東大派。学閥の喧嘩がある。
我妻　町医者にはなりたくないと皆がいう。東大卒はいやだという。

〔議　事〕

1、関西支部より、申入れあり。

「憲法調査会も進行しているので、関西ではアトランダムに問題をやるより、調査会の議事録から問題をとりあげ、まとめて報告してはどうか。問題のとりあげ方は交互にやってもよい。」もう少し体系的に目的確定的にという意見。

我妻　憲法調査会をとりあげてという事はできないだろう。
佐藤　今までの委員会の調査を議会にかけて調査するというもの。そして最後に調査の結果を並べる―論点は出てくる。しかしその論点は珍しいものではなく、今まで出ていたもの。従って調査会の進行に拘束される必要はない。結果が出た時でもいいのではないか。
我妻　ここの研究会もテーマの選択を周辺に飛びすぎないようにしたらどうか。
辻　関西独自でよいか。重複してもよいか。
大内　関西はそれを公刊したいと希望なら、こっちと一緒にやっても歩調が合わないと思う。
辻　議事録を整理して読むという程のこともない。
佐藤　七、八月頃に整理したものが出るから、それをみて対策を考えてもよいだろう。こちらは調査会に出ている人もいるのでみんな知っている。

〔要　旨〕

―教科書検定について―

家永三郎

I　教科書の採用をどうすべきか

(1)　最近の検定では復古的傾向が強く、昭33・10・1の中学校指導要領では、記紀、民族信仰について述べよといい、天皇に関する叙述が昭和35年度検定より小学校社会科教科書で大きく取り扱われるようになった。この国の中心をつくりあげたのは天皇の祖先の神武天皇である、という叙述などはその例である。これらを過去の思想として述べることに異論はないが、年代にのせて記述するとなると問題である。また、同時に日清、日露の戦後についても主体性ある態度で記述せよとの要求がある。

(2)　このような迎合的教科書と良心的な教科書との間の距

離は、問題ある叙述の箇所で相当の開きがあり、どんな傾向の教科書が売れるかは、叙上の傾向に関してよりは、むしろ大学で難問を出すことから、詳細な説明のなされているものなど、専ら大学受験向きにできているかどうかによって決まってくるのが、高校教科書に関する傾向のようである。

又、うりこみが大変で、校長が出版社の出先化することになりかねない。採用の決定を校長にもたせるか、教育委員会にもたせるかは問題であるが、現在は大体、東京では校長がもっており、それ以外では教委がもっている。転校するたびに教科書がかわるということでは児童が困るばかりであり、広い単位で採用を決定する方がよいので、その観点から採用権者を定めるべきだとの意見もある。

Ⅱ　検定の実態について

(1)　敗戦直後は、国定で新しい教科書をつくった（例えば「国のあゆみ」）が、２年ぐらいでつぶれ、学校教育法が昭和22年にできてから検定制度が問題になる。最初はＣＩＥが厳格な検定をなし、当時は連合軍人の批判が対象となった。

(2)　家永32年の３訂版については、戦後史のところで、破防法、自衛隊に関する記述が、これらの政策は国民のすべてに支持されず、社会党、労組、文化人が反対の意見を述べ、中立の態度をとるべし、米軍駐留には反対とし、内灘、砂川など基地では反対闘争が行われた、と述べたところが問題となり、修正要求が出された。「国民の全部が支持するということは可能か」との意見に対して、３度目の検定でここを訂正し、圧縮して記述したら合格したものである。内容は殆ど変らないのであるが（文化人その他にも反対するものがあったとの記述にかえた）、反対の部分の説明が詳しすぎるということらしかったと思われる。

(3)　検定基準の絶対条件のなかには、政党には中立に、と書かれてあるが、歴史の記述としては不可能なことをしろといっているように思われるし、また平和主義については正確に条文通り記述せよとの注文が調査官からだされている。検定基準の解釈は調査官が一方的にしているが、中教審が検定は調査官の自由な立場を尊重するといったことに理由があった。しかし弊害ばかりではなく、右の主張に対してもそれをチェックするという効果があり、プラスの面もある。

執筆者と調査官の意思の疎通がうまくゆかなかったの

は、調査官が手薄で扱いきれず、かつ修正の申出に対し、出版社がでかけていってそれを執筆者に伝えたというところに原因があった。

(4) 外国での検定の事態は、共産圏諸国・後進国では国定があり、自由主義諸国ではイギリスが全く自由、大陸、仏では若干検定があり、アメリカでは州によってまちまちで行政当局がリコメンドするところがある。

(5) 日本で検定をどうすべきかについては、自主的にという意見と、完全に自由にすれば大変な混乱を引きおこしかねない、検定の是非は別として何らかの基準を設けることは必要だとの意見に分れた。教育界全体のことを考えると自主性ある方が望ましいのであるが、完全に自由な場合は教育委員会の採択が決定的となり易く、その教委にどんな人物が出るか計りかねることを考えると必ずしも自由がいいとはいいかねるし、更に日本には長い国定教科書の時代があって出版界は自由に慣れておらず、反って弊害の方が大きくなる可能性もある（昭30の教科書事件などに見られる出版社の腐敗を招くおそれがある）。

合格、不合格の差が執筆者の努力により少なくなることが多いということを考えると、検定制度も現実として害はないともいえるが、それだけに制度として考えねばならぬ問題があるように思われる。

Ⅲ 教育と国家権力

(1) 調査官は、戦時中教学局にいた者とか、大蔵省、通産省あたりから文部省に移ってきた者が多く、社会科学の専門家はいない（歴史のような専門的なものについてはいるが）。調査官には自主性はなく文部行政の末端機構にすぎず、大きな文教政策のなかで動いているだけである。調査官の任命は審議会によるべきだと思われる。

調査官を変えるというのは、こちらが選定するのではなく、再提出すると、別の調査官グループが審査し直すのである。匿名で5名が1グループを構成、現場教員などからなり非常勤である。

(2) 審議会については、官僚が権力をにぎろうとして、それに迎合する委員を選ぶところに問題がある。従って委員は官僚のきめたことをただイエスというだけで、実際の拒否力はもたないことになる。そのような保守的官僚が保守的文部大臣とつながり、自民党とつながって安保体制下の統制力を意識的に強化しようと計っているわけである。国家意思の統一的な形成が一般に悪いというわけではないが、それだけに審議会の委員が公正で強力でなければいけない。しかしこの一般原則を実現することはなかなかむつかしく、政府のいうことをなかなかきかない社会保障制度審議会のような場合もある（ここでの対立は資本主義と共産主義のそれではなく、自由主義と官僚主義の争いというように感じとれる）が、法制審議会で一生懸命つくった借地借家法の改正案が第二次農地改革だということで法務省により棚あげされてしまうという例の方が多い。

教科書検定については、それは国務のうちに入らないという伝説があって、大臣はタッチしない。例の「うれうべき教科書」問題も新日本教育審議会の安倍源基会長の摘発により問題になったもので、文部省は実物をとりよせる権限がなく、問題にすることができなかった。こういうことから、検定を中央集権的にしようとの考え方が生れた（日本的特殊事情であるが）。教育の中立性も従って文部大臣の人選により定まっていると思われる。ところが最近の文部大臣の資質からいえば、到底希望するような審議会委員の人選は行なわれえない。それに、検定審議会の答申に基いてとあるのだから、審議会に拒否権がある（という意見が強い）のだが、文部官僚は政党に対して弱く、自民党の国体明徴的思想にリードされて、文部行政の方向をその線までもっていこうとの傾向のあるのが実状である。日本教育学会では、文部省の外局をつくりその人選を学術会議で行ったらどうかという意見があったが、学術会議にそれだけの力がなく不可能なことと思われる。ただ試案では、現場教師（高・中・小教員からの推薦）から選ばれた者と、教育学会、学術会議からの推薦による者により構成（中教審では財界代表が含まれているがそれは絶対さけるべきである。なぜなら、評論家や実業家の人選に当って問題ある人物が出てくるからである。教科書法案にもられた調査官をふやすという考え方のなかにもこれがあった）するとされたことがある。その者が調査官を任命すべきであろう。今まで政治学者は審議会には入ったことはない。官僚によってのみ構成されると折角平易な文章でかかれたものが反って難しい文章に直されるということがままある。

(3) 戦後のゴタゴタ行政は、この文部行政のほかに、もう一つ厚生行政の問題がある。医療審議会は20名委員中医師会代表が２名にすぎない。これでは到底医師会側の意見が通らないというので審議会に出席しない。加えて厚生省は個人医師より病院経営を重視するので、武見会長などは国営の下心だと宣伝している。こうして医師会は厚生省と、更に、多額の蓄財をもちながら、薬の使用についてうるさいことをいう健保連合会を敵視し、また労働者意識から日経連を目の仇にする。たしかに、個人医院は転落企業であり、立派な医師の診断と経験年数の少ない医師のそれとを区別しないという不合理はあるが、現在の医学では町医者ではダメだという見通しをもつことも重要だと思われる。

保険料の引あげは、病院と個人医院との経済的要求がそもそも異なり、かつ個人負担、政府負担（予算との関係で）とも関連するので難しい問題を含んでいる。加えて個人医院を代表する医師会で北里派と青山派との対立があり、その解決は容易ではないと思われる。

## Ⅳ　議　事

関西支部より、「憲法調査会の調査と平行してその議事録より問題をとりあげて報告するのが、アトランダムに報告をするよりよいと思われるがどうか、またその場合、問題のとりあげ方により交互に報告をやってもよい」との申入れがあったが、調査会の報告書に現れた論点に珍しいものもないから、それに拘束される必要はない。報告書が出されてから議論しても遅くはないし、対策もそれから充分間にあう、ただ研究会のテーマの選択が余り周辺にとびすぎることは警戒しよう、一諸に研究するとの案は、旨く歩調があわないだろう、との意見が述べられた。

# 第三一回例会（昭和三六年三月一一日）

## 〔報告Ⅰ〕

―教育基本法の制定をめぐって―

務台理作

教育刷新会の会員として教育基本法の成立に関係する。手もとに充分な資料がないので完全な報告もできないが。

現在教基法の改正をめぐって問題になっているので成立事情を想い返すのも意味がある。基本法の根っこは二一年刷新委員会の第一特別委員会であり、ここで原案をつくることを委任された。私もその委員であり、記憶している材料で経過を申しあげる。

第一特別委員会が話合いを始めたのは二一・九からであり、前後一二回会合をし、成案ができて、それを一七回の教刷委の総会にかけ修正、承認を得た。

その根っこをつくる時に基礎になったものは、第一はポツダム宣言の無条件受諾、当時新憲法案は国会で審議されていたので一般に公表され、その案の精神に沿うということもあったし、それに同年三月三一日にアメリカ教育使節団二七人が日本の教育を視察し、リポートを司令部に提出した。

これは今日からみても、立派な民主主義教育、理想主義的見地をはっきりさせている。その印象は私どもに強く、その報告書が骨子となる。

昭二一年五月に文部省が新教育指針を発表する。文部省が民主主義教育にふんぎりをつけた最初の文書であり、指針は報告書に沿うている。

そういう共通の考えが皆にあった。二〇・一〇・二に管理政策がでて、教育内容の改訂をせよ、教育関係者の資格審査および技術内容の管理の検討をせよなどの指令がでる。二〇・一〇・二四信教の自由侵害の件。

二〇・一〇・三〇　教育・教官の調査、除外に関する件

二〇・一二・一五　国家神道に対する政治援助廃止の件

二〇・一二・三一　修身・日本史・地理の停止に関する件

二一・一・一　人間宣言

これらがいろいろの意味でバックボーンとなり、教育一新の気持ちが共通になっていたと思われる。三月アメリカから、シュトダット博士ほか二七人の使節団が来日して、五月から会議開始。日本でもそれに対応するかたちで、南原、務台が入っていた。そのなかで私は米のキャンドルと同じ分科会に入り、日本の教育制度を比較教育学の上から話をされた記憶があり、重要なのは、報告書である。これをみると、この中で教育基本法をつくれという

ことを勧告はしていない。むしろ実質的な教育の目的、制度、内容について勧告があったが、それを今日みると、

教育勅語を使節団がどう扱ったかに興味がある。勅語は公式の席でつかってはならない。教育勅語の批判というより扱いの批判と思われる。勅語の問題をさけていたと思われ、勅語を急いで廃止しろとはいっていない。これと関係ないと思われるが、来日の三・二一日に田中学校教育局長が教学官会議で教育勅語尊重論を述べている。反対ありと、朝日新聞で暴露した。しかし儒、仏、キリスト教の考えと共通しているもので普遍的事実を示したものであり、尊重せねばならぬとの意見であった。

この意見が使節団に反映したとは思われないが、勅語の問題には立入らなかった。田中局長が勅語尊重論を述べた。思想の文脈がどういう意味をもつか、今日考えてみてもよくわからない。田中は人類の立場からそう述べたものか。当時の政治的立場から、国体護持の立場をくみとって政治的にいったのか。国体護持を看板に官僚制護持を期した考え方（当時あった）をくみ入れたのかわからない。

私の関係では田中さんが文相になってから、「世界」同人があって、それに属する方でこの会員は高木、谷川、大内、務台であるが、同人の集りで、勅語にかわる新しい勅語の下請をうけたらどうかとの案が出て、同人にアンケートをとったらどうかということになり、それをまとめる役割を私が委任された（二一年夏）。アンケートの返事は、賛否両論で別に結論は出さなかったと思う。文化人にもこういう意見があったと思われる。そのようなことは刷新委の出発前であった。

二一・九刷新委は行動を始める。第一特委が教育基本法の問題を扱うことになり度々会合し、その間に総会で中間報告をして承認を求め、意見をたたかわせていった。

第一特委のメンバーは、

会長　安倍能成
副会長　南原　繁
委員八人　芦田　均　河合ミチ（道）
天野貞祐　羽渓了諦龍谷大学長
森戸辰男　島田孝一早大総長
関口　泰　務台理作

この委員会には文部省から事務官として、教育研究所からも出たが、文部省側は発言しなかった。オブザーバーなし。司令部、ＣＩＥのもなし。（その点では大学基準委員会とはずいぶん異なっていた。基準委員会ではＣＩＥがオブザーバーとして出ていた。）外国の圧力があったとか憲法の先にできたというのは大変なまちがいで、日本の教育を新しくしようという情熱が感ぜられたと思う。

一二回の会合ののち、二一年の一一月二九日、一七回教育刷新委

の総会で基本法の骨子を報告した。そのさい参考案をつけて出した。骨子をやや成文化したもので、全文の内容にふれていたと思う。この総会に出した第一特委の骨子案は、教育の理念及び教基法に関すること、というもので

1、教育基本法を制定する必要ありと認めたこと。

2、教育の理念（目的・方針）を述べる。

内容は教育基本法の一条二条になっているもの。

3、前文を附すること。

従来の教育が形式的画一的なのが欠陥になっていることを述べる。

4、各条項が九点あげられる。

①教育の機会均等―Ⅲ、②義務教育―Ⅳ、③女子教育―Ⅴ（男女共学）、④社会教育―Ⅶ、⑤政治教育・学校教育―Ⅵ、⑥宗教教育―Ⅸ、⑦学校の性格、⑧教員の身分、⑨教育行政

原案で通過をうけた。文部省の手で法案とする際にこれを立案骨子とする。

学校制度に関すること<br>私立学校に関すること ｝の議題が同時に出て、<br>教育行政に関すること

これにより教育委員会が教育基本法と不可分のものとして原案がつくられた。

こうして、一一・二九の総会の決議により、二一・一二・二七に会長が首相に提出した。

この骨子案のうち、法案となってできたものとの相違は第一委に連絡なく、文部省で法案化され、国会に提出される間に修正された点がある。

それは、教育の目的のなかで教育は「人間性の開発をめざし」と書き出しにしたのが「人格の完成をめざし」となる。

法案の一〇条で「教育は不当の支配に服することなく」がなかった。骨子になかったのは、考えないのではなく、教育委員会で教育行政の問題として、「不当の支配に服することなく」をそこで支えてくれるとの考えがあったからである。

「人格の完成をめざし」となった点はよくわからないが、第一委でも人格の完成の意見が出たのだが、それを教育の目的にすることが可能か、抽象的で解釈がむつかしいというので、「人間性の開発をめざし」とした方が具体的だろうということであった。これがどこから出てきたか、推測では田中さんの意見が出たのではないかと思われる。項目の上からみてめだつ変更は以上の点である。

文部省で法案化したときに問題になったのは、文部省の辻田調査局長と田中二郎さんが一緒になって「教基法の解説」をかいた。そのなかで、いろいろ弁解をしている。「人格には向上があって

も完成ということはないという反論があるかもしれないが、めざすのだから向上と同じだろう。骨子がこう修正されたのは、①人間性は一般人の感覚として、動物的自然性という色がつよいので人格として人の特性を強調するために人間性より人格を述べた。開発は諸能力をのばす内面的なものをいうので価値評価が考えられず野性の展開ということになりかねないので、人格の完成としたのだ」と述べている。

私は「人間性の開発」の方が直接性があり、一般の人に親しめると思ったのである。今日のようになると考え方が異なり、人格の完成は民主主義での人間の統一的発展を考えるという教基法の重要な理念だと思われる。

教基法二二・三・一三、九二国会の衆議院に上程、衆議院委員会では記録によれば賛成者が多かった。勅語と基本法の関係が問題とされ、高橋文相は「儒教は時代とともに変化するので明二三の勅語がそのまま維持できないのは当然だが、これは誤っているという考えや、新しいものに変えるべきだという考えはもっていない」といっている。

社会党から機会均等の実質的裏付け、教職員・学生の政治運動の自由、教育財源の保障で勤労青年の教育が重視されているかとの質問・意見があった。

これについて第一特委の骨子では、「勤労と協和とを重んずる」が教育の目的のなかに入る。始めはなかったが森戸さんが主張されて、盛られたもの。

教基法になると、「勤労と責任を重んじ」に替られた。貴族院では佐々木惣一から勅語はどうなるかとの質問あり。高橋文相は、「勅語がつかわれるとは考えられないが新しい勅語をつくることは考えていない。政府の方針は法律をもって定めるべきである」といっている。基本法は勅語にかわるものだといっていない。

勅語については、二三・六・一九衆議院で勅語排除に関する決議、貴族院で勅語等の失効の確認に関する決議としてきまっていた。これによって文部省は六・二五日に次官通牒として都知事が「勅語の取扱について」を出し、失効を徹底するよう伝えてほしいということになった。

こうして基本法が教育の理念を示すようになった。

基本法は二二・四・一から発効。

四・一一に極東委員会の指令として「日本教育制度改革に関する件」がでて、基本法の精神の方がはっきりしている。

五・三、文部省、基本法交付に関する訓令。ここにも人格の完成を説明し、「人間のそなえる凡ゆる能力をできる限り、調和するように発展せしめること」と説明されている。

成立に関して私があつかったものは以上であるが、そのなかに含まれた項目のなかでの重要性について、人間性の開発が重要と考えた。それこそ民主主義教育の精神をいい表した言葉だと思う。教育の機会均等も大切である。

旧制度では袋小路が多かったから、それが除かれたことは重要である。

一〇条の「不当な支配に服することなく、国民全体に対する責任」云々、これが現在痛めつけられている。これも重要で、その時も感じ今日でもそう考えている。

**〔報告Ⅱ〕**

―新教育制度制定の事情―

南原　繁

基本法のみならずその他の教育関係法について、雑談的に話してみたい。

戦後の教育改革の指標はアメリカ教育使節団の報告であり、それを推進したのは教育刷新委員会（後に教育刷新審議会）である。日本側の教育者の委員会があった（これが重要）、人数は二七、八人。

山崎次官　田中局長

これはむこうの使節団と討議するためのものとして四部門くらいに分れていた。私はこの委員会の世話役、その間に日本側委員の話としてそれだけでなく、我々の政府からの使節ではないが、非公式ながら我々の報告書をつくろうじゃないかとの話合いができて、日本側の報告ができた。

それは―文部省・アメリカ国務省に提出（秘密文書）。

三つの項目あり。

① 教育理念―全員一致　人間の個性開発。

② 教育制度―二、三の反対意見があったが、大多数は賛成。六・三・三・四。

義務教育改革は突飛な考えではなく、昭一八年に義務教育の延長の法律をつくった。実施されることはなかった。それを一年のばして義務教育九年がきまった。

後の三、四は異見があったが、皆が賛成したのは、アメリカの案を移すというのでなく、菊池総長の学芸大学の案あり、近衛さんを中心とする教育改革同志会があり、六・三・三・四の教育改革をいっている。

旧制高校の廃止をいった（私は時期尚早と考えた）。機会均等からいえば旧制高校の廃止。

市民としての教養をつくるため新高校をつくる。大学のなかにも教養をいれようとの意見があった。

③ 教育行政

文部省の中央集権
視学制度
｝アメリカ・カナダの教育委員会を考えた。

従来のモデルはドイツであった。

我々の委員会側のレポートが提出され、使節団のレポートと大体一致している。そこで教育刷新委が二一年夏に発足、こんどは内閣直属。

一年半安倍、その後は私が長。

構成は内輪の教育家が中心となり、そのほかに新委員が加わり四〇人前後。

初期は国会議員が入る。後に除き、審議会に変った時は新委員が入る。

そのほか特別の専門委員を任命して諮問する。文部省に技術的な諮問委員会があり、審議会の骨子を立法化するためのものであった。大学については大学設置委員会があり、大学基準協会（CIEがオブザーバーとして出席）があった。

CIEとの関係は、私の知る限りで、刷委の第一回総会でCIE、ニュージェント中佐が出て態度を説明した。その委員会にオートノミーを授けるといった。その際、司令部と委員会との連絡機関をつくり、二、三のアメリカ人、日本人で話をする。

大きな問題で対立した場合は、high committee をつくって論ずるということで、何れにしてもお互いの協議で決めようということであった。

現に司令部の希望が二、三あったが、それは文部省を通じて意見表示した。

一つは国立大学地方移籍案―各地の高専の扱いと共に。

二つは大学管理法案―我妻さんなど反対、大学教授連合の名で
　アメリカに反対。

三つは大学教授の身分―レッドパージ。
　赤化教授の適格性―反対。

ニュージェントの約束が守られた。―和歌山の先生をしていたことがある。

刷新委で扱った重要な問題は、

① 基本法―第一特別（四委あった）八名。

使節団のくる前の教育家委できめたときは教基法でいう教育の理念は勅令にしようとの意見があった。憲法ができていないので。

人格の完成と人間性の開発について、前者は古い大学令にあるのでこれをやめようとした。

② 学校制度

財政については文部省は確かな抵抗をした。田中文相、山崎次官が抗弁。刷委はこの際やらなかったらできないということで強調した。軍部の金を廻せるじゃないかと。関口泰（教育局長―教育家委員会）が即時実行を主張。六三即時義務教育を実施。市長村長も協力。むりをして実行。

新高校は、農、工、商などの種類をやめ、高校に統一した。古

い運用の点に失敗があって、技術教育がおろそかにされたから。
二、三日前の新聞をみると高専をつくるとある。五年の案は私はいいと思う。現代の学校法で二年の専門課程をおくとなっており、それは当時から予想されていた。その代り短大が繁盛した。ここは予想がちがった。短大は過渡期の制度として承認したが、和田氏が大学設置委員会委員長として苦慮した。一年は施設がたりない。その例外として短期をみとめろと刷委で縷々のべた。
将来四年になることを前提として、短大ができた。それを高等学校でやりなさいというのが私の考え。短大は甚だ遺憾である。大学院は委員会で申合せあり。七〇幾つの国立大学があり、普遍化しすぎ学術の振興にこまる。そこで若干の大学で大学院を設けてそれをはかろうとした。これもくずれた。大学院が沢山できて始めの点と異なった。

大学制度について特異な案あり。天野氏は教育委員会で六・三・三・四に異見をのべたが、刷審で具体的意見として、大学は従来の総合大学だけにしたらどうかといった。賛成した人はいなかった。

それにも拘らず大学はふえた。

刷審での意見として教員養成機関をどうするか。義務教育をする人こそ大学教育をうけた人が当ることでなければならない。そうすると大学になる。各県に一つずつ大学が要る。教員養成のみの大学ではいかんという議論になり、各県に一つずつあってもいいじゃないかということになった。アメリカでもカレッジを含めて、一〇〇〇位あるし、各県の問題であるから、高専と大学の区別を廃しようとした。

高等教育をうける人は戦前と戦後と同じであるからいいということであった。私立は別である。

③　教育行政

教育委員会については始めは市町村の細いところまでやるのはむりではないか、郡単位でとめたらどうかというのが皆の意見。

文部省廃止案があった。司令部のヒントで出てきた。委員会では異存なく、存続説では中央機関でなくサービス機関としての中心機関は必要だから、おいていてもよいということであった。名前はかえてもいいのではないか。文化省という名称で意見はまとまったと思うが。

刷委は六年間（二一～二七間）やったが、やめる時あとどうするか。最後の結議は中央教審で、文部省におこう（内閣ではなく）。但し任命は選挙によろう（各種の文化団体による）。公平に選挙手続を設けて、剣野さんにきてもらって、つくったのであるが実施されず、中教審の名前だけが残った。

結　①　司令部の圧力で動いたものではない。一つだけ、学校教育制度の医学の年限問題。ＣＩＥのほかＰＨＷ（Public Health Welfare）があり、その長がサムス大佐で、小委員会（医学）で医学は四年のほか三年で予備教育premedicalをうけよという案をだした。これは大変問題となる。我々は一年余計出したのだが、それを三年にせよという。ニュージェントの応援をたのみ、サムスとやり合う。結局二年にした。

　これを荒木文相は圧力をかけられたという。証人は、阿倍能成、田中耕太郎である。—戦後の教育制度は教育家委員会がアメリカに迎合したと何かにかいている。

　教委員は、二八人　天野貞祐、戸田貞三、
河合ミチ、木村健、
上野、
小宮豊隆、京大、鳥飼、
高木、慶大小林総長、
柿沼、河原春作、
南原、安藤総長、
務台、森田弁護士、
柳宗悦、
菊池豊三郎、
尾崎道雄、
長谷川如是閑、
山際国民学校長、
有賀青年学校長
サバトウ（?）中学校長
塩村高校長
高橋農、ほか

田中耕太郎—教育基本法の理念によれば、
三分の一は現代の法の解釈—自然法に基く人格論。
　勅語は中外にもとらず。
　帝国という家はない。
三分の一　教育思想史　①日本
　②西洋
三分の一　各論　政治
　社会

これによると現在の制度にふみきった時に、強圧はないという。日本にも六・三・三・四の考えがあったと。

　できた制度をかえるのはむつかしいが、欠陥をなくし、将来の見通しを考えないわけではない。

### 〔討　議〕

家永　基本法一〇条の解釈について、条件整備については、教育行政は教育内容に立ち入らないというコメンタールがあり、九学会が内藤局長との押し問答のなかに教科書の問題について、教育行政は教育内容を考えることだと内藤局長はいうが、現在問題がこじれている。立案当時はどうであるか。

宗像　「諸条件の整備確立」とあるが、細いことはかんがえていなかった。

南原　大筋としては内容・理念には関係しないというのが、文部省の考え方であった。文部省はサービス機関として広くなる。設備財政などに携わり、内容その他にはタッチしない。教委は内容に立ち入るかということであった。選挙とつながって教委が現場の先生と手をつないでやるべきで、そのため教科書の検定は教委がやるとなっていた。

我妻　教科書は適者生存にまかせておくのは困るが、大きくは決めておくのが必要だと思われる。誰が大きい枠を決めるのか。組織が問題で、教委が考えられる。教委がなくなると理念が行われなくなると思う。文部省は不当な圧力とは文部省が圧力に屈しないでとよむだろう。

大内　三条の機会均等については、教育の骨子案はどうであったか。

宗像　骨子に書かれた教育の目的方針は、非常に抽象的である。そこには奨学金をやればよいとある。

大内　能力があっても経済的能力に対しては考慮されない。ただ奨学金の制度だけでは、機会均等ということにはなれないから、それではだめなので、骨子はどうなっていたのか。

宗豫　社会党が均等の実質的裏付けを質問したことはその意味だと思うが、実際問題としての具体化については議論はなかったと思う。

南原　機会均等の根本は義務教育である。それを無償とするということで表現した。

宗像　憲法では義務教育は無償であるとあり、教育基本法で後退していると思われる。

大内　問題はそこにあるので、私立大学の問題、東大入試の問題は不平等の教育制度の問題であり、それが教育の重要問題である。

南原　そういう議論はなかった。高校の入試準備については、考えが及ばなかったが。

我妻　基本法のなかに成績のいいものはいいからとるということは当時成り立たなかったと思う。最小限度奨学金をやらねばならないということであった。

大内　その場合、奨学金の問題で基本法がもち出されたことはない。国立と私立とではうけている比率がちがうし、できる人にやるのはいいというのなら試験をしてやるべきである。

南原　運用が悪いのだろう。五〇億の資金を公平に運用すべきである。

大内　能力に応じてやると書いてあるので、従って東大に多くなる。経済力に応じてやるという規定は一つもない。したがってどんな民主主義かという問題。

我妻　それはこれからの問題として、考えるべきだ。

南原　能力に応じてのなかに経済の問題もいれろということか。

大内　教育だから能力は必要だが、同じ能力なら経済のことは考えてやれということ。

　財政的能力がなくとも精神的能力があれば機会均等にしろということが書けていない。

南原　それが育英会のできた理由で、運用が悪いだけである。

大内　育英資金は戦時中のものが頭にあってできている。

南原　しかし、ふえてはおり国家が全部やるのなら理想だが公平分配。

大内　社会保障制度のもつ理念を教育制度についても考えねばならないと思う。授業料のみならず、そのほか全部国家支給。一定の能力以上のものは全部やる。こんな規定が機会均等の本当の意味である。

南原　今の制度は公平の観点である。

菊池　生活保護法では、生活保護をうけていれば高等学校以上やれないということになっている。

　このことが問題なのだ。

大内　機会均等は能力に応じていなければならないが、そうでない。東大と法政とは違う。

　私立大学の授業料四万 ｝機会均等でない。
　東大　　　　　　一万 ｝

丸山　機会均等は経済的なものは後で現在は思想的である。一項がそう。二項で経済的。

大内　それはわかっているが、例えばフランスその他では均等は日本と異なる。日本では小学校だけの無償が機会均等。

我妻　日本では第一項も同じ意味がある。自由権的平等もある。

丸山　第一はブルジョワ的平等で、第二項は経済的。

家永　南原さんのいう日本側委の答申は私のところにある。

南原　宗像さんが教育制度を新書にかく。

家永　大学に三年の臨時教員養成所を附置するとも書いてあるが、当時どうか。

南原　現在、大学のことを東大で審議しており、大学の年限延長を考えている。それはできるかといわれたが、六・三・三・四は、暫定的で、延ばすことは認める。減らすことは考えていない。先生も二年で充分だろうということだったが、やっぱり四年にしようということで最少限四年のつもりだった。だから短大などを考えたのは暫定的。

我妻　大学院、短大などの構想がくずれているのは困るので、それは困ると叫ぶ責任がある。

南原　短大をもとにもどすのは大変。

我妻　高専などができると、昔と同じようになる。

辻　会社が短大をつくる。

宗像　最初は短大の考えがなく、高専は廃止、全部四年になれればいいがなれない。今できなくとも少したつと四年にできるというものを暫定的に短大として認めた。

大内　やっぱり短大をやればもうかる（花嫁教育）。大学設置委員会が悪いわけではない。

宗像　設置委員会に私は入っていて、短大の基準をきめたことがある。文部省、専門学校の人が基準を決めるときに、

①　大学の中に短大
②　専門を当分短大とする
③　短大以上望まないもの
} 三者協議で決まらない。

二年終了したら三年への道をひらく、短大で一般教育が多くなけりゃいかん。そこで、一般教育と専門との配置の上でむつかしくなる。花嫁では一般教育はいらない。専門で大学になれないので自分たちは切端つまった。ほんとうに暫定的だった。基準も暫定的だった。アメリカ側からも（ＣＩＥ）文部省に圧力があった。

我妻　専門の救済というが、なかなか専門になれないものがあり、短大にまずなる。そうすると今まで専門になりたいものを救うものがなかった。

南原　短大ぐらい社会の需要に応じたものはない。

我妻　大学設置は文部省がやっていいとは思われないが、委員会になっても大したことはなかった。委員も悪い。

大内　日本で大学ができたら、もうつぶせない。学校さえあれば寄宿舎として（税がかからない）人に貸しておく。つぶれない。学校をやっていない大学が沢山ある。建物さえあればよい。

辻　学区制度は教育委員会で考えたか。

宗像　一七回総会で、教育行政の構想（教委について）はどうするかが論ぜられ、

①　市町村地区
②　都道府県
③　地方地区、教県ブロック―各府県教委から選任
④　中央教育委

南原　市町村地区は自民党によってできた。

我妻　警察とはパラレルになっていた、最初は。

菊池　大学区というのは。

南原　それはあった。教育長は関東では東大総長。しかし問題にならない。

家永　地方ブロック教委は田中さんの考えが入っているのではないか。

南原　大学が上だというのが田中さんの考えだからそれは違うだろう。戦時中のブロックの考え方であろう。

〔議　事〕

1、五月三日の講演会。都市センターホール

講師未定。人も変り、題もかわる。関西にも通知。講演主題はどうか。

2、岩波新書二〇日発刊

印税の分配、一万部分の印税は会に寄附。

〔要　旨〕

―新教育制度制定の事情―

南原　繁

Ⅰ　日本教育家委員会の報告書

戦後の教育改革の指標となったものは、アメリカ教育使節団の報告書であるが、これよりさき、21年1月9日総司令部覚書「日本教育家ノ委員会ニ関スル件（史科23篇11）により、この教育使節団に協力すべき日本教育家の委員会が文部省により任命された（28名）。この委員会は使節団の編成に対応して4部門に分れ、それと討議をかわしたのであるが、非公式ながら委員の報告書をつくろうとの話合いができ、報告書を作成した。この文書は秘密文書として文部省とアメリカ国務省に提出されたが、3つの項目からなっていた。

①　教育理念については、全員一致して、人間の個性の開発を支持した。

②　教育制度について二、三の反対はあったが、大多数が六三三四制に賛成した。義務教育延長に関する考え方は決して突飛なものではなく、古くは菊地総長の学芸大学案あり、近衛氏を中心とする教育改革同志会では六三三四の改革案を考えたこともある。また昭18年に義務教育延長8年の法律をつくったこともあるが実施されなかったので、それを1年のばしたものであった。教育の機会均等の考え方からいって旧制高校廃止の意見があり（私は時期尚早と考えたが）、その代りとして市民としての教養をつくるための新制高校の設置と、大学の課程にも教養部門をいれようということであった。

③　教育行政については、従来のモデルであったドイツ型、すなわち中央集権的な文部省と視学官制度をやめ、アメリカ、カナダ型にならって教育委員会制度を考慮した。

○　こうした委員会の考え方は使節団の報告書と大体一致

していた。

Ⅱ　教育刷新委員会と占領軍の関係

この日本教育家の委員会が中心となり、国会議員のほか新委員が加わって刷新委員会は40名前後の委員により21年夏に内閣直属機関として発足した（最初の１年半は安倍氏会長、その後南原会長となる）。

刷新委員会での審議について重要なのはＣＩＥとの関係である。何故なら現在荒木文相の発言などで、教育制度の改革が占領軍の圧力によってできたと批判されていることからこの点を明らかにする必要がある。私の知る限りでは、第１回総会にニュージェント中佐が出席してＣＩＥの態度を説明し、委員会にオートノミーを授けると述べている。ただその際、司令部と委員会との連絡機関（若干の日米両人より構成）をつくって話合いをし、重大な問題で対立した時は、ハイ・コミッティをつくって論議することとつけ加えているが、いずれにしてもお互いの協議によって決めてゆこうということであった。そのため、司令部の希望も文部省を通しての意思表示の形でなされたにすぎず、それは㋑国立大学の地方移譲案（各地の高専を主体）、㋺大学管理法案―大学教授連合の名で反対、㋩大学教授の適格性、いわゆるレッドパージの問題―反対、であったが、こうしてニュージェントの約束は最後まで守られたのである。ただ１つの例外は、医学修業課程の問題で、医学部門の小委員会でＰＨＷのサムス大佐が、４年のほかに３年の予備教育期間を設けよとの案を出し、大変問題となった。委員会では１年案であったから、ニュージェントの応援を頼んでサムスとやりあい、中間をとって２年にしたという例があるだけである。この占領軍の圧力の問題についての証人は現在２人いると思う。安倍能成氏、田中耕太郎氏である。安部氏は戦後の教育制度は教育家委員会がアメリカに迎合したものと何かに書いていたように思うが、田中氏は、「教育基本法の理論のなかで、圧力はなかったとし、日本にも六三三四の構想があった」と述べているのである。

Ⅲ　教育刷新委員会での審議

刷新委員会で扱った重要な問題は、①教育基本法の問題、②学校制度の問題、③教育行政の問題である。

①　教育基本法については、刷新委員会の４つの特別委員会のうち、第１特別委員会（８名）がこれを審議した。詳細は務台報告があるので、ここでは、教育基本法でいう「教育の理念」については、教育家委員会できめたときは、当時まだ憲法が制定されておらず、これを機会にしたらどうかとの意見があったこと、「人格の完成」の

用語は古い大学会でいわれているので、これをやめて「人間性の開発」としたこと、を付け加えておくだけにしたい。

② 学校制度（六三三四）で、義務教育９年につき一番問題となったのは財源である。委員会の考えとしては、軍事費を財源にあてれば可能であり、この際実行せねばやる時がないとのことで強調したのだが、田中文相、山崎次官が反対した。特に関口泰氏が即時実行を主張し、市町村長の協力もあって、この主張が通ったのである。

新制高校については、農・工・商の種類別をやめて一本に統一したのであるが、運用の点に若干の失敗があって技術教育がおろそかになる面があったことは否めない。この点最近の新聞によれば、５年の高専をつくるということであるが、当時も２年の専門課程をおく学校を認めることにしていたから、当時から予想されていたものと考えてよい。ただこの２年専門課程案にかわるものとして現在短大がふえていることは予想と異なるものであり、失敗であった。というのは、施設がたりないため、ただちに大学に昇格できないものについて、大学設置委員会の和田会長が苦慮し、刷新委員会で縷々述べたので、将来４年になることを前提とし、過渡的制度として短大を認めたのであった。南原の考えでは現在の教養的短大の課程は高校でやるということであったから、この点ははなはだ遺憾である。

大学制度については、天野貞裕氏が六三三四制に異見をのべ、大学は従来の総会だけにしたらどうかとの案を出したが賛成者はいなかった。刷新委員会としては、教員養成機関をどうするかが問題となって、義務教育者は大学教育をうけた人でなければいけない、そうすると各県に１つずつ大学が必要となる。アメリカでもカレッジをふくめて大学は千近くあるからそれでもいいではないか、教員養成のみの大学ではなく、各県に１つずつ置こう、それを大学といっても名称だけの問題である、ということから高専・師範と大学の区別を廃止するという意見であった。

大学院に関する委員会での申合せは、70幾つの国立大学に認めては普遍化しすぎて、学術振興の目的が満されないから、若干の大学にのみその設置を認めるということであったが、これはその後大学院がたくさん設けられて始めの線と異なってしまった。

③ 教育行政については、司令部からのヒントで、文部省廃止案もでたが、刷新委員会としては、存続説をとり、

その場合、教育行政の中央機関としてではなく、サービス機関として中心になるものが必要だからということで名称をかえ、文化省にということで意見がまとまったように思う。

教育委員会の設置について、市町村の末端にまでおくのはむりだろうとのことで、郡単位に設けるというのが委員会の意見であった。

刷新委員会は21年から27年まで活動したが（24年６月１日から教育刷新審議会となる）、委員会は29回の建議、審議会はその後34回までそれぞれの時期に適切な措置をとることを当局に建議し、戦後の困難な教育の建設に大きな役割を果したのである。そして審議会は26年11月第35回建議において、中央教育審議会の設置の必要と、その組織、委員の選任、任期、権限について具体案を提出し、これにその後の文教政策の審議を引きついでゆく案をたてた。すなわち、中教審は内閣ではなく文部省におき、委員は各種の文化団体による選挙によって任命されることとし、剣木次官の出席を求めて、選挙手続を設けたのである。しかし、この任命方法は実施されず、中教審の名前だけが現在残っているにすぎない。

討議の概要

Ⅰ　教育行政について

(1)　９学会が内藤局長と押問答をしたとき、局長は教育行政とは教育内容を考えることだと発言し、現在そこから問題がこじれている。基本法のコメンタールによれば、教育行政は教育内容に立ちいらない、とかかれており、この点が問題であるが、基本法立案当時では、文部省は教育の理念、内容に立ちいらないというのが大筋の考え方であった。なぜなら、文部省はサービス機関であって設備その他の問題にタッチするだけである、選挙によって選ばれた教育委員が現場教師と手をつないで、内容にタッチするというものであったから。従って、教科書の検定も教育委員会がやることになっていた。検定を自由にすることは教科書の適者生存を認めることになり、それでは困るから、誰かが大枠を決めなければならない。組織の上からいって教育委員会が適当である、という意見である。従って現在のように教育委員が任命制になると、教育の理念が行われなくなる恐れが生ずることになる。我々は、そこに不当な圧力がかけられると考えるのであるが、文部省側が考える不当な圧力は、文部省にかけられる圧力を考えている。

(2) 教育委員会に関する第17回総会での教育行政の構想は、①市町村地区、②都道府県地区、③地方地区、④中央教育委員会、というもの。③は数県が1ブロックとなり各都道府県教委から選任されるもので構成するという考え方のもので、戦時中の地方ブロック制の考え方を基盤としていたが、実現されなかった。これらの構想は警察制度とパラレルに考えられたものである。外に大学区というものを考え、そこでは関東の教育長は東大総長であったが、この学区制は殆ど問題とされなかった。

II 教育の機会均等について

(1) 教育の機会均等に関して骨子案では、その具体化の議論は殆どなされなかった。ただ抽象的に機会均等の根本は義務教育であって、それを無償にするということと、最低限で奨学金を出すことを考えていたくらいであった。従って機会均等は、思想的なもので、自由権的平等を意味し、経済的意味のそれには比重がかけられていなかった。ただ規定の上では、3条1項がブルジョワ的平等を、2項が経済的平等を示唆すると考えていた。しかし、経済的能力の平等が実現されなければ機会均等の実現は意味がないのであり、社会党が実質的裏付けの質問を出した意味はその点の指摘ではなかったかと考えられる。何れにしても小学校の無償という点で機会均等というだけでは意味がない。社会保障制度のもつ理念を教育についても考えねばならない。授業料のみならず、一定の能力以上のものには国家が全部支給する、生活の面倒もみるということでなければ均等の本当の意味はない。ところが、生活保護法によれば保護家庭は高等学校以上にやることができないことになっている。これが問題なのだ。

(2) 義務教育は無償だといっても、それ以上の教育の場合が問題であり、特に大学教育に関する機会均等に多くの問題がある。なかでも奨学金の問題は重大である。今の育英会は戦時中の制度を引き継いだもので、考え方としては公平分配の観念から出発している。機会均等は能力に応じて公平にということであるが、実際はそうではない。例えば、国立、私立の奨学金をうける学生の割合は非常にアンバランスで、能力に応じて与えるものとしても、試験できるわけではない。東大生だからという理由だけからである。しかも、能力のなかには、経済力の問題が全然考慮されていない。国立、私立の授業料からいってすでに均等ではないのである。従って機会均等の民主主義はどんな民主主義かということが問題である。勿論教育には能力が必要であるが、同じ精神的能力があるものには財政的保護を均等にしなければならないと思われる。骨子案当時では、成績のいいものはただにするということを規定する考え方は到底成立不可能であった。結局現在の段階では資金の運用が悪いというところに帰着するのであろうか。理想は一定の能力以上の者には全部に教育の無償をというイタリヤ憲法34条の考え方である。

III　大学制度について

(1)　現在大学制度をどうするかについて、東大で審議しているが、まず大学の年限延長が考えられている。当初の審議会では、六三三四は暫定的で、将来のばすことを認めるという諒解であった。教員養成は2年で充分という意見もあったが、4年になり、大学教育は最低限4年という考え方であった。勿論、短大の構想はなく、高専を全部廃止した以上は、全部4年にする。ただ専門学校のうち、直ちに4年になる設備その他の不充分なものに対し、暫定的に2年を認めるということであった。

(2)　設置委員会で短大の基準をきめたときには、文部省専門学校代表者で協議したが、①大学の中に短大をつくる、②専門学校を当分短大にする、③短大以上を望まないもの、等について協議がととのわず、結局、文部省、CIEの圧力もあって、専門学校の性格として短大が設けられたのである（従って基準も暫定的であった）。しかし、今までの経過をみると、短大ほど社会の需要に応じたものはない。花嫁教育、会社の社員教育その他で、しかも経営者ももうかるということで暫定的なものが、一層増加するばかりである。しかも日本では学校は一度できたらもうつぶせない、寄宿舎にして人に貸しておいても（税がかからぬ）建物さえあれば存続するということで、問題になっている。これは大学設置委員会の措置も悪かったが、又それだけに短大をどうするかについては責任をもたねばならない。短大は困ると叫ぶ必要があるのではないか。ただ、昔の高専にしてしまうことは賛成できないし、一般教育の配置についても難しい問題がある。戦後の大学制度は、この短大ともう一つ大学院についてその構想がくずれつつあるということができる。

VI　議　事

(1)　5月3日の講演会を都市センターホールで開催、講師演題をきめ、関西支部にも通知をする。

(2)　岩波新書を20日に発刊する。印税の分配については一万部につき会に寄附すること。

# 第三二回例会（昭和三六年四月八日）

清　宮　四　郎

―憲法の変遷について―

## 〔報　告〕

(1) 変遷を中心として自衛隊は引き合いに出す程度にする。

変遷とはドイツで改正と区別してVerfassungsänderung（改正）に対するVerfassungswandlung（変遷）という。問題を紹介して意見をきき、まとめることになろう。

改正と区別されるか、憲法が変化する場合か、いろいろ考えられる。

① 憲法の崩壊　Umsturz

憲法全体が廃棄されて新しいものができる。

シュミットはVernichtung―制定権の交替で変る（革命）。

Beseitigung（排除）―制定権はもとのままでクーデターによって変る。

日本憲法は明治憲法の崩壊によるとみてよいと思う。

② 改正

憲法規定に基いて意識的に憲法をかえる。

③ 停止

憲法の規定に基いて個々の規定を一時的に停止する。明憲三一条の非常大権が認められこれで基本権を停止。

④ 破棄、Durchbrechung

規定はそのままで規定と異なる措置をとる。ワイマール憲法の時に改正の手続をとっているが改正とはいわないで行う。

以上、意識的にかえるもので変遷とは異なる。

⑤ 変遷（狭義）

意識的に変更しようという行為でなく、暗黙裡に変化が生ずる。この現象をさしている。

○変遷の場合

・ブライスは、アメリカの憲法の発展として、amendment interpretation usage. による変遷をあげる。

・慣習によって変る場合も考えねばならぬが、慣習憲法が認められるか問題である。

・ダイシーはconventionについて、law of constitution（裁判所で適用される法）

convention of constitution（裁判所で適用されない規律）

下院で不信任の大臣の辞職はconventionであり、conventionは認められるが法の一歩手前である（イエリネックは法だが違反してもかまわぬものだという。ハチェックも問題にする)。

○変遷とは何か。

⑵　一九〇六年、イエリネックの論文 Verfassungsänderung und Verfassungswandlung

明治四一年法理研究会で美濃部が紹介、

〃改正は変更する意図をもって正文憲法の text をあらためる。変遷は text はかえないでかえる意図なしに事実でかえてゆく〃。

イエリネックは革命による変更は改正だというが変更は革命と区別した方がよいと。

前に Laband が二論文をかき、変遷の問題を扱うが、変遷の事実をならべている程度である。

イエリネックが扱ったのみ、では何をそうみるか。

①　議会、政治、裁判所の国家機関による解釈による変化。

憲法違反の法律もつくられ、違憲でないときめ、政府も賛成する。

議事規則でも、秘密会議を憲法でも認めなくとも議事規則で認めた場合。

バーデン憲法―恩赦の規定でその解釈が大赦を含むと解釈していたのが含まないとなった。

スイス憲法―公権の共有に影響なしといっているが僧侶の選挙権を制限しており、それを認めたと解釈によってかえている。

裁判所の法令審査権のことも書いているが、それに反対するのか。

②　政治上の必要に基く変化

ドイツの Bundesrat を毎年召集する。―これが常設の会議になる。

③　憲法上の慣習による変化―ダイシーの convention による不信任の大臣の辞職

④　国家権力の不行使による変化

例は、君主が裁可しないが、行使しなくても消滅しないと説明し、大臣弾劾制度が実行されなくとも変遷しない、など変遷しない例を考えている。

⑤　憲法の精神における根本的変化

アメリカの衆議院勢力の委員会へ移ったこと

⑶　徐道鄰の説

Verfassungswandlung

①　形式的には憲法を侵害しない praxis による変遷、アメリカの委員会

②　イエリネックは国権の不行使としてあげたものだが、これは、国家権力の行使不能による変遷の例、フランス大統領の議会解散権―行うことができない事情にあった。

③　憲法違反の praxis による変遷

Bundesrat の常設化という違憲の praxis

④　解釈による変遷

Baden の恩赦権

イエリネック、徐道鄰について一つずつ吟味すると、これが変遷に当るかどうか問題だが。

(4)　私は解釈による変遷にしぼって報告する。

これが議論の対象にもなるし、重要な問題である。憲法を扱うには解釈が必要で、解釈で変わることは認めねばならぬ。

①　解釈と変遷の関係

ハイチェ　①　解釈は変遷の手段になる。

②　解釈は変遷を確定するものである。

③　解釈は変遷を軌道にのせるものである。

憲法規定の意味は一つでなければならないので、憲法の合理的意味の把握は解釈者の態度で異なってくる。

憲法の安定性を重んずると解釈は厳格。
憲法の発展を重んずると解釈はゆるやか。

ゆるやかといっても解釈には限界があるはずで、その限界のなかで変遷が生ずるのである。しかし、憲法の制限のなかでやるべきであり、従って政治機関は限界内だといって変遷をやるわけである。ところが解釈の枠を外れたものが多い。それを区別する必要がある。

解釈による変遷をかりに
・正解釈に基く変遷
・にせ（解釈が利用されている形）の解釈に基く変遷

正解釈が実現している場合―規範と現実の一致。解釈で規定を鮮明にし、展開する場合も出てくる。例えば、自白と憲法―公判廷における自白は別だと実行しているのは、憲法の趣旨を明らかにした正解釈。

外に憲法規定を拡充するもの。

例として、衆議院の解散について、

二三年の吉田内閣は六九条に限るというが、その後、六九条の場合に限らないとした。

解釈による変遷が大がかりなのはアメリカ憲法である―判例によって発展。一八〇三マーシャル判決は判決によって憲法変遷をやったと考えてよい。州裁通過の連邦規制で commerce を通商航海→電信電話→労働とひろげる。黒人の差別待遇―separate 別々の学校でするのは平等に反しない→反する。

アメリカで解釈による変遷は改正と関連をもつ。改正が困難なので、解釈によって改正と同じようにすると説明されている。

日本国憲法は硬性の度は強いが、アメリカよりは度が弱いと思われる。

(5) にせの解釈による変遷

① 解釈の名の下に行われても仮想の解釈で、その定立行為は憲法違反である。

規範と現実との一致の点で問題が生ずる。

② 徐道鄰—規範と現実の関係

a．一致する場合
- 現実が規範に従う場合
- 規範が現実に従う—改正

b．不一致の場合　規範のない現実。形式的には憲法侵害にならない。

アメリカの委員会の例—政党について憲法では全国民の代表なのに政党による拘束がみられる。

現実なき規範

国家権力行使不能の場合—フランス大統領の解散

日本—国事行為の委任

法律ができていない、行うことができない、憲法が死んだのではない、変遷にはならない。

c．憲法規定に矛盾する現実—憲法違反の行為

Reichsrat の常設

日本の場合、自衛隊が問題になる。

d．規範をまげる現実

解釈による変更、バーデンの恩赦権

Loewenstein, Political Power and the Governmental Process. によれば、

・Normative Const 適用し、行われている憲法、生きている憲法。

・Nominal Const

・Semantic Const

Normative ぴったりあっている憲法

イギリス、アメリカ、フランス、ドイツ

Nominal Const　法的には有効だが実際には生きていない憲法

existential reality に欠ける憲法、実現される期待があるだけ、できてはいるが戸棚に入っている服。ラテンアメリカ、アジア、アフリカ憲法。

変遷とは異なるが規範と現実の不一致の例ではある。

Semantic Const　適用されるが、政治権力の手段になっている憲法。憲法は権力を制限するものであるが、支配者の道具になっているもの、本当の suit でなく仮製服、外套である。キューバ、ナチス、ムッソリーニ、ソビエト。

この区別について

憲法の適用における delinquency—憲法規定が死文化している。

これが国家機関の適用者の不心得で生ずる現象。フランス憲法のMandat impératifが禁止されているのに政党に拘束される。

日本の九条を引きあいにし、アメリカの圧力でnational police forceというsemanticラベルのもとで戦力を再建しつつあるという。

別の例で行われているものに変遷として研究対象になるものがある。「偽の解釈による規範と現実の不一致」、これをどうみるかについて学者の意見は分れる。

一つは事実説―違反は事実にすぎないという。違法的性格を決めることはできない。憲法違反の事実があるだけで憲法変遷なんてあり得ない。

ドイツでも二説あり、①規範を重んずる立場では違反の事実は事実にすぎないという（ケルゼン）。ヒルデスハイマーも同じ説。

フランスは余り変遷をとりあげず、とりあげるときは変遷は単なる事実であるという。

日本、美濃部―変遷を認める。

佐々木―変遷の法的性格を否認。改正に関連して、改正の幻想にすぎない。憲法の休止あるのみ。変遷の用語は出てこない。

事実説は徹底した見解だが、これだけでいいといっていられない問題だと思う。徐道鄰はこの説を解釈することをしない解釈だといっている（ケルゼンを批判して）。

憲法の規範的拘束性・実効性を考えると、形式的であっても現実に執行されない場合は、憲法はあるといえず、異変であると思う。佐々木も休止といっているのだから。

違憲の事実もある段階で法的性質を備えてくる。そうすると変遷といわざるを得ない。

イエリネック、ラーバント、徐道鄰、スメントもこれを認め、ドイツは変遷を認める傾向が強い。変遷を認めねばならないとして、厳密な意味でtextが残っているので、それと異なる現実があるという事実は、崩壊というのがいいので変遷とはいわぬとの説もある。何れにしても変った事実は認めねばならぬだろう。

ではどういう場合に変遷があるといいうるのか。

解釈の枠のなか―好ましい変遷

外―好ましくない変遷

大がかりだと崩壊

小さいのは憲法の危機

どういう場合に起るかと関連して自衛隊の問題にふれる。

鈴木安蔵氏の変遷論

皇位継承における男系、さらに一〇例をあげ変遷と称しているが、一つは九条と関連。さらに八九条について私立学校に金を出せないのに、私立学校に助成金を出し、八九条はまげられている。

九条について。

自衛隊についての解釈はにせ解釈による変遷。

憲法制定当時戦力はもたないという事情があるにもかかわらず、現在は内閣、国会の多数は法律、予算でその存在をみとめているから、変遷のpraxisが行われている。三分の一以上の野党が出れば、また撤回されるかもしれないから変遷が始まっていると考えることはできないと思われる。変遷の確定はいえない。裁判所の見解（合憲とみる気分もある）が残っている。

警察予備隊について解決せず（砂川判決）

裁判所が合憲というと変遷が重大段階にのってしまうと考えている。そこで、好ましくない変遷であるからくいとめることはできないが、防止対策はないか─決定打はないが。

まず、憲法を動かす国家が憲法を正しく運用するのでなければならない。憲法をまもるべき政府が憲法を正しく軌道にのせないといけない。政治が動かされる危険は国会政治によるところが大きく、憲法の枠を外れて、悪変遷する危険も大きい。これに対して裁判所は憲法の番人としての職責があり、変遷解釈のおそれが少ないし、またそうでなければならない。しかし、裁判所が正しい解釈をするとはいえないので、憲法保障制度の問題になるが、保障制度が完全でないと「にせ解釈」でくずれていく危険が多い。

国民自体が憲法に対する熱意をもって（ヘッセ）当らねばならない。

(6)　解釈による変遷に関する対策について、憲法解釈者の任務と責任

解釈は変遷の手段になり、変遷の方向を決するから、変遷が軌道にのるかどうかは解釈者の態度によって決まる。

解釈そのものが変遷の番人にならねばならぬ。そして変遷を憲法の軌道にのせるべきである。

これに対して、ハイケが指摘するのは裁判官はすぐれた意味における解釈学徒で、解釈のリヒターであり、変遷を正しい方向にもってゆくもの。

政治家といえども憲法の枠のなかで行動すべきで憲法を生かさねばならないし、政治家自身も憲法の番人でなければならない。─戒めにそむく場合が多い。法律学者─解釈を通して憲法の番人である。変遷を政治的迷路に入ることのないように。

裁判官と法律学者には、将来の問題について変遷を軌道にのせる特別の任務と職責がある。

〔討　議〕

佐藤　安保条約についてはあれで確定されたとみるべきか。

清宮　一回判決があったがそれで確定したとみるべきではなく、国民も仕様がないということにならない。砂川事件の場合もそうだと思う。

佐藤　砂川差戻─憲法九条が最高裁で解決されたといっているのであるがおかしいと思う。しかしそれで終りでないというと違憲審査権からいうと、憲法上の意味がなくなる。しかし、反対もあるので謎が解かれたというのはおかしい。

我妻　あれは被告に対する教訓で、犯意ないとはいわせんぞとの意味だと思う。行動する人を無視して犯意ないとはいえないぞということをいいたいのであっただろうと思われる。

　学者はまだ下級審もあり、問題である。

久野　無視して行動して、法律違反でないといわせぬとして、その裁判官の論理的基礎と裁判官の心理状況を法律上区別できるのか。

我妻　最高裁で確定したという場合は、量刑の問題として次はこんなことではすまんぞという意味で、量刑の問題と、学者の批判と違って考えてよいと思う。

久野　論理的に何か違いがあると思う。心理的なものだけでなく、それで裁判官は伝えられないlogicalな違いがあり、憲法の変遷があったという前提で判断したようにも思われる。

我妻　外の事件で違憲といったって理論的にはかまわないし、最高裁の判決もかわる。

　憲法では変遷を認めるのは私法と異なりむつかしい。

丸山　ナチの授権法はUmsturzである。パーペンの緊急立法は（このつみ重ねの上でUmsturz）はどうか。

清宮　しかし意図はある。変遷は意図なし。

　残っているか行われていないという点、─Huberはイデーの転換による変遷だといっている。

丸山　ワイマール憲法の軌道とは。

清宮　解釈の限度内は軌道に乗る。

丸山　枠という場合、通常の改正条項での変更について、できるもの・できないものの区別より広いか。

清宮　改正の限界<br>変遷の限界 ｝何れもある。

我妻　あるのに違ったという場合、「ある」の意味として違憲の事実がどこからが解釈が決定しているということができるのではないか。

　フランス民法─もの─人が入っているがその変化は除いてあってどこから変ったということがむつかしい。

辻　ナチのワイマールは事実として死文化したということか。

清宮　憲法の変遷は正確ではないか。異変とでもいうよりしようがないか。別のものが憲法として通り元のtextが死んでいるのが変遷。

丸山　ワイマールがいぜんとして適用されている。事実がナチによって変っただけだといってもよい。

清宮　明治憲法があるという考えはそれにつながる。
我妻　我々は事実の世界に生きているだけだということか。
丸山　ワイマールはgelten（していないとはいえないと思われるが）する。wirkenしないだけ。
我妻　民法ではKelsenのいうようなことはだめだ。
　悪いといったってだめだ。
丸山　小切手裏書の白地委任―商慣習、規定と異なるか、規定があまく現実的なものが残る。
我妻　九条があると抜き足差し足の自衛隊となり、そういう意味は九条にある。
　大政官布告で廃止されないが無視されているものはあるかもしれない。しかしそれでも適用されないことはない。あるのは、夫婦財産制の適用された事実はない。違うものが実際に行われているなら認められなければだめだ。
　しかし、法で定められた文字について意図から解釈をひき出し、しかし事実は違うというとき、最初の通りそれをまもってゆく方がいいというのはどこから出てくるか。制定された時の事情が変更した場合はこっちにもって行った方がいいのではないかとの考え方もあるのではないか。
清宮　憲法の客観的意味をつかまないと意味がないと思う。枠があってそのなかで動くのなら、解釈でまかなわれるが、それを越えてはだめだ。
　その場合は改正の方法によるのがいい。
　軌道にのせる―のせないともぐりになり、法律家としていや。
　改正しろ―改正の内容には反対だが。
我妻　態度として改正には反対。今も変遷の限界はここまでといわれる。そしてその場合、それがいいんだという価値判断まで行わないとわからないと思う。法律家以外の人には、日本の憲法として守らねばならないという説明を出さないとだめ、改正の問題とひっかけてはいけない。
丸山　社会事情が変った場合の話の例として二つある。①自由権―社会状況の変遷に応じて、現在なら改正だろうという軌道は変遷。
　②power politicsなど変えられないものとして考えるか。
この二種類により、事情変更の考え方が違うと思われる。法的安定性のため、一遍決めたから守るというのではない。守るのはいいとして、そのやり方にもいろいろある。しかし、これのみは事情変更を制約するという論理があると思う。
清宮　ハイケは事情変更で変遷を説明している。
　憲法による国家権力の制限を外れると、変遷になると思う。
辻　改正条項によってすら改正できない例は？
清宮　中身は違う。国民主権

基本権の保障
平和主義―改正の限界をこえる平和の軍備も考えられるという意見もある。永久平和―
鵜飼

西ドイツでは、改正の限界をかかげてある。

我妻　明憲の天皇はかえられない。umsturz である（清宮）

辻　アメリカ憲法で君主国にすることはどうか―できないと考えてよい。

丸山　前文―抽象的である。

事実の規範力（イエリネック）で尾高さんは苦労されたが、事実対規範の二元論が問題だ。

法律家として　事実―政治家―責任を負わない
規範―法律家
｝の考え方が出てきやすい。

考え方として、①　自然法
②　徹底した事実主義―シュミット
決断でつくられる。
③　事実といっても、歴史的な方向性、進歩など一つのある意味があって、それが事実のなかで実現されると考える立場。

尾高のノリは自然法にゆく。しかし自然法で規制できるかというと疑問で、自然法はどうにでも解釈できるので、正当な戦争が自然法でいえるように、多義的になり、事実主義を免れようとして自然法にゆき融通無碍になるおそれがあるので、具体的実定法の解釈の方向に反した解釈はにせであるということができるのではないか。

清宮　規範と事実の中間に落ち着けようとする見解はあって、それを根拠づけるのは正当性であろう。それをもって説明すべき。

丸山　その場合歴史的状況で制約されるだろう。自然法だといつまでも変らないことになる。

我妻　九条について事情変更の議論がありうるか。歴史の方向性から九条の価値がいえると思う。方向は正しいとしてもその限界があるだろう。根本の行き方はこれだろうということはいわねばならず、それに事実変更を加えるべき。二九条でいえば、今憲法をつくると私有財産規定だと思う。ある規定は憲法全体からいうと異物である。

丸山　九条と場合は違うか。

社会事情の変遷で個人の財産の制限を考えること。power politics を重んずるか認めるかは事情変更をこえた問題だと思う。

久野　最近の歴史的なものでは、文章に客観的意味が含まれているという考え方はだんだん否定されてきつつある。改憲説は論理的には乱暴だと思う。ああいうやり方で向うでやるなら、こっちは、歴史が論理によって整理されてゆくという考えになる。

歴史が又動力となってつきあげてゆく。文章を formalize するのだが、文章だけで意味がとれるという考え方（カルナップ）ではだめで、text を決定するのは内在的なものではなく、何か外なる action であって、それが文章の意味を一義的にする。一義性を与えるのは、外からの行為者だということで、syntax から semantics になった。そうして機械的唯物論になりそれから普遍的一義性を引き出す。

丸山　歴史の方向、意味というものが客観的にあるということと解釈権とが混同されている。dogmatic になる。反対の方は行動だって歴史的、社会的ななかで行動するといわないと、そうでないとニヒリズムになる。

organon の論理が入るので（環境に対して適用するもの）。

久野　法律だと法律に適合しているかどうか、という単純な論理が適用されていると思うが、法の理念をまもらない法律が適用されている場合、法と事実との関係についての dynamic な論理が考えられねばならない。歴史として現れてくるのは tendency で、その tendency を否定しても進むものが歴史だといわないといけないだろう。

辻　平等の点で奴隷撤廃の傾向は歴史の方向だ。

久野　しかし、その時の経験では、事実か理性かわからんところがある（人権の場合）。本来、権利か事実かあいまいなところがロックにはある。それが今になってみると、今は判断できる。だから、経験を入れると論理といえなくなる。

丸山　意識、無意識という時、自衛隊では、改正しないだけででてきないという意味で、意識といえないか。

佐藤　この状態が続けば危ないことになるが、憲法は、事実、規範、理念の三位一体となってくずれちゃいけない。刑法は違反を覚悟してできている。

久野　革命だと、実在化した理念、歴史のなかで育まれた理念があって革命がおこる。革命が悪いという解釈はゆるされるということにはなる。

日本だと、仕末に悪い醜男としてできたので、エロスがない、ないといってすまされないので、なしくずし革命という理解と、まずかったんだという理解との争いだというと我々にもよくわかる。

事情変更というと何だかたよりない。

菊池　そのよりどころはポツダム宣言だけである。

佐藤　レーベンシュタインは存在論的には、何となく、Nominal 憲法の例として日本憲法を引く。改憲論者にも引かれる。

丸山　semantic 憲法の意味は論理でいう Magical use の意味と異

第32回例会（昭和36年4月8日）

なる。

〔議　事〕

1、五月三日の講演会、憲法問題講演会（都市センターホール）
一時より―四時
講師　大内、家永、戒能、中野

2、憲法を生かすもの（岩波新書出版）について

【要　旨】

清宮四郎

―憲法の変遷―

I　合憲判決の意味

最高裁で一度合憲判決がなされたからといって、それで憲法の解釈が解決確定したと考えるのは早計である。なぜならその後のほかの事件で違憲といっても理論的にはかまわないわけで、最高裁自身見解のかわることがありうるからである。私法と異なって、憲法で変遷を認めるのは早計に行われてはならない。その点、砂川差戻審で、憲法の謎がとかれたといっているのはおかしい。ただそれを強調すると違憲審査権の意味がなくなるとは思うが、この判決の場合は、被告に対する教訓も含まれていると思う。即ち憲法問題が一応解決した以上は犯意なしといわせんぞ、したがって学者の批判とは違うのだから、量刑の問題としてこれからはこんなことではすまないぞという意味である。ただその場合に、そのような裁判官の心理状況にふれただけなのか、そのほかに裁判官のロジックが含まれているかが問題である。なぜなら、ロジックが含まれているとなると、憲法の変遷があったという前提で判断していることになるからである。

II　変遷と事情変更の原則

(1)　ナチによるワイマール体制の変革は、変遷理論からどうみるべきか。ナチの授権法はウムシュトルツである。パーペンの緊急立法はドゥルヒプレッヘンであるが、そのつみ重ねによりウムシュトルツが行われたと考えるべき。フーバーはイデーの転換による変遷だと述べているが、変遷が意図なく生ずる現象で、別のものが憲法として通り、元のテキストが死んでいる場合であることを考えると、この場合はワイマール体制は残ってはいるが行われていない（ゲルテンしているがウィルケンしていない）だけであり、意図もあるから変遷とはいえないのではないか。そして単に事実として死文化したというより事実

が変ったのであって異変とでも称するよりしようがないと思う。「明治憲法がある」という言い方も、これに連がるもので、事実として我々のなかに存在しているということを根拠にしていっているのであると思う。

(2)　憲法が軌道にのっている場合とは、解釈の限界内にある場合である。変遷の場合も改正の場合と同様に、限界がある。ただ変遷の場合はどこから変ったかの判断が困難で、従って「あるのに変った」という場合、違憲事実がどこから行われたかの点は、解釈が決定するとでも考えるよりほかはない。フランス民法で「もの」のなかに「人」が含まれるようになったのもその変化は徐々にであった。

(3)　大政官布告のなかで廃止されないが、無視されているものがあるかもしれない。しかしそれは適用されないわけではないので、変遷とはいえない。このことを考えると変遷というためには、違うものが実際に行われてそれが認められなければ駄目である。

しかし、法で定められた文字、意図から解釈を引き出して、それが事実と違うとして、最初の解釈の通り守るべきだとの考え方はどこから出てくるのか。判定された時の事情が変更した場合、変更した方にもってゆく方がいいとの考え方も成立する。ただ事情変更の成立に関しては、パワーポリティックスのような変えられないものと、自由権の如く変更を認めうるものとがある。その場合、法的安定性のため一度定めたことを守るというだけではだめであり、また、守るのはいいとして、そのやり方にもいろいろあるから、これが事情変更を制約する論理だというものを提出する必要があろう。９条に関する事情変更論についても、歴史の方向から９条の価値が引出せるから、そこから限界の論理を主張できる。従って事情変更も、根本的方向を指摘してその客観性を証明しなければならない。

憲法の客観的意味をつかまないと事情変更も意味がない。客観的意味に枠があれば、そのなかで動くときは、解釈でまかない、それを越してしまう場合は改正の方法を用いるべきだ。そして軌道にのせる。のせないともぐりとなり、改正しろと主張せねばならないだろう。しかし一般の人に対してはこの改正とひっかけてはまずく、ただ日本の憲法は守らねばならない、そしてそれがいいという価値判断まで理由として提示しなければならないと思う。

ハイチェは事情変更の原則で変遷を説明しており、憲法による国家権力の制限を越えたものは変遷になると考えられる。

改正の限界としてあげるものは、人によりまちまちであるが、国民主権、基本権の保障、平和主義が大体そうである。明治憲法の天皇制もそうである。それがかわるとウムシュトルツになる。アメリカ憲法で君主制を規定することは限界外である。

Ⅲ　事実と規範

事実と規範の二元論が問題で、法律家として、規範だけが法律家の問題で、政治家の問題である事実に対して責任を負わないとの考え方が出てきやすい。この問題に関して３つの考え方がある。①自然法に求めるもの、②徹底した事実主義をとるもの（決断主義のシュミットなどその例である）、③事実主義をとるが歴史的な方向性その他一つの意味が事実のなかで実現すると考える立場のもの、である。イエリネックの事実の規範力で苦労された尾高博士はノリを自然法に求めたが、自然法で規制できるかというと疑問である。自然法はどうにでも解釈できる、例えば正当戦争も自然法だというように多義的になりかねない。したがって、事実主義を免れようとして自然法にゆくと融通無碍になる。

事実と規範の中間におちつこうとする見解があり、それを「正当性」によって根拠づけようとしているが、それは結局歴史的状況によって制約されるということになるのだろう。自然法だといつまでも変らないことになる。従って、具体的な実定法の解釈にあたっては、一つの歴史的方向があって、その方向に反した解釈はニセであるということになるのではないか。

Ⅳ　法の理念と歴史の論理

(1)　文章に客観的意味が含まれているという考え方はだんだん否定されてきつつあり、その際の説明にあたっては、テキストは何か外のアクションによって決定され、それが文章の意味を一般的にするという傾向がある。しかし、こういった法の理念をまもらぬ法律を適用する場合には、法と事実の関係についてのダイナミックな論理を必要とするのであり、従って、このような説明のない改憲説は論理的に乱暴な議論であり、それに対抗するためには、歴史や論理によって制約されてゆくという立場をとらねばならない。この点、事実として現れてくるテンデンシイを否定して進むのが歴史であり、従って歴史が動力となってテキストの内在的なものをつきあげ、そのなかに歴史の方向が客観的に存在するという風にいわねばならない。例えば、平等の問題で奴隷撤廃などというのが歴史の方向である。歴史的なもの、社会的なものを含まぬ行動はニヒリズムである。

ただその時の経験だけでは事実か理性かわからないところがあり、それは後になって判断できるが、その当時においては経験上論理だといえない場合がある。例えば革命は歴史のなかで育てられた理念が実存的となって、起る場合があり、従って革命は悪いとばかりはいえない。日本の場合のよりどころは、人権宣言以来のものを含んだポツダム宣言ということになる。

(2)　憲法は事実、規範、理念が三位一体となったもので、そのどれもがくずれてはならない（刑法は最初から違反を前提としてつくられている）。日本の場合は、仕末に悪い醜男としてできあがったので、エロスがない。しかしないといってすましておれないので、なしくずしの革命により敗戦前のものはまずかったんだという理解をもたせようとしなければならないのである。レーベンシュタインは、日本の憲法をノミナルなもののなかに分類しているので、改憲論者はそれを利用して、自己の主張の論拠としているのである。

Ⅴ　議　事

５月３日の憲法記念講演会を１時より４時まで、都市センターホールで開催することに決定し、講師は大内（開会）、家永、中野、戒能とする。

# 第三三回例会（昭和三六年五月一三日）

―憲法と労働基本権―

菊　池　勇　夫

〔報　告〕

1、ＩＬＯ条約関係法律案が国会に出るので、それとの関係で労働基本権について報告しろということであり、憲法と労働基本権について話をする。

最近の法律案については、「世界」に出ているので、それにふれなくてもよいと思う。

①　それで改めて、労働基本権とはどういう意味で使われているかを考えてみた。それを最初に話し、

②　日本国憲法の労働基本権の条項制定当時の基本権についての考え方はどうであったか、について述べる（原型）。

③　それが制限憲法で変型されていることを述べる。

④　そしてＩＬＯと労働基本権について最近の基礎になることを述べる。

⑤　最後に労働基本権の限界をつけ加える。

資料をお配りしようと思ったが、要領よくできずお手もとにさしあげられなかった。

2、労働基本権は最近は通常の型として用いられているが外国にはそれに当る言葉はないようだ。

私が使い出した一人であり、労働基本権ということでどれだけのものを考えるかについて話したい。

昭二二・一・一〇に福岡の西日本新聞の講義で九大社会科学教育講座が開かれ、そのなかで〃戦後の労働問題〃の題で話をした。

今日の憲法制定はなく、旧労組法はその後の三月、講演の速記があった。

旧労組―憲法草案のため印刷をのばす。

二一・一一・三の公布の日に「はしがき」をつけて新聞社に渡した。

翌三月に〃新憲法と労働問題〃として発行。

労働基本権をかかげた憲法
労働基本権を規定した二ヶ条｝に引用あり

その後二ヶ所

二二年秋、自由人会報二〇号「労働基本権」の題で書く。

二二・一一・一～三、人文科学委員会第四回学術大会―法学研究会―「新憲法をめぐる諸問題」としての会合で、私は労働権及び労働義務を担当（吾妻、団結権を担当）。

私は〝労働基本権〟を意識的に使い、基本権の意味を述べる。

これが人文三巻一号（二四・一に発刊）に要旨がのる。

基本権は労働に関する憲法に規定された人権の総称である。

労基法のなかでも基本権ともいうべきものがある。

（思想）個人主義→社会民主主義思想への展開に対応する。

（主体）労働運動の発達―労働組合勢力の参加

その後、法哲学会で労働基本権（二四・一〇・三〇）をとりあげる。

労働基本権の用語については私が使った記憶がある。

この言葉については、決して確定したのではなく、もっと広い見地から、生存権的基本権のなかで、（二五条―二八条）を含んで一般に普及していった。それ以前は経済的基本権という。

最近は社会権（生存的基本権とこれを包括する）の一つと位置づけている。

労働基本権の扱いについて、労働法に関する原則としてとりまとめ、別に勤労権をとりあげている。

その他の用語として労働者基本権（有泉）・労働者権（山中康）

この用語と比較して労働基本権の用語が正しいかどうか。

一九六〇　ＩＬＯ　official Bulletin

Human and Worker's Right

といっているので、労働者権ということになる。

しかし、労働基本権がその後定着した。

新法律学辞典（二七年）労働基本権「労働者にその生存を確保するために認めた基本権……。」

労働基本法もこの意味に使う。

しかしこの言葉で考える範囲については、私の考えとは異なり、それは、もう一度戻って考える必要があったので、用語にふれた。

３、日本国憲法の労働基本権制定時の状況

日本国憲法で労働基本権はどう考えられていたか。

労働法一〇周年記念号（労働法学界）のなかで松岡三郎「二〇年体制から二四年法体制への転換」を参照しながらふれる。

憲法制定前、労組法が制定されたことが重要。

団結権、団体交渉権、争議権など三権が労組法を通して考えられていた。

それ以前に、労働三権について日本ではいつとりあげられたかについて沿革は辿れないが、大正のメーデーで組合団結権の確立の言葉が使われていた。

大一三、ＩＬＯ総会で初めて規約的に日本総同盟の鈴木文治氏が代表として出席し、決議を提出し総会で可決。それに基づき、各国の団結権に関する自由の問題の調査が進められ調査書ができた。

そこに団結権の言葉があった。それは組合構成権より広い、

coalition まで含み、三権まで含んで使われていた。

すでに大正期末から三権確立の思想はあった。

今日憲法で三権について占領政策によりもちこまれたという風にいわれているので、それに対する反証として述べたものである。

制憲以前に労組法ができて、その条項には基本権思想が前提となっていた。

二〇・一一・一労組に関する法制審議会、立案審議の件（閣議諒解事項）

マ元帥の指令（一〇月四日）―法制審議会―原案作製

九月三日に産業報国会解体

労働法制審議会が原案を練ってくる。

（以上資料労働運動史にある）

答申案の附帯決議―憲法中労働権利義務の規定を設けること。

二七条一項が考えられるが労働基本権そのものを指していると考えられる。

憲法制定過程で、二一・八月審議―衆議院附帯決議二点

基本権規定は時代に対応するが不充分であり、遺漏なきを期すべきである（これが基本権についての考え方）。

問題になるのは争議権であり、これについては、憲法文中、明らかに出ていない。

その他団体行動権とは争議権である（イタリー憲法には争議権の規定あり）。ただ、争議権といわなかったが。

団結権との関係で争議権を考えさせるものが多い。

ＩＬＯの法律顧問ジュンクスがストライキを法律で規定するのはむつかしいと述べている。争議権を規定するのはむつかしいので団体行動権として考えるのだろうと思う。

争議権とは―組合法のなかで活動―正当な行為のなかに争議行為を考え正当性が規定される（民・刑事免責）。

労調法が成立したとき争議権が問題となり、労働者側の見解として労働者の人格権の一つであると委員が述べている。

それで争議行為の禁止―労調三六条

公益事業に関するもの

教育公務員・公務員―争議禁止がとりあげられ、これについては松岡の論文中に。

吉武恵市―「労働法解説」のなかのものを掲げる。

争議は違法かどうかの当時の考え方として〝社会通念に照らして決定さるべきだが、解雇を使用者が判断すると争議の違法は使用者が判断することになる〟労調四条。

当時の争議権についてどの程度考えていたかがうかがわれる。

その他、非現業国公、教育公務員の争議がとりのぞかれたことがはっきり書かれている。―これがその後の法律により制限される。

二二・二極東委員会発足―日本労働組合に関する一六原則を一九四六・一二・六日採択し発表―これは労組、労調が発表されているので、新たに立法はみられないが、法律の理解に対しての方針がみられる。又、当時の労働基本権の範囲のよりどころとなる。

ストライキ、作業停止は、占領目的阻害のためにのみ禁止されるべきである（第五項目として）。

政治活動については、組合法では二条但書で述べてある。しかし労組に対して政治活動を禁止したことにはならない。資金の用途を制限したにすぎない。

一六原則の第五項目に労組は政治活動に参加することを許さるべきであるとかかげている。

争議行為不干渉の原則も含まれ、職安法で争議中の会社へ労働者を世話することを禁止する。国家の争議に対する不干与が認められている。

4、労働基本権制限立法の推移

学界の労働法研究について浅井清信「公務員法公労法」を参照。労働基本権の中枢は二八条の三権であるが、一般的制限はなく特殊なものについて制限してゆく。

旧労組法の考えでは、官公労は地位に関係なく労働者（三条）である。但し、警察、消防、刑務所は団結権なし（公安保持の見地）、地位の向上のための団結はあるべきとの考えはあるはずで、団結権が全然考えられないわけではない。これが旧労組法の考え方。

国公、地公については命令を定めるわけであったが、命令は出ず労調法を通して公益事業従業員に対する特別制限規定があったのみ。

ここに公務員労働権制限立法が出る。

二・一ストのあと、マッカーサー書簡―立法改正―憲法との関係（超憲法上）で適憲性が残る。

それが今日なお解決されていないと思う。

公務員法、公労法の規定につき違憲理論が現在ある。

5、ILOと労働基本権

ILO 八七号／九八号 ｝条約との関係で労働立法が条約に適うかどうか。

基本権を考えるともっと根本的に一九一九年ヴェルサイユ条約第三編の国際労働規約に基いてILOができたが、第二次大戦中、どうなったか。国際連盟では存立を失ったが、ILOはカナダのモントリオールに事務所を移して生き残った。一九四四年、フィラデルフィア宣言（ILO総会をへて）により今日のILOとして再生する。

一九四四年のモントリオールで各国憲法規定のなかに社会経済規定がかかげられているかを発表する―フィラデルフィア宣言となる。

宣言第一節

Ａ　労働は商品でない。
Ｂ　表現および結社の自由は不断の進歩のために欠くことはできない。
Ｃ　一部の貧困は全体の繁栄にとって危険である。
Ｄ　欠乏からの自由。

この趣旨はすでに旧規約の第一三編に一般原則としてかかげられていたものを出してきた。

旧平和条約にあったものを labor charter といっていたが宣言も同じく charter である。

一九四八年世界人権宣言に条文となって挿入される。

ＩＬＯ参加国はこれらの宣言の拘束をうけ、基本権の考え方が世界的意味で問題になるのである。

この点につき、日本は一九五一年にＩＬＯに復帰し、ＩＬＯ憲章を批准、世界人権宣言に参加する。従ってこれらの宣言の取扱から出発する労働基本権を考える場合、それと違った解釈はとられない筈である。

一九四七、世界労連の提案（国連で）

米国ＡＦＬの提案、権利に関する国際法案をとりあげる。

二つの提案審議、ＵＯとＩＬＯの協定説―ＩＬＯでとりあげる。

一九四七、第三〇回国際労働総会「結社の自由と労使関係」を議題とする、五点をとりあげる。

①　結社
②　団結し団交権
③　団体協約
④　任意調停
⑤　団体協議

（以上）条約として勧告する―総会で決まる

一九四八　結社の権利…八七号条約
一九四九　団結権団交権の適用…九八号条約
一九五一　団体協約　九一号勧告
一九五二　　　　　　九四号勧告

批准が期待された（八七号条約）が批准されず、今日に及ぶ。

それを妨げる事情は、憲法制定当時は何もなかったのだが、その後の立法によって妨げとなった―公労法、地公労法

問題になるのは、軍備の批准いかんにかかわらず、原則に忠実であれば、政府の処置があるはずだという点である。

これについては、一九四八年の人権宣言後一〇年の一九五八年に人権宣言の趣旨徹底に努力する。

その部分の社会権 social worker's right についてはＩＬＯに付託することになり、ＩＬＯはその推進のため八七号条約について結社の自由委員会をつくる（五一年批准）。

第33回例会（昭和36年５月13日）

批准しない国の調査
提訴をＩＬＯに付託―理事会が審理
八七号条約をめぐって労組が提訴した
場合問題になっている委員会

結社の自由に関して諸国調査―米、ソ連、報告が終り、報告書発表。次はイギリス、スウェーデンの調査が行われる筈、こうしてフィラデルフィア宣言の原則がいかに生かさるべきかについてとりあげられてきている。

一九六〇、一二月にアフリカ地域会議が開かれる。
一二・五―ナイジェリア、結社の自由と団結権の保障に関する決議―自国の諸法について検討しろと。

批准して適用するか、それらの国で法・慣行につき是正しろということで列挙されている。

① すべて使用労働者は団体を設立し加入する権利
② 権力から干渉されないで規約を作成する。
③ 干渉されることなく、活動を推進する権利
④ 国際団体に加入する権利
⑤ 調停でも解決しない時のストライキ権

批准なくとも以上のことを実現しろ。

八七号条約の批准が行われる場合でもアメリカに対し要請決議がなされているので日本でも当然考えられる。

これが国内法整備の場合に基準として反省されるべきである。

以上でＩＬＯと労働基本権の説明を終る。

6、基本権の限界

憲法のなかで基本権に関する条項が他の条項との関連で矛盾する点をどう調整するかの点と思われる。

ここでは、自由権と生存権の相互関係、および「公共の福祉」によってその間の調整をどう考えるか、の点である。

即ち、公共の福祉の抑制的機能について従来から考えられてきたが、条項のなかに内在する目的であると考えるとその目的に適合するように条項の趣旨が運営されねばならぬ―目的逸脱、濫用の問題など、条項の矛盾を前提としているが、相互作用もあるのではないか、重点が変ると矛盾ではなくなると思われるので。

ピエール・ラロック（仏参議院）「人間の社会的権利」（講演）
―社会権について六項目、―労働に関する権利について、社会権を総括して固有の性格として述べている。

○私権と政治的自由（公権）―個人的人権
① 社会的人権には抽象性少なく具体性あり。
② 社会的人権は自然権でなくつくられた権利である。
③ 社会的人権は本質的に団体的権利である。
④ 社会的人権は相対的性格をもち、技術的社会的であり、社

会的進化の特定時期に合い、人間の尊厳にかなう。

⑤、社会的人権は集団によって実現できる。

矛盾があるが、社会権の容認は個人権をこえて、個人の自由を犠牲にするから、この権利の実現はある程度自由権と衝突があることは事実だが、個人は社会的権利をとることにより、矛盾は解決される。つまり当事者の意識的努力が必要であり、用意された集団的措置として可能である。

ここでは対立するが、ジレンマではなく、実現しようという努力がなくてはならぬ。憲法では理念はどこに向かっているか。

社会国家の理念―二五、二七、二八条

一八、二二条も意味を転換していると捉えられないか。

職業選択の自由と争議

労基法との関係で二七条・二八条を中心とした意味で見直して加えて考えてゆくことはどうか。

労働の自由
団結の自由｝二〇世紀との関連で意味転換がなされたと考えてはどうか。

1、議事

恒藤氏から手紙―ＩＬＯ批准、国内法便乗的改悪の反対の声明を貴会で発表されたし。内容は本部と同調をとりたいから。しかし今までの会の態度として、そういうことはしていないが。

○東京からは別に申出がなかったから特別問題にはしません。京都は何も意見は述べないことにする。

三六・五・一三

2、議事

① 五・三記念講演会

聴衆は多く、一〇〇〇名近く、右翼が入場を要求し七名入場、浅草署警戒、当該人物の横、壇場の近くに。多少野次あり（家永氏に）。

1、大内　開会の辞

2、家永

3、戒能

4、中野

その他好意者が受付し、警戒に当る。

宗像氏にもお礼

② 「憲法を生かすもの」再版の印税

三分の一は会に寄付、残り個人

**〔討　議〕**

菊池　団体行動権はどうしてできたか。

佐藤　マ草案以来争議の言葉はなかったので、説明のときは争議権のことだといっていたが、争議の言を入れるとの議論はなかった。
我妻　アフリカの労使をいう時公務員を含むか、アフリカ宣言の内容として公務員まで含むか。
菊池　今やっているのは公企体なので、含んでいる。
峯村　公務員でも民間労働者と同じに扱えということであろう。それは政令以後である。
大内　労働問題のなかでは労働者の地位は失業者の問題であり、その場合に貧乏人の問題がある。
　労働権は狭く、社会権は広くの考え方であった。
菊池　社会権のなかに労働権がある。これには社会進化のなかで概念の変化を考えるので、その面で労働権の主体も含むと考える。
　ラロックの社会権の六つ
①　健康
②　個人・家族の幸福と衣食住の権利
（社会保障、母と子の保障）
③　労働に対する権利
失業から保護され、組合権、ストライキ権
④　労働時間と休暇
⑤　教育権（初等教育、政治教育）
⑥　条件と機会均等の権利（同一労働同一賃金）
大内　働くものの権利は労働権だが、働かない者の生存は権利として日本国憲法でどの位明らかなのか、それが入っているかどうかが重要である。
　イギリスでemploymentは政治的に解釈されているが、日本では問題にならない。職のない者はしようがないと考えている。
菊池　ラロックは、②で収入の確保、失業、病気、寡婦を一括して扱っている。これは世界人権宣言に出ている原則を総合して社会権としてあげている。
宮沢　大内氏のは憲法上文字の上で勤労権、生存権としてある。説明はできる。やっているかどうかは別として。
我妻　教育権との関係でいわれるように、社会保障については憲法違反であってもそれをとめるのは裁判所ではないということ。憲法の不作為に対して何もいえない、政治の問題だと考える。
大内　憲法の理想として、憲法で認めている。
我妻　朝日訴訟で勝ったのは、法律があったから。法律がなかったらどうなるのか。
　二五条は政治的に実現するもの。
菊池　生活保護法は詳細な規定をもっており、それでゆけるが、保護基準が大臣の裁量となっている。ただ組合法より憲法にくっついている。

大内　完全雇傭の問題は、もっとpositive lawとしてはっきりしているか。

フィラデルフィア宣言で国際労働立法について労働者の権利は保護されているが、労働する権利はどう保障されているか、日本とくらべてほしい。

菊池　法律か政策かがはっきりしないので比較できないが、失業は行政実例によってふれているが、失業に関する条約を批准したとき、職業紹介法をそのためにつくっただけ。職業紹介機関をつくっただけでお茶をにごした。

アフリカのラロスの会議も失業の問題である。

国家のやることは何かでふれてくるから、経済政策上の広大な問題は出てこない。

我妻　世界人権宣言の二三条では失業に対して保護をうける権利を有する。職業選択の自由も同時に規定している。

菊池　二二条が社会権になっている証拠である。職安法、職業訓練法、失業手当。

我妻　失業保険法、失業手当を入れろと政府に言えるが、裁判所に要求できない、政治でするだけ、もやもやするだけであるというのではなく、もう少し実体がある。

大内　ソ連で問題になったが、結社の自由委員会では？

菊池　結社の自由委にアメリカ、ソ連の報告は出ているが、アメリカは不満、各州の細かいことまでほじくり出している。ソ連では、結社の自由がないという批判もある。

ソ連の使用者代表は国家代表ではなく、管理機関として管理経営上対立しているので両方をよんだが……。

報告はおもしろい、ＩＬＯ協会から和訳が出ている。

宮沢　日本では総評と社会党が別れてもめているといわれているが。

菊池　戦術的だと思う。批准しなくちゃいけないが、理事会でも前から批准するといっているので変なものをくっつけられるよりほっといても通る、と考えている。それで賛成不賛成が分れるのであろう。公労法・地公労法の関係なら廃止されるから誰も文句もないだろうが、併せて変なものがくっついてくるのなら、例えば人事院規則か法律になるというのなら早く批准しない方がよいという意見だろう。見込みだけの議論であろう。

今までの国会での審議からみて、こみでやられるのなら批准を強く主張しない方がいい。

峯村　学会では八七号条約を批准すれば四条三項問題だけでない（組合員になれば会社に戻れない）。

四条二項のような変なものもある。

四条三項の廃止だけしか問題にしないのなら、ごまかされるな、もっとほうっておけば公労法が全面廃止になるではないか。四条三項問題が組合から起った声で革命と民間の争いで短期的に自分に有利でも、長期的にはどうか。

check offを禁止する（規則→地公労法）

日経連反対―在籍専従を認めたいのである。うちの企業が専従であってよい。外の会社が組合に入ってくると組合が強くなるので困る、政府は改正しないでくれ。

政府案が経営者団体により反対されるのでもたついているのである。

菊池　ラロスでもcheck offがとりあげられている。

日本的現象ではない。

峯村　ベルギーにもある。

菊池　日教組でもcheck offを禁止したら、弱くなるという話があったが無関係である。自分で金をもってゆけば段々強くなる。

峯村　文部省の日教組対策への在籍専従禁止は一〇年専従、三ヶ月教壇に立ったものが一〇年教壇に立ったものと同じになるということから起ってきた。やみ専従が一五〇名（国鉄）いたのでやめろといっても今すぐやめられない、その代り、不当労働行為の救済を認める。

国鉄の小組合でも不当労働行為がある。

大企業で不当労働行為があるどころではない、零細企業にもある。

## 〔要　旨〕

―憲法と労働基本権―

菊地勇夫

I　労働者の範囲

アメリカで労使というときに、公務員は労働者に含まれる。アフリカ宣言でも公務員は民間労働者と同じに扱えといっているから公務員は含まれる。

II　社会権と労働権

(1)　争議の言葉は、マ草案以来なく、制憲議会で、団体行動権の説明に当って、それは争議権のことだと述べられていたが、争議の文字をいれろとの議論は出ていない。

(2)　ラロックは、社会権を6つに分類して、次のような内容を指摘した。①健康。②個人、家族の幸福、衣食住の権利、従っていわゆる社会保障、母と子の権利はここに含まれる。③労働に対する権利、失業からの保護、組合権、ストライキ権が含まれる。④労働時間と休暇。⑤教育権（初等教育、政治教育など）。⑥条件と機会均等の権利（同一労働同一賃金の原則など）。これらは世界人権宣言に出ている原則であって、それを総合して社会権と考えたものである。労働権は社会権のなかに含まれる。

(3)　働くものの権利は労働権として憲法に規定されているが、働かない者の生存は憲法の上でどの位明確性が与えられているか。対応するものとして勤労権（27条）や生存権が考えられ、文字の上からは説明は可能であるが、実際の権利性からいって問題はある。

完全雇傭の問題はポジティブ・ローとして考えるべきであるが、そもそもフィラデルフィア宣言に基いて失業に関する条約を批准したときは、職業紹介法でお茶をにごし、職業紹介機関を間に合わせにつくったにすぎなかった。それ以来、職のない者はしようがないという考え方が支配的で、権利性もその点から弱められているのである。イギリスでは雇傭の問題は政治の問題として扱われ解決もされているが、そういう考え方も日本では問題にならないであろう。

例えば、世界人権宣言23条では失業に対して保護をうける権利を規定しているが、職安法や失業保険法によって、失業手当を与えろと裁判所に要求できない。政府に対し政治の問題として要求できるだけである（それが実現不可能）と考えられているが、そういうモヤモヤしたものだけでなく、もう少し実体があると思われる。いわゆる労働問題のなかには、労働者の地位の問題のほかに、失業と貧乏人の問題があり、その解決の具体策が社会権として規定さるべきである。アフリカのラロス会議も失業の問題を論じているのである。

(4)　立法、行政の違憲をチェックするのは裁判所であるが、社会権のように国家作用をまって実現されるものは、裁判所が立法の不作為に対して何もいえない。それは政治の問題であると考えているところに、社会権の保障の限界がある。朝日訴訟の場合は、生活保護法があって詳細な規定をおき、保護基準は大臣の裁量となっていても、憲法に、より密着していたので、違憲判決がなされえたのである。

(5)　世界人権宣言23条では失業保護の権利と同時に、職業選択の自由が規定されており、日本国憲法22条を社会権と考えるべき根拠を提示したと考えてよいのではないか。

Ⅲ　ＩＬＯ批准と労働基本権

(1)　結社の自由委員会では、アメリカ、ソ連の報告を出しているが、アメリカは各州の細かいことまでほじくり出しているというので不満をもっているし、ソ連については結社の自由がないという批判的意見が述べられている。

ソ連の場合の使用者代表は、国家代表ではなく、管理機関として管理経営上労働者と対立しているものを考え、双方をよんで報告の作成に当った。ＩＬＯ協会から報告の和訳が出ているがなかなか興味がある。

(2)　ＩＬＯの批准については、社会党と総評が対立している。それは、批准しなくちゃいけないが批准をせかして、国内法改悪がだきあわせになるよりは、せかさなくとも何れは通るので、ほっといた方がよいと考えているので、賛成、不賛成と分れるわけである。公労法、地公労法が廃止されるというなら、誰も批准に反対するわけはない。しかし、人事院規則が法律になるというなら、早く批准しない方がよい。また公労法４条３項だけが廃止の対象になるのならほうっておいた方がよいという声がある。公労法はいずれ全面廃止の運命にあると考えるからである。今までの国会の審議からみて、だきあわせがあるのなら批准を強く主張しない方がよいというのが大方の傾向といえよう。

(3)　文部省の日教組に対する在籍専従禁止は組合専従教員と教壇教員が全く同等の取扱いをうけているということから起った主張である。日教組でチェック・オフを禁止したら組合が弱くなるという意見があるがそれは無関係と思われる。事実、政府のチェック・オフ禁止に対して日経連も反対し在籍専従を認めようとしている。何故なら、在籍専従を禁止して外の会社から組合員が入ってくると反って組合が強くなって困ると考えるからである。例えば国鉄では一五〇名のやみ専従員がいるといわれ、それで不当労働行為の救済と引換えに（国鉄の小組合においてさえ多くの不当労働行為がある。零細企業にもある）、やみ専従はやめてくれといっている。

チェック・オフは日本的現象ではなく、ラロスでも問題になったし、ベルギーでもとりあげられた。何れにしても、経営者団体によって政府案が反対されているのが、国内法改正のモタツキの原因となっているということができる。

## Ⅳ　議　事

(1)　恒藤氏より手紙があり、ＩＬＯ批准による国内法の便乗的改悪に反対するため、関西支部は本部と同調したいので、声明を研究会で発表されたい、とのことであったが、今までの会の態度からいってそういうことはしないということになった。

(2)　５月３日午後１時より都市センターホールにおいて記念講演会を開催した。

講師及び演題は次の通り。
開会の辞　大内兵衛
歴史の教訓　家永三郎
憲法第９条ができるまで　中野好夫
プライバシーの権利　戒能通孝
一〇〇〇名近くの聴衆があり、右翼に入場の要求があったので７名をいれた。浅草署員が警戒に当り、要警戒人物の横及び演壇の近くに配置された。その他会に好意をよせる人達が受付、警戒に当ってくれた。講演中多少の野次がとばされた。
(3)　「憲法を生かすもの」の再版の印税について、３分の１は会に寄附することを承認。

# 第三四回例会（昭和三六年六月一〇日）

佐藤　功

—憲法調査会の近況㈠—

〔資　料〕

憲法調査会の報告書㈠

佐藤　功（一九六一・六・一〇）

〔一〕調査のスケジュール

第一段階　憲法制定の経過の調査

第二段階　憲法の施行・運用の実際の調査

第三段階　改正の要不要の検討—内閣及び国会に対する報告

〔二〕委員会に於ける調査

| 名　称 | 調査事項 | 委員長 |
|---|---|---|
| 憲法制定の経過に関する小委員会 | | 細川隆元 |
| 第一委員会 | 人権・司法上の人権・司法権 | 真野　毅 |
| 第二委員会 | 国会・内閣・財政・地方自治 | 潮田江次 |
| 第三委員会 | 天皇・戦争放棄・最高法規 | 高田元三郎 |

〔三〕最高法規に関する報告書（「考慮すべき問題点」の要点—以下同じ）

㈠　第九七条・第九九条・更にこの最高法規の章全体は不要であるか、どうか。

㈡　九八条について。

①　特に第二項は不明瞭であるから、憲法と条約との関係・条約に対する違憲審査権について明瞭にすべきか、どうか。

②　「第九八条二項は第九条と関連させて考え、同項の存置とともに、一方において自衛権・自衛軍の保持を明記し、他方においては更に積極的な国際協調主義を明示するため、国際平和組織への加入、そのための主権制限への同意の規定を設けるなど、場合によっては一章を設けてはどうか」

③　国際組織への加入など、超憲法的な内容の条約の締結には、憲法改正手続に準ずる特別の手続を要するとすべきか、どうか。

④　国会の承認を要する条約の範囲を明記して、それ以外の条約（行政協定）は内閣だけで締結し得るものとすべきか、どうか。

〔四〕司法権に関する報告書

㈠　司法権の拡大強化・司法権の優位（法の支配）の原則を堅持すべきか、または裁判所の専断、独走の危険をおそれて、司法権に関する規定の或るものを修正すべきであるか。

㈡　個別的問題点
①　裁判の迅速を保障するために裁判所機構その他の制度をどうすべきか。
②　行政事件訴訟を通常裁判所で裁判することの可否。
③　司法行政権の所在について明確な規定を憲法に設けるべきか。
④　陪審・参審制度を採用すべきか。
⑤　最高裁判所に規則制定権を与えることの可否。
⑥　最高裁判所の機構を憲法自体で規定することの可否。
⑦　最高裁判所の裁判官の任命に諮問委員会を設けることの可否。
⑧　国民審査制度は存置すべきか。
⑨　違憲審査制の可否。憲法裁判所を設けること、または最高裁判所的性格をも与えることの可否、下級審にも違憲審査権を与えることの可否。

〔五〕司法上の人権に関する報告書

㈠　規定が詳細にすぎるきらいがあるので、憲法上の保障はもっと大綱にとどめるようにする必要はないか。
㈡　個別的問題点
①　第三一条について
(イ)　due process of law の意味であることを明確にすべきか、どうか。
(ロ)　「財産」も保障の対象となるかどうかを明確にすべきか、どうか。
(ハ)　刑罰に限らず、刑罰以外の人身拘束の場合にも適用があるか、どうかを明確にする必要はないか。
②　第三三条—令状なくして逮捕することのできる場合として、現行犯逮捕のみでなく緊急逮捕をも明記すべきではないか。
③　第三四条—拘禁理由開示の規定は存置の必要があるか、どうか。
④　第三六条—死刑の禁止について明文の規定を置くべきか、どうか。
⑤　第三七条—迅速な裁判の保障を確立するためには、ある程度訴訟手続の簡素化を図る前提として、たとえば第三八条三項を修正する必要はないか。
⑥　第三八条について
(イ)　氏名・住居の類をも黙秘する権利があるものか、どうかを明確にする必要はないか。
(ロ)　公判廷における自白ならば、補強証拠がなくとも、それだけで有罪とすることができる趣旨かどうかを明確にする必要はないか。

〔六〕　天皇に関する報告書

(一)　基本的問題点

①　天皇が元首たることを明確にすべきか、どうか。

②　日本国が君主国たることを明確にすべきか、どうか。

③　皇室の諸制度について検討すべき点はないか、どうか。

(二)　個別的問題点

①　天皇の地位について。

(イ)「象徴」の文字をどうするか。

(ロ)　天皇の一身の尊厳を表す規定を設けるべきか、どうか。

②　天皇の権能について

(イ)　天皇の権能を通常の立憲君主の権能の範囲まで拡大すべきか、どうか。

(ロ)　特に、国際慣例と合致させるため、外交上の国事行為における「認証」の規定を改めるべきか、どうか。

(ハ)　国事行為以外の天皇の公的行為の範囲を法律または政令で定める旨の規定を設けるべきか、どうか。

③　皇位の継承について

(イ)　女帝の制度を認めるべきか、どうか。

(ロ)　退位の制度を認めるべきか、どうか。

(ハ)　皇族の範囲を拡大すべきか、どうか。

④　皇室の経済について

(イ)　国会のコントロールをどの程度まで認めるべきか。

(ロ)　皇室財産の制度をいかになすべきか。

(ハ)　三種の神器その他由緒ある物の相続に関する制度をいかになすべきか。

〔七〕　今後のスケジュール

○第三段階をどう進めるか。

○調査会の改組問題。

○自民党の憲法調査会との関係。

○社会党・護憲連合・民社党・新護憲。

**〔報　告〕**

1、調査のスケジュール

このスケジュールで最初から行われる。

第一段階、制定経過

マ憲法なる点を明らかにすべきだ。憲法現実の方が重要だとの意見もあったにも拘らず三二・七から活動始める。

三三・一月から小委員会に付託。

第二段階、施行・運用の実際の調査

いきなり改正の要否を論じては抽象的になるから、個々の論点を明らかにする。facts finding の段階。

最初は総会で総論的調査を問題別に行う。

順次、第一、第三委員会に付託し、報告書が総会に提出されているのが現状。

第三段階、九月から始める。

最後に内閣国会に対する報告を行う（昭三八年八月〜九月に）。

満六年ということになる。

小委員会の報告書はできており、七月中に総会に提出。ポツダム宣言のdocumentが交換され資料の新しいものが出てきたので、総会に対する報告書はおくれている。

第一委員会の分担、傍線は総会にすでに提出されたもの。

人権、内閣、戦争放棄が残っている。―専門委員（四名、田中和夫・植松正・黒田覚・佐藤功）が報告書を書き、委員の承認をえて総会にかける（七月中）。

報告書は尨大、二五〇字、一五〇頁平均。

2、報告書の重点

(1) 報告書の構造・重点

施行実際の調査―機関の性質からいって施行・運営の実際に重点がある―調査も運営にあたった関係者・学者の意見（運営に関連する）による―内閣法制局、各省、裁判官、検察庁、弁護士の憲法実務の意見が材料であり、自ら法律解釈論が主で国民の意識などの実態調査は不充分である。

どの報告書も規格がある。

第一篇　調査の経過

第二篇　調査の内容（中心）

　逐条的

第三篇　将来考慮すべき問題点（新聞に大きく出るもの）

　本当はつけたりのもの

　第三段階の参考資料としてかかげておくもの、新聞ではここを大きく出しているので調査会で改正論点を審議しているのではないかとの印象を与えているらしい、―しかしそれほどでもない。

　第二段階では改正の意見は委員からは出ていない。第三段階の問題として抑えている―神川氏などは不満をもつ。口述者に質問するときに改正支持者は改正意見を述べるが、次の段階に留保される。

(2) 最高法規について

① 九七条―｛・法的に何の意味もないから要らない。

・不可侵、永久の権利ということが人権をいかなる場合も制限できない（公共の福祉によっても）とする論拠になっているから有害だ。｝

② 九九条―・意味がない。

・マ原案で天皇が即位になっての宣誓の形だったが、その変形で、オリジンはキリスト教団の宣誓の義務の規定であり日本ではおかしい。

③ 九八条—
・一項二項とも原則規定で意味がない。
・憲法と条約・条約の違憲審査権は別の規定にすべきで、要らない。

九七条—九九条は要らないということになる。

私はこの案はそのような観点からのみみるべきでないと思うから、そこが論点である。

(3) 司法権に関する報告書

判例を材料として調査がやり易いという事情による。

裁判官、検察官、弁護士、学者—意見がそれぞれ異なる→立場の相違が面白い。

今まで総会・委員会を通じて参考人の数、延四三三人、公聴会四六回、公述した人（寺人）三八九人 バランスがとれていると高柳会長

① 基本的問題点

裁判所の専断・独走の危険とは
・rule of law からいえば裁判所の強化はいい。
・他方、国会を通して国民に責任を負わない裁判官が強大になることに問題がある。

今までについて、専断独走といえるか、裁判所が弱いと見るべきかの見解の問題があると思われる。

②
a．裁判がおくれていることの非難に対して
司法権の拡大強化による行政事件の裁判は能率的か。
公正な判断か、元の行政裁判所をおいた方がよいかの問題がある。

b．最高裁が司法行政権をもつことになっているが明文がはっきりしない、明確にする。次の通り。
下級裁判官の任命—裁判官の人事権
法律で現在以上の司法行政権を与えるべきだとの意見がある。
特に予算（予算の作成までやらせろ）
裁判所に法律案提出権をみとめろという意見まである
—反対論も強い。

c．陪審制度—解釈論として設けられないとの意見があるのではっきりさせろ。

d．最高裁規則（高柳氏は広く解する）と法律（そうでない人はこれを広く解する）との優劣がはっきりしない。
それを含めて最高裁の rule make 制度を反省すべき。

e．最高裁機構改革、裁判官の人数を憲法で決めたらどう

か、憲法でどこまで決めるか。
f．最高裁裁判官の任命で諮問委員会を設ける―憲法でか法律でか。
g．国民審査をどうするか。
h．憲法裁判所か最高裁判所的性格か。
(4) 司法上の人権
三一条～四〇条までの手続は性質を異にするので、切り離して報告書をつくる。
(一) 基本的問題点
詳細であるから刑訴に規定すべき―検察側の主張、弁護士の一部
細かすぎる方がいいとの意見もある。
(二) ① 三一条
(イ) 法律に定める手続―アメリカの due process を意味するか。
ドイツ的罪刑法定主義の規定か。
(ロ) 生命自由の文言であるか、財産を入れるべきか。―社会立法が困難になるのではないかとの意見あり。
(ハ) 行政罰、保安処分の人身拘束に適用があるか。
行政処分にも会社を必要とすべきか。
自分を明示する証票は必要だが、会社は必要でないとの意見もある。
② 三三条、刑訴の緊急逮捕に令状は要らない。定着した家宅捜索は違憲ではない（最判）。現行犯に限るのは窮屈だ。
③ 三四条、勾留理由開示―法廷闘争に利用されているから存置しない方がよい。
④ 三六条、正木亮（委員）―死刑廃止論者、死刑は残虐刑か、廃止の明文をおけ。
⑤ 三七条、
三八条三項を改正したらどうか。補強証拠の必要を認めない―検察裁判にならないか。
⑥ 三八条 (イ) 黙秘権
(ロ) 公判廷の自由

〔討　議〕

宮沢　判例で解釈が確定しているものは明瞭にしろということだ。
佐藤　そういう意見が強い。
宮沢　ついでに改正してしまうということが、判例で決まっていればいいと思われる。
佐藤　とにかく、すべての問題を拾ってみようというやり方で実際の改正を離れて問題にしている。従って判例があってもはっ

きりしておこうとの考え方。
宮沢　三八条三項の補強証拠で裁判官にそういう意見があるのか。
佐藤　裁判官　岸誠一―黙秘権について一般にいわれているほど濫用されていない。
自白について　小野／団藤／平野　解釈論として述べる。
佐藤藤佐―軽微な事件でアレインメントを設ける。
それを三八条三項が邪魔している。
辻　論点は多数意見というわけではないのである。
佐藤　少数意見も問題点としては拾っている。
裁判官／弁護士／検察／学者　この中ではバランスをとってみている。
清宮　問題について一つの意見が出ると、反対意見が出ているのか。
佐藤　議論の段階で反対意見が出ているという意味だ。委員会として気分のはっきりしているものもある、例えば天皇の元首。
大内　専門委員の身分は。
佐藤　非常勤。
大内　参考人。
佐藤　非常勤は、身分の保障はない。熱心な方とそうでない人といる。
家永　黙秘権について範囲を狭めたからといって拷問を認めるということではないですね。不利益な推定をされてもかまわないということになるのか。
佐藤　一つは、住所氏名まで検察でわかっているのに、黙秘するので調書に書けない。
宮沢　拷問はできないか問題だ。いやならいわないことは規定をかえても同じである。
辻　学生証をもっていてはっきりわかっていてもだめだ。
戒能　証拠で立証されればいいので証拠があればいいのだ。ただ翻訳しないことがある。黙っていると、拷問とは関係ない。
(5)　天皇に関する報告書
四報告中デリケートなところ
・宮内庁、皇室典範、皇室経済法の運用
・外務省、国際法、天皇が元首であるか（国際法上）。
・外国の君主制の実状　北欧三国・イギリス＝大使、
スペイン―結城
ベルギー・オランダ＝大使、
・小泉、谷川

調査の重点も自らそこにあるといえる。私が面白いと思ったのは宮内庁の人が憲法に対して忠実にやっているということを述べている。例えば、現在天皇の憲法の運営は元の天皇と変ったことを注意してやっているという。元の天皇だと、枢密院本会議、総理をよびつけてきくことも頻繁だった。昔は要領をのみこんで裁可になったのだが、現在は学んでらくになっているにすぎない（爪生）、全体をみて、国民の象徴の立場になって、以前の象徴を引き出してそれを表現し、外国との親善、国民の団結を深めている。大いに憲法の精神に遵ってやっていると強調。

それで別に差支えない調子だという（爪生）。

それは外務省も同じで認証はそのままでいいという、国際法上支障はない。

神川氏などは認証を批准にして、象徴をやめて元首とはっきりさせろという。

ここでは学者が保守的。

㈠　基本的問題点

①　元首たることが不明瞭で、今のままで元首といえるという立場もある。

②　日本は君主国か共和国か

・それなら元首だとはっきり規定すべきだとの意見もある。

・解釈で元首といえるからいいではないか。

・元首でないし認めるべきではない。

学説上両説あり、君主国であるのに反対論があるからはっきりさせろ。

③　皇室令（宮務法）があったがなくなった。この穴を従来の伝統でうめる。伝統と断絶しないようにしたい。今まで法律化しないものについて昔から断絶しないよう処置している。

それに対して、過去の天皇と性格がちがうので思い切って切りかえる態度の方が必要だろうという。

㈡　①　天皇の地位

(イ)　象徴の文言を残すか、とるか。

残して外国に対して日本を代表すると書けばよい。

不敬罪についてどうするか。

(ロ)　国法考慮のこと

不敬罪廃止の経過を佐藤藤佐にきく。

元首論の人が熱心。

②　天皇の権能

(イ)　全権委任状を発するなど強い意見

(ロ)　天皇が私的な場合は別だが公的なものがあり、それをどうみるか、公的行為は象徴性から認められるべきで内閣が責任を負うという形で処理されている。その公的行為は運用に任せられているので明確にすべき。

③　現在問題はないが、皇族を減らしすぎたとの意見が述べられる。

④　皇室財産

㋑　国会のコントロールが強すぎると感ぜられる。

㋺　皇室財産─国に属することになっているが、民法分割相続の特例として、─皇室財産の特例をどう考えるべきか。

4、今後のスケジュール

①　第三段階で改正の要否を決めるのだが、第二段階の調査と無関係に改正論が主張されるのではないか。第二段階では積極的改正論に遠慮してもらうという傾向があって、それに不満な人が積極的に発言し、facts finding が何にもならなくなるのではないか。

②　第二段階の手続をどうすればよいか。

問題を整理して討論したらと高柳氏は考えているが、うまくいくかどうか。

③　調査会の改組

第二段階では独立公正だといえると思うし、高柳氏は自慢している。そうだから社会党に入ってもらいたいとの考え方がある。しかしこれは高柳個人の考え方で内閣では社会党のことは考えていない。その場合、次のように調査会法を改正してもよいと考える。

（国会議員　二〇─一〇対一〇
（学者・知識人　三〇─二〇対一〇にして批判論者を入れる。

実現性について問題がある。

④　自民党調査会

小委員会ができて改正案ができることになっている。この改正案が自民党議員を拘束するようになると問題。ずっと開店休業だが活動開始。

直接民主制的なことを考えていると中曽根氏（中心）は宣伝しているが、これが相当、影響をもってくるだろう。

⑤　護憲連合

来年の参議院─（革新）八六名、五〇名改選、これを維持するのが目標。

**〔討議2〕**

大内　天皇を元首というときは英語で何というか。君主だったらどうか。

佐藤　head、マッカーサーの三原則では、is at the head of the State（is the head of ではない）

君主なら monarchy（殿）

家永　明憲の元首についてはいろいろ説明が違うが現在はどうか。

佐藤　元首の定義をどこにおくかで現在は元首といえるかどうか

決まる。

①　行政権の長が外国に対し国を代表しているが、元首でないという意見。

②　元首の定義も変って、象徴的な役割、儀礼的なものが元首だとの意見―今の天皇も元首。

佐藤説②をとり元首といってもよいと思っている。

家永　①をとると元首は誰か。

佐藤　内閣総理・衆議院議長などの諸説あり。

元首があるというのがおかしい、元首なしといってもよいと思うと辻がいっていた。それぞれが分担してやっているということでいいと思う。

三委は元首をはっきりしろとの意見が強い。

自衛隊当局者は慎重でいわないが、吉田栄蔵（海上自衛隊）、この人が統帥の要請は死を恐れずにやるということでそのために名目上でもよいから、神御一人を自衛隊最高司令官の地位においてもらいたいという。広瀬氏はそれには反対（国民の軍隊でよい）。土井明夫、富岡氏も天皇を最高司令官にする easy な考えには反対という。

大石義雄氏は当然のことだとして賛成する（軍司令官説に）。

一般的元首化論は多数にある。

丸山　天皇の尊厳は神聖をとって不可侵を強調するのか。

佐藤　そういう考えだと思う。

久野　それは不敬罪までいっているのか。

佐藤　昔の不敬罪までいう意見が多い。

辻　前文はどうか。

佐藤　前文も要らんという考え方に通ずるのか、最高法規は要らんということだろう。

久野　憲法のイデーは憲法の文章の意味解釈でいいということか。

佐藤　委員会の議論は文字を中心にやっているので、根本論は殆どウエイトをおかれていないという議論が多い。

久野　意味を解釈する中核をどこにおこうというのか、それは自覚されているのか。

佐藤　改正論者は今の基本原則は維持するというが、改正を加えていけば基本原理が変ってゆくと私は思うが、そうはいわないで改正論を述べる。例えば元首にしても国民主権はかえないという。

辻　一一条についても廃止論があるか。

佐藤　委員会は別だけど恐らくいらないということだろう。

大内　日本文でやっているのだろうか、日本語がまずいという意見は。

佐藤　英語の方がよくわかるという場合がある。

七七条二項は誤訳だとの意見がある、高柳氏の意見。

第34回例会（昭和36年6月10日）

大内　秋田県の人が手紙をよこして

英文でみるとわかるが、security guaranty を同じ、

social welfare
public welfare ｝の区別をしていない。

日本語は正しくないといっている。

勤労者―worker おかしい。

佐藤　一たん日本文になると日本文が中心である。

宮沢　元来英文で書かれたものがあるが、それが日本語になり、それをまた英語にかえたので、英文が日本語になったと考えるのはまちがい。

憲法の英文が元のものだと考えている人も多いが、それは違う。高柳氏のいうように正確でないのもあると思うが。

佐藤　civil service を内政事務と最初に法制局で訳したこともある（七三条）。

前文の we は現在訳がぬけている。

丸山　努力の成果、struggle もおかしい。

宮沢　前文でわれら（一人称）日本国民（三人称）は、とやれと牧野氏がいっていた。

中野　委―総会までの間で修正されるか。

佐藤　委員会に出す報告書のまま大体出る。

中野　戦争放棄は委員会は通ったか。

佐藤　字句の問題程度で七月に総会に出る。

総会の修正は殆どない。

〔議　事〕

1、七月の会（八日）―佐藤氏に更に明治憲法のどの点の復活か、また外国憲法との比較、どのように啓蒙活動をするかを報告してもらう。

2、今後の研究の方法をどうするか。

具体的問題をどうすればよいか。

3、五月講演会の会計報告

**〔要　旨〕**

―憲法調査会の近況㈠―

佐藤　功

I　委員会での討論の態度に関連して

(1)　委員会での討議は、文字を中心にして行われ、根本的理論については余りウエイトがおかれていない。その際、改正論者は、今の基本原則は維持するというのであるが、改正を加えていけば、場合により基本原理が変ってゆく場合があると考えられる。ところが、例えば、天皇を元

首にしても国民主権はかえない、などと発言するのである。文字を中心に行うということが、憲法のイデーは憲法の文章の意味解釈で充分だということを意味するかどうかは不明だが、解釈に対する態度の中核をどこにおくかという点の自覚が足らないように思われる。

(2) 議論は、憲法の日本文を中心にやっているのか、その際、日本訳がまずいという意見はないのか。例えば、高柳会長は77条2項には誤訳があるといい、ソシアル・ウェルフェアと、パブリック・ウェルフェアの区別がされず、ワーカーを勤労者と訳しているし、ストラグルを「努力」の成果と訳しているのもおかしい。また、シビル・サービスを最初法制局で訳していたときは、「内政事務」とやっていた。前文のウイが訳語にぬけており、牧野氏が前文を「われら日本国民」はとすべきだ（日本国民はとなると3人称になる）と述べていた、などの点があるからである。たしかに日本文には正確な表現でないのもあるが、一度日本文になると、日本文が正文となるのである。元来は英文で書かれていたが、それが日本文に訳されて、修正され、その後それを更に英語にかえたので、六法の末尾に附された英文は元の英文ではなく、日本文から直された英文である。この点、その英文を正文と考えている人がいるが、英文が日本文になったと考えるのは間違いである。

II 報告書の作成に関連して

(1) 「将来の問題点」として出されたものは、多数意見ばかりでなく、少数意見も拾ってある。この点、委員会での討議の段階で、例えば司法権については、裁判官、弁護士、検事、学者についてバランスを考えて意見をきくというように、公正を期しているわけである。ただ委員会として空気のはっきりしているもの、例えば天皇を元首にしたいというものもあるが、これなどは例外である。

(2) 論点の指摘に当っては、判例で解釈が確定しているものまでも、明瞭にするために指摘しろという意見が強い。これはすべての問題を拾うという方針をとっているところから、判例があってもはっきりしておこうという考え方によるものであるが、判例できまったものまで指摘する必要はないと思われる。それは改正を離れて論点を明らかにするといいながら、判例で明らかになった点までもついでに改正してしまうという主張にもなりかねないように思われる。

(3) 専門委員、参考人の身分は何れも、非常勤であり、身分の保障はない。従って、熱心な人とそうでない人がいる。

(4)　委員会の議決後、総会に出されるまでに報告書が修正されることは殆どなく、大体そのまま提出される。また総会での修正も字句の問題程度で、殆どない。

Ⅲ　「最高法規」について

最高法規が不要ということになると、その論理に従って前文も不要ということになりかねない。ここに、文字中心の議論の態度に対する欠陥が指摘されうる。この考え方でゆくと、11条のような規定もいらないということになろう。

Ⅳ　38条について

自白の問題については、学者側から小野、団藤、平野各氏が解釈論を述べ、裁判官では岸誠一氏が、黙秘権は一般にいわれているほど濫用されていないと述べていたが、佐藤藤佐氏は、軽微な事件ではアレインメントの制度を採用したいと思うが、それを38条3項が邪魔をしていると発言した。

黙秘権の範囲を狭めたからといって、拷問を認める、又不利益な推定をするということにはならないと思うが、いやだからいわないということは、かりに黙秘権の規定をかえたとしても同じことだと思われる。ただ住所氏名を述べないと検察側でわかっていても調書がとれないという不便はある。例えば学生証をもっていても発言がないと、とれないのである。又保釈しないということもある。しかし証拠で立証されればいいと考えてよいのではないか。

Ⅴ　「天皇」について

(1)　「元首」は英文でheadである。マ・ノートでは、天皇はis at the head of the state（is the head of the stateではなく）となっていた。

元首について、明治憲法では異なった説明がなされていたが、現在では、元首をどう定義するかによって定まると思う。

①行政権の首長として外国に対し代表する者、②象徴的役割を果す、儀礼的なもの、と2説あり、①をとれば天皇は元首ではなく、②をとれば、今の天皇も元首だということになる。佐藤功説は②であり、元首であるといってよいと思う。①をとった場合に誰が元首であるかが問題であり、内閣・内閣総理大臣・衆議院議長など諸説があるが、元首がなければならないというのがおかしいので、それぞれが分担してやっているので元首はないと考えてもよいではないかという意見もある。第3委員会では、元首もはっきりしろという意見が強い。

(2)　自衛隊当局は慎重で、天皇について発言してはいないが、吉田栄蔵氏は、統帥の要諦は死を恐れずにやるということで、そのためには名目上でもよいから、神御一人を自衛隊の最高司令官の地位においてもらいたい、と発言し、大石義雄氏が賛成していた。但し、広瀬氏は、自衛隊は国民の軍隊でよいという立場から反対し、土居明夫、富岡氏もイージーな考え方であるとして反対している。

(3) 天皇尊厳論は、神聖不可侵を強調するところにあると思われ、その点から、刑法の不敬罪まで考えている委員が多い。

VI 議　事

(1) ７月の例会は、続いて佐藤氏に報告を依頼し、明治憲法のどの点の復活か、外国憲法との比較、啓蒙活動の点などにふれていただく。

(2) 今後の研究態度について、具体的問題をどうするか。

(3) 憲法記念講演会の会計報告。

# 第三五回例会（昭和三六年七月八日）

佐藤　功

―憲法調査会の近況(二)―

【資　料】

憲法調査会の報告書(二)

佐藤　功（一九六一・七・八）

〔第五報告〕　財政に関する報告書

〔一〕　基本的問題点―現行憲法の国会中心主義をいかに評価するか。

〔二〕　個別的問題点。

(1)　国会議決主義を定める第八三条をどうするか。

(2)　財政上の緊急処分、責任支出を認める必要があるか。

(3)　第八四条の「法律の定める条件」はどうすべきか。

(4)　地方税賦課権の根拠について他に規定を要しないか。地方税を国税の一変型と見るべきか、地方団体にどの程度の自治権を認めるか。

(5)　第八六条はあたかも予算形式について内閣に主導権を与えているがごとき表現であり、第八三条と矛盾する。特に内閣の作成するものを「予算」としていることは問題である。内閣は「予算案」を提出するとなすべきか、それとも国会議決後は予算は「法律」（予算法）となるとすべきか。

(6)　現行のように予算を「法律」としない制度をとると予算決定手続（六〇）と租税法議定手続（五九）との相違のため、両者間に抵触事態が成立する。

(7)　国会による財務統制範囲を歳出、債務負担にのみ限るべきか。継続費制度はどうか。

(8)　国会の支出増額修正を規制すべきか。

(9)　予算不成立の場合の措置について規定を設くべきか。

(10)　予算の公布は不要であるか。

(11)　予備費の性格を、現行財政法のように歳入歳出予算の一項とするか、それとも予算とは別のリザーブ・ファンドとするか。

(12)　予備費支出に対する国会の事後承諾制度をどうするか。

(13)　第八八条は存置すべきか。

(14)　第八九条はどうするか、「公の支配に属しない」慈善等の事業に対する禁止は、その趣旨を明確にすべきか、それとも廃止すべきか。

(15)　決算に対する統制制度をどうするか。

(16)　会計検査院の「独立」を明記すべきか。

⒄　第九一条は存置すべきか。
⒅　その他、貨幣規制・特別会計予算・政府関係団体予算に対する国会統制・日本銀行の中立性等を憲法上、規定すべきか。

〔第六報告〕　国会に関する報告書

〔一〕　根本的な問題点
㈠　国会制度と議院内閣制
⑴　内閣制度はイギリス式、国会内部運営はアメリカ式。この間の矛盾。
⑵　議院内閣制そのものの検討が必要ではないか。
⑶　国会の内部運営はどこまでが憲法規定の問題であるか。
㈡　両院制と参議院の在り方
⑴　全国区制の問題
⑵　参議院の組織の問題
㈢　会期制度――立法期の制度
㈣　非常事態と国会――緊急集会の制度のみで足りるか。
㈤　衆議院の優越性
⑴　法律案再議決の出席議員の三分の二要件は妥当か。
⑵　条約の承認について、法律案再議決の方法によるか、予算議定の方法によるか。
〔二〕　個別的な問題点
⑴　第四一条の「国権の最高機関」の表現をどうするか。
⑵　第五〇条の議員の不逮捕特権について。不逮浦の特例を憲法自身で定むべきか。起訴からの自由についても定むべきか。
⑶　第五一条の議員の発言・表決の免責権を国務大臣にまで認める規定を設くべきか。
⑷　第五六条一項の三分の一の定足数について考慮する必要はないか。「出席議員の過半数」の表現をもっと明確に改める必要はないか。

〔第七報告〕　地方自治に関する報告書

〔一〕　根本的問題点――地方自治が民主政治の確立の上に有する意義を認め、これを拡充する方向において問題を考える態度をとるか、それとも、増大しつつある国家機能を国全体の立場から統一的・能率的に処理することに重点をおいて、国と地方とのつながりを明確にし、国の関与・監督を拡充する方向において問題を考える態度をとるか。またこの二つの立場を調和させる方式が考えられないか。
〔二〕　個別的問題点
㈠　第九二条
⑴　「地方公共団体」の範囲を明示すべきか。

(2)「地方自治の本旨」の表現を更に明確にする必要はないか。
(3) 国と地方団体との関係を明確にする規定を設くべきか。
(4) 首都に関する特別の規定を設くべきか。

(二) 第九三条
(1) すべての地方公共団体について画一的な組織形態を定めるのがよいか。
(2) 長の任命方法はどうするか。
(3)「その他の吏員」の公選に関する規定は存置すべきか。
(4) 直接請求制度を憲法上の制度とすべきか。

(三) 第九四条
(1) 地方団体の権限に属する事務の範囲を明示すべきか。
(2) 条例に罰則を付し得る旨を定むべきか。
(3) 地方税の課税権の根拠を明示すべきか。

(四) 第九五条（地方特別法）は存置すべきか。

〔第八報告〕 戦争放棄に関する報告書
（報告書の目次を掲げる）

第一編 調査の経過
第二編 調査の内容
第一章 第九条の成立の経緯
一 規定の推移
二 推移の過程における問題点
第二章 戦後における防衛問題の推移
第一節 防衛力漸増の経過（略）
第二節 現行防衛法体系の概要（略）
第三章 日米安全保障条約の成立と改定
一 占領初期における安全保障の構想
二 日米安全保障条約の構想の成立
三 日米安全保障条約の成立
第二節 条約成立過程における憲法解釈の態度
第三節 日米安全保障条約の改定
一 改定の経緯
二 新条約における憲法上の論点
第四章 安全保障制度の発展と現段階
第一節 戦争の禁止と集団的安全保障制度の発展（略）
第二節 国連憲章と集団的自衛権（略）
第三節 日米安全保障条約の特色
第五章 現代における防衛の在り方
第一節 現代における防衛の性格（略）
第二節 軍縮問題の現段階（略）
第三節 日本の防衛の在り方（略）
第六章 現代における防衛組織の在り方

第一節　現代における防衛組織の基本的必要条件
一　文官統制
二　三軍統合
第二節　西ドイツの再軍備と基本法改正（略）
第三節　自衛隊制度の問題点（略）
第七章　第九条解釈の諸問題
第一節　政府の解釈
第二節　砂川事件の判決
第三節　第九条解釈の態度
第三編　第九条につき考慮すべき問題点
一　根本的問題点
二　個別的問題点（以下項目を掲げる）
(1)　第九条二項は削除すべきかどうか。
(2)　自衛権の存在及び自衛軍の維持が認められることを明文を以て定めるべきかどうか。
(3)　いわゆる国際条項を設くべきかどうか。
(4)　自衛軍の組織・編成・最高指揮権等に関する制度をいかに定むべきか。
(5)　現行の文民条項のほか文官統制の制度をいかに定めるべきか——軍事に関する国会の権限をどの程度まで認むべきか。
(6)　非常事態の措置についていかに定むべきか。
(7)　国民の防衛義務、兵役義務をいかに定むべきか。
(8)　軍人に対する人権保障の限界をどの範囲まで認むべきか。
(9)　防衛に関する独立の一章を設けるべきか。

〔報　告〕

その後の四つの報告書について報告する。
（あと残り二つ、人権、内閣、大体できているがそれを除き）
〔第五報告〕　財政（第二委員会）
都立大小島和司―財政専門で細かい報告書となっている。
問題点としてかかげたものをのせてある。
(一)　基本的問題点
現在憲法八三条―総則的規定になっているが、それをどう評価するか。
理論的問題点としてのみならず、これをどう考えるかで態度が変ってくる。

考え方
① 財政の決定権を国会がもつ―国会の権限を強く認める。
② 財政を行うのは政府だが、その場合国会の議決が必要なのだ。

学説として二つある。この違いから後の個々の制度の違いの問題が出てくる。

(二) 個別的問題点

(1) 今述べた点、どちらにするかによって表現は異なる。

(2) 第二説にたつと、緊急処分、責任支出を認めてよいことになる。

(3) 法による
法律に定める条件｝この違いはどうか。

① 使いわける意味がわからない（清宮）。

② 租税法で命令に委任しているのが広すぎるので、それは法律に定める条件にならないのではないか。

通達が広く使われ、租税法律主義が租税通達主義に実際はなっているのでそれと関連して。

(4) 八三条で「国の財政」と書いてあるので「地方税」は外れるとの議論がある。

大わくは地方税法で規定されるが具体的には条例で定められている。

課税権は自治権に内在している権利で、地方税法はその課税権を調整するだけなのか、税法によって国から与えられたのか。

ここから地方税は国税の一変型か、自治権なのかわからない。

(5) 内閣を中心にしたような書き方をしている。

「予算を作成し」は「予算案を作成し」とならなけりゃいかん―小島説の主張。

予算法となるべきか。

アメリカ法を導入したため混乱している。

(6) 予算だと衆議院先議

法律だとどちらに出してもよい。

予算を予算法とすると抵触する。

(7) 略

(8) 予算増額修正

(9) 現在暫定予算制度をとるか、前年度予算制度をとるべきか、前年度予算の月割額を暫定予算とすべきだとの議論がある。

(10) 予算法だと公布がいるが公布はどうするか。

(11) 金森説だとリザーブファンドとして説明していた。

(12) 予備費―次の常会

(13) 皇室財政は……

(14) 私立学校などでは困るから、この制度は合理的でないとの説があるので考え直すか。

現在は公の支配を厳密に解して規定の趣旨が失われているのが現状である。―それで廃止した方がよいのではないか。

(15) 時期がおくれて決算がなされているので、余り意味がない。

それをどうするか。
⒃　会計検査院で定められているが憲法上まで引き上げるか。
⒄　九一条は余り意味がない。
⒅　略

〔第六報告〕
政党議事手続などいろんな問題がでているので最後の問題点のみ報告。
㈠　根本的問題点
(1)　この矛盾がここからすべて出てくるのかどうか疑問だが、報告書はそう書いている。
(2)　議院内閣制を調査会は前提として議論しているか。大統領制、直接民主制的なものを考えるべきだと中曽根氏は主張する。
(3)　議事手続の問題もあるが、政党などの案件によるものが多いので社会的政治的問題が重要である。政党をどこまで憲法の問題としてとりあげるか。
㈡　参議院について
(1)　全国区制の狙いはその後どうなったか。
参議院組織をどうするかは立憲時から問題。
全国区は日本から出した案。後補者の推薦制について司令部は職能制に反対。
傾向(1)　組織を有しない、著名人の当選が減ってきた。
(2)　特定組織を有するものの当選が増えてきた。
(3)　政党色が濃くなった。
一〇名―五八名（無所属）
それが、一七名（無）
五名（縁故）｝一二名にへる。
(4)　職能代表制というより利益代表的色彩が強い。
(5)　誰に投票してよいかわからないという傾向が依然としてある。
ではどうするかについては報告書に出ていない。
㈢　会期制度は一九世紀よりは厳格になっていない。
立法期というものを考えてよいのではないか。
㈣　緊急集会だけでよいか。
非常事態の措置がない。緊急命令的制度を考える必要はないか。
㈤　衆議院の優越。
(1)　override には三分の二必要だがそれは重すぎる。
もっと軽くすべき。
(2)　特に条約について法律案の場合にあわせる必要があるのではないか。

㈡　その他

⑴　ソ連系の憲法にはあるが西欧型の憲法にはないので、最高機関の文字をどう考えるか。文字通り最高機関ではないのでどうするか。

⑵　現行犯、議院の許諾

汚職の時に許諾を与えないというケースがあったので。

⑶　略

⑷　在議院数か、法定数か。

〔第七報告書〕成田頼明の作成

色んな立場（自治省、地方団体、学説＝田中二郎、長浜政壽）の対立がよくわかる。

最終の問題点について報告する。

㈠　①　new-centralization の必要から考えるか。

②　地方分権か。

③　それを調和させる方式をとるべきか。

㈡　個別的問題点においても、この立場によって異なる。

⑴　九二条

①　地方公共団体とは何か。

特に都道府県の廃止―知事任命制の案があるので、それを明確にする。

②　何が「地方自治の本旨」か―これを旗印として立場の相異があるので。

都道府県の廃止が地方自治の本旨だという
都道府県の存置が地方自治の本旨だという

この対立が地方自治の本旨について水かけ論として出てくる。

③　中央政治が地方団体のやる事務を監督するというのでなく、公団などの独立法人を設けてやらせる。

（本来地方自治体がやるべきものを）こうして実質的に国がやっている。それを独立法人によってとなると地方団体の行政の統一性が乱される。憲法論になっていないか。

④　特別区制があるが、東京都は他の府県と同じ status とされている。特別の制度を設けたらどうか。

⑵　九三条

知事の任命方法が中心問題

manager 制とかいろいろあるので一律に憲法で定めてはどうか。

⑶　九四条

①　地方公共団体が固有でやれる事務は少ない。その点を何とかする必要があるのではないか。

②　条例による罰則制定権

③　略

(4)　九五条

現在意味のない規定になっている。

特別都市建設法で利用され、それは一種の選挙運動の意味しかないといわれている。

第二編

〔第八報告〕佐藤功（二四〇頁）二〇〇字、八〇〇枚

第一章　マ・ノートの第二項目から始まる。

マ草案

三月六日案、憲法制定経過の重要点

第二章

第一節　警察予備隊、保安隊、自衛隊

その経過をクロノロジー的に書く。

第二節　旧憲法体系下の防衛性とくらべてその差異。

現在のブランクの点

第三章　外務省側の人の資料。九条の解釈論を中心として書き、国際政治からの考察はない。

永世中立の構想をとるほかはないと外務省は考えていたが、二六・一月以後アメリカから日本の再軍備に関する項目が入っている。次のどちらかの方法が考えられた。

永世中立のときは一一ヶ国による集団安全保障

国際連合―アメリカによる安全保障

◎吉田首相は次の二案を用意した。①アメリカが講和後も駐留する（現在）、②西北太平洋の平和と安全保障の案（日本・韓を非武装化して米英の軍備制限）

アメリカは再軍備を要求するだろう。しかし憲法ではできない。その際に①②を選択的に出すということであった。それは日本のinitiativeで最初の安保条約ができた（西村熊雄氏説）

結局①案のみを出す。

第四章　略

第五章　軍事専門家によって現代という時代の特色により性格づけられる意見が述べられる。

①　米ソの対立

②　技術的変革の時代

③　イデオロギー的変革の時代、中ソの強大化

ここから現代の防衛の性格が定められる。

第六章

第七章

第三節　どういう態度で考えるべきか。

高柳―九条についてドイツ国法学的解釈によれば違憲の態度が出てくるが、社会学的態度で解釈すべき。

第三篇

一、根本的問題点、成立の時期―防衛力の増強

　この現実にあわせて九条を改正するか（①）。

　現実を九条に合致させるべきか（②）。

この二つのどちらかになるが、微妙な発言もある。

増原恵一―日影者だった、憲法改正してくれ。

日本の特殊性と認めるが、国連中心主義をいう以上は国連に協力することは世界の共通の義務だ。

　そこまではできるというのならよい。それでもできないというのでは困る（松平発言）。

　改正反対―朝日の渡辺
　　東大　福島
　　軍事評論　林克也
　　　九条に現実の防衛状勢を引き寄せる。

　　自衛という言葉は現在日本にはないはず、自主権がないんだから。

　自主権があるようになって初めて自衛隊を考える。今自衛権を論じても意味がない。

吉田栄蔵―天皇が最高司令官に

広瀬　富岡、土井―天皇利用に反対する。

大石　　　―賛成

二、個別的問題点

〔討　議〕

丸山　非常事態とは内乱か。

佐藤　天皇の非常大権みたいな制度が必要だとの議論案は出ていないが、戦時の人権の特例はなけりゃいかんとの考え方。

辻　九条の折衷説、国連中心主義の説までは大多数で、右と左が少数説。

丸山　自衛隊の海外派遣は？

佐藤　自衛隊だけの海外派遣はない。国連に協力するという形で自衛隊が出てくる。

　ほかの国連加盟国と違うのは、自衛隊は外に出ていけない。それでは大きな顔ができず、外の国連加盟国と同じようにしてほしいという意見。

家永　中曽根の憲法調査会については。

佐藤　外国憲法の話をしてくれとのことで、サービスしているのは黒田覚、佐藤達夫、大西邦敏で、大統領制は中曽根の発想。しかし、大統領公選制についてアメリカかドゴールなのかはっきりしない。

久野　憲法のシステムは、外からみて矛盾がないという組織の度合いはどうか。

　使われる言葉は普通の言葉だが、解釈は厳密にというのはどこまで完備しているのか、もっと曖昧か。

佐藤　憲法のなかの言葉で、主権・基本的人権などはnatural languageではない。
宮沢　野球だとみんなでやりたいというので精確度は野球の方が高い、ルールを使う意識によって違う。野球の方はやって行こうとの気がある。
戒能　野球だとどんな規則をつかってもよいが。
久野　憲法学者は厳密に解釈するのか。実際は曖昧か、野球の程度か、常識程度か。
辻　常識の程度はある。
宮沢　憲法は一種の闘争―負けてもこまる。野球の方はみんな一様―つぶされてはこまる、負けてもよい。
久野　自然言語に近いわけですね。規範の力は薄れてくる。自然言語に近いと。
我妻　疑問のないものはつくれない。
佐藤　最後は三八年度内（秋）。この次の段階で、改正の要否をやる。finalな報告を国会、内閣にする。しかし、多分改正するならこう、それに対して第二案・第三案。
大内　改組案はどうか。
佐藤　恐らくやらない。中川、蠟山などはこのままだとやめるといっている。

池田は改正に熱心じゃない、改正をやらなくともやってゆけるとの考え方。中曽根など反主流派が熱をあげている。調査会のなかで元気のよいのが、神川・広瀬など。神川などは実態調査などやる必要はないとの意見。最初から改正の要否をとりあげる。この頃は報告書ができかかっているので出てきて意見を述べる。七年間もかかってやる必要なしという。九条はpolitical manifestだからあのままで再軍備してもよい。
我妻　日本の制度当時のあのまま考えればよい。解釈論としてどうだということは問題じゃないという。
辻　そうだと何を書いておいてもよい。白紙でよい。法だからidea関係的面を考えなけりゃいかん。
佐藤　高柳氏は今は九条は規範じゃないという。
宮沢　あってもいいじゃないか。実際はないのと同じだということ。
我妻　九条についてだけそうだというのか。
佐藤　九条についてだけでプログラムとみる。英法的なものとみる。しかしそれは事と次第によって長所となり短所となる。

〔議　事〕

会計報告

憲法を生かすものの続篇を出す―資金を増やす。

九月以後の話で、今まで問題になった点を個々について話をする。hot news を中心にやりたい。

久野―戦争放棄―第九条を生かす方法があるかないか、非武装中立はどうなのか。

「憲法を生かすもの」Ⅱを考える。

編集をお願いする―戒能、辻に。

九月三〇日

一〇月二八日

一一月

大内　憲法調査会の報告に基き、問題毎に割当てる。

ディスカッションを記録にとどめる。

講演会がいつもうまくゆくかどうか疑問であり、一年の春、秋、東京の大学をまわって大学のなかで講演会をする。大学で教室提供。

二、三の学校を考えておく。

〔要　旨〕

―憲法調査会の近況㈡―

佐藤　功

Ⅰ　憲法調査会の活動

(1)　調査会のなかで最も活動的なのは、神川、広瀬両委員などである。もっとも神川氏は報告書ができかかってから熱心に動いており、それまでは余り出席していない。それは、実態調査会などはする必要はない、ましてそれに10年もかけるのはむだで、最初から改正の要否をとりあげるべきだとの意見からであった。

(2)　改組案については、恐らくかわれないだろうと思われる。ただ中川、蠟山両委員などはこのままだとやめるといっている。池田首相は改正には熱心でなく、改正をやらなくともこのままやってゆけると考えている。例えば9条などは政治的マニフェストだからそのままにしておいて再軍備してもよい、解釈論としてこうだというような議論は問題ではない、という意見である。自民党内では中曽根氏など反主流派が熱をあげている。

(3)　調査会のスケジュールは、この次の段階で改正の要否を決めることになる。そして最終的な報告を国会、内閣に行う。そのやり方は多分、改正するならこうしろ、と述べ、それに対して第2案、第3案などを用意するということになろう。

Ⅱ　自民党憲法調査会

中曽根調査会といわれるほど、中曽根氏が活躍しており、大統領制の発想は彼によるもの。但し、それがアメリカ的なそれか、ドゴール的なものかははっきりしない。黒田覚、佐藤達夫、大西邦敏各氏がサービスしており、現在外国憲法の話がなされている。

Ⅲ　憲法の解釈とルール

(1)　憲法の解釈は厳密になされているように見えるが、どこまで完備しているのか。もしそのなかで使われている言葉が自然言語であるならば、或いはそれに近いと規範の力が薄れて曖昧になるわけであるが、野球の程度のルールはあるか、それとも常識程度であるのか。この点、主権、基本的人権などは自然言語ではない。野球の場合は、みんながやろうという意思があり、その点で一致しているから、ルールに従おうとする意識の精密度は高い。しかし、また、どんな規則をつくってもかまわないし、また負けてもよいという面がある。

(2)　憲法の場合は、これも一種の闘争であるが、ルールを使うという意識はなく、しかも負けては困るのである。しかし、勿論少なくとも常識の程度はあるといってよい。何れにしても野球の場合とパラレルに議論するわけにはゆかないだろう。

Ⅳ「戦争放棄」について

(1)　9条が政治的マニフェストだという意見は、高柳会長も、9条は今では規範ではないといっている。彼の見解は英法的感覚からプログラムと見ているが、この考え方は次第により大きな短所ともなる。例えば、そうだとすると、何を書いてもよいし、白紙でもよい、あってもなくても同じだという議論になりかねない。しかし、法であるかぎりは、イデー関係的な面を考えねばならないのであって、問題であろう。

(2)　9条の解釈について委員会では、国連中心主義までは大多数がこれを認めており、右又は左の極端な主張になると少数派ということになる。自衛隊の海外派遣についても、国連に協力するという形で問題とされるのであって、自衛隊単独の海外派遣論は出ていない。大多数の意見は、結局、国連協力が憲法上不可能だとすると、外国の国連加盟国に対して顔が立たないから、それらの国と同じようにしてほしいという点からである。

Ⅴ　非常事態について

報告書における「非常事態」とは、戦時における人権の特例的制限などは考慮しておかなければならないとの考え方であって、天皇の非常大権のような制度が必要だといっているわけではない。

VI　議　事

⑴　会計報告

⑵　資金を増やすために「憲法を生かすもの」の続篇を出す。編集を戒能氏に委嘱。

⑶　９月以後の例会では、今まで問題になった点について、ホットニュースを中心に個々の問題をとりあげるようにしたい。その場合、憲法調査会の報告に基いて問題毎に報告者を割当て、討議をも記録にとどめるようにする。この点、一例として、戦争放棄については、第９条を生かす方法があるか、非武装中立のみか、の点について議論することはどうかとの発言があった。

⑷　憲法記念講演会がいつも盛況に行われるとは限らないから、春秋の２回、東京の各大学をまわって大学中心に講演会を行う（大学は教室の提供）との提案があり、２、３学校を考えておくということになった。

⑸　法律時報資料版に、報告書が掲載されるから、それを購入して会員に配布する。

# 第三六回例会（昭和三六年九月三〇日）

佐　藤　　功

―憲法調査会の近況㈢―

〔資　料〕

憲法調査会の報告書㈢

一九六一・九・三〇
佐藤　功

第九報告　国民の権利義務（一〇条～三〇条）に関する報告書

○基本的問題点

㈠　基本権の法的限界を明らかにし、その濫用を防止するために改正する必要があるか。

㈡　義務に関する規定が現在の三つのみで充分かどうか。

㈢　基本権の規定の意味が不明確であり解釈上の疑義を解明するための改正が必要でないかどうか。

例、平等原則の適用範囲、大学の自治等

㈣　基本権の規定がわが国の伝統その他特殊事情と必ずしも調和しないものはないか。

例、農業資産の分割相続、伊勢神宮と宗教法人法との関係等

○個別的問題点

1　第一〇条

㈠　国民たるの要件に関する規定をおく必要があるかどうか。

（以下略）

2　第一一条・第一二条・第一三条

㈠　基本的人権の制限・限界に関する一般的・原則的な規定をおく必要があるかどうか。

㈡　各人権の規定において、個別的に制限の基準を定める規定をおく必要があるかどうか。

㈢　公共の福祉という不確定概念を、より具体的な表現に改める必要があるかどうか。

㈣　緊急事態における人権制限の規定を定める必要があるかどうか。

㈤　国民の義務ないしは責任について、さらに規定を定める必要があるかどうか。

㈥　人権保護に関する規定の効力を、私人間の生活関係にも、直接に認める主旨の規定をおく必要があるかどうか。

3　第一四条

㈠　平等の原則の主旨および適用範囲を、明確にする規定をおく必要があるかどうか。

(二)　社会的身分という漠然とした表現を、明確にする規定をおく必要があるかどうか。
(三)　合理的な差別に関する判断の基準について、規定をおく必要があるかどうか。
4　第一五条
(一)　公務員制度と選挙制度を各別条に規定する必要があるかどうか。
(二)　公務員と官吏の用語を統一する必要があるかどうか。
(三)　第三項の公務員の範囲を明解にする規定をおく必要があるかどうか。
5　第一六条
請願の要件について、特に規定をおく必要があるかどうか。
6　第一七条
無過失損害賠償の制度について、規定をおく必要があるかどうか。
7　第一八条
「犯罪に因る処罰の場合を除いては」を削除する必要があるかどうか。
8　第二〇条
(一)　伊勢神宮および靖国神社等につき、特別の取扱いをなしうるようにする必要があるかどうか。
(二)　特定の宗教のためにする宗教教育その他の宗教活動のみを禁止する表現とする必要があるかどうか。
9　第二一条
(一)　第一項について、あるいは特に集団行動について、公共の福祉に反しないこと等の制限をする規定をおく必要があるかどうか。
(二)　右の場合において、公共の福祉の内容を具体的に定める規定をおく必要があるかどうか。
10　第二二条
(一)　職業選択の自由（営業の自由をふくむ）は、居住・移転の自由と区別して各別に規定する必要があるかどうか。
(二)　中小企業保護のための規定をおく必要があるかどうか。
(三)　使用者の経営権を保護する規定をおく必要があるかどうか。
(四)　旅券の発給について、今少し政府が制約できる余地を認める必要があるかどうか。
11　第二三条
(一)　学問の自由と大学の自治との関係について、規定をおく必要があるかどうか。
(二)　学問の自由と表現の自由との関係について、規定をおく必要があるかどうか。

㈢　大学の自治と管理について、規定をおく必要があるかどうか。

12　第二四条
㈠　家庭における家族の共同生活に関する法原理および家庭生活の保護について、規定をおく必要があるかどうか。
㈡　農業資産の相続について、特別な規定をおく必要があるかどうか。
㈢　家族農業に対する保護について、規定をおく必要があるかどうか。

13　第二五条
㈠　第一項の最低生活の保障の権利と対応して、第二項で、国の責任を一層明確化する必要があるかどうか。
㈡　児童福祉について、特に規定をおく必要があるかどうか。
㈢　民間の社会事業の発達を阻害することのないように、憲法第八九条を改める必要があるかどうか。

14　第二六条
㈠　教育に関する基本方針について、規定をおく必要があるかどうか。
㈡　教育の中立の維持に対する国家の責任および監督権について、規定をおく必要があるかどうか。
㈢　義務教育の無償に関する実質的な保障について、規定をおく必要があるかどうか。
㈣　教職員の教育に関する自由と責任とについて、規定をおく必要があるかどうか。
㈤　義務教育に関し、保護者の関与しうる権利について、規定をおく必要があるかどうか。

15　第二七条
㈠　勤労の義務の規定を残す必要があるかどうか。
㈡　第二項の法律が両性の本質的平等に立脚して制定されなければならないことの規定をおく必要があるかどうか。

16　第二八条
㈠　勤労条件の改善に関する目的について、規定をおく必要があるかどうか。
㈡　公共の福祉による制限について、規定をおく必要があるかどうか。
㈢　公務員等に関する特例について、規定をおく必要があるかどうか。
㈣　強制仲裁および労働裁判所の制度を認める必要があるかどうか。

17　第二九条
㈠　財産権の社会性・公共性を明確にする規定をおく必要があるかどうか。

㈡　企業それ自体を保障し保護する規定をおく必要があるかどうか。

第一〇報告　内閣に関する報告書

。基本的問題点（主要なもの）

㈠　現在のイギリス式に運営されている議員内閣制を全体としての国家機構との関連において再検討すべきではないかどうか。

⑴　議員内閣制そのものを否定しようとする考え方

⑵　現在の議院内閣制のあり方に修正を加えようとする考え方。

㈡　内閣の行政権の範囲を明確にする必要はないかどうか。

⑴　内閣と行政委員会との関係

⑵　内閣の行政権と地方自治権との関係

㈢　閣議決定の方法その他内閣の内部運営について憲法で規定する必要はないか。

㈣　解散の行われる場合を明確にする必要はないか。

㈤　国会の承認を要する条約の範囲を明確にする必要はないか。

㈥　委任立法の範囲や国会の事後審査の制度について検討する必要はないか。

㈦　非常事態における内閣の緊急措置権を認める必要はないか。

。個別的問題点（主要なもの）

㈠　国務大臣の個別的責任

㈡　大臣という名称

㈢　内閣総理大臣の指名の議決方法

㈣　第六八条の「過半数は国会議員」という要件

㈤　内閣の法律案提出権

。今後審議すべき問題点

〔一〕　一般的問題点

⑴　日本の将来のためにいかなる憲法がふさわしいか。

⑵　この憲法は運用の経験その他から見て日本の国情に合致しているか。

⑶　この憲法の制定経過をいかに評価すべきか。

〔二〕　基本的問題点

㈠　制定経過における問題点

⑴　現行憲法は占領下、日本国民の自由な意思に基づくことなく押しつけられて制定されたものであるから根本的に改正すべきであるとする主張についてどう考えるべきか。

⑵　現行憲法は成立の手続などからみて無効であるとする主張ならびに旧憲法との継続性の有無についての議論をどう考えるべきか。

㈡　前文における問題点

(1) 憲法を制定する国民の自由な意思の自主的な表明としてふさわしいか。
(2) 前文は国民の国に対する認識、旧憲法下における体験とそれに対する反省とを正しく表明しているか。
(3) 前文は戦禍と敗戦から国家再建へと立ち上がった日本の国政の基本原則、国際平和への理想、国際的地位への念願など適切に表現しているか。
(4) この憲法が施行されてから十五年のこんにち、この間の経験のうちに生じた国民の意思の動向について新たに表明する必要はないか。
(5) 日本国民の当面している現在および将来の世界情勢をいかに認識し、これにいかに対処すべきかについて、新たな意思を表明する必要はないか。

〔三〕 運用の実際における問題点

(一) 天皇
(1) 天皇制は国民主権と調和しうるか。
(2) 国民主権のもとにおける天皇の地位は現行のままでよいか。
(3) 天皇は国会、内閣などの政治機構との関連で、いかなる役割を果たすべきものであるか。

(二) 戦争放棄
(1) 第九条は現行のままでよいか。
(2) 改正を考える場合にはその基本的方向は何か（自衛権の存在、自衛軍の保持が認められることを明文をもって定めるべきかどうか。国際平和条項として戦略戦争の禁止・国際紛争の平和的手段による解決・国際協調主義・国際平和機構への参加およびそのために必要な主権の制限に対する同意などをも規定すべきかどうか）。

(三) 国民の権利および義務
(1) この諸規定について世界人権宣言などをも参照し再検討する必要はないか。現に定められている権利および義務のほか、さらに拡張して新設すべきものはないか、また憲法上の規定としては削除すべきものはないか。
(2) 基本的人権の限界を公共の福祉などの一般的概念で示すのがよいか、または各種の人権について個別的に規定するのがよいか。
(3) 家族の共同生活に関する原則および家庭生活の保護について規定を設ける必要はないか。

(四) 国会
(1) 国会が国権の最高機関であるという規定は現行のままでよいか。
(2) 国会は両院制をとるべきか、一院制をとるべきか。

㈤　内閣
⑴　議院内閣制を廃止し、三権分立を明確にする新たな制度に改める必要はないか。
⑵　議院内閣制を維持するとしても改正すべき点があるか。内閣総理大臣の地位、選任方法は現行のままでよいか。
⑶　公務員の範囲および公務員制度の基本原則について明確な規定を設ける必要はないか。
⑷　緊急事態における措置について、政治機構および国民の権利の保障に特例を考慮する必要はないか。
㈥　司法
⑴　司法権の拡大強化の方針をそのまま維持すべきか。
⑵　違憲立法の司法審査制は現行のままでよいか。憲法裁判所を設けることを考慮すべきか。
⑶　最高裁裁判官の国民審査制は現行のままでよいか。
㈦　財政
国の財政処理権が国会の議決に基づかねばならないという規定は現行のままでよいか。
㈧　地方自治
中央集権の傾向と地方自治との調整の必要ならびに広域行政の実情からみて地方自治規定は現行のままでよいか。
〔四〕　その他の問題点
⑴　新たに憲法上の規定とすべき事項はないか（たとえば社会、経済構造の基本原則、選挙の公正を保障するための憲法上の機関、公務員の地位を保障するための憲法上の機関、政党、直接民主主義的諸制度、教育の基本原則）。
⑵　現行憲法の編別および表現を改める必要はないか。

〔報　告〕

Ⅰ　序
八つの報告書を済ませ、次いで……、
九、権利
一〇、内閣
外に制定経過の報告書
今後動議すべき問題点―将来の問題として一寸触れる。
Ⅱ　第九報告（一〇条―三〇条）三八〇頁、一番分厚い。
田上穰治、市原昌三郎、田口精一（執筆者）により、多少バランスを失する。
1、基本的問題点―公共の福祉との観点より問題となる。
この点学説上の論議が外の報告書より多い（一一条、一二条、一三条）
学者として見解を述べたもの、田上、鵜飼、伊藤、柳瀬について鵜飼、伊藤対柳瀬の恰好をとる。

(1) 濫用防止の危険

公共の福祉といわれるだけでは漠然としているので、それぞれの権利について具体的にする必要があるのではないか。

西ドイツの例では具体的になっているから。

(2) 憲法が権利の面に重点をおきすぎているので、

(3) 大学の自治は憲法上の基本権に含まれるのか。

2、一四条

平等の適用範囲

経済的に差別されないはずだが、「営業の自由」により中小企業が虐待されている。豊田雅孝の談によれば、増資、金融、税法（物品税の対象となる物品製作）など不平等で中小企業の育成を計らねばならない。

3、一七条

不法行為を無過失賠償まで拡げるか？

一七条では牧野意見しかあげておらない。

（一般問題の公共福祉では詳細であり、アンバランスの現状）

4、一八条

牧野―刑罰は苦役ではない（教育刑の立場から）。

小野―対立

5、二〇条

伊勢神宮が大きくとりあげられる。

この点が熱心に議論される。二〇・一〇月の国教分離の指令が問題となり、前田多門、岸本教授、文部省官吏がきて当時の事情を説明する。結局、神道が宗教なのかどうか（二説あった。

岸本―神道は宗教。それに対し、国家の精神的基礎に関連し、宗教性より国家性を強調してみよとの議論が出ており、天皇の御祭は個人的信仰の問題だけではなく、従って天皇の神宮参拝は個人的宗教と考えるべきではなく、象徴性をみる。伊勢は神道ではなく国家性からみて、特別扱いをみとめてよい）

6、二一条

7、二二条

中小企業の保護

使用者の経営権の保護

特に独禁法をとりあげ、矢沢惇、大住達雄、桜田武、豊田雅孝が意見を述べる。

独禁法は公共の福祉による制限というか、消費者保護の立場からみており、国民経済全体の立場からみていない。

矢沢―経済的全体主義の除去が公共の福祉の要請だといって対立している。

8、二三条

滝川、森戸、海後。

詳細で説得力がある。

大学教授の政治的活動について、

大学の自治の脅威―文部省、国家権力ではなく、学生、一部の教師からの脅威が強い。それに対して自治を守る必要あり。

9、二四条

中川、我妻、川島、小倉（農林省）、カスミ

日本の家族制度の基礎を変更すべきではなく、それをかえた二四条は検討すべき。

Gemeinschaft 的家族生活の尊重を憲法でかくべき。

あるがままの協同生活体は尊重すべき。

吉田茂の書翰で述べられた問題の一つにこの家族制度の問題があり。改正を早急にすべきでないとのなかで国民の教養が高まれば新しい家族制度が生れてくるだろう。

10、二五条

朝日訴訟

国の責任の明確化について、国が積極的に責任をとるというのではなく、プログラムであるという点についての責任を明らかにするという主張も含んで言っている。

11、二六条

海後、稲田元文部次官―文部省の見解の代弁

㈠㈡㈣の方向の意見が委員から強く出ている。

教職員の労働組合―争議の特例

12、二九条

我妻

㈠　公共性

㈡　牧野、桜田の主張

企業には大きな社会的責任があるので、それを旨く運用して、資本家の恣意も労働者の利己的なものも調整して経営権の保護、企業の育成を計るべき。資本家側の主張がこういう形で出ているのは面白い。

最後にこれが総会に出されたとき面白い話がある。題名が変った。

最初は基本的人権に関する報告書というのであった。それは総会から第一委員会に出されたときにこの名前で報告書が出されたが、総会では広瀬久忠が人権保障的見地からの調査法との印象を与えた。

国民の権利・責任・義務の観点からも見るべきで、「国民の権利義務」という憲法の条文に従って変った。ここにこの憲法が権利本位だとの意見があるのでエピソードとして興味がある。

第一〇報告　内閣に関する報告書、一七〇頁

㈠　黒田覚が執筆者

ここで政党論がとりあげられている。
辻参考人、議員、三木武夫、古井喜実、野日仰一
和田孝作、中野菊男―社会主義政党の話をする。
(1) 議院内閣制、イギリス式に運営されている。それをどう考慮するか。
① 議院内閣制を否定するか―中曽根案
アメリカ式三権分立案（内閣総理―国民選挙）というよりドゴール式だと思われる。現在の総理は実質的には自民党の派閥によって決まり、国民的基礎なし。総理は派閥にばかり気をとられる。国民的基礎を与えるため直接公選あり。
② 議員内閣制の修正案
参議院の中立化によって修正する。
天皇に名目的に調整権機能を与える。
重要な法律について国民投票
政党―結局政党の問題であるということで蠟山氏から発言あり。
二大政党制の条件（辻）
保守党からどう思うか―三木、古井
社会主義党から―和田
(二) 人事院・公取の独立制との関係、地方自治の関係。
(五) 行政協定―国会の承認はいらないとすべき。
(六) 委任立法の事後審査がイギリスなどで popular になっており、国会のコントロールを考えるべき。
(一) 国務大臣の個人的責任追及制度が認められるのか。
池田通産相の不信任決議が通ったのと関連して個人的責任だから内閣は責任を負わないと当時説明していたので、その点を明らかにする必要があるのではないか。
○今後審議すべき点
第三段階に入るが、第二段階を材料にしてやるという形、全部を第三段階でとりあげるわけにはゆかず、いくつかをとりあげる。整理する必要あり。―整理された問題を掲げる。三分類して。
○一般的問題点は、この憲法の各章に入る前に、それの前提として委員の間でフリートーキングをしようとの含みがあり、その意味で掲げた。
○基本的問題点
(一)(1) 制定経過の報告書でも問題になるが、押しつけ憲法論が尾をひいている。
(2) 無効論がある。
(二)
○運用の実際における問題点

今まで述べたことを整理

各章別の問題点は現行規定の問題点について述べる。

四、新たに設けるべき規定として

①　ソ連人民民主主義、インドなどの社会経済構造上の基本原則について

②　選挙の公正、マラヤ、フィリピン—選挙管理機関を憲法上の機関として掲げるがelectoral power（選挙人権）を憲法上の権利として考える。

その行使を公正に確保する。そのため選挙の管理・区画定員の問題は国会とは別に特別の機関で決める。

人事院を憲法上の機関とするか。

政党に関する規定（任務、内部組織）を書くべき。

直接民主制について

教育の原則

体系的に合理的でない。

国民主権は第一章とする。

表現—前文なんかバタくさい。

簡潔ではない。日本文としてまずい。

以上を中心に第三段階をやってゆく、来週の調査会から始める。

委員のなかで一般的問題点のフリートーキング

来週は神川・広瀬が立候補、—余りに偏頗だというので、中曽根にも口をかけるということをやっている。

〔討　議〕

佐藤　総会は一月、

委員会、一週一回、

これから総会中心主義で行く。今まで実状調査で委員は聞き役であり、改正論者は自分の意見が出ていないので、これから自分達中心にしてやるという。そうすると総会中心になり、委員会は設けない。

久野　いつ頃白熱化するか。

佐藤　調査会全体が設立当時より消極的。

自民党がmoderateになり、戦術かもしれないが、中曽根、愛知、山崎などは文字に気をつかう。自民党意見として相談してきたみたいにみえる。今までは神川、広瀬、大原が活発であるが、浮きあがっている印象をうける。

総会が終わったとき、神川は調査会は失敗で四年間空費したと悲憤慷慨している。

自民党が神川を制約しているのは戦術かどうか。しかし自民党が変っていることは確実。白熱化する傾向は今のところ考えられない。

三六・一〇～三八・六に最後の報告を出して終りにしよう。

それが若干延びるかもしれない。
一〇、一一月にフリートーキング、そのあと部会を設けてやるのか。最後の報告書の起草三七の終り頃から三八・六／七月に完成の予定。
報告書を出す時期を考えろと自民党議員はいっている。選挙のあとに出してほしいという。高柳さんが一人で決めてもらっては困ると。
大いに改正をやるんだという気持なら選挙の前でも発表するんだろうか。自民党は今やるつもりはないようだ。今は改正はやらないように見える。
中村　そういう判断材料はつい最近か。民社党が調査会に入らないことと関係あるか。
佐藤　ないと思う。社会党、民社党とも入ると思っていない。ただ民社党は参考人ぐらいできてくれるとは思っている。
我妻　必要あるかどうかという書き方をしているが、結論は問わないとすれば必要あり、とは書けないのか。
佐藤　問題を出しただけなので最後の報告書がどうなるのかはわからない。
ただあると思うがという気分があるように思われる。今までの報告書は実態の報告書だから改正要否の議論は出ていない。説明のやり方として年中出てきている。それもひろっているので、形の上で改正の必要ありという形で書かれているがそれほど強くはないと思う。
こういう点は問題じゃないかと出ている。
家永　新聞では改正の方向に向いているように印象をうけるのだが。
佐藤　マスコミがいうように改正の方向で行っているとは思わない。全然改正なんか考えていないといっても信用されないが、猛烈な改正論は少数で自民党はモデレートである。
久野　年代的構成との関係はわからないか。
佐藤　発言しているのは神川さんで、大部分は話をきいているだけでよくわからんが。
蠟山・真野はできるだけ save しようという方向で発言する。
中村　初期の関係ではどう違っているか。調査会の出来た意味との関係は。
佐藤　神川さんは自分達が主張してやっとできたので、それが空費しているというが、それだけでない。最初は鳩山―発想、岸―発足、できれば早くやろうということだったので、その後なぜ変ったのかは選挙で三分の二とれなかったのと、砂川判決で別に急ぐ必要なしということになったのではないか。

大内　改正するといえば保守党が固まると思った。しかし、やってみると簡単にやれないと思い、一寸でも損するならもう少し世の中の変るのを待てばよいという政治的配慮ではないか。改正したいのだがリスクは冒したくないというのではないか。

中村　調査会そのものの動きは学者を入れて、改正の方に次第に体勢が固まってきたので自民党は黙っていてもよいという風な感じがするが。

大内　いや実際は逆だ。

我妻　調査会の動きをみると、高柳さんのいっているようになってきつつある。

久野　没価値的なところで出すということも考えられる？

中村　整理されて出てくると、意見をもたなければいけないので。

我妻　そのための会が研究会だ。

大内　中曽根がある人を通じて大内に会見をしたいという。憲法問題研究会を頭に入れていると思う。総理公選制についてききたいのだと思うが、こういう問題はとりあげないといけないと思う。

辻　中曽根から申入れがあり、三時間会った。国民投票について宮沢、清宮、鵜飼、にも会った－皆賛成したと述べる。中曽根評価に二つあり－①野心家、②学問的に十数点あげてきいたのだが、都合の悪いことは頭に入らない。同調する点は頭に入る。

中曽根はこの会に接近したがっている。

憲法の基本原則には賛成だが、実態と規範を調和させたいと述べている。大内さんがお会いになると宣伝価値ばかり利用され易くなる。学問的に話をするのはよいが、先輩の意見しかきかない。

鵜飼　主としてアメリカ制度を説明し、日本での実行はむつかしいといっていた。

中村　中曽根プランは問題だと思う。

日本憲法の天皇制にアメリカ憲法を入れてくると、政治的には議会の評価を低くする。そして国民投票、それがファッショ的、大衆社会的状況でつかまえている。

総理大臣－ラスキの大統領制批判にくらべてイギリスでは党内で適任者を決める。大統領制は人気のある人が出てくるというラスキのいっていることがあたる。派閥の問題は自民党の問題で憲法の問題ではない。

辻　この会で国民投票制をとりあげてもよいと思う。

中村　技術的に改正論が出てくると、立法論の問題に関係して出てくる。しかし立法論は政治思想の問題である。法律家にきくと技術的に出てくる。だから改正論になる。そういう意味で広く問題が出てこない。

鵜飼　読売に対立的に解説されているが。

〔議　事〕

1　宗像氏への御礼、時計

当分の間安江が世話をする。

2　会員動向

中野―アメリカ　丸山―渡航　竹内―講演

3　協議事項

会議の運営

矢内原入院

4　憲法問題研究会の講演会を各大学でやったらどうか。

法政大学―教授懇談会主催で世話する。

中村　法政での教授懇談会について相談する。

辻　中野渡米のとき護憲連合の会が行われた。その席上、海野、原、宮崎が出席し、護憲活動をやりたい、それに研究会から講演していただけるか、と問合せがあった。

個人として講演するのはいいが、会として不可能だと答えておいた、会の趣旨からして。

講演会が活発に行われますので、それとコミにされないように考える必要があると思う。

南原　研究会で毎月研究する仕事があるのなら、それを続けてゆくのがよいので、講演は憲法記念日だけやっている。それでたまたま大学でやるのはよいが、運動、組織として研究会の仕事としてやると問題だと思う。

大内　年一回の講演会はやってよいし、大学でやればよい、ということであった。法政―教授懇談会でやるということでそれ以上のことは考えてない。沢山やることは必要ないと思う。やるのなら金のかからんこのような方法にするべき。

我妻　ここで研究していることを国民に知らせるというのが中心だった。どこまでやるかがはっきりしていなかった。それに学校でやるということであれば活発にもなるし。

南原　研究会の報告について充分考える必要がある。回数が増えたというだけではなく、これが全国的に行われるとなると会の性格が異なってくるので、充分慎重に考慮したい。

大内　しかし逆に大学でアカデミックにやればよいと考えたのだがこういう問題を学生に考えてもらうという判断がある。

南原　調査会に対して、どううけてたつかが一番大きな問題だと思う。学生に対して講演会をするというのは啓蒙活動だと思う。大学をまわるとなると大きなニュースになるだろう。

久野　調査会の改正に対してもう少し検討したらどうかという意見があって、できることを考えるべきだ。

辻　調査会の報告を詳細にきいた意味は、調査会の結果をみて矛盾にみちたものとは思わない。
①本質、②状況、を否定する根拠をここで当ってみる。
そして調査会を上まわる論点を出すべきだとの意図がある。
その論点を検討して出してみる。二年たったときに意見を表明できるということでなければならない。
結―時期を考えて、一応懸案にしておく。
会員が退屈しないかとの配慮が必要。

〔要　旨〕

―憲法調査会の近況㈢―

佐藤　功

1　憲法調査会の趨勢

(1)　調査会全体の空気は、設立当初からみると消極的である。例えば、中曾根・愛知・山崎諸委員は文字に気を使うというように、自民党の動きは相談したようにモデレートになっている。あるいは戦術かも知れないが、そのため、活発な動きを示す神川・広瀬・大石各委員は全体のなかで浮きあがっているような印象をうける。神川委員のごときは、自分達が主張してやっと調査会ができたのに、改正審議もはかどらず、4年間を全く空費したと悲憤慷慨しているが、自民党がその神川の動きを制約しているのは何故か。

発足当初の自民党の意気ごみに比して、このように変った原因として考えられるものは、①選挙で3分の2をとれなかったこと、②砂川判決に応援されて、改正を特別に急ぐ必要はない、と考えたところにあろう。また、③憲法改正を軸に保守党を固めようと思ったが、やってみると簡単にいかないことがわかり、もしそのため損害を蒙るのなら、事情の変化を待ってそれからやってもよい、リスクを犯してまで改正にふみきる必要はない、という政治的配慮もあるものと思われる。

何れにしても、自民党が変ったことは事実であるが、今後の見通しとしては、改正論が白熱化する傾向は今のところはないばかりか改正の方向に進んでいるとは思われないという見方と、学者をまじえて改正の方に次第に大勢が固まってきている（従って自民党員はモデレートなのだ）という見方が対立する。

(2)　熱烈な改正論をぶつのは神川委員であり、蠟山・真野両委員ができるだけセーブしようという方向で発言している。

(3)　現在出されている報告書では改正要否の議論は出てい

ない。説明の仕方として、例えばこういう点が問題ではないかというように多少の傾向がみられる程度である。

2　調査会の今後の運営

(1)　従来は総会は月１回、委員会は週１回行われ、委員はきき役にまわり、特に改正論者の意見は出ていない。今後は委員を中心にして討論し総会中心主義でやっていくことになる。

(2)　10月、11月にフリートーキングを行い、そのあと部会を設けて討論し、最終報告の起草は37年終り頃から始め、38年６月頃に完成の予定である。その場合でも自民党議員は、報告書を出す時期を考えてくれ、会長の一存で決めてもらっては困るといっている。選挙のあとに出してほしいという気持のようだ。やはり、大いに改正をやろうという意気込みはないとみていいように思う。このことは社会・民社の参加問題とは無関係であり、自民党では参加してくれるものとは思っていない。ただ民社党からは参考人として出席してくれると考えている。

3　中曽根案について

天皇制の日本国憲法に総理公選制を入れると、政治的に議会の評価を低くすることが懸念される。しかもラスキがアメリカの大統領制を批判して、大統領には単に国民に人気のある人が選挙される恐れがある、といっているが、それがこの場合にもあてはまるのではないか。イギリスでは党内で適任者を決めており、それがうまくいっている。結局派閥の問題は、憲法の問題ではなく、自民党の問題である。

中曽根氏に対する評価は二つあると思う。一つは、野心家であるという点、二つは、先輩の意見しかきかず、それも都合の悪いことは頭に入らない、同調する点だけしかきかない、というところがみえる。憲法規範と実態とを調和させたいと述べ、学問的粉飾をおびた議論をして研究会に近づきたがっているが、宣伝的価値ばかり利用される危険があると思われる。

国民投票制については、この会でもとりあげる必要があろう。

4　議　事

(1)　岩波の宗像氏への謝礼

(2)　会員の動向報告

(3)　憲法問題研究会主催の講演会を各大学で行ったらどうかとの案に対し、会の啓蒙活動として大学で講演すれば、会の動きも活発になるし、学生に考えてもらうということでアカデミックにもやれる、という意見もあったが、講演会は憲法記念日にやっており、そのほかに各大学をまわるということになれば、大きなニュースにもなる。会としては、国民に対する啓蒙活動をどこまでやるかはっきり決まってないが、むしろ、そういうことより、毎月研究すべきことがあるなら、それを続けてやり、調査会に対してどう受けてたつかを考えておかねばならない、それには調査会の意見をもう少し検討し、それを上まわる論点を出すべきときに出すという方がいいのではないか、という意見があり、結局、懸案としておくことになった。

# 第三七回例会（昭和三六年一〇月二八日）

## 〔報　告〕

―憲法九条の思想史的意義について―

久　野　　収

1、

戦後一五年間新憲法はもまれつづけてきたが、それが政治的争点として登場したので、その思想的意義を論ずる必要がある。その思想についての方法を論ずる。そのレベルに三つある

(1)　憲法をつくり出した思想（起源の思想）

(2)　憲法の構文（syntax）条文そのものの思想（法規としての憲法の思想）

(3)　憲法の構文（syntax）及び条文の思想を守りながら現実に発生する具体的問題を解決してゆく思想（問題解決の思想）

。三つのレベルの相互関係については、憲法をつくり出した思想から構文・条文の思想、問題解決の思想をみてゆく方法

。問題解決の思想から、条文の思想、起源の思想までさかのぼる方法

。(2)から(1)に遡り(3)におりてくる方法もある。

ここで問題にしたい方法は ⎨(1)から(2)をてらし出す。(3)から(2)をてらし出す。⎬ これを論ずる。

今日話をするものは九条を実例に出して(1)から(2)にライトをあて、それから、(3)についてどのような条件が出されてくるかをみてみたい（起源からてらし出す考え方でも、押しつけられた憲法論について議論が出てくるがそれについて私見を述べる）。

2、

敗戦が九条を導き出したものだということは当然だが敗戦は戦争指導者が招いたもので、指導者が押しつけられたということは首尾一貫しないと思う。なぜなら、追放に対する指導者の態度はうすらさむく、彼らが戦争反対者であったかを主張して追放免除を希望している。敗戦について回避した人の時点になっているので押しつけられたことをいうのであって、その人達の主体的立場は思想的一貫性について信条について疑念をもたざるを得ない。

横田「戦争の抛棄」は敗戦によって押しつけられたのではなく自主的に主張したと述べている。

そこで問題は九条を実現してつくり出した思想を明らかにしたい。

九条をつくり出した思想がテーマとなるか、時間と空間をどう設定するか、世界史的経験からとらえることは可能であるが（そ

れは今までも主張されたし、今後もするべきだが）、また、近代世界、或いはそれにおける日本の体験、平和の理念としてもとりあげることができる。

私は憲法をつくった当事者の思想を日本側、アメリカ側からその思想の背景、民衆の思想を論じたいと思う。

思想といっても当事者の占領政策のよりどころになったポツダム宣言、大西洋憲章などではなくして、もっと深いものを問題にしたい。憲法調査会の調査によると、九条の規定は象徴天皇を保存することと引きかえにつくられたとの政策的考慮からみる見方もある。その政治家の場合の取引を問題にするのではなく、九条を生み出した当事者の体験は、思想は何か、「思想のモデルは、それを当事者はどう生かそうとしたか」を論じた。

九条の条文を当事者の思想体験から明らかにする。横田四六頁のいうとおり、第一項と第二項は、第一項の条文第二項の副文からなりたっているとみてよいだろうか。

この関係は論理学上のトートロジーである。二項は一項をいいかえたにすぎないという考え方が勢を得てきたように思われるが果たしてそうか。副文は主文のぬけ穴を防止するという解釈（副文は戦争の抛棄を一〇〇％にするために加えられたとする解釈）を当事者の思想から証明しようと試みたい。

一、二項のモデルは不戦条約がモデルであることは横田氏の主張通りである（一九二八、一条が一項のモデル）。

不戦条約は日本は調印しながら（田中内閣）、保留条項付きであったが（満州事変でふみにじる）、それをふみにじったので、それを憲法のなかにもりこんだというのが日本の新しい思想だと述べているが賛成である。

当事者がモデルに不戦条約を選び、あとに副文として二項（芦田挿入）がなぜ挿入されたか、これは日本側から入ってきたものであるが、幣原首相（制定）、吉田首相（公布）の思想が問題となる。

調査会の制定小委員会報告書第一分冊四三三頁、岸参考人の発言によれば、幣原首相は九条には関係していない。しかし、幣原の悲願がマッカーサーを動かして挿入されたと確信する。一切の戦力を抛棄する。幣原とマッカーサーの気合が一致して挿入されたものであると証言している。幣原の考え方が幣原著「外交五十年」（昭二六）のなかで出ているので、繰り返し引用する必要はないであろう。

「憲法制定が戦後第一の私の仕事で、戦争抛棄をもりこむことであった。軍備撤廃の国民の声をもりこむ必要を痛感したが戦争抛棄は誰からもしいられたものではない」と述べている。

九条をモデルとする不戦条約だけでは戦争をなくすることはできないという幣原の信念が通らず、それを貫いたと推測する。なぜなら、それは不戦条約は国策遂行の戦争の回避のみで自衛権は抜けている。そこで自分が反対する満州事変に対する（不戦条約を最初にやぶった）仏提案者ブレアンの抗議に対して（幣原外相だと思う）、外務省の答弁は「自衛の戦争だ」と答えている。こういういいのがれは思想上、事実上からいえばペテンだが、不戦条約の条文からいえば肯定されるという苦い経験を痛感していたと思う。

　そこで九条の主文だけではそういう経験がくり返されると考え、全戦力を抛棄する必要があると感じたと思う。宮沢（コンメンタール一六一頁）は「戦争の抛棄は幣原の進言である」というか negative な評価をしているが、金融独占資本の代弁者は戦争だけはやめたいという悲願は片方で保守的憲法をつくっていたからということで negative に評価することはできないと思う。

　生方敏郎『古人今人』に「新憲法は天皇を軽んじ、下剋上の時代をつくる。しかし、軍備廃案は暗夜の光明だ」と述べているのは幣原式の思考様式と類似している。それで幣原の悲願は認めてよいと思われる。

　吉田首相については横田六二頁で吉田はトートロジーではないと述べている。九条二項で自衛権も抛棄した。副文を主文から出てくる欠点を防ぐために入れたのだと考えてよい（吉田がそう考えていた）。

　この二人の思想を支えた当事者としての実感はどうであったか。敗戦体験・兵士体験で「もう戦争はコリゴリだ」というものを論理的ではないが望んでいたと言えると思う。

　ドイツの敗戦のさなかで、オシュワソキーは「もう一度戦争はしない」の運動をしたが、このような人がいて、発言されていたら、日本の場合は賛同をえたと思われる。

　戦争の経験　第二次<br>
　武力行使　満州<br>
　武力威嚇　二一ケ条

の経験を生かしてエトスに支えられて、幣原の信念、吉田の国会答弁に現れてきたと思われる。

　これらのエトスでは他のエトスで支えられて確立をするのであるが、横田の本の二〇頁で、立ちおくれて国際状勢に登場し、武力で発展してきた国民がこれでやってゆけるかという気持ちが国際状勢の分裂に面して拡大された結果、security against all wars を目的にしたと考えられる。

　この考え方を述べたのが九条で、これからの日本の第一の原理と考えた military security against aggression も必要じゃないかという考え方に傾く実感もからみあったのではないかとも思われる。それが戦後一五年の傾向として現れてきたとみるわけである。そうすると、芦田説（不戦条約そのものとする解釈）の勢力は後の方にもたれかかってこのエトスをたきつけて自衛権と再軍備の承認にまでもってゆこうとするものがある。或いは、不戦条約の体験（歴史の革命的経験）を深く考えていない思想があると思う。それが日本の思想と思う。

アメリカ側はどうであったか。

調査会の報告によれば、マッカーサーがこの思想を提起したということになっているようである。ホイットニー民政局長、ケディスによって民主主義国の軍人としてマッカーサーは一九二七のコシラ三大議案について知っていたのではないか。九条の思想を盛りたいと思って、ごく自然に不戦条約が浮かんで来たと思われる。

対日理事会でのマッカーサーの演説に現れた彼の思想の背景は何かが一番問題であると思われる。この思想を明らかにするためには一九二八―一九三〇年代のアメリカの平和主義の思想をふり返って分析してみる必要があると思う。私のみる限りでは、

① 国際連盟加盟（集団安全保障）と不戦条約の締結に全力をつくした。

バトラー、ショトウェルの流れ（out of law of war movement）

② デューイ、リビンゾーンを主導者とする戦争を不信化する運動

この両者の差を明らかにするつもりだったが、論点を述べれば、

a　ハトラー、ショトウェルは国際連盟主義者

b　国際連盟はリーグ・オブ・ネーションではなく、リーグ・オブ・government である。peace by people はとうていできない。

ポーラ決議に全力をつくす。徹底的戦争回避の考え方、国際遂行のみならず制裁自衛戦も否定する。

警察は権力であって暴力ではない。国際関係では戦争を防ぐために戦争をすることになる。目的手段との問に背反があるとみる。

マッカーサーは不戦条約を表現しているかといえばそればかりでなく、自衛、制裁すべて暴力の行使として排撃したものだとみる。

デューイの思想については、ユートピア主義だとの批判があるので、その批判に対する答弁をはっきりしないと論証不充分になる。少なくともアメリカの思想は不法視の思想に最も近いものと思われる。

この両方の思想が手をにぎって九条が成立したと思われる。そうすると問題解釈の方法としての憲法にどれだけの条件を課しているかといえば、政策としての中立論のほかに、分裂体制のなかに関与しないということができる。誰と安全保障を共にするかということではない（そうすると世界の分裂に関与すると九条で否定した思想の分裂の傾向をとることになる）。

従ってアメリカ体制のなかに入っていても、それは憲法からい

えば間違いである。軍備の世界に関与してはいけないというのが思想である。その思想の上に立った中立論でなければならない。その態度で、アメリカ・ソ連に対せということをいっている。九条は禁止規定でどうしろとはいっていない。他の手段によって我々の安保をはかるのが我々の義務である。従って不戦条約にたち戻って解釈すれば、日本憲法の新しさはどこにもないことになる。

どうしても、するなということをせずして国の新しい生存をはかるかについて保守党は古い政策にとらわれているにすぎない。

保守党がこれだけはどうしてもさせてくれと国民にうったえるのならまだわかるが、古い不戦条約に立ち戻ることはナンセンスである。また不戦条約を死守することだけではダメなので、そのほかに緻密な九条の起源、帰結の思想について、政策、外交上考えなければならない。

〔討　議〕

佐藤　平和思想の話はそうだと思うが、九条のもう一つの面、敗戦の論理的帰結の面、戦勝国が敗戦国の軍備をなくするという面からのもの（その二つがからみあっていると思われるが）もあるといわれているので。

久野　横田は書いているが敗戦体験を逆用している。指導者による敗戦の重圧だという。

鶴見俊輔は同意見をいっているが連絡はとっていない。

佐藤　幣原が二・一三にマ草案をもらってから二・一九の閣議で一三日の報告をした。天皇制は述べているが、九条のことはいっていない。一言いっているのは、二・二二日の閣議で九条の条文を入れるのは日本のために役に立つとマッカーサーはいったが、そのフォロワーはいないだろうと幣原がいったのを引用して、芦田氏は幣原氏をネガティブに評価している。芦田氏はそうして不戦条約を述べているだけで新しいことではない。

松本氏は九条はマッカーサーの進言で入れたという。幣原さんが考えていたなら九条をおいておく松本案に反対しただろう。長谷部氏は幣原にあって、幣原氏のやり方で、自分の考えていることを日本閣僚にいわないで、司令部にのみいって閣僚に黙っていたと推測している。

調査会の考え方は久野説と逆で、幣原提案説になっている。マッカーサーの証言がなく、どっちかといえば幣原説の書き方になっている。

誰がいい出したかは問題じゃないとの意見がある。

清宮　一九五〇末にシカゴ、ノースウエスタン大学ロンブローズにあったとき、日本で九条がどっちでいったかが問題になり、二人だけで話しあったとき問題になったのだとの返辞であった。

佐藤　大平氏の手記によれば（幣原と）、
　一月二四日幣原、マ会談については天皇制のことで、幣原は天皇制を守りたいといい、マが賛成した。そのあとでたまたま、戦争抛棄に幣原が触れた。マは驚いたが賛成したといっている。従って一・二四の会見で九条の話があったことは確かである。
中村　アメリカ側の話で、デューイの平和論とこのアイデアとの間に共通点があるのかについて。
　アメリカの占領軍民政局発表のなかにマ・ノートのなかで主権としての戦争を放棄するというい方があり、社会契約説・考え方がマ・ノートのなかにある。
久野　しかし、戦争で最大の破壊は最大の利得だというのが国際法の考え方で、それの否定である。
中村　主権放棄説がはっきりしており、マ・ノートもはっきりしているので、基本的にマの思想・信念だとすると、そういう考え方がマにあったと思われる。
大内　幣原が不戦条約の欠点を知って全面放棄したというが、また、幣原は金融資本の弁護者のようにいったが、軍備制限に対する民政党側を支持するのが正しいと思った。それで幣原は日本では正しい道を歩んだと思っている（その考え方が九条にゆくかどうかは別として）。
又、そのために幣原はひどい目にあった。その当時の幣原の心情は、被害者としての国民の体験を表現しているといってよい。
久野　保守主義者として平和のうちに資本主義を発展せしめようとの信念があったと思う。
大内　条約に反して戦争を起すことは悪いという考え方はあった。
我妻　幣原は軍解体の時期であったときで軍隊廃止をいったかどうかわからん。
大内　松村謙三氏との話で、幣原から聞いたと話があったが、松村が訪ねたとき、幣原は今会えない。今日草案が渡されて明日までに返事しなければならない。翻訳も直さなければならない。とにかくマッカーサーとあって日本の事情をいったら、天皇制とのバランスでいい出したのでマッカーサーはびっくりした、という話である。
久野　天皇制をのこすことが幣原の希望で、その発想から平和主義の考え方があり、その自信があったと自分は思っているらしい。松本さんは一日や二日で決められるものではないので、おれは閣議に出ないといった（最後の閣議で決めるとき）。
佐藤　天皇制との取引というのではなく、ただ幣原としては片一方で天皇制を守りたいということはあった。
　調査会で広瀬が意見を述べ、天皇制を守るため九条をのんだので、九条の目的は達したといったのはショッキングだった。
久野　蠟山はそれは初耳だといった。

高木　蠟山が大発見と思うわけはない。

岸さんの一憲法九条との関係はないといっていながら、後から関係がある。何故denyされたか、調査会では。

久野　幣原は戦力放棄を主張された。三項は幣原の根本にあった。

佐藤　岸の初めの部分は九条の条文をいっていると思う。条文の提案は幣原ではない。ただ一致したんだといっただけであると思う。

久野　戦争の放棄で一項を補強しているという意味で幣原を評価した。岸が全然関係ないといっているが。

南原　デューイとの関係をよく知りたい。

大内　アメリカ思想としての流れの把握について教えてほしい。

南原　現実の問題はわからん。推理は人によって異なるし、当時のことは、また話をする。

清宮　不戦条約と九条一項の関係は、同じことを意味するということをいわれたが、そうすると一項で自衛戦は放棄していないことになる。私は、二項と含めて一項は不戦条約より進んでいると考えてよいと思う。

久野　不戦条約ができるとき（ブレアンの動きその他から）は憲法ができるときとは異なると思われる。

不戦条約は対独関係からでアメリカは連盟に入っていないからそれを引きこんで、そこで条約を結んでドイツの対抗策を考えたと思われる。

中村　国際法の方から久野はいっているので。

久野　ブレアンは第二次案で自衛戦は否定しないと述べている。

清宮　憲法学者は不戦条約と同じだといっている人が多い。

中村　本来モデルにされたわけではない。

ただサゼストをうけているだけで、本文はそうではない。

我妻　トートロジーだといったが、トートロジーにもならずもっと深いものだという解釈ができると思われる。

分裂国際状勢に対する具体的方策を示してほしい。

久野　もう一度やりたい。

〔議　事〕

1、世話人会できまったこと

大学での講演会の件について、当分保留。講演会は憲法記念日にやるだけ。

久野、連続レクチュアではどうか。

大内、新しい提案なので又考える。

2、鵜飼世話人辞退、久野氏世話人となる。

3、系統的に研究をする。一つの問題をとりあげ、多角的に研究し、最大公約数として意見発表。

九条から始める。

第37回例会（昭和36年10月28日）

一一月、現実国際政治からみた九条の思想的意義—入江。

佐藤　九条の調査会の意見について述べているが、始めの方の自衛隊は日陰者だからという理由で普遍の再軍備案は姿を消し、国連に加盟しながら警察軍に参加できないのは困るということが最近いわれている。

それで国連中心主義からの九条の問題が出ているが、それに対する批判がないので、それをやっていただきたい。久野氏に一一月にやっていただけないか、南原氏の平和思想の思想的意義についても。

一一月、久野、南原（事情）、高木（思想）、一二月入江

南原　講演は思想史的にはいいが、入江氏報告的になると具体的になり、発表された場合は考えねばならない。福田氏をつれてくる—会員の推薦で名前が出て賛成があれば出てもらってもよい。

〔要　旨〕

—憲法第九条の思想—

久野　収

1　平和主義の背景

九条の背景には、久野報告の如き、当事者の思想・体験といった面との結びつきもあるが、もう一つの面、即ち敗戦の論理的帰結の問題もある。この戦勝国が戦敗国の軍備を廃止するという面と、第一の思想・体験がからみあっているのが、九条の背景だと思う。

2　幣原首相と第九条

(1)　マッカーサーについての資料は、例の大演説と高柳・マッカーサー間の書面しかないが、調査会の考え方は久野説と逆で、幣原提案説のような書き方になつている。

コールグローブ（ノースウエスタン大学）の言では、2人だけで話しあったとき問題になったのだろうということであった。また大平手記によれば、マ・幣原会談で、幣原が天皇制を守りたいといい、マッカーサーは賛成したが、そのあとで、幣原が戦争放棄にふれ、マッカーサーは驚いたが賛成したと書いている。何れにしても1月24日の会見で九条の話があったことはたしかである。

(2)　しかし、2月13日に幣原がマ草案をもらってからのち、2月19日の閣議では天皇制については触れているが、九条のことについては触れていない。ただ2月22日の閣議で、九条をおくのは日本のために役立つとマッカーサーはいった、しかしそのフォロワーはいないだろうと幣原首相は述べたと、芦田氏がいっている。芦田氏はその意

味で幣原をネガティブにしか評価していない。たしかに幣原が考えていたのなら、九条をおいていない松本案に反対しただろうと思われるのだが。それも長谷部氏によれは、そのようなやり方が幣原一流のもので、自分の考えていることは司令部にのみ伝え、閣僚には黙っていたと推埋している。

(3) 天皇制を残すことが幣原首相の希望であって、その取引として平和主義の案が出たという話（例えば松村謙三）がある、取引であったかどうかは明瞭でないが、片一方で天皇制を残したいという考え方が幣原にあったことはうなずける。

報告のなかで、岸は初めの部分では幣原は九条と関係がないといい、後で関係があるといっているが、初めの部分の意味は、条文の提案は、幣原ではなく、彼の考え方がそれと一致したにすぎないということをいっているだけであると思う。

これらの誰が提案者かについての議論に対して、誰がいったかは問題ではないとの意見がある。

どちらにしても、天皇制存置と平和主義が関係ありとすれば、そこから例えば広瀬委員のように、天皇制を守るため九条をのんだとすれば現在すでに九条の目的は達してしまったから、改正を考えろという意見が出てくるのに注意しなければならない。

(4) 幣原氏は不戦条約の欠点を知って軍備の全面放棄を支持したというが、彼としては、当時条約に反して戦争を起すのは悪いという考え方があったので、軍備制限に関する民政党の見解を支持するのが正しいと考えたものである。その考えが直ちに九条に連なるかどうかは疑問である。金融資本の弁護者でありながら、平和思想をもつことの関連では、保守主義者として平和のうちに資本主義を発展せしめようとの信念をもっていたということで説明がつくと思う。

3 アメリカ側の思想について

マ・ノートのなかに主権としての戦争を放棄すると書いてあるが、これは最大の破壊が最大の利得だとする戦時国際法の否定であり、社会契約説的考え方に連なる、そのような考え方が、基本的にマッカーサーの信念にあったと思われる。

デユーイとの関係については、久野が次回に報告をする。

4 不戦条約と九条

憲法学者のなかでは、九条一項と不戦条約は同じだという人がいるが、一項は不戦条約よりは進んだ深い考え方をしていると思われる。不戦条約ができるときのブリアンの動き、即ちアメリカが連盟に入っていないので、それを引きこむために条約をつくってドイツに対抗するという策略であったから、憲法ができるときとは情況が異なり、ブリアンも第二次案では自衛戦争は否定していないとのべている。従って、不戦条約からサジェストはうけたかも知れないが、決してモデルとされたわけではないのではないか。

5　議事

(1)　大学での講演会については当分保留し、従前通り憲法記念日にのみ行う。

(2)　鵜飼、ＩＣＵ総長事務多忙のため、世話人を辞退、久野が世話人をつとめる。

(3)　今後の研究態度については、一つの問題を系統的に多角的に研究したい。九条については、列えば、自衛隊に関し普通の軍備論は姿を消し、国連に加盟しながら国連警察軍に参加できないのは、困るという意見即ち国連中心主義から九条の問題が出ており、それに対する批判はまだ出ていない。こういう新しい角度からの研究も九条については必要と思う。

（現実国際政治からみた九条の思想的意義）

もし会員だけで手におえないときは、誰々と指定して会員の賛成があればその人の話をきいてもよいと思う。これらの研究を通じて会員の最大公約数的な意見の調整・発表も考慮しておく必要があるのではないか。

# 第三八回例会（昭和三六年一一月二五日）

―憲法九条をめぐるアメリカ側の不戦思想―

久　野　　収

〔報　告〕

1、

当事者とマッカーサーその周囲と九条の思想との関係。

マッカーサーの周囲で九条を考えた人々の背景にあった思想を明らかにしたい。

私のみるところでは、アメリカでの平和思想は、大きくわけてIWW後のものとして三つにわかれる。

(1)　国際主義

国際連盟を支持し、その加盟をはかると同時に一九二八の不戦条約を推進する考え方

代表者、ニコラス・バトラー、その後任 James ショットウェル

(2)　信条の立場

ジューン・アダムスのトルストイ主義、クエイカー、強い非戦思想

(3)　シカゴ大学のレビンソン、デューイ

out of law of war の流れ

今日は特に(3)の思想と、それが九条にその考え方に背景として入っているのではないかという点を検討する。

代表としてはデューイの out of law of war movement について述べる。

ジョセフ・ラートナー（弟子）は、彼の哲学的信念からこのようなことを述べている。

一九三三、（?・）のなかで out of law of war の項目を担当して書いているところをみると、従ってこの運動は偶然的活動ではなくデューイのなかで深いつながりをもっている。

これはレビンソンが戦争中に述べた考えをコメントしたり深めたりして、war and peace の論文のなかでそれを解説している。

パシフィズム(2)
国際主義(1)
｝これをどこかでつなげるところに彼の特色がある。

ところで、レビンソンは今日はやめて、デューイの話をする。

一九二三、「Which world court」どちらの国際裁判所になすべきか」を中心として、デューイの思想と九条との関連をあとづける。

第一次大戦の参加についてアダムスとの間に論争したあとでトルストイ主義を否定して参戦を支持して、その結果深い絶望から

out of law of war を考えた。

彼の非戦の思想の運動のなかで大切なのは個人の戦争にどう抵抗するかでなく、現代世界の最悪の war system、即ち、戦争を合法化するシステムにどういう態度をとるかを IWW の体験から出した。

レーニンの帝国主義論も war system の原因を究明したものであるが、

一九三三再版、モーガン・エンジェル
三八大いなる幻想
｝もこの問題を扱っている。

仏エルベーカーも private manufacture of armament で戦争分析を行う。

一九三四、ブレイブス・フォード

これらは個々の戦争、戦争を前提とする体制そのものについての研究を明らかにしたものであるが、デューイはその人達と同じように、war system を問題とし、それをどう処理するかが最大問題であったと。その根拠は、欧州を支える条約などは war system を前提としている。

戦争挑発者がいなくなっているのに、従って仮想敵国がないのに常備兵力は戦後増大。課税は増大している。計らずも戦争鼓吹者が活動しており、問題である。

アメリカを含めて war system を廃止しなければ、国際友好は実らない。平和の態度が実る為には war system を脱ぎすてる運動・方法が必要であって、それが out of law of war だとする。それをやらずに国際連盟に加盟するということは、戦争の帰結を支持することになりアメリカとしてやっちゃいかんというのである。そこでデューイの考えは戦争を放棄するというのは一方ではユートピア的にみえて信条のパシフィズムという非難を蒙ったが、他方、法律主義によって戦争を不法化することができるとして法律万能主義にみえると非難された。しかし、戦争を既成制度と考えてそれを不法化する運動は実行可能だと述べた。

直接の目的は、トルストイ、クウェイカーのように、戦争に加担しないというだけではなく、国際法によって戦争を公的に犯罪にするという立法を行う。

他方戦争に代わる国際紛争解決機関をつくることをめざす。これが戦争裁判に尾を引いている。

しかし、アメリカ側が戦争を公的犯罪にすることを原理的に貫けば戦争犯罪が正当化されうる。

国では主張できても、国際法が国家の戦争する権利を認めていれば、その結果、レビンソンがいっているように、国際法に関する限り法が道義の味方をする筈なのに戦時国際法に関する限り非道義の味方をしている。戦争が文明のなかで最も合法的なものになっている。徴兵法・戒厳法・スパイ法など戦争遂行を少しでも妨げるものは犯罪者になってしまう。

従って、人類の意志をして、法の偉大をもって道徳の味方をすることが必要で、戦争を法の保護の外においてしまうのでなければならない。

以上の考えである。

「監獄におかれる奴はミリタリストでパシフィストであってはいけない。しかし実際は逆である」とレビンソンはいう。

ウォー・システムを革命によって廃絶するというレーニン的ではなく、戦争の合法性を奪おうというものである。

従って、デューイがくり返し指摘する通り、暴力の合法性の承認の上に一切を考える。

anatomy of peace

① 戦争の非合法化

② 国際司法裁判所というものでなく本物の世界裁判所をつくろうというもの。

①について。法的現状をなくさなければ戦争は着実になくならない。これが第一の狙い。

そこでまずその手始めとして現存の国際法国内法から紛争解決手段としての戦争の条項を消してしまうことがまずやらなければならないことだ（不戦条約、日本国憲法はこの狙いから思想的に深いつながりがあると思う）。

②について。世界裁判所の提案は非軍事的手段について日本が initiative をとることだと思う。

平和のうちに戦争をなくす方法をいろいろやらなければならないが、その initiative を九条に課していると考える。

そこで、このような目的と方法からみれば、戦争手段を制限するだけでは目的を達成することはできないと考えられる。

この運動は一九二二に初めて提案されて、

一九二七のボーラ決議案を決議するために全力をあげる。

（レビンソンの考え方をアメリカ上院議員ボーラが採用して何回も提議して、一九二七・一二・一二に決議としてもちだされたもの）

① 戦争は最大の脅威、費用がかかり文明を破壊する。

② 文明は暴力と腕力に代ると法の発達に代って現状まですすんだ。

③ 文明という知織の蓄積は戦争によるか法による解決かの二つの方法を発展させてきている。国際紛争解決のプランで戦争によるか法によるかのどちらかである。

戦争は合法的である、現在は。—戦争宣言が合法的範囲内でできるのは困る。しかし革命、解放戦争は反逆といわれている。

以上を理由として次のような決議案を出してこれが通った。

ボーラ決議案の特色は戦争非合法化運動であり、第一には戦争を非合法化する国際法・国内法をつくる。第二には、法と戦争の区別を認めず新たにつくられる裁判所で審理し、判断するとする。従って次には、国際平和をまもる世界裁判所をつくるやり方を八つ述べている（レビンソン）。

どういう事件が裁判所で可能か、を考えている。

当事者の一方でやるというのでなく、法できめる。

この裁判所が権威をもって一方的にやり拒否権を認めない。一九四〇年のオーストリーとセルビアの紛争を例に述べる―ダメだった例としてこれをあげ、そのようなことのないよう、法律学者よ、考えてくれという。

第三に判決に対する違反国家への制裁である。制裁戦争を認めない。制裁手段が戦争なら自己矛盾になる。これが国際主義者との根本的差異である（国際間で違反国に武力をつかうのは異なるといっている）。戦争で強制することはできないのだからという。この考え方は九条の考え方に通ずる。〝公正と信義に信頼する〟との抽象的表現とつながりがあることになる。

制裁の代りになるものは世界の道徳的世論である。デューイも述べる。

連盟規約についてのウィルソンの解釈（制裁に戦争を含む）とセシルの解釈（制裁はダメ）は対立している。この考えが、アメリカの平和思想のなかでは日本の九条の背景に流れていたと思う。

「戦争非合法化運動の特色」

この運動が他の運動より積極性があるのは他の戦争をやめる運動と両立する。国際連盟裁判所と敵対関係もない、ということがある。しかし、arbitrary jurisdiction はこまる。

legal, nonlegal の区別を守っているだけでは法が必要なときに法が無力になると批判する。

それにはステップが必要だという人がいるが、それは戦争を合法化する。

国際法・国内法でステップを進めても目的は達しえないと、デューイは批判する。いま必要なのは、方向転換的ステップであるという。戦争を承認する立場から戦争をなくすことはできない。この運動のいいところのもう一つは、人民とその意見の表現から始まって政治家がそれに答えることを目的としている。従って国民の強い意見が表現されなければ政治家は動かない。今までの国際主義者の運動は政治家から下におりていって人民に何か課すということであったが、これではダメで人民から始まって政治家に課すということでなければならない。

法万能主義の批判に対しては、世界裁判所の考えは世界の道義的感覚の組織化の結果として起こらなければ無意味である、と述べている。法律を発布したらそれでいいと考えているわけではない。

一九二七年ボーラ決議案が通過した時、不戦条約がブレアンから提唱された。

デューイは

○不戦条約は草案をみるとわかるが、（ショトウェルを承認した上で）ブレアンのフランス側の原案は表にはならず（ケロッグの考えが通り、ショトウェルが書いたといわれる）、裏には第一条で、戦争が否定されるのは、自分のそれぞれのイニシアティブの上でとられている個々の独立の政治的行動として否定する。外のしいられた行動はこの限りにあらず、というのである。この考え方がブレアンの草案に出ている。デューイとは全く異なる。

チェンバレンの保留条件が松岡によって一〇〇％利用される。ショトウェルは日本に同情的である。

○この不戦条約の曖昧さと自己欺瞞が、九条をつくり出す場合にアメリカ側が考えたと思われる。

不戦条約の苦い経験が日本で模範になってもらうことを考えた。

アメリカがそう考えたのなら、アメリカのインテリが自分の国において、その義務をもっているのであるから、その思想を日本で実現しながら、アメリカは何をしているかといえば問題はアメリカにはね返ってくる。従って九条は武装解除しただけだということにとるのが普通だと思うが、憲法の思想ということからいえば、叙上のものがあったと考えざるをえない。

現在のアメリカは不戦についていえば、チェンバレンがやったようなことをやっていると思われる。だから人民の戦争に対する罪法化が組織化されなければならないので、政府がやったことは不戦条約の失敗であった。この経験からみれば日本国民の義務が問題にされるべきである。

満州事変と不戦条約の関係などである。

〔討　議〕

入江　制裁をやめて世論でとどめるということであれば、アメリカの考え方からいえば、世界国家の考え方はないか。

久野　デューイは、モラールは組織と見合ってゆくという考え方であり、組織の程度を高めてやるべきだという。世界国家を先にやると、ある強国の操作手段になると考えている。モラルは組織の函数である。

戦争放棄と同時に下からの努力が必要だと述べている。アメリカのインテリがまずくなった一つの理由は、デューイ自身大きな転向があり、ソビエトを買い被り、ソ連が連盟に入らないのでは成り立たんという。

その後ソ連革命がファシスト現象だとの印象がデューイにたまり、一九二三の論文で、ソビエトは我々と違うと考え、ソ連革命は人類最大のミステイクだと考え始めた。思想的指導者としてのデューイの動きに影響された。

この思想の暫時的変化があった。

世界政府をつくって世界社会をつくるということに賛成しなかった。

入江　戦争放棄では何か保障がないと先にすすまない。

久野　それからラッセルとデューイの違い。

ラッセルはそこに動いている。

我妻　デューイは経済的制裁は考えているか。

久野　そうだ、満州事変のスチムソンの制裁をデューイは支持している。連盟脱退を承認しないということをくり返しやっていればよかったというのがデューイの考え。日本は犯罪を犯したと認識させるのが一番いい考えだといっている。フーバーはボーラ決議案まで国民はめざめていないというのに対し、デューイはそう考えている。

従ってセンチメンタリズムに終わるかどうかは想像（?・）の方法しかない。制裁戦争についてえらい議論があった。

一九三二　sanction of security nation―サンクション派を攻撃し、その批判にこたえている。

南北戦争については、割にきびしくないという気もする。

辻　戦争について程度的区別があるのか。

久野　法的に承認されている権利をもっているというのが悪いというのだから、悪いと思いながらやっているならトレラントになるだろう。革命で人を殺すのは悪い（一九世紀的）と考えながらやるのは多少甘いだろう。

そこにデューイの内乱に対する彼の理解がある。

新しい法の樹立という風には考えない。

辻　革命がより犯罪だという理論は出てこないか。

革命は法をくつがえすので悪い。法の名によって戦争をやるのはかまわないという理論は出てこないか。戦争は法に根拠ありとする理論を説得する方法を考えないといけない。

久野　その法をかえようというのがデューイの主張。

我妻　内乱の時に留保があるなら入りやすい。

あくまで徹底しているのか。

久野　デューイは、合法性として承認されているのを剥奪しようというだけ。そのあとは法律学者によって考えてもらいたい。正当防衛についても、しかし法で認めてはこまる。個人の場合と異なる。

戒能　個人の場合だと一度つかまって審理される。だから国際間でもつかまえて、調べればいい。二四時間以内にストップする方法がない。

辻　経済封鎖に対する仏印進駐の段階で審査するということがあ

れば一番いい。
入江　安保理事会自ら責任をとってやる。
辻　監視委員会は現状にとどめておくことか。
入江　安保理事会に報告する。決定する。
我妻　決定に従わない時の制裁は。
入江　制裁あり。そのために加盟国は軍隊が安保の指揮権下に入る。しかし、安保に拒否権あり。
戒能　一六・一二・八のルーズベルトの電報は仏印から撤兵してくれということであった。それから交渉しようということであったとすれば、この考え方があったと思う。
我妻　国際裁判所の考え方として、①法律的問題で両当事者の合意がなければやれないとしてそれを防ぐ憲法は可能だろう。しかし②政治問題では不可能ではないか。
鵜飼　domestic jurisdiction には干渉できないとすれば、国内戦争には干渉できないことになる。
我妻　日本共産党がソ連の援助をうけて内乱おこすとどうなる。
入江　侵略だという。援助をうけると侵略だという。
国際問題と考える考え方は広がっている。アルジェリア問題も国際問題と考えている。仏では国内問題だといっているが。
我妻　それを裁判所にやらせればいい。
久野　裁判所がこれをとりあげるという強制的法規にして文明国の住民投票にうったえて法典にし、任意管理を認めないということにする。
入江　今の国際司法裁判所では別記事項である。それを拡げると管理権を受諾しない。
韓国は竹島問題を受諾しなかった、それがむつかしい。
我妻　法律問題だととりあげる。
政治問題だと却下する。
入江　法的意見を求める、というやり方があり、国際世論で支持をうけている。そして安保に働きかけ、竹島問題について。信託統治案（南ア連邦の例）―総会を通して、事実問題でも損害賠償でも損害を与えたということなら法的問題になる。
我妻　インド、中国の境界確認も法的問題だと思うがやっかいな問題だと思う。
入江　国際司法裁判所はソ連を当事者とする裁判で強制管轄を受諾しない。
久野　高木さんは、ショトウェルの功績を買い、デューイは思想はえらいが平和運動家としては買わない。それはマックがやったのでその背景までさがしても無駄だといっている。
ボーラもだまされて不戦条約でゆけるとした。不戦条約ができたとき孤立主義でなく参加できるとして大騒ぎした。
鵜飼　レーニンが戦争をやめようといったとき、なぜアメリカが賛成しなかったかということが問題になっている。

久野　（ファシズムを倒すということに全力をつくしたので）

　革命─帝国主義
　帝国主義─革命はファシズム　｝こうして混乱して

トップレベルの専門政治家的論争になったので、デューイは片手おちで、アンティファシズムだけではダメという印象をもった。平和構想が第二次大戦で断ちきれて国際法学者の関心にだけなっているところに問題がある。

　国民の側から組織化して下から言わそうという方法が必要だと思う。一九二〇年代の機構からみて、機構の複雑化でハイレベルでの議論に平和構想がなってしまった感じがする。

　今度の第二次大戦の場合は国民がボケていると思う。第一次大戦の場合と逆になっている。革命もレーニンのようになれなくなった。

入江　連盟の前半は平和であった。ところが日本、ヒトラーなどで後半はダメになった。それがソ連からの侵略があるんじゃないかということで、相手に対して不利な軍備だけじゃだめだということになった。

久野　国民のレベルからみると国民はそこまで深刻に考えていなかった。国民はどうもボケてる。こんどのベルリン封鎖についても国民はボケてる。

〔今後の議題〕

我妻　国ラインなどもてあましているものが国連で解決がつくのか、などの論点についてやっていただきたい、入江さんに。

## 【要　旨】

─憲法九条をめぐるアメリカ側の不戦思想─

久野　収

1　デューイの思想について

(1)　法の名において戦争をするという、戦争肯定論があるが、デューイの考え方はそのような戦争の合法性を否定しようというものである。彼の狙いは合法性の承認を剥奪しようというのであって、それをどう後始末するかは法律学者に考えてもらいたいといっている。従って個人の場合は別として、国家の場合、正当防衛についても法で認めるのは困ると考えている。

　しかし、革命に対しては、トレラントであって、革命で人を殺すのは悪いと考えながら、やっているからということで甘い点をつけており、そこに、内乱に関する彼の理解がみえる。例えば南北戦争についてもきびしい批判をしてはいない。革命は法をくつがえすから悪いという考え方があるが、彼はそれを新しい法の樹立とは考えていない。

また制裁に対する彼の態度は、例えば満州事変におけるスチムソンの経済的制裁を支持しており、それは、連盟脱退を承認しないということをくり返し強調することはよい、あるいは当事国に犯罪を犯したということを認識させるのがよいという考え方からである。制裁戦争については1932年にサンクション派と議論しており、その批判に応えたものもある。

(2) 戦争放棄をする場合、何か保障がないと先に進まないという議論があって、例えば世界政府をつくって世界社会をつくるという案があるが、デューイは、組織はモラルと見合って考えねばならない、それらは、函数関係にあると考えている。何故なら。世界国家を先につくっても、それは結局強国の操作にまかせられてしまうからである。そこから、彼の戦争放棄は下からの努力によって達成すべきだという考え方が生まれてくる。これがデューイとラッセルとの違いである。

(3) アメリカのインテリがまずい考え方をするようになった理由の一つにデューイ自身の漸次的転向がある。彼は最初、ソビエトを買い被っていたが（連盟はソビエトが加入しなければ成立しないといっていた）、その後、ソ連革命をみているうち、それが、ファシスト的現象だと考えて、1923年の論文では、ソ連革命は人類最大のミステイクと書いているので、アメリカはこのような思想的指導者としてのデューイの転向に影響をうけたものと考えられる。レーニンが戦争をやめようと言い出したとき、なぜアメリカが参加しなかったかが問題である。それは、革命におけるファシズムの問題がトップレベルの専門政治家的論争になってしまったからであるが、デューイもアンタイファシズムだけではだめと考え、平和構想が第二次大戦で断ち切れてしまった。平和の問題は結局国際法学者の関心にすぎなくなったところに問題がある。

不戦条約ができたときには、アメリカも孤立主義の線上の平和構想と考え、ボーラも不戦条約に幻惑されたのではないか。

(4) デューイは思想家としてはすぐれているが、平和運動家としては大したことはない、むしろショットウェルの功績を買うという考え方がある。

憲法九条についても、それはマッカーサーの発想であってデューイまで遡っても無駄だという意見はそこから出てくる。

2　戦争の監視と国際裁判所

(1)　個人の違法行為は、裁判のルートにのせるのが容易であるが、国際間の場合は難しい。審査することは可能だが、短時間のうちにストップする方法がないからである。例えば、経済封鎖に対する仏印進駐において，その段階で審査が可能であればよい。現段階でいえば監視委員会が安保理事会に報告し、そこで決定して自らの責任においてやる、決定に従わないときは、加盟国の軍隊が安保理の指揮権下に入って制裁行動をとるということになっているが、安保理には拒否権がある。

(2)　国際裁判所の考え方に関しては、法律的問題の解決は立法政策上も可能と思われるが、政治問題についてその方法を立法化することは不可能と思われるから、それが欠陥にならないだろうか。しかし、事実問題でも損害賠償などは法的問題となるから、その一部については方策が考えられるのではないか。例えば、国際司法裁判所規程では、法的意見の勧告の制度があり、世論の支持をうけているから、それを活用するという方法が考えられると思う。

また、国内管轄の問題には干渉できないとすれば内乱には干渉できない。しかし、国際問題と考える領域は広がっており、例えば日本共産党がソ連の援助をうけて内乱を起せば、それは侵略と観念せられるし、アルジェリア問題も国際問題と考えられている（仏は国内問題といっているが）。従って、それを裁判所で審査すればよいという考え方が出てくるから、文明国の住民投票にうったえて法典にし、任意管轄を認めず、強制的法規にするということを考えてもよいのではないか。しかし、それを設けると恐らく管轄権を受諾しないであろう。韓国が竹島問題を受諾せず、ソ連は自己が当事者となる裁判はすべて強制管轄を受諾していない。現在の国際司法裁判所はそれに加えて列記主義をとっていることが裁判的解決の欠陥と考えられる。

3　平和運動の組織化

平和運動は国民の側から組織化して、下からの力で努力するという方法が必要だと思う。

1920年代のアメリカの場合は、組織化が複雑になってハイレベルの議論となり、平和構想が消えてしまったわけであるが、こんどの第二次大戦の場合は、国民がぼけてしまっている感じがある。第一次大戦の場合はレーニンが革命の組織化に成功し、アメリカもソ連からの侵略に対抗する意味で積極的であったが、今度は、国民はそこまで深刻に考えてはいないのであろう。そのような感じ方は世界共通の問題であって、例えば、ベルリン封鎖に対しても、国民のうけとり方はぼけてしまっているという印象をうける。

4　議　事

竹島問題、李ライン問題など、日本がもて余している問題について、一体国連で解決がつくのか、これが当面の問題として知っておくべき重要なものである。次回はこれらの問題について入江会員の報告をきく。

# 第三九回例会（昭和三六年一二月一六日）

―国際紛争の平和的解決と武力的解決―

入江　啓四郎

## 〔報　告〕

1、

(1)　平和的解決にはいろいろあるが、終局的に国際司法裁判所で普遍的に解決できるということになれば、武力的解決はなくなる。しかし国際社会のもとで司法的解決にゆだねられている現在の制度について話したい。

(2)　領土問題、領海問題などのうち、一つ二つは司法的解決の方法がとられているので、それを糸口として。

その後、現在どのくらいのものが国際裁に委託され、どれくらい解決される仕組みになっているかについて述べる。

日本の紛争を解決しうる仕組みが条約の上でとられているかどうかを考えてみたい。

2、日本の領土問題

国際司法裁判所でも領土問題の解決のついたものがある。その点を話のきっかけとして、現在新聞紙上で論ぜられている問題から、ポルトガルとインドの民族主義を。

数年前からのつづきになるが、

インドが治安の維持からポルトガル領域をとらえて、交通遮断（やり方が直接的）を数年前からおこなう。

昨年四月に国際司法裁に提訴。その仕組みをみると両当事者は管轄を受諾していた。

インド、一九四〇・一二（国際連盟時代）に管轄を受諾。

あらかじめ、国際司法裁判所規程に基づき、この当時は三六条の条約の解釈。

国際的に事実が認定されれば、一方が提訴すれば、他方応訴の義務あり。

ポルトガルは right of passage があると提訴。

判決はデリケート（裁判官一五人）

紛争当事国の裁判官が任になければ出すことができる―増えたら他の裁判官をはずす。

問題毎に多数決。

一一対四の多数決でポルトガルの主張を認める。

しかし、軍隊、武装警察、軍需家は通過権なしとした（八対七）。

他方、インドはポルトガルの通過権について、非軍事的通行権を妨げたかといえばそうではないとしてインドの顔もたてている。

ともかく、この両者がインドの領土問題につき、武力闘争をやめて司法的解決をした一例となる。

「日本の場合」として、現に竹島問題がある。

韓国は反対（合意がなければ付託できない）

サンフランシスコ講和条約によれば、竹島は日本からみると日本の領土。韓国は講和条約の当事国ではないが利益的規定あり。

講和条約では、紛争解決の方法の規程が省略されており、朝鮮は拘束をうけてない。

次に南千島―日本の領土であると主張しているが、外交交渉では埒があかない。国際司法裁判所にもっていくことを考えるともっていけない。ソ連は裁判所その他国際機関にかけて解決することには反対しているから。

連盟に加盟しても当事国になるわけではないが、連合の加盟国は、（連合規約九三条によれば）戦後は国連加盟国は全部当事国となる（連盟時は異なる）。

ソ連も裁判官を出していいということだけで、ソ連と他の加盟国との間の紛争について、ソ連は裁判所の管轄を受諾しているわけではない。選択条項―九三―

任意条項を受諾するかどうかは選択に任されており、ソ連は受諾していない。

ソ連と旗色のあわない裁判官が沢山入っているから、おそらく裁判所に提訴すればソ連が不利になるというのがその心証であろう。それのみでなく、紛争を司法機関にうったえるやり方に反対しており、条約に署名していない。強制的にしないようにしている。

例えば五九年の南極条約―南極に領土権を主張せず平和的利用のみ。

紛争解決方法を規定している。

最後には、国際司法裁判所に紛争当事国の同意をえて提訴する。同意がなければ凡ゆる手立てをへて解決に努力する。

ジュネーブの海洋会議

1、公海（紛争解決についてはこれのみ）
2、大陸棚
3、漁業
4、

（1〜4）条約として成立していない

多くの国に開放するため窮屈な拘束は認めなかったが、紛争解決の方法を設けている。

紛争の解決の義務的受諾を選択的にできる。紛争解決については条約を受諾しても選択的であるから署名しなければよいわけである。

この条約について新たに一つだけ成功したものがある。

公海、漁業、資源、海洋のうち、日本にとって具合の悪いものは、一方的措置をとることになっているが、利害関係国が緊急解決の措置をとるかどうか疑問である。

他のものは特別委員会をつくり、そこで審査することになる。これは通常なら仲裁委というべきだが、もっぱら事実に関するものだというので裁判ではないといっている。

それでもソ連邦がついてくるかどうか疑問である。

四つの条約と一つの議定書しか成立していないので、南千島を裁判機関に委ねられるかどうか問題である。

アラフラ海（オーストラリア）との問題である。日本からいうと、沿岸国が一方的に境界を設けて公海権を制約する、ということは伝統的な公海権に反する。それを裁判所で争う。オーストラリアは受諾したが、日本はまだ受諾していなかったときで、合意があったときだけできる。同盟したものだから、どういう点で付託するかといえば、特別合意書、共同訴訟ということになるが問題のもち出し方により有利不利がある。例えば日本からいえば、大陸棚宣言（オーストラリア）特別合意書について日、オーストラリアの間で話合いがついていない。

オーストラリアは大陸棚に関する条約の成立を待っていると思う。

ただ国際司法裁判所への提訴が思うようにいかないというのが現状。なおオーストラリアにおいては、大陸法に関する論争は裁判にかけないと指摘したが、日本は義務的管轄の受諾をしたが遡って適用されない。

戦前、後の司法裁の義務的管轄を受諾した国は、戦前は最高四二ケ国あり、これは不戦条約が制裁になって、それがその後減り加減になっている。

戦後では、義務的管轄を受諾して有効期限にあるものの数は、一九六〇・一、日本を含めて三八ケ国である。

国際連合常任理事国五ケ国は全部加盟しているが、義務的管轄を中国、英米仏、ソ連は受諾していない。

ソ連圏のものは受諾していない。

アルバニヤ（特定の事件について受諾して事件を処理した例がある）、ブルガリア、ハンガリー、ポーランド、ルーマニヤ非加盟国で受諾したもの。

リヒテンシュタイン、スイス

後進国は非常に少なく、裁判を敬遠する傾向が強い。

インド、フィリピンだけ受諾（戦後の独立したもの）

トルコ、タイは受諾。

日本は法律家委員会草案について安達大使―規程の作成に熱心規程として採択されたものは国際司法裁判所規程として残っている（九条）。

裁判官全体のうちに文明自体が代表されるものでなくてはならない。日本からは小田、安達裁判官が任命される。

ここまでは日本として司法的解決に積極的態度を示したのだが、日本が紛争について裁判所にかけたかというとそうではない。

原告となったことは若干ある。ベルサイユ条約を結んだ関係で共通の原告となったが（日本とかかわりなし）、独立して原告となったことはない。

戦後に立場が逆転して、講和条約の解釈は国際司法裁判所、一九五八年に日本は三条を受諾。

その他諸国と結んだ条約のなかで紛争解決の最終手段として司法機関によるとしたものがかなりある。

通商航海条約では（相手方は希望しないものがあり、司法的解決のものは少ないことになる）、三つにわけて

①　司法的解決

②　話しあいによる

③　どっちも設けていないもの

①　司法的解決に委ねたもの

アメリカ（二四条二項、紛争処理）、ノルウェー、パキスタン、フィリピン

仲裁裁判によると規定したものがある。ユーゴスラビア（一七条）

②　裁判による解決を規定したものは数少なく、話合いによるという程度のものが大部分（協議条項）。

マラヤ連邦、オーストリア、カナダ、チェコ、キューバ、ハイチ、ペルー

③　何も規定しないもの

ソ連邦圏との関係では通商条約をつくっていないものが多いので、例えばソ連邦、ポーランドでは何もない。

商事仲裁―ソ連、非ソ連圏との、共通の規定であるが、国際司法裁判手続ではまだまだ少ない。

。ではどういう紛争が裁判機関にかかるか。

多角的であらゆる問題を網羅している。

今までの事件をみてみると、

一つはアルバニヤとイギリス（アルバニヤ領海で英軍艦が魚雷にあたって沈没）

二つは、アルバニヤの金塊の所有権（イタリヤとの間で）

仲裁手続にかける。

三つはイギリス・ノルウェーで島突端をむすんで、領海という（ノルウェー）、イギリスが不利となる。

四つはラテン・アメリカ。

五つは、モロッコにおけるアメリカ人の権利（アメリカ人がモロッコで差別待遇をうけたもの）。

六つは、イギリス、ギリシヤ、船舶建造に関する件。

七つは、フランス、イギリス。

・リヒテンシュタイン（国連非加盟国）の国民に帰化したドイツ人が国民の待遇に関する問題で裁判所の判決を求む。
・フランスのノルウェー公債
・オランダ人かスウェーデン人か（後見争いに関する解釈の争い）。
こうしてみると、紛争のバラエティはいろいろあって分類はできない。

紛争を平和的に解決する趣旨からいうと、司法的解決に委ねることが望ましい。通商航海条約には規定があるが裁判所までゆくケースは少なく、それをよいところとすることは不可能であり、現実の問題として、ソ連、後進国は裁判を敬遠しているが、裁判所の実態についての認識がないということと、わずらわしさもあると思う。外交、審査、協議・仲裁、司法的といろいろあるが、司法的解決によるべき。法的問題に限られるから狭いようだが、領土問題など政治問題も法的角度から解決するという方向が望ましいと思う。

。武力解決は、日本についていうと
① 自国のため―自衛
② 他国のために義務として設定されたもの
日米安保条約―基地の提供、軍事的意味を持つ。
南方地域（小笠原など）は日本には関係ないが（義務として現れていないが）条約として現れている。
③ 国連の武力行動に対する参加
条約でなく政府間の取決めとして
④ 朝鮮動乱などにみられるように国連警察軍の協力
形式的には国連の形式によって
国連憲章自身による軍事行動に協力するのが好ましいか、講和条約では、日本は国連憲章に従って凡ゆる援助をする義務を規定している。それ以上の義務は負担しないことになっているが、国連の決定、決議（勧告にすぎないが）、武力行動に協力する。

憲章規定に基いて国連協力に { 軍事的協力 / 非軍事的協力（金融的） } がある。


日本の憲法との関係で問題が出てくる。

特別協定がなければならないが憲法の建前から拒否できる。

軍事的措置は総会、安保理決議勧告によって異なるが、コンゴ紛争に自衛隊を派遣したらという意見があったが、軍事力の一翼をになうことだけが協力ではなく、非軍事的態度で協力するだけで充分であると思う。

それが憲法の解釈から認められるとすると、国際紛争は日本に関するもので非軍事的協力が好ましいことと思われる。

**〔討　議〕**

内閣記者団から会見の申込みあり。

大内　この討論がすんだあと毎回どんな話があったかを話してくれとの申入れあり。
中央公論が憲法問題の特集を毎回やるという話。
話した本人がしゃべることが一番いい。
久野　憲法調査会にとんでもない意見が度々でるのでジャーナリズムも困る。
研究会での議論が報告されれば
大内　憲法調査会の記事を扱うのに知識をもちたい。その知識をこの会に求めたと思われる。
我妻　討論については人の発言に責任はもてない。
南原　調査会と問題研究会とかみあわせたいのだから、それが強く出てくる。従ってこれからどうして会の運営をするか。これを材料にしてどういう態度をこの会がとるか、対案を出さずにすむか、目標をきめる必要がないかを考えておかねばならないだろう。
大内　今までの気持からいえば、まとまった対案をつくって、会として世の中に出るところまで決心してはいない。
九条の改正のようなふうに見られたとき、大学校での議論をしてまとまれば用なしとなり、まとまらなければ各人の責任において各人の勉強したことが役立つ。
南原　改正する必要ありと思う。しかしタイミングが大切で、その点で政府に反対ということなのである。
宮沢　自民党案―調査会案の流れに対抗して改正案が進んでできたので、当研究会が牽制力があるし効果はあると思う。これからどうするか。
南原　調査会の結論が出たときどうするかを考えるとこれからのやり方が異なる。まずタイミングとして、独立を達成、社会党が入ったとき、内容の重大なものに批評を加えるなどのやりかたがあるので、腹をきめておかなけりゃいかん。
大内　天皇、人権
戦争抛棄｝報告書を出す、公開で。
議論を出して決めたときまとまるかどうか。
来年の選考まで四つ位までわけて研究、議論して報告書を出す。
大内　調査会の意見に対しての各人の意見をまとめておく。
我妻　戦争抛棄については皆の意見を述べる。
現実、沿革、思想―数回
人権―数回｝自分の意見も述べてみたらはっきりする。一致したら大体の意見になる。
こういう方針で決まっている。
南原　皆で練って議論して、まとまるものはまとめる。
中村　憲法に対する評価―これを内部的にやってみてもいいのではないか。―しかし、公表できないと思う。

## 第39回例会（昭和36年12月16日）

南原　問題を具体化してゆく。集約の必要あり。新聞記者会見をする必要なし。

中村　原案作成の要があるとすれば、忌憚のない批評を充分にやる必要があると思う。

　そうすれば思想の集約ができると思う。

大内　次回は南原、大内

一・一三 ｝第二土曜
二・一〇 ｝

**〔要　旨〕**

—国際紛争の平和的解決と武力的解決—

入江　啓四郎

議事　今後の会の運営に関連して

(1)　内閣記者団から、研究会のあとで毎回会見したいとの申入れがあった。これは、調査会の記事を扱ううえに、知識をもちたいとして、その知識をこの会に求めるということ、あるいは、調査会ではとんでもない意見が出るのでそれとからみ合せて研究会の意見も公表したいということであろうが、いずれにしてもジャーナリズムとしては調査会と研究会の記事をからみ合せたいのであるから、対立的雰囲気が強く出すぎることにもなることに注意すべきで、これをどうするかは、今後の会の運営ともからんでこよう。

(2)　現行憲法については、改正の要ありと考えるが、そのタイミングが大切であって、独立を完成し、社会党も加入して改正審議ができれば、憲法に批判をくわえてもよい。これらの点で政府の態度には反対である。

(3)　現在の問題としては調査会の結論が出たときに、研究会はどんな態度をとるかが問題である。会としては、憲法問題を四部門ぐらいにわけて具体化し、それぞれにつき研究・議論し、各人が意見を率直に表明し、それをまとめておくことが必要である。

(4)　九条については、沿革・思想・現実と数回にわけて報告を行ってきたが、人権その他についても、このような方向で今後、会を運営してゆきたい。記者団会見は行わないことにする。

# 第四〇回例会（昭和三七年一月一三日）

南原　繁

―憲法第九条の問題―

〔報　告〕

1、矢内原先生逝去に伴い、会の名前で花を捧げた。
2、会場、会計報告
一〇日より重点的報告、結論をまとめる方向に。
九条中心に、討論中心に。
3、南原報告

九条の世界思想史的な関連
サンピエール
ベンサム
マルクス
ヨーロッパの平和思想

具体的に話すことにする。実際的に問題を扱う。批判前論として、具体的に日本国憲法制定事情について私の関知した限りのことを述べたい。

我妻、宮沢とともに貴族院におり、関係したことを述べる。当時新憲法が議会に上程されたとき三つの問題があった。

(1)　制定の過程に関するもの―公にされない、議員も知らなかった。

政府はそれに触れることを好まない、当時の貴族院で議員がまってくれとの要望あり。幣原国防相が出席し政府を代表して言葉があった。制定過程について質問しないでくれとの話がある。又はホイットニーの主張で学者のグループをよんだが敬遠して出席しなかった。

ウォーカーという記者が私に生の材料をくれた。アメリカの新聞に制定をすっぱぬいた記事を私に貸してくれた。それをもっておった関係もあり、遠慮した。それらを承知しながら議会で質問したのである。

内閣は政府の責任でということでおし通した。

内閣の責任というか、この憲法は新しい提案であり、そういうことになったことについては内閣に責任があるのではないか。つまり、松本案がけられた点の内閣の責任が問題である。幣原は、事情によってこうしたといったが、一一日の神道廃止の勅令ですでに今日の憲法の方向は決まっていたわけで、その後二月まで松本委員会が動いていた点が問題で幣原も答えにも窮していた。

憲法の安定性

制定の実際がわかったときは批判が生れるが、その安定性をどうするかを質問したのである。

当時の議会はこのことに対して責任があると思う。何か改正する点はないかときいてきたのに議員はかえる必要はないといっている。そのことに責任はあると思う。

改正の手続は大きな問題だと思う。

当時、大学において新憲法改正を考えた際、憲法研究委員会をつくり、純正な学問的立場から準備の必要ありとして本格的な研究を始めた。プログラムまでつくって宮沢委員長、二〇人の委員でできた。

発足して研究しかかったとき、三月六日案ができたので、方針をかえなければいかんということになり、

研究会の第一次報告として、憲法審議の手続の問題で憲法議会を特につくって審議すべしということであった。

私はこの委員会の意見を議会に取り次いだのである。この点の質問をしたが、今日まで残念と思う一つのことがあるが、それは当時西独憲法ができていないので仮憲法としておくべきであったと思う。それが新憲法の根本問題だ。

⑵　内容の問題で、国体の関係との改革論と非変更論

本日はそのうち、戦争放棄と非武装の問題である。誰も日本人は考えていなかった。天皇の地位について高野グループが共和制案を考えたが、戦争放棄について、これほど徹底した考え方をしたものはいなかった。これが誰のアイディアかが重要な問題であった。私の推定であるが、即ち幣原首相としては国体護持が第一の関心であった。絶対平和主義はなかったと思う。マッカーサーは軍備撤廃にあった。天皇はむしろ利用してよいと考えていただろう。

この二人があったときその過程でマッカーサーから話があったとき軍備はなくてよいということをいったと思う。それでマッカーサーの平和理想と現実が一致した。日本の軍備撤廃を考えた。岸（幣原秘書）と話しあったときにもその話があったと思う。調査会での参考人の意見では、後半でその趣旨が盛られている。

マ元帥の発案で幣原がイニシアティブをとったと思われない。

調査会の一番の価値は、九条の発案者は日本人だったということである。これは押しつけ憲法論に対する有力な武器となる。

戦争放棄結構だが、国家として立ってゆけるかは問題だと思う。幣原は一兵もおかないんだということをいっていたが二項の修正にも拘らず非武装を説明した。政府側はそうであったとして、司令部は第二項の修正について知っておったが、芦田がいうにはそれは後でいったので司令部はどうかと。マ・ノートでは自衛権といえども廃止するといっているから、草案に司令部はＯＫを与えた。

私がこの問題をとらえて質問した動機に司令部に対するプロテストがあった。けれども実質的には自衛権の問題は残っている。政治学では無抵抗ということはありえない。私はそのとき考えたのは国連に加盟したとき国際機関で戦争防止の協力のさいに派兵の義務を生ずるのではないかと思われたから。

私の大ざっぱな考え方では一〇万（ドイツにゆるされた兵力ⅠＷＷ後の）位は必要と考えていた。野坂参三が賛成した（?）。

新憲法通過のときの私の態度は、九条の精神をいかすということに方向をかえた。

そして、政治的に積極的中立主義を学生に教えた。安倍能成すら変節したといっていた。しかし根本的には変っていない。

私は最小限度の実力をもつことは必要で、それを憲法でどう表現するかを考えていた。そこで一つの提案をしたい。

⑶　九条には二つの考え方がある。

①　主権国家として軍備をもつのは当然だ。右翼、調査会のなかにいる。

②　自衛権のための軍備は認めねばならぬ。

㋑　自衛権行使という限度において必要だと憲法に規定をおく。

㋺　解釈上可能なら現在のままでよい。

私見としては、一方では非武装の精神をいかしつつ、万一の場合における日本の力をもつことをどう調和するかの問題である。

警察力と同じ程度で、その機能の範囲内で認める警察という権能のものに限って許容する―これは重要である、装備の問題である。

警察予備隊―保安隊―自衛隊

私は最初の段階で可能である。武装の内容が異なり、予備軍をおくということなら、非武装と矛盾しない。

政治学的にも非武装を宣言した意味は失いたくない。それが世界史的意味をもつ。それは制憲当時より現状がより切実である。

ニーメラーは水爆ができたときに世界は変わったと考えて平和主義者となった。たしかに水爆のできたときから世界は変わった。戦力は違法行為であり、それを鎮圧するのは警察である。従って警察をおくことはよいと思う。

フルシチョフがニューヨークで全面軍縮を提案したことは意味がある。非武装と軍縮―これが政治の課題である。この警察の機能からみた憲法改正の問題を考えると現行法通りでよいと思うが、戦力ともなれば但書をおく必要はあると思う。

私は、憲法改正をする点はたくさんあると思う。憲法研究委員会の要綱で。

前文、天皇、戦争放棄（第二案にいれる総則として）の条項について、日本人が書けば章節、条文、文字について根本的に違ったものを書いた。

憲法は改正する余地があると思うが、そのタイミングが重要である。

タイミングが重要であることはこの研究会でも同じであり、調査会との関係でいつ研究会の結論を出すかが問題である。私としては、調査会のとった結論をとるべきではないというところにゆくと思う。それは構成と成立事情に問題があると思うからである。

我が国の民主政治が未成熟のときに改正問題を取り扱うことに問題が多い。又、自衛隊を設けて一方の国に与してゆくことが問題であり、完全軍縮には時間はかかるが、ともかく憲法はかえないで、憲法の規定した方向に努力してゆくのが重要であると思う。調査会の細かい問題をとりあげて議論してはならない。アンブロックにとりあげて議論した方がよい。

日本の政治情勢をみても、護憲連合さえも調査会に対してああいう態度をとっている。私は学者の立場からああいう態度をとれると思う。しかし、いい時期に個人としても意見を述べる子段階ではないかと思う。調査会で多数少数は起こるが、ここでは多数少数の意見をいわないでアンブロックで会として一つの意見がまとまると思う。関西支部との関係が問題であり、それは世話人の努力にも期待したいところである。会としても新しい段階に入ったものと思われる。

〔討　議〕

大内　会としては前進したことになると思う。

宮沢　アメリカの上院でマッカーサーが証言したのは調査会の前だから、調査会がいわせたわけではない。

それがひろく日本に伝わったのは調査会の功績であるということ。

九条は戦争をやらせないということは日本人のイニシアティブであったということを国民に知らせたのは功績であった。

我妻　九条は押しつけられたということが広まって水かけ論となった。そのことを調査会がアメリカからもって帰ったのは功績だということ。

大内　それでもアメリカからきたということは消えないと思うが。

南原　功績といっても大きな意味があるわけではないから、多少皮肉の意味もある

軍隊としてはおかない。警察としておく。

派兵はできないが国連に協力できるということでよいのか。

入江　国際警察力は警察行動だという意見は多数説であるが、現在国連憲章の解釈からすると、警察力でなく、軍隊を国連のため提供する安保理が参謀として国連の責任において使用する、即ち軍隊と考えている。安保理と加盟国が協定を結んで批准し

なければならないことになっている。そうなると九条の解釈問題が起る（国連憲章四三条）、義務負担免除の規定があるので憲章の規定により免れられる。

　道義的問題では、警察というだけで名ばかりではないかということになり、一〇人でも隊員を提供すればよいということであれば、兵力の提供だけの義務ではなく、非軍事的協力で可と思う。もっと進んだ段階で必ず兵力提供しろということになれば留保して考えねばならないが、当分は道義的にも非軍事的方法で協力してよいと思う。

南原　現在の国連からみれば、入江会員の結論に賛成である。しかし私は将来国連警察軍として日本が何かやらなければというときはどうかということを将来の問題として考えたとき、国の実力、国の平等性からいって平等の義務負担は考えていないからいいと思う。

大内　国連とＩＭＦとは同じ性質のものだと思う。各国が金を国連に出すのは各国がもっている経済力の割合に応じて出すということ、その理屈からいうと、国連は軍隊をもたない国の平和も維持しなくちゃいかん。もっているやつから出して。

戒能　national egoism は国連でも認めている。拒否権など、それから日本民主化の前提、軍隊をもつ前提があるので、前提なくして軍隊をもつということはおかしい。

軍縮の二つの方向、①核兵器から廃止、②小さいものから廃止

　実際の効果からいうとどれがよいか。

南原　核兵器からというのがよいと思う。見直しとしては不可能だと思う。

我妻　警察というところ、戦略的な軍というものにならないで自衛だけの軍隊だけにしておれるかということが問題だ。それだけで止めるという保証を誰がするのか。

　自衛のための軍隊<br>　〃　の戦争 ｝の保証をどういう制度でやるのか。

民主主義が熟していないからタイミングが悪いというか。

　又、民によるコントロールを背景として考えているのだろうか。何か政治組織として保証の制度がほしいと思う。それは何か。

南原　政策としてはできると思う。自衛権の名で二〇～三〇万も兵をもつことはおかしい。量質においてせばめるという政策をとればよい。

我妻　それを押える方法があるかということである。社会党はそれに似た政策と思う。それを政治的にかける外はないということか。

大内　軍は少ないほどよいか。国家の実態における暴力性という

点からいえば、軍、警察、暴力を区別することは不可能だ。国内的―警察―これが対外的に武力にならないということにはならない。武器さえもてば対外的に軍になる。
南原　そうだからといって政治は法なしにコントロールする。それが政治で権力を認めて、それをコントロールするのが政治。
大内　政治としてはそうだが、法の解釈としてはこれは自衛権だからしようがないということにならないか。
南原　何のために使うかをきめて、国際警察軍と対応して規定しておく必要がある
中野　オーストリヤの連立内閣で衛生関係以上の義務はないと社説が書いているが、警察力を提供しなくとも、赤十字の提供で済むという考え方はヨーロッパにもある。
真野　九条のイニシアティブはマッカーサーか幣原かについては私見では幣原がイニシアティブをとったとみる人は入江俊郎。
マッカーサーのイニシアティブは松本烝治が自民党の調査会で幣原はいい出す筈はないと発言している。
幣原が閣議で発表するのは大人気ないということで発表しなかったので、幣原氏と思うのは太平洋戦争調査会（会長幣原）の総会席上で挨拶したとき、青木が原案をつくったが、それに筆を入れて修正を加えたので幣原イニシアティブ説を強めた。幣原は書くことができないので、その人が筆を入れたのは、それを大事にと思っておったので、そのことを重要に思っていたと思う。
宮沢　幣原大芝居説があるのでそれ以上はわからない。南原説くらいが一番いいと思う。
都留　ウォーカーの記事は何か。
南原　今日公表されているものと同じである。
クリスチャン・モニター・サイエンスである。
清宮　コールグローブに一九五四年会ったとき、どちらが本当かときいたら、二人だけで話してたときに出たといっていた。
宮沢　国際警察軍は憲法の解釈として否認していないということはいえる。警察予備隊が警察だとすれば（質量の差から）憲法のもとで弁明できる。
一般の九条の考え方は武力の国際化が前提になっていると思うので軍隊がなくなるのは理想だが、その前提として国際化することが重要である。国際平和が実力によって保証される必要があるなら国内の警察に当るものは重要であると思う。
完全な国際警察ができれば、それが日本の秩序を維持するとすればそれでもよいと思う。国連の軍隊があって日本の防衛を担任するとすれば、日本の軍隊が日本防衛を担任するより、九条に近い。
日本の軍隊は国内のデモクラシーを破壊することに注意しな

ければならない。日本の軍隊があることに問題がある。最高裁の判決はその点で九条に近いという感想をもっている。

我妻　遠い理想としてもっともだが、現在の問題として供出する軍隊が問題だ。どっかで軍隊をもっていなければならない。

宮沢　たしかにそうだが、国際化が前提である。松本委員会で軍備に関する規定は入れないということであった。占領時代で統帥規定をおかない方がよいということ。その時松本委員長から国連に入るというときにそんなことでどうするかといわれたが、軍備をもたないと国連に入れないのはおかしいと考えていた。軍隊なければ国連には入れないという考え方は国連の存在理由からみておかしいと思う。

南原　そういう理由で広瀬案がそうだが、将来、国際警察軍ができるということを見通してそのための準備は必要だと思う。

辻　宮沢の委託制になるか
　南原の自分の軍隊をもつ｝もっても委託、請負制度とみる。

　委託との考え方が南原さんの理想に近づくと思う。

南原　国際警察軍がもうすでにできている。

戒能　侵略に対する抵抗のために必要だが、侵略に対する防禦ということだけではない。委託軍の考えをとると軍の組織は全然別になると思う。

中野　マッカーサーか幣原か、の点でポツダム宣言で軍の解体をいっているが、あのなかで基本的方針を述べており、そのなかで戦争放棄があり、その枠があったのでそれにヒントを得たと思う。

南原　高遠な理想でなく、国体だけ護持できれば、軍のことなんか、あとで考えればよいという現実主義であったと思う。

清宮　松本委では猶橋が、軍がきて軍の規定を削ってくれといったと述べている。

南原　どっちにしても九条については、あれでよいと思う、

佐藤　暫定憲法説については占領中は日本国民の意思は制限されているという主張か。

　一〇年後に再検討しようということを附則として入れたらという意見（森戸氏？）があったが、それでは通らないからというので見すてられたと思う。

入江　日本国民の自由な意思は極東委員会の指令の再検討資料に入っていたが、国がそれを抑えた理由はどうか。

　極東委員会が日本国民の意思がないとみたのか、極東委員会は決定を発表しなかったのであり、極東委員会では再検討を考えていたということはできる。

中野　それに答えて検討しようということを「法律時報」でやったことがある。

入江　皆これで結構だといった。日本側がしぶった。

宮沢　日本政府は確信をもっていいといったというより占領中で当分これでいいという気持が強かった。

佐藤　法相鈴木義男から両院議長に検討しろといってきたが、マッカーサーが政策検討に批判を示し、極東委員会に手紙を出して憲法に不信をもたせるからやめろといった。

宮沢　東大の憲法研究委員会等、自分が書いた。

二一年四月、この案になるなら東大でやる必要なしということになった。

松本案が対象になった。

〈編者注　丸山真男さんの隣席にいて、彼曰く「スイスのような民兵制にすればよかった」と〃ひとり言〃をいった言葉が今も耳に残る。〉

〔議　事〕

辻　軍隊に関する諸意見があると思うので。

大内　来月私がやる。南原提案の批判をやり。それを中心に議論しよう。

警察と軍隊の差について。

辻　関西をどうするか。

熱心にやっていると思うが、共通の意味をもちうるということになると疑問が残る。

憲法記念講演会―都市センター

中野　護憲連合の近況

佐藤　調査会の海外出張

相手―日本の研究者（米、英、仏、独）

宮沢―ソ連圏にも行くべきだと思う。

**【要　旨】**

―憲法第九条の問題―

南原　繁

1　はじめに

第九条について、具体的な問題にしぼって実際的な話をする。

その際の予備的知識として、日本国憲法の制定事情に関し、私の関知した限りでの話を述べ、問題を展開することにしたい。

2　日本国憲法の制定過程における問題点

(1)　当時、我妻・宮沢両会員とともに貴族院に席をつらねていたが、新憲法が議会に上程されたとき、問題となった点が３つあった。

第１は、制定の過程に関するもの、第２は、憲法の内容に関するもの第３は、改正の手続の問題である。

(2)　憲法の草案起草の過程は当時、公にされず、議員も関知しなかったが政府はこれに触れることを好まず、当時貴族院で幣原首相から制定経過については質問しないでくれとの要望があった。私は、ウォーカーという新聞記者から、その制定過程をすっぱぬいた新聞記事を見せてもらい過程を知っていた。内閣は政府の責任で起草したと押し通していたが、その内閣の責任が問題なのであって、私は、議会では、松本案がしりぞけられて新しい憲法草案の提案があったことについて、内閣に責任があるのではないか、との質問をした。即ち、前年の２月に神道廃止の勅令が出ていたから、新しい憲法の方向はすでに定まっていたはずであり、それなのに、翌年２月まで松本委員会が動いていた点が問題なのである。更に、憲法の安定性について、制定の実態がわかったときには必ず批判が生れると思ったので、憲法の安定性はどうなのかについても質問した。

幣原首相は答えに窮したが、この点に関しては、政府の責任と同時に、議会も責任があると思う、何故なら、政府から何か改正する点はないかときいてきたのに対して、議員はかえる必要はないと答えているからである。

(3)　次に、順序は逆だが、憲法審議の手続が問題である。当時、東大においては、宮沢君を委員長として、20人のメンバーで憲法研究会をつくり、憲法改正のために純学問的立場よりの準備を始めたが、発足してプログラムをつくり、研究にかかったときに３月６日案が発表されたので、方針をかえて憲法審議の手続の問題をとりあげ、第１次報告として、憲法議会を特につくってそこで審議すべし、という意見を発表したのである。

私は議員として、委員会のこの意見を議会にとりつぐため、この点の質問をしたのだが、その実現がなされなかったのは、今でも残念に思うことの一つである。当時はまだボン基本法はできていなかったので、暫定憲法というチエも浮ばなかったが、仮憲法としておくべきだったと思う。

(4)　第３には、憲法の内容の問題があり、国体に関する改革論と非変更論が重要であるが、戦争放棄・非武装の問題もそうである。

戦争放棄については、日本人は誰も考えつかなかった。天皇の地位について共和制案を考えていた高野グループといえども、これほど徹底した考え方をしてはいなかった。従って、これが誰のアイディアによるものかが重要である。私の推定によれば、幣原首相にとっては国体護持が第１の関心であって絶対平和主義の考え方はなかったのではないかと思う。しかも、マッカーサーには軍備撤廃の考え方があり、その際天皇については、むしろこれを利用してもよいと考えていたのではないか。こういう両者の考え方から２人が会談をしたさいに、マッカーサーの理想と現実が一致して軍備はなくてもよいということになったのではないかと思われる。この点、幣原首相の秘書官だった岸倉松氏が調査会で参考人として意見を述べた際に、その発言のなかにこのような趣旨のことが含まれているということからも窺われる。

調査会の報告書が、九条の発案者は、日本人であったと述べている点は、押しつけ憲法論に対する有力な武器となるから、これが調査会の一番の功績ということになろう。

3　憲法第九条成立当時の評価

(1)　戦争放棄は結構であるが、一兵もなくして国家として立っていけるかは問題である。しかし幣原首相は２項の修正にも拘わらず完全非武装を説明していた。総司令部は２項の修正を知っていたかどうかは明らかでないが、マッカーサーノートでは自衛権といえども廃止するといっているので、草案を承認した。

(2)　政治学では無抵抗ということは考えられないし、その上、日本が国連に加盟すれば、戦争防止の協力のさいに、派兵の義務を生ずるのではないか、そのときはどうするかということなどを考えて、私は総司令部にプロテストの意味で質問を試みた。当時における私の大雑把な考えは、第１次世界戦争後、ドイツにゆるされた10万の兵力ぐらいは、必要なのではないかということであった。

しかし、新憲法が通過するときには、私は九条の精神を生かすということに態度をきめ、積極的中立主義を学生に説いた。これについて、安倍能成氏などが私の変節を指摘したが、根本的には変っていないつもりである。

4　憲法第九条に対する意見

九条に関しては、従来２つの考え方が対立しており、第１は主権国家として軍備をもつのは当然であるという考え方で、調査会のなかに見られる見解はこれである。第２は、自衛のための軍備は認めなければならないという基本的考え方に立つもので、次の２つ、即ち、１は自衛権の行使という限度において軍備は必要であり、そのことを憲法に規定すべしとするもの。他は、九条の解釈から自衛軍をおくことが可能なら現在のままでよい、という考え方がある。

私は、最小限度の実力をもつことは必要だと思うが、その場合、それを憲法でどう表現するかが問題である。即ち、基本的には、非武装の精神を活かしながら、万一の場合に備えて力をもつことは必要であると考えるが、それをどう調和させるか、の問題である。警察がもつ機能の範囲内で、警察という機能のものに限って許容することはどうであろうか。これは結局武装の内容、装備と関連するが、自衛隊の前身、警察予備隊程度であれば可能なのではないかとの意見である。そうすれば非武装と矛盾することなく予備軍をおくことができると思う。

非武装を宣言したことについては、政治学的にもその意味を失いたくないし、そのことは現在、制定当初より一層切実である。ニーメラーは水爆の完成により世界は変ったとして、平和主義者になったが、水爆の出現は世界を変えた。フルシチョフはニューヨークで全面軍縮を提案したが、非武装と軍縮、これが現在の国際政治の課題である。戦争は違法行為であるから、それをチェックするのは警察であり、警察程度の予備軍をおくのは可能ではないかと思う。憲法改正の必要はないと思うが、もしそれでも戦力に含まれるとするなら但書をおく必要はある。

5　憲法改正のタイミンケ

東大憲法研究会の要綱では、戦争放棄は総則として第二条に入れろとの意見であったが、章・節・条文・文章などの点について、日本人が起草したならば随分と違ったものができていたと思う。それだけに改正すべき点は多々あるが、そのタイミングが重要である。その点、調査会には成立事情と構成がタイミングと関連して問題がある。民主政治が未成熟のときに改正の問題を扱うことは好ましくないが、何よりも自衛隊を設けて一方の側に与してゆくことに問題がある。当面の方法としては憲法を改正せずに憲法の規定する方向に努力してゆくことが必要である。

研究会としては、調査会のように細かく問題をとりあげて議論するということではなく、アンブロックにとりあげて議論する方がよい。私としては調査会の結論をとるべきでない、というところに決着すると思うが、会員は個々に意見を表明しながら、多数意見、少数意見ということなく、アンブロックに会としての意見をまとめることができるのではないかと思う。関西支部との関係が問題であるが、この点は世話人の努力に期待したい。

———○———

以下は出席会員による討論の概略である。

〈討議における論点〉

1　九条の制定事情

(1)　マッカーサーがイニシアティブをとったと考えるのは、松本烝治氏が、自民党の調査会で、幣原がいいだしたことはないと発言していることからであるが、幣原は、閣議で発言するのは大人気ないと考えて発言しなかったのではないかと思う。それに対し、幣原がイニシアティブをとったと思うのは、太平洋戦争調査会の総会席上で、書くことのきらいな幣原が、青木得三の原案に筆を入れ修正を加えたことからで、このことが幣原イニシアティブ説を強めている。しかし、いわゆる幣原大芝居説があるので、はっきりしたことはわからないというところが真相であろう。ただ、1954年にコールグローブは2人だけで会って話したときに出たのだろうといっていた。何れにしても、ポツダム宣言の基本方針では軍の解体を述べており、戦争放棄はその枠内であるので、そのへんにヒントを得たと思われ、それも高遠な理想からというのではなく、国体だけ護持できれば、軍のことはあとで考えればいいのではないかという現実主義であったと思う。松本案の際には、楢橋氏が、占領軍がきて軍の規定を削ってくれといった、と述べている。

ウォーカーの記事は『クリスチャン・サイエンス・モニター』にのったもので今日公表されているものと同じである。

(2)　マッカーサーがアメリカ上院で証言したのは調査会設立の前のことであるから、幣原イニシアティブ説が日本に伝わったのは調査会の功績である。しかも、それまでは九条について押しつけ論が強かったわけである。ただアメリカから情報をもっていったという印象は消えないであろう。

(3)　日本国憲法を暫定憲法にしておくという点については、森戸氏が10年後に再検討するという附則をつけたらという意見をのべていたが、それでは通らないからということで見すてられた。事実、極東委員会の再検討資料のなかに、日本国民の自由意志で再検討するという一項があったが、マッカーサーは占領政策の検討に批判的で、極東委員会に手紙を出して、憲法に不信をもたせるからやめろといったのである。日本側も占領中のことであるから、当分これでいいという気持が強かったと思う。

2　国連への協力と九条の関係

(1)　国際警察軍の行動は、警察行動だという意見が多数説だが、国連憲章の解釈からすると、国連のために兵力を提供し、安保理事会が国連の責任において使用するということであるから、軍隊だという解釈がなりたつ。そこから九条との矛盾が考えられるが、憲章には、義務負担免除の規定があるので、それにより免れることができると思う。兵力を提供してもよいということに対しては、兵力の提供だけが義務の履行だとは考えられない。非軍事的協力だけでもよいと考えてよいと思う。現にオーストリヤでは、衛生関係以上の義務はないと考えている新聞論調もあり赤十字の提供で充分だという考え方がヨーロッパにはある。従って、道義上も当分の間は、非軍事的方法による協力でよいのではないか。

南原報告は、現在の段階での国連からみれば、この結論を支持するが、将来の問題として進んだ段階での国連協力を考えると何かしなけりゃいかん、その場合にどうするかを考えての提案であった。

(2)　将来の問題としては、国の実力と実質的平等を考えて、平等な義務負担でなくともよいと思われる。即ち、国連とＩＭＦは同じ性質のものと考えるので、丁度各国が経済力に応じて国連に金を出すのと同じように、国力に応じて兵力を提供するということでいいのではないか。そういうナショナル・エゴイズムは国連でも認めている（例えば拒否権もそうである）。軍隊をもたない国でも国連としてはその国の平和を維持すべきなのであるから。

(3)　九条の解釈からいって、国際警察軍の考え方は否認していない。警察予備隊が警察だということで、九条のもとでも弁明できるのと同じように、それが警察行動だからでもあるが、九条の考え方としては、軍隊がなくなるのが理想である。その前提として、まず軍隊を国際化する必要がある。もしも国際平和が実力によって保証される必要があるなら、国内の警察に当るものが必要と思われるからである。そして完全な国際警察ができ上り、それが日本の秩序を維持してくれれば、その方が、日本の軍隊が日本の防衛をするよりも、九条の考え方に近づくと思う。日本の軍隊が国内のデモクラシーを破壊するところに問題があるのであって、その点で砂川最高裁判決は九条の考え方に近いという感想をもっている。

松本委員会で、占領時代のこととて統帥規定、軍備に関する規定をおかない方がよいという意見があったときに、松本氏が、将来国連に入るというときにどうするかとの疑問を出されたが、軍備をもたないと国連に入れないと考えるのはおかしいのではないか。その考え方は反って国連の存在理由と矛盾すると考えられる。この点、南原報告は将来国連警察軍ができるということを見通して、そのための準備をしておくということを前提とする意見であるが、軍隊の委任制、請負制の前述の考え方の方がむしろ、南原説の理想に近づくように思う。但し、委託軍の考え方をすると、軍の組織も全然別のものになるであろう。

3　警察軍としての保証

警察、あるいは自衛のためだけの軍隊にとどめておく保証を誰がするのか、国民的コントロールを、背景として考えることができるが、政治組織のなかにおける保証の制度が必要である。軍と警察は両者とも国家権力の実態において暴力性をもつから、警察といえども、対外的に武力にならないとはいいきれない。その点それらを区別することは困難であるが、量とか（自衛の名で20万、30万の兵力をもつことはおかしい）質（装備）によって自ら区別はできるように思うので、それを区別して、かつ、それが野放しにならないように政策的にコントロールすることができるのではないか。何のために使うかをきめて、国際警察軍に関する規定に対応して規定をおけば可能だと思われる。

4　軍縮について

現在軍縮には2つの方向が考えられる。1つは核兵器から廃止するという線、2つは小さいものから廃止するという線があるが、実際の効果という点からいうと、核兵器から廃止する案がよいと思う。しかし実行は不可能であろう。

〈議　事〉

1、矢内原会員の逝去にあたり、会の名で花束をおくった。

2、憲法記念講演会を5月3日都市センターホールで行う。

3、会の意思決定にさいし、関西支部との間で共通の意思をもちうるかどうかは疑問である。

〈著者略歴〉

池 田 政 章（いけだ・まさあき）

1926年　金沢市に生まれる
1954年　東京大学法学部卒業
1966年　立教大学法学部教授
現　在　立教大学名誉教授

〈主要著作〉

憲法社会体系〈１〉憲法過程論（1998年）
憲法社会体系〈２〉憲法政策論（1999年）
憲法社会体系〈３〉制度・運動・文化（1999年）
古寺遍歴——法文化の深層を尋ねて（2001年）
法文化論序説（上）——第１章～第６章（2018年）
法文化論序説（下）——第７章～第８章（2018年）


憲法問題研究会メモワール(上)

二〇一九(令和元)年八月一五日　初版第一刷発行

編著者　池 田 政 章
発行者　今 井 貴
　　　　渡 辺 左 近
発行所　〒113-0033 東京都文京区本郷六―二―九
モンテベルデ第二東大前一〇二号
信山社出版株式会社
電話　〇三(三八一八)一〇一九
FAX　〇三(三八一八)〇三四四

印刷・製本／東洋印刷・渋谷文泉閣

ISBN978-4-7972-2811-3　C3332